KB217716

부모교육 ^{4판}

정옥분·정순화 공저

Parent Education

학지사

4판 머리말

최근 미등록아동 전수 조사과정에서 드러난 영아 살해 및 유기 사례는 우리 사회에 큰 충격을 던져 주고 있다. 이후 출생신고가 되지 않고 임시 신생아 번호로 남아 있는 '그림자 아기' 사건에 대한 사회적 관심은 법 개정으로 이어져 2024년부터 출생통보제가 시행되기에 이르렀으나, 법률적 처벌에 앞서 왜 이러한 일이 발생하게 되었는지에 대한 원인탐색과 예방적 접근에 관심이 모아지고 있다. 이에 따라 스트레스 상황에 효율적으로 대처해 나가고 나아가 아동학대를 예방하기 위한 보호요인으로서 부모교육의 필요성은 더욱더 부각되고 있다.

앞서 저자들은 대학생들을 대상으로 전공과목과 교양과목의 부모교육 교재로 사용하기 위해 2000년에 처음으로『부모교육: 부모역할의 이해』를 출간하였다. 이후 전공과목의 학생들에게는 부모교육 이론이나 프로그램, 발달장애나 다양한 가족의 부모역할 등 보다 심화된 교육내용이 필요하다고 생각하여 2008년『부모교육』을 출간하였다. 2013년 발달장애의 진단 및 분류체계가 변경됨에 따라 2016년『부모교육』 2판을 출간하였고, 2019년 DSM-5 진단기준이 출간되면서 발달장애아동의 부모역할에 대한 내용이나 다양한 가족, 부모교육이론을 중심으로 개정이 필요하여 3판을 출간하게 되었다. 그동안 이 책들은 전공과목의 교재로 그리고 부모교육 관련기관 종사자들을 위한 지침서로 널리 활용되었다.

그러나 최근 국가소멸론까지 거론되고 있는 저출산문제는 기존의 부모교육에 대한 관점의 보완을 필요로 하며, DSM-5-TR이 발간되면서 유병률, 위험 및 예후 인자 등에서 광범위한 업데이트가 이루어짐에 따라 발달장애와 부모역할에 대한 보완이 필요하였다. 또한 최근 발생한 영아 살해 및 유기 사례는 상당 비율이 혼인관계가 아니거나 나이가 어려 부모역할에 대한 지식과 이해가 턱없이 부족한 상황에서 발생하였다는 점에서 본서에서 지금까지 다루어 온 다양한 가족형태 이외에 청소년 부모나 양육미혼부 · 모 등 보다 다양한 대안적 가족에 대한 보완이 필요하였다. 그 외에도 인본주의 부모교육이론 초판의 체제구성이 보다 가독성이 용이하다는 독자들의 조언을 참고하여 개정작업에 반영하였다.

따라서 이번 4판은 주로 '제1장 사회변화와 부모역할' '제3장 발달단계와 부모역할' '제4장 발달장애와 부모역할' '제5장 다양한 가족과 부모역할' '제7장 인본주의 부모교육이론'을 중심으로 개정이 이루어졌고, 다른 부분은 최근 자료를 보완하는 형식으로 수정이 이루어졌다.

앞으로도 이 책이 부모교육과 관련된 이론과 지식을 습득하고자 하는 많은 전공자 및 관련기관 종사자들을 대상으로 한 부모교육 지침서로 널리 활용되기를 기대한다. 그리고 이 책이 출간되기까지 많은 도움을 아끼지 않으신 학지사 김진환 사장님과 편집부 김진영 부장님의 노고에 깊은 감사의 마음을 전한다.

2025년 정월에
정옥분 · 정순화

3판 머리말

최근 빈번하게 발생하고 있는 아동학대는 부모교육의 필요성을 더욱더 부각시키고 있다. 많은 학자들은 아동학대 문제를 자녀의 특성이나 부모가 처한 외적 상황에 대처하는 부모의 낮은 역량과 결부시켜 설명하고 있으며, 부모교육을 통해 부모로서의 역량을 강화시키는 것은 가족이 직면하는 스트레스 상황에 효율적으로 대처하고 나아가 아동학대를 경감시키거나 예방하는 보호요인으로 작용할 수 있다고 주장한다. 이에 따라 정부차원에서도 '아동학대 예방 및 가족관계 증진'을 위해 '부모교육 활성화 방안'을 수립하고, 예비부모인 대학생을 대상으로 '부모교육' 활성화를 위한 표준강의안을 제시하였다.

이에 앞서 저자들은 대학에서 전공과목과 교양과목의 부모교육 교재 사용을 위해 2000년도에 처음으로『부모교육: 부모역할의 이해』를 출간하였다. 하지만 전공과목 학생들에게는 부모교육 이론과 프로그램, 발달장애나 다양한 가족의 부모역할 등 보다 심화된 내용이 필요하다고 생각하여 2008년에『부모교육』을 출간하였고, 2013년 발달장애의 진단 및 분류체계가 변경되면서 2016년에『부모교육』2판을 출간하게 되었다. 그동안 이 책들은 전공과목의 교재로 그리고 부모교육 관련기관 종사자들을 위한 지침서로 널리 활용되어 왔다.

그러나 DSM-5판이 출간되면서 발달장애아동의 부모역할에 대한 내용을 상당부분 수정하였으나 발달장애의 원인과 부모역할에 대한 내용이나 가족정책의 변화로 다양한 가족의 부모역할 부분에 대한 보완이 필요하였다. 또한 개인심리학과 인본주의 심리학의 주요 개념을 민주주의 부모교육과 인본주의 부모교육에 접목시키는 부분도 상당부분 보완이 필요하였으며, 부모교육 활성화 방안이 제시되면서 부모교육의 과제와 활성화방안에 대한 내용도 보완이 필요하여 부모교육 3판을 준비하기에 이르렀다. 따라서 이번 3판은 주로 '제4장 발달장애와 부모역할' '제5장 다양한 가족과 부모역할' '제6장 민주주의 부모교육이론' '제7장 인본주의 부모교육이론' '제12장 부모교육의 과제와 활성화 방안'을 중심으로 개정작업이 이루어졌고, 다른 부분은 최근 자료를 보완하는 형식으로 수정하였다.

　　앞으로도 이 책이 부모교육과 관련된 심화된 이론과 지식을 습득하고자 하는 많은 전공자 및 관련기관 종사자들을 대상으로 한 부모교육 지침서로 널리 활용되기를 기대한다. 그리고 이 책이 나오기까지 많은 도움을 아끼지 않으신 학지사 김진환 사장님과 편집부 백소현 차장님의 노고에 깊은 감사의 마음을 전한다.

2019년 6월
정옥분 · 정순화

2판 머리말

핵가족화와 여성취업률의 증가 같은 사회변화의 양상들은 지속적으로 부모교육 관련이론과 지식의 필요성을 고조시키고 있다. 이러한 사회적 흐름에 따라 2008년 출간된『부모교육』은 그동안 전공과목의 교재로 그리고 부모교육 관련기관 종사자들을 위한 지침서로 널리 활용되어 왔다.

2000년 처음 출간된『부모교육: 부모역할의 이해』는 주로 대학에서 전공과목과 교양과목의 공통교재로 사용되어 왔다. 그러나 아동의 발달단계에 대한 지식이 거의 없는 교양과목 학생들에게는 발달단계별 특성과 이에 따른 부모역할을 중심으로, 다수의 발달관련 수업을 수강한 전공과목 학생들에게는 보다 심화된 내용과 부모교육이론 및 프로그램을 중심으로 내용을 구성하는 것이 보다 적절하다고 생각되어, 2007년도에는 교양과목 학생들을 위한『예비부모교육』을, 2008년도에는 전공과목 학생들을 위한『부모교육』을 출간하게 되었다. 이처럼『예비부모교육』과 차별화되어 구성된『부모교육』이 출간된 지도 8년의 세월이 흘렀고, 2013년 발달장애의 진단 및 분류체계가 변경되면서 이번 2판을 준비하기에 이르렀다.

2판에서는 주로 '제4장 발달장애와 부모역할' 그리고 '제5장 다양한 가족과 부모역할', '제7장 인본주의 부모교육 이론'의 내용을 중심으로 수정이 이루어졌다. 지금까지 발달장애의 진단과 분류는 DSM-IV를 근거로 이루어졌으나 2013년 DSM-5판이 출간되면서 진단 및 분류기준이 변경되어 발달장애아동의 부모역할에 대한 내용에서 상당 부분 수정이 필요하게 되었다. 또한 가족정책의 변화로 다양한 가족에 대한 지원정책도 많은 부분에서 보완이 필요하였고, 인본주의 부모교육이론에 대한 부분도 주요 이론적 개념을 중심으로 재구성하였다. 그 외의 내용은 최근의 통계자료나 연구내용을 중심으로 부분적으로 수정하였다.

앞으로도 이 책이 부모교육과 관련된 심화된 이론과 지식을 습득하고자 하는 많은 전공과목 학생들과 관련기관 종사자들을 대상으로 한 부모교육 지침서로 널리 활용되기를 기대한다.

2016년 2월

정옥분 · 정순화

1판 머리말

동서고금을 막론하고 부모역할은 인간의 성장과정에서 지대한 영향을 미치는 것으로 인식되어 왔다. 이와 동시에 부모역할은 만족감을 주기도 하지만 성인이 수행하는 수많은 역할 가운데 가장 어려운 역할이 부모역할이라는 사실에도 많은 사람들이 공감하고 있다. 특히, 핵가족화로 인해 성장과정을 통해 자연스럽게 부모역할을 습득할 기회가 부족하고 여성취업률의 증가로 인해 양육자 부재현상이 심각한 현대사회에서 부모가 된다는 것은 만족감을 주기도 하지만 스트레스와 좌절감을 주는 일이기도 하다. 이러한 이유로 현대 사회의 많은 부모들은 부모교육을 필요로 하고 있다.

많은 학자들은 부모교육을 통해 부모들이 자신의 역할을 보다 용이하게 수행할 수 있다는 사실에 의견의 일치를 보이고 있다. 준비된 부모는 부모로서의 역할을 보다 만족스럽게 수행하며 부모-자녀 간의 문제에 보다 쉽게 적응해 나갈 수 있다. 부모교육은 여러 가지 관점에서 이루어질 수 있으며, 어디에 초점을 맞출 것인가는 부모교육 대상의 특성에 따라 달라질 수밖에 없다.

2000년도에 우리는『부모교육: 부모역할의 이해』를 집필하여 주로 대학에서 교양과목과 전공과목의 교재로 사용해 왔다. 그러나 지금까지의 부모교육 교재의 구성이 예비부모교육을 대상으로 하는 교양과목의 교재와 실제 자녀를 양육하면서 필요로 하는 부모교육이론이나 프로그램에 대한 내용이 하나의 교재로 통합되어 있어서, 두 과정의 교재로 사용하기에는 모두 부적절하다는 생각을 하였다. 일반적으로 대학의 교양과목으로서 예비부모를 위한 부모교육은 그 대상 집단의 학문적 배경이 상이할 뿐만 아니라 아동의 발달단계별 특성에 대한 지식이 거의 없는 경우가 많으므로, 이들을 대상으로는 각 단계별 발달특성과 이에 따른 부모역할을 중심으로 부모로서의 준비를 갖추도록 하는 것이 보다 효과적이라고 생각한다. 반면, 전공과목의 부모교육은 이미 발달 전반에 대한 지식을 어느 정도는 가지고 있으므로 실제로 자녀와의 관계에서 직면하는 의사소통능력이나 문제해결능력을 향상시키는 것에 초점을 맞추는 것이 보다 효과적이라고 생각한다. 이 책은 이러한 관점에서 대학의 전공과목이나 실제 부모들이 자녀양육 과정에서 경험하는 문제들에 대한 해결능력을 향상시키고 부모로서의 가치관 확립과 아울러 자녀의 발달과정에 대한 전반적인 지식을 습득케 하는 데 중점을 두고 집필하였다.

이 책은 모두 4부로 구성되어 있다. 제1부 현대사회와 부모교육에서는 사회변화에 따른 부모역할의 변화와 부모교육의 본질에 대해 살펴보았다. 제2부 부모역할의 이해에서는 먼저 태내기에서부터 청년기까지의 발달특성과 부모역할을 살펴보고, 발달장애 아동의 부모역할과 다양한 가족에서의 부모역할에 대해 살펴보았다. 그리고 제3부 부모교육의 이론에서는 민주주의 부모교육이론, 인본주의 부모교육이론, 상호교류분석이론, 행동수정이론에 대해 살펴보았으며, 제4부 부모교육의 실제와 과제에서는 여러 다양한 부모교육 프로그램과 부모교육의 운영 및 앞으로의 부모교육의 과제에 대해 살펴보았다. 그중에서도 이 책은 앞서 언급한 바와 같이 대학의 전공과목이나 부모역할에 대해 보다 전문적인 지식을 얻고자 하는 부모들을 대상으로 한 교재로서의 특성이 보다 부각되어 있다.

우리는 이 책이 대학의 전공과목으로 개설된 부모교육의 교재로 널리 활용되기를 기대한다. 나아가 부모교육에 많은 관심을 가지고 있는 부모를 대상으로 교육을 시키는 사회단체나 교육기관의 부모교육 기본교재로 널리 활용되기를 기대한다.

끝으로 이 책이 나오기까지 많은 도움을 주신 학지사 김진환 사장님과 편집부 여러분들의 노고에 감사드린다. 그리고 귀중한 사진자료를 수집하고 정리하는 데 많은 도움을 준 고려대학교 박사과정 장수연 조교에게도 감사의 마음을 전하고 싶다.

2007년 10월

정옥분 · 정순화

차례

제1부
현대사회와 부모교육

제1장 사회변화와 부모역할 ······ 21

제2장 부모교육의 본질 ······ 59

제2부
부모역할의 이해

제3장 발달단계와 부모역할 ······ 93

제4장   발달장애와 부모역할 ······ 165

제5장　다양한 가족과 부모역할 …… 213

제**3**부

부모교육의 이론

제4부
부모교육의 실제와 과제

제10장 **부모교육 프로그램** ······ 391

현대사회와 부모교육

전통사회에서는 남녀가 성인이 되면 결혼을 하고 자녀를 출산하여 부모가 되는 것이 당연한 일로 받아들여졌다. 여러 세대가 함께 생활하는 전통적인 대가족에서는 별도의 교육이 없이도 가족 내에서 성장과정을 통해 자녀양육에 대한 기본적인 지식이나 기능이 자연스럽게 전수되는 것이 가능하였다.

그러나 현대사회에서는 모든 성인 남녀가 결혼을 하고 부모가 되어야 한다고 생각하지 않는다. 또한 핵가족화가 진행되면서 전통적 자녀양육방식이 자연스럽게 전수되지 않기 때문에 현대사회의 부모들은 부모역할에 대해 아는 바가 없을 뿐더러 전통적인 방식을 고수하는 것이 바람직한 것으로 생각하지도 않는다. 더구나 현대사회에서는 개인적인 성취가 우위에 있기 때문에 부모역할을 가치 있는 역할로 평가하려 하지도 않는다.

어떤 시대나 사회를 막론하고 효율적으로 부모역할을 수행하기 위해서는 자녀의 발달에 대한 기본적인 지식을 필요로 한다. 따라서 부모역할에 대한 준비도 부족하고 부모역할에 대해 그다지 많은 가치를 부여하지 않는 상황에서 부모역할을 수행한다는 것은 만족감보다는 스트레스와 좌절감을 느끼게 한다. 실제로 많은 연구들에서도 부모역할에 대한 준비는 역할만족도를 높여주는 것으로 나타났다. 많은 부모들이 느끼는 불만족은 상당 부분 부모역할에 대한 준비부족에 기인하는 것으로 볼 수 있으며, 이것이 현대사회에서 부모교육을 절실하게 필요로 하는 이유라고 볼 수 있다.

제1부에서는 사회변화에 따른 부모역할의 의미에 대해 개괄적으로 살펴보고, 다음으로 부모교육의 본질에 대해 살펴보고자 한다.

제1장

사회변화와 부모역할

부모역할은 인간이라는 종의 생존과 발달에 필수적인 부분이다. 특히 다른 동물과는 달리 의존기간이 상당히 긴 인간의 성장과정에서 부모는 가장 중요한 환경 변인으로 지목되고 있다. 그러나 사회변화에 따라 이러한 부모역할에 대한 인식은 점차 변화하고 있다.

전통사회에서는 부모역할이 필수적인 것으로 인식되었다. 그러나 최근 우리 사회는 급격하게 변화하고 있으며, 높은 여성취업률이나 이혼율의 영향으로 많은 사람들이 부모역할에 대해 높은 가치를 부여하지 않고 있다. 이로 인해 부모역할은 필수적이라기보다는 선택이라는 인식이 팽배해 있고, 이러한 인식을 단적으로 보여주는 것이 우리나라의 저출산율이다. 그러나 이러한 변화에도 불구하고 아직도 대다수의 사람들은 부모가 되기를 희망하고 있으며 부모역할을 통해 만족감을 얻고 있는 것도 사실이다.

이 장에서는 부모가 되고자 하는 동기와 부모역할의 목표, 특성 및 이에 영향을 미치는 요인들을 살펴보고, 마지막으로 사회변화에 따른 부모역할의 변화양상에 대해 살펴보고자 한다.

1. 부모됨의 동기

전통사회와는 달리 현대사회에서는 부모됨이 선택이라는 인식에도 불구하고 여전히 많은 사람들은 자녀를 갖기를 희망한다. 그러나 그 동기는 예전과 차이가 있다. 부모가 되고자 결정하는 것은 생애 전환점을 맞이하는 도전적인 과업이며, 이에는 여러 심리적 과정이 작용하게 된다. 이러한 심리적 과정을 설명하는 이론 가운데 여기서는 자기결정이론과 기대이론의 관점에서 부모됨의 동기를 살펴보고자 한다.

1) 자기결정이론의 관점

Richard M. Ryan(좌)과 Edward L. Deci(우)

자기결정이론(self-determination theory)(Ryan & Deci, 2017, 2000)에서는 자신의 행위에 대한 자유의지를 반영하는 자율성의 욕구를 개인의 건강한 심리사회적 발달에 필수적인 요소로 간주한다. 그리고 자율성의 정도를 중심으로 부모됨의 동기를 크게 자율적 동기(autonomous childbearing motivation)와 타율적 동기(controlled childbearing motivation)로 구분하고 있다. Brenning 등(2015)은 자율성과 타율성의 정도를 보다 세분화하여 부모가 되는 동기를 다음과 같이 구분하였다(〈그림 1-1〉 참조).

자율적 동기는 자녀를 갖고자 하는 자의적 동기를 반영하는 것으로, 다른 사람의 강요에 의해서가 아니라 자기 스스로 자녀를 갖고 싶어서 부모됨을 선택하는 것을 의미한다. 자율적 동기 수준이 가장 높은 내재적 동기(intrinsic motivation)는 즐거움 자체가 행동의 동기로 작용한다는 점에서 자율적 동기의 특성을 가장 잘 반영한다. 즉, 자녀를 출산하고 돌보는 일이 즐겁고 재미있는 일이라고 생각하기 때문에 부모됨을 선택한다는 것이다. 자율성 수준이 내재적 동기보다 다소 낮은 자기인정

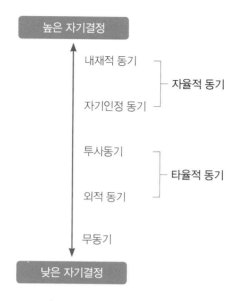

〈그림 1-1〉 **자기결정이론의 도식**

출처: Brenning, K., Soenens, B., & Vansteenkiste, M. (2015). What's your motivation to be pregnant? Relations between motives for parenthood and women's prenatal functioning. *Journal of Family Psychology, 29*(5), 755-765.

동기(identified regulation)는 자녀를 갖는 것을 자신의 삶에서 중요한 일로 생각하고 수용하는 사람들이 보이는 태도이다. 즉, 자녀를 출산하고 돌보는 것이 자신의 생의 목표를 달성하기 위해 가치있는 일이며, Erikson이 말한 생산성(generativity)과 같은 중요한 가치와 부합되는 것으로 생각하고 기꺼이 부모됨을 선택하는 것이다. 다음으로 부모됨의 동기 가운데 투사 동기(introjection)는 자율적 동기보다는 타율적 동기가 작용하는 것으로 이러한 경우 개인의 행동은 수치심이나 불안감 등 자기가치감과 관련된 내적 압력에 의해 부모됨을 선택하게 된다. 자녀를 가져야만 자신이 가치있는 사람이라고 생각하며, 자녀를 갖지 않으면 자신이 실패한 사람이라고 생각하여 자녀를 갖고자 한다. 투사보다 자기결정 수준이 보다 낮은 외적 규제(external regulation)는 외부로부터의 압력, 사회적 압력에 의해 부모됨을 선택하는 것을 말한다. 투사가 자신으로부터의 내적 압력에 의한 것이라면, 외적 규제는 배우자를 기쁘게 하거나 부모 등 타인의 기대를 충족시키기 위해 자녀를 갖고자 하는 것이다. 자기결정 수준의 최저점에 있는 무동기(amotivation)는 개인의 행동에 분명한 동기가 결여된 상태이다. 이는 앞서의 네 가지 형태와는 달리 자신의 무능력감 때문에 모든 일에서 원하는 결과를 얻을 수 없을 것이라 생각한다. 따라서 자신은 자녀를 잘 양육하지 못할 것으로 생각하며 부모가 되는 것에 그다지 많은 가치를 부여하지 못하는 수준이다.

자율적 동기는 출산 이후 부모로서의 유능성에 긍정적인 영향을 미치는 요인으로 작용하는 반면 타율적 동기는 이후 부모로서의 유능성에 부정적인 영향을 미치므로 부모됨의 동기는 부모의 양육태도나 자녀의 적응을 예측하는 지표로서 중요한 의미를 갖는다. 타율적 동기가 작용하여 부모 자신이 자녀출산에 대한 압력이나 강요를 받는다고 생각할 경우 부모는 자녀를 통제하고자하는 경향을 보인다고 한다(Soenens & Vansteenkiste, 2010). 이처럼 효율적인 부모역할을 위해서는 자율적인 부모됨의 동기가 중요한 요인으로 작용한다. 그러므로 부모역할은 이미 자녀를 갖기 이전 부모됨의 동기에서부터 비롯되는 것이라고 볼 수 있다(Nachoum, Moed, Madjar, & Kanat-Maymon, 2023).

2) 기대이론의 관점

기대이론(expectancy theory)은 개인이 어떤 행동을 하는 것은 그러한 행동의 결과를 기대하기 때문이며, 얼마나 바람직한 결과가 나올 것으로 기대하는가에 따라 행동이 동기화된다는 것이다(Vroom, 1964). 기대이론에서는 개인의 노력이 수행결과를 초래하고, 수행결과가 바람직한 보상을 제공하며, 이러한 보상이 자신이 노력할만한 가치가 있다고 생각할 만큼 충분히 자신의 욕구를 충족시켜줄 수 있을 때 행동은 동기화된다고 한다. 즉, 자신이 노력하면 어떤 일을 해낼 수 있다는 기대를 가지고, 이를 통해 원하는 결과를 얻을 수 있는 방편이 되며, 그러한 결과가 보상을 줄 수 있으면 행동은 동기화된다는 것이다. 이러한 기대이론의 관점에서 본다면 부모됨의 동기는

Victor H. Vroom

다음과 같이 설명해 볼 수 있다.

(1) 자기유전자의 보존

진화생물학적 관점에서 본다면 인간이 결혼하여 가족을 형성하고 자녀를 출산하는 것은 자기 유전자를 보존하기 위한 가장 효율적인 방법이라고 본다. 즉, 자신의 유전자를 다음 세대에 전달하기 위해서는 결혼해서 자녀를 출산하고 양육하는 투자를 담당해야 한다고 주장한다. 진화론적 관점의 핵심은 자연선택(natural selection)의 개념이다. 이는 환경에 잘 적응한 개체는 그렇지 못한 개체보다 자기 유전자를 남기는 확률이 더욱 높다는 것이다. 진화론적 관점에서는 이처럼 자기 유전자를 후대에 남기는 확률을 증대시키기 위해서는 의존적인 아동기를 확장하고자 하는 욕구가 존재한다고 하였다. 의존기간을 늘림으로써 한 개인으로 하여금 복잡한 인간공동체에 대한 적응을 보다 용이하게 해준다는 것이다. 즉, 의존적인 시기를 확장함으로써 얻게 되는 이익이 이에 대한 비용보다 더 크다는 것이다. 진화론적 관점에서 부모의 역할은 이처럼 긴 의존기를 통해 자녀가 사회에 잘 적응할 수 있도록 도와주는 것이며, 이를 통해 부모는 자신의 유전자를 후대에 전달할 수 있는 가능성을 높이는 것이다.

또한, 많은 부모들이 보이는 강한 도구적인 동기는 바로 이러한 맥락에서 설명할 수 있을 것이다. 부모들은 자신이 성취하지 못한 것을 자녀를 통해 성취하기를 기대하며, 이를 통해 대리만족을 얻고자 한다. 이러한 만족은 자녀를 키우는 과정에서 경험하는 만족감이라고 볼 수도 있지만 궁극적으로는 자신의 목표를 달성하기 위해 자녀를 갖는 것이 가치 있는 일이라고 생각하는 것이다.

(2) 발달적 욕구 충족

많은 사람들은 성인이 되면 자녀를 출산하고 사랑을 베풀고 싶은 욕구를 지니게 되며, 이러한 발달적 욕구를 발전시켜 나가는 것이 부모가 되는 중요한 동기라고 볼 수 있다. Erikson(1950, 1968)은 사람들은 성인기에 이르러 다음 세대를 양육하고 이들을 양육함으로써 이타심이나 책임감, 민감성과 같은 특성을 발전시켜 나간다고

Erik Erikson

하였으며, 이를 생산성(generativity)의 개념으로 설명하였다. Erikson은 심리사회적 발달의 관점에서 한 개인의 발달단계를 8단계로 구분하였다. Erikson의 이론에 비추어 보면 5단계에서 자아정체감을 통해 자신을 사랑할 수 있는 기틀을 형성한 한 개인이 6단계에서 친밀감을 통해 자기 이외의 한 사람을 사랑하게 되어 가족을 형성하고, 이후 7단계에서는 자녀출산과 양육을 통해 생산성이라는 과업을 발전시켜 나간다는 것이다. 생산성의 개념을 발달시켜 나가는 것은 성인기의 중요한 발달과업이며, 이를 발달시켜 나가지 못하면 침체성(stagnation)에 빠지게 된다고 하였다. 이러한 생산성의 개념을 발전시켜 나가는 것은 여러 다양한 활동을 통해서 이루어질 수도 있으나 부모가 되는 것은 이러한 발달과업을 성취하기 위한 가장 보편적인 방법이다.

(3) 사회문화적 보상

전통적으로 대부분의 사회에서는 성인이 되어 자녀를 출산한 사람에게 특정한 지위를 부여하는 반면, 그렇지 못한 사람에게는 불이익을 주는 문화적 관행을 가지고 있다. 우리나라의 칠거지악(七去之惡)이 그 대표적인 예라고 볼 수 있다. 결혼을 한 여성이 자녀를 출산하지 못하는 것은 일곱 가지 죄악의 하나로 간주하여 축출의 사유로 인정하였던 것이다. 특히 전통사회에서는 남성의 지위가 타고난 지위(ascribed status)라면 여성의 지위는 획득된 지위(achieved status)의 특성이 강하였다. 결혼 당시 낮은 지위를 점하고 있는 여성이 지위를 성취할 수 있는 대표적인 방법은 자녀, 특히 남아의 출산을 통해서였다. 전통사회에서는 자녀를 출산하여 가문의 대를 이어나가는 것이 당연한 도리로 받아들여졌으므로, 이러한 사회적 압력이 부모됨의 중요한 동기였다고 볼 수 있다.

현대사회에서는 이러한 문화적 관행은 존재하지 않는다. 그러나 종교적인 측면에서 생명의 창조는 신의 영역이며 이를 인간이 간섭하는 것은 죄악이라고 생각하고 피임을 반대하는 것도 이와 유사한 맥락으로 이해할 수 있다.

사회변화에 따라 부모역할을 통해 얻는 이러한 보상의 가치는 점차 낮게 평가되고 있으며, 이는 부모됨의 동기를 약화시키는 요인으로 작용한다. 현재 우리나라의 높은 부동산 가격이나 자녀양육비, 경제적 불안, 가족과 함께 시간을 보내기 어렵게 만드는 노동문화 등은 부모역할을 통해 얻을 수 있다고 기대하는 보상을 상쇄시킴으로써 부모됨의 동기를 저해하는 요인으로 작용하고 있다. 또한 사회경제적 지위나 가족가치관에 따라 차이는 있지만 청년기에 접어들면서 교육에 대한 욕구와 자녀에 대한 욕구가 반비례하는 것으로 나타나는데(Alcaraz, Hayford, & Glick, 2022), 이러한 사실은 여성의 교육수준이 증가할수록 자녀출산과 양육보다는 직업적 성취를 통해 자신의 발달적 욕구를 충족시켜나가는 것과 일맥상통한다.

2. 부모역할의 목표

부모역할은 문화적인 차이나 시대적인 배경에 따라 상이하지만 보편적으로 추구하는 공통적인 목표가 있다. 역할은 특정한 지위를 점한 사람에게 주어지는 권리와 의무의 총체라고 정의할 수 있다. 따라서 부모역할이란 부모라는 지위를 점한 개인에게 주어지는 권리와 의무의 총체라고 볼 수 있다. 부모에게 주어지는 권리나 의무는 문화에 따라 상이할 수밖에 없으나 대부분의 문화에서 부모들이 지향하는 공통적인 목표는 유사하다.

다양한 문화권에서 자녀양육의 관행을 연구한 LeVine(1988)은 범문화적으로 중요하게 간주되는 부모역할의 세 가지 기본적인 목표를 다음과 같이 설명하였다. 첫째는 생존의 목표로서, 자녀가 성장하여 성인이 될 때까지 자녀의 신체적 생존과 건강을 유지할 수 있도록 해주는 것이 부모역할의 일차적인 목표이다. 둘째는 경제적 목표로서, 자녀가 성인이 되어 경제적으로 독립하고 부양자로서의 능력을 갖는 데 필요한 기술과 행동을 가르치는 것이다. 셋째는 자아실현의 목표로서, 자아실현을 위한 가치를

Abraham Maslow

추구하도록 가르치는 것이다. 이러한 양육목표는 순서가 있는데, 신체적 생존과 건강, 안전이 우선적인 목표이며, 다음으로 경제적 자급자족과 관련된 목표, 마지막으로 지위나 명성, 자아실현의 추구와 관련된 목표이다.

　이러한 LeVine의 관점은 Maslow(1943)의 욕구의 위계이론과 유사한 맥락에서 이해할 수 있다. Maslow는 인간에게는 생리적 욕구, 안전에 대한 욕구, 애정과 소속의 욕구, 자아존중감의 욕구, 자아실현의 욕구 등 다섯 가지 욕구가 있다고 한다. 이러한 욕구들은 그 중요성에 따라 위계적 단계로 배열되어 있는데, 일단 하위욕구가 충족되어야만 상위의 욕구를 추구하게 된다는 것이다(〈그림 1-2〉 참조). 예를 들면, 배고픔과 같은 생리적인 욕구를 가지고 있는 사람은 일단 이러한 욕구가 충족되지 않는 한 다른 어떤 욕구도 추구하지 않는다고 한다. 많은 학자들은 가장 상위 단계인 자아실현의 욕구에 매우 높은 관심을 보였다. 자아실현을 이룬 사람들은 다른 사람들에 비해 그들이 속한 사회적 환경에 구애받지 않고 자율성을 갖는다고 하였다. 대부분의 사람들이 안전이나 소속감의 욕구와 같은 하위욕구들에 강하게 동기화된 나머지 타인으로부터 인정받지 못하는 것에 대해 두려움을 가지고 있다. 반

　자아실현 욕구

　자아존중감 욕구

　애정과 소속 욕구

　안전 욕구

　생리적 욕구

〈그림 1-2〉 Maslow의 인간욕구 위계

면, 자아실현을 성취한 사람들은 사회에 무조건적으로 동조하지 않고, 사회적 환경의 영향을 덜 받으며, 보다 자발적이고, 자신의 내적 성장이나 삶에서의 개인적 사명에 의해 동기화된다고 하였다. 이들은 자신의 능력을 최대한으로 활용하는 성숙하고 건강한 사람들이라고 볼 수 있다. Maslow는 인간은 기본적으로 성장과 자아실현을 위한 기본적인 욕구를 가지고 있으나 이는 동물의 본능처럼 그렇게 강하지가 않아서 여러 환경변인의 영향을 받는다고 하였다. 그리고 그러한 환경변인 가운데 가장 큰 영향을 미치는 요인은 부모라고 볼 수 있다.

이처럼 개인의 신체적인 안전과 관련된 기본적인 욕구에서 출발하여 정신적으로 독립적이고 자유의지를 가진 한 개인으로 성장시켜 나가는 것이 바로 부모역할의 궁극적인 목표이다.

3. 부모역할의 특성

구조기능론적 관점에서 Parsons와 Bales(1955)는 전통적인 부모의 역할을 도구적 역할(instrumental role)과 표현적 역할(expressive role)로 구분하였다. 이러한 역할구분은 아버지가 가정의 대표자나 생계유지자로서 도구적인 역할을 수행하고 어머니가 가족원들의 정서적인 욕구를 충족시켜주는 표현적인 역할을 수행할 때 가족은 가장 기능적이라는 것이다. 이후 Winch(1971)는 자녀양육의 역할 가운데 아버지의 역할을 통제적 역할로, 그리고 어머니의 역할은 양육적 역할로 뚜렷하게 구분하여 설명하였다. 그러나 이처럼 뚜렷하게 구분되었던 부모역할은 사회변화에 따라 점차 그 구분이 모호해지는 경향을 보이고 있다.

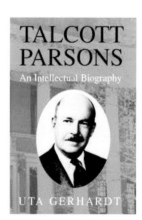

Talcott Parsons

Robert Freed Bales

1) 어머니의 역할

부모역할에 대한 많은 연구들은 아동발달에서 어머니 역할의 절대성을 주장하였다. Freud(1933)는 출생 직후 구강적 욕구를 충족시켜주는 사람이 어머니이기 때문에 어머니는 아버지보다 자녀의 성장에 더 많은 영향을 미치는 인물이라고 하였다. Bowlby(1969)도 애착연구를 통해 주양육자로서 어머니 역할을 강조하였다. 특히 신체발달이나 정서발달, 사회

🔊 **사진 설명** 어머니와의 상호작용은 신체발달, 사회정서발달에 지대한 영향을 미친다.

성발달에서 어머니는 자녀의 발달에 지대한 영향을 미친다(사진 참조).

(1) 신체발달

어머니 역할의 중요한 측면 가운데 하나는 자녀의 생존이나 신체발달과 관련된 것이다. 다른 동물에 비해 인간의 아기는 작고 미숙한 뇌를 가지고 태어나며 오랜 기간 동안 의존을 필요로 한다. 어머니는 수유를 통해 아기에게 생존에 필수적인 영양분을 공급해주며, 모유수유의 주체라는 점에서 생존의 욕구를 직접적으로 충족시켜주는 인물이라고 볼 수 있다.

어머니는 모유수유를 통해 단순히 영양공급뿐만 아니라 신체접촉을 통해 촉각적인 만족을 제공해 준다(사진 참조). 어머니와의 신체접촉이 결여된 영아는 비록 충분한 영양공급이 이루어진다 하더라도 여러 가지 신체발달상의 문제를 보인다는 점에서 신체접촉은 영아에게는 생존의 욕구와 직결된 것으로 볼 수 있다.

🔊 **사진 설명** 모유수유를 하는 모습.

또한 모성결핍의 영향을 조사한 Bowlby(1969)의 연구결과도 어머니 역할의 중요성을 지지해주고 있다. Bowlby의 연구에 의하면 장기간 어머니와 격리되어 있거나 시설에서 양육된 아동은 신체발달에서 지체현상을 보일 뿐만 아니라 인지, 정서, 사회성발달에서 결함을 보인다고 하였다. 또한 영아의 수면은 발달에 중요한 요소로서, 여러 환경적 요인이나 관계적 요인이 이에 영향을 미친다. 어머니와 안정애착을 형성하지 못한 영아들의 경우 수면의 질이 좋지 않아 발달에 부정적인 영향을 미치는 것으로 나타났다(Bai, Crosby, & Teti, 2022).

(2) 정서발달

정서발달에 대한 어머니의 영향은 태내에서부터 시작된다. 임신의 주체로서 어머니의 정서상태는 태아의 정서적 안정과 직결되어 있다. 임신기간 중 어머니의 정서상태의 중요성을 우리나라 전통육아에서는 태교라는 용어로 강조하였다(사진 참조). 임신기간 중 어머니의 스트레스 수준이 높을수록 태아의 움직임이 증가하고 심장박동률의 변화가 크게 나타나는데, 이는 출생 이후 영아의 행동특성을 예측하는 것으로 나타났다. 자궁내에서 어머니가 중금속과 스트레스 상황에 노출될 경우에도 유아의 부정적 정서성에 영향을 미치는 것으로 나타났다(Merced-Nieves et al., 2024).

사진 설명 태교를 하고 있는 부부의 모습.

어머니는 태내에서부터 여러 가지 경로를 통해 태아와 정서적 애착관계를 형성할 뿐만 아니라 출생 이후에도 강한 정서적 유대감을 형성하게 된다. 특히 초기에 형성되는 애착관계는 이후의 부모-자녀관계나 자녀의 정서발달에 장기적인 영향을 미치며, 부모와의 안정적인 애착 형성은 갈등적인 가족위기상황과 결부되어 나타나는 아동의 외현화된 문제행동을 경감시켜주는 것으로 나타났다(Houbrechts et al., 2023).

또한 부모 자신의 정서적인 문제로 인해 나타나는 혹독한 부모역할 등과 같은 부모의 부적응적 행동은 아동의 사회정서발달에 부정적 영향을 미치며(Pinquart, 2017a, 2017b), 부적응적인 부모역할은 자녀의 문제행동을 증가시키고, 자녀의 문제행동은 다시 부모의 부적응적 행동을 증가시키는 방식으로 부모자녀 간 부적응적 상호작용이 점진적으로 확대되어 나가게 된다(Patterson, 2002; Speyer, Hang, Hall, & Murray, 2022). 나아가 아동기에서의 사회정서적 어려움은 이후의 정신건강문제나 낮은 학업성취, 범죄 등 역기능적 발달에도 영향을 미치게 된다(Hammer, Melhuish, & Howard, 2017).

(3) 사회성발달

영아가 출생 직후 어머니와 형성하는 애착은 이후의 사회성발달에 큰 영향을 미친다. 초기의 애착이 전 생애에 걸쳐 지속적으로 영향을 미친다는 관점은 Bowlby(1969)의 내적 작동모델(internal working model)에 그 근거를 두고 있다. 내적 작동모델은 영아가 양육자에 대한 반응성과 접근가능성을 바탕으로 자신과 타인에 대해 형성한 정신적 표상을 의미한다. 자신에 대한 표상은 자신이 가치 있고 사랑받을 만한 존재인가에 대한 것이며, 타인에 대한 표상은 도움이 필요한 상황에서 자신이 애착을 형성한 대상이 의지하고 믿을 만한 사람인가에 대한 표상이다. Bowlby는 영아가 어린 시절에 부모와

John Bowlby

어떠한 관계를 형성하였는가에 따라 상이한 내적 표상이 형성될 것이고 이는 이후의 관계형성에 기초가 된다고 하였다. 유사한 맥락에서 Erikson(1950)은 어머니와 기본적 신뢰감을 형성한 영아가 이후의 인간관계에서 신뢰감을 갖게 되며 그렇지 못한 경우에는 타인에 대한 불신감으로 인해 원만한 대인관계를 형성하는 것이 어렵다고 하였다.

(4) 언어 및 인지발달

언어발달이나 인지발달에서 유전의 영향을 간과할 수는 없다. 그러나 유전적 요인을 통제하고도 많은 연구들에서는 부모가 제공하는 언어적 자극은 아동의 언어발달에 주요 요인으로 작용한다고 한다(Coffey, Shafto, Geren, & Snedeker, 2022: Newman, Rowe, & Ratner, 2016; Rowe, 2012). 부모가 다양한 언어적 표현을 구사하고 아동지향적 언어를 사용할 경우 아동은 더 풍부한 어휘를 구사하는 것으로 나타났으며, 이러한 양상은 다양한 언어권이나 사회경제적 지위에서도 동일하게 나타났다(Ramírez-Esparza, García-Sierra, & Kuhl,

Patricia Kuhl

2014, 2017; Rowe, 2008; Rowe, Leech, & Cabrera, 2017). 또한 어머니의 민감한 반응성은 사회경제적 지위에 따른 언어발달의 차이를 완화시켜주는 것으로 나타났다(Borairi, Fearon, Madigan, Plamondon, & Jenkins, 2021).

부모는 언어발달뿐 아니라 인지발달에도 영향을 미친다. 영아기는 인지발달에 필요한 신경연결망이 형성되는 두뇌발달의 결정적 시기이다. 뇌파를 통해 영아의 두뇌발달을 살펴본 연구에서 어머니와 영아와의 상호작용에서 어머니가 양질의 부모역할을 수행할 경우 영아의 뇌파 주파수가 증가하는 것으로 나타났다(Bernier, Calkins, & Bell, 2016; Brito et al., 2022). 이는 보다 성숙한 두뇌활동 패턴을 보여주는 것으로 양질의 양육활동이 영아의 두뇌발달에 영향을 미치는 것을 의미한다. 또한 많은 연구들(Lautarescu, Craig, Glover, 2020; Manzari, Matvienko-Sikar, Baldoni, O'Keeffe, & Khashan, 2019; van den Bergh et al., 2020)에서 임신 중 어머니의 스트레스는 태아나 영유아의 인지발달에 부정적인 영향을 미친다고 하였다. 나아가 Delagneau 등(Delagneau, Twilhaar, Testa, Veen, & Anderson, 2023)은 어머니의 스트레스나 불안이 인지발달에 미치는 지금까지의 연구들에 대한 메타분석을 토대로 임신 중 어머니가 스트레스나 불안에 노출될 경우 그 영향은 노출된 형태나 인지발달의 영역에 따라 차이를 보이지만 영유아기뿐 아니라 18세까지 아동의 인지발달에 부정적인 영향을 미친다고 하였다.

2) 아버지의 역할

Margaret Mead

역사적으로 부모역할은 어머니의 역할로 인식되어 왔다. 즉, 어머니가 아버지보다 양육자로서의 역할을 수행하는 데 보다 적합한 것으로 인식되어 왔으며, 이러한 이유로 인해 전통적으로 아버지의 역할을 어머니의 역할과 대비시켜 이차적인 역할(secondary role)이라고 하였다. 이러한 아버지 역할의 특성을 Magaret Mead(1968)는 '아버지는 생물학적으로는 필연적이지만 사회학적으로는 우발적인 인물'로 묘사하였고, '어미 잃은 날이 아비 정 떼는 날'이라는 우리나라의 속담도 바로 이러한 아버지 역할의 특성을 반영해주고 있는 것이다(정순화, 김시혜, 1996).

그러나 Lamb(1975)이 아버지를 '아동발달의 숨은 공로자'로 지칭한 이후 많은 변화가 나타났다. 최근 아버지는 자녀양육의 중심인물이며 더 이상 사회화 과정에서 부차적인 인물로 간주되지 않는다. 아버지도 성역할과 사회성발달 등에서 어머니 못지않은 영향을 미친다.

(1) 성역할발달

자녀의 성역할발달에서 아버지는 큰 영향을 미치는 것으로 나타났다. 특히 여아보다 남아의 발달에 큰 영향을 미치며, 시기별로는 동일시가 강하게 이루어지는 남근기(phallic stage)에 가장 큰 영향을 미치게 된다. 5세 이전에 아버지의 결손을 경험한 남아는 의존적인 성향을 보이며, 축구나 권투와 같은 거친 활동보다는 독서나 그림 그리기, 퍼즐 등과 같은 비신체적이며 비경쟁적인 놀이를 선호하는 것으로 나타났다. 그러나 6세 이후에 아버지의 결손을 경험한 소년은 이러한 특성을 보이지 않았는데, 이는 연령이 증가함에 따라 아버지를 대신할 다른 남성 모델을 접하게 될 가능성이 커지기 때문이다(Parke, 1996).

전통적인 남성성이나 여성성이 최상의 성역할 모델이라고 볼 수는 없다. 그러나 적절한 성역할 기능의 학습은 아동의 발달에 필수적이다. 자신의 성에 필요한 기본

적인 능력을 학습한 아동은 전통적인 성역할 개념에 얽매이지 않고, 보다 융통성 있
는 성역할발달이 이루어질 수 있다.

(2) 사회성발달

아버지도 어머니 못지않게 아동의 사회성발달에도 큰 영향을 미친다(이경희,
1993; 최경순, 1992). 어머니와 마찬가지로 출생 직후가 아버지와의 관계형성에서도
결정적인 시기이지만 상호작용의 형태에서는 다소 차이를 보이고 있다.

어머니는 자녀와의 상호작용에서 수유를 하고 시중을 드는 데 대부분의 시간
을 보냄으로써 타인에 대한 신뢰감을 형성하는 데 보다 큰 영향을 미치는 반면, 아
버지는 놀이를 통해 자녀에게 타인과 적절하게 상호작용하는 방법을 가르쳐 준다
(Hamner & Turner, 1996). 전형적으로 영아와 아버지의 관계는 애착욕구보다는 사교
적인 욕구와 관련이 있으며, 사회화의 대상이나 놀이친구로서 아버지는 자녀에게
가족 이외의 사람과 어떻게 잘 지낼 것인가를 가르쳐 준다. 그 결과 아버지를 좋아
하고 아버지와의 접촉이 많은 아동은 낯선 사람과의 관계가 우호적이고 활발하며,
이는 특히 남아의 경우 두드러지게 나타난다(Parke, 1996).

(3) 인지 및 언어발달

어머니뿐 아니라 아버지와의 애착관계도 아동의 언어발달에 영향을 미친다. 부
모 모두와 안정 애착을 형성한 아동은 부모의 성별에 무관하게 부모 중 한명에게만
안정 애착을 형성한 아동이나 안정 애착을 형성하지 못한 아동에 비해 언어적 유능
성이 뛰어난 것으로 나타났다(Dagan et al., 2023). 또한 부모의 사회경제적 지위에
따라서도 아동이 사용하는 어휘 수나 읽기능력에서 차이를 보이는 것으로 나타났
다(van der Kleij, Burgess, Ricketts, & Shapiro, 2023).

어머니뿐 아니라 아버지도 인지발달에 영향을 미친다. 학령기 아동을 대상으로
한 연구들에서도 자녀의 수행에 대한 부모의 반응은 성취동기나 수행능력에 영향
을 미치는 것으로 나타났다. 수행과정에서 자녀가 행한 노력이나 전략 등에 초점을
맞춘 과정중심적 반응(process responses)보다 영리함 등과 같은 자녀의 개인적 특성

에 초점을 맞춘 개인중심적 반응(person responses)을 자주 사용할 경우 자녀의 수학적 수행능력은 낮아지는 것으로 나타났다(Barger et al., 2022). 또한 자녀의 학업, 특히 숙제에 대한 부모의 감정적인 부정적 개입은 이후 자녀의 수학에 대한 동기와 성취수준을 낮추는 것으로 나타났다(Wu, Barger, Oh, & Pomerantz, 2022).

3) 부모역할의 비교

이상과 같은 차별화된 부모역할에 대해 혹자는 그러한 차이를 인정하고 있는 반면, 혹자는 현대사회의 구조상 아버지 역할과 어머니 역할의 차이를 구분하기보다는 양성적인 접근이 보다 바람직한 것으로 주장하고 있다.

(1) 부모역할의 차이

아버지가 다소 엄한 훈육방식을 사용하는 반면 어머니는 보다 온정적인 방식을 사용하는 것처럼 아버지와 어머니는 자녀의 발달에 각각 상이한 영향을 미친다(Parke, 2013). 이처럼 부모역할의 차이를 인정하는 학자들은 아버지와 어머니는 상이한 경로를 통해 아동의 발달에 영향을 미치며, 가장 뚜렷한 차이는 놀이와 양육에 대한 상대적인 투자에서 나타난다고 하였다. 아버지는 어머니에 비해 자녀양육에는 덜 참여하지만 놀이 활동에는 더 많은 시간을 보낸다. Lamb(1977)의 연구에서도 아버지는 단순히 놀아주기 위해서 아이를 안아주지만 어머니는 양육적인 목적으로 안아주는 경우가 많은 것으로 나타났다. 어머니와 아버지의 차이는 단순히 놀이시간의 양뿐만 아니라 질에서도 차이를 보였다(Power & Parke, 1982). 아버지는 어머니보다 밀거나 들어올리는 놀이를 많이 하며, 특히 남아와는 더욱 그러한 경향을 보이는 것으로 나타났다(사진 참조). 반면, 어머니는 장난감 등을 보여주고 이를 옮기거나 흔드는 것을 보여주는 놀이를 더 많이 하는 것으로 나타났다. 이러한 차이는 영아기뿐만 아니라 유아기에서도 뚜렷하게 나타나는 것으로 관찰되었다

Michael Lamb

💡 **사진 설명** 어머니는 양육적인 목적으로 안아주는 경우가 많은 반면, 아버지는 놀이목적으로 안아주는 경우가 많다.

(MacDonald & Parke, 1984). 그러나 아버지의 신체적 놀이는 2세경에 최고조에 달하며, 10세경까지 점차 감소하는 것으로 나타났다(MacDonald & Parke, 1986).

아버지와 어머니의 이러한 차이는 여러 문화권에서 보편적으로 나타나는 것으로 보고되고 있으나(Russell & Russell, 1987; Smith & Daglish, 1977), 스웨덴이나 이스라엘의 키부츠 가족에서는 뚜렷한 차이를 보이지 않는 것으로 나타나기도 했다(Lamb, Pleck, Charnov, & Levine, 1985; Sagi et al., 1982). 특히, 독립성과 개별성을 지향하는 서구 산업사회의 아버지들에게서는 신체적 상호작용이 덜 빈번하게 이루어지는 것으로 나타났다(Paquette, 2004). 그러므로 이러한 차이가 문화적 요인에 의한 차이인지 생물학적 요인에 의한 차이인지에 대해서는 더 많은 연구가 필요하다. 생물학적 요인을 주장하는 학자들은 원숭이 등을 대상으로 한 동물연구에서도 이러한 놀이에서의 차이가 나타난다는 사실에 근거하여 생물학적 요인의 영향을 강조하였다(Lovejoy & Wallen, 1988).

부모는 이러한 놀이의 형태뿐만 아니라 상호작용이나 접근가능성, 책임감의 세 가지 개입의 형태에서도 뚜렷한 차이를 보였다(Lamb, 1987; Lamb et al., 1985). 여기서 상호작용은 양육이나 공유하는 활동을 통해 자녀와 직접적으로 접촉하는 것이라면, 접근가능성은 직접적 상호작용이 일어나는 것과는 무관하게 자녀에게 도움이 필요한 상황이 생기면 즉각적으로 도움을 줄 수 있는 가능성을 의미하며, 책임감은 환경을 정리정돈해주고 행동에 한계를 설정해주거나 자녀에게 유용한 자원을 제공해주는 것을 의미한다. 선행연구들은 대부분이 면대면 상호작용에 초점을 맞추고 있고, 접근가능성이나 책임감은 간과하고 있으며, 이에 영향을 미치는 요인이나 결과에 대해서는 알려진 바가 거의 없다. 특히 책임감은 최근에야 주목을 받게 되었다(Parke & O'Neil, 2000). 역할분담에서의 평등성에 대한 최근의 경향으로 인해 아버지 참여의 범위는 느린 속도이지만 점차 증가하고 있으며, 개입하는 영역도 놀이 이외의 여러 영역으로 확장되고 있다. Pleck(1997)은 아버지 참여비율이 어머니의 43.5%까지, 접근가능성은 65% 수준까지 증가하였다고 보고하였다. 그러나 책임감의 영역에서는 뚜렷한 변화가 나타나지 않았는데, 아버지가 1차적 양육자로서 기능하는 경우는 23%에 불과한 것으로 나타났다(Pleck & Masciadrelli, 2004).

(2) 부모역할에 대한 새로운 관점

많은 연구들은 부모역할에서 어머니 역할의 우월성을 강조하였다. 연구결과 여성은 임신과 출산기간을 통해 다양한 호르몬의 변화를 경험하는데, 이러한 변화는 모성행동을 촉진시키는 것으로 나타났다. 이와는 달리 부성행동에는 호르몬의 영향이 그다지 중요하지 않은 것으로 오랜 기간 동안 인식되어 왔다. 그러나 아버지도 임신과 출산기간을 통해 이러한 호르몬의 변화를 경험하며(Storey, Walsh, Quinton, & Wynne-Edwards, 2000), 부성행동이 시작되고 영아와 접촉을 하게 되면 여성과 마찬가지로 프로락틴은 증가하고 테스토스테론은 감소하는 것으로 나타났다. 특히 프로락틴 수준은 임신 전반부보다 후반부에 증가하고, 코르티솔 수준은 출산 직전에 증가하였다가 출생 후에는 감소하는 것으로 나타났다. 출산 이후 영아와 상호작용이 이루어지면 테스토스테론 수준은 낮아지는 것으로 나타났으며, 테스토스테론 수준이 낮은 남성은 울음과 같은 영아의 신호에 반응적이며, 갑작스럽게 그 수준이 감소하는 남성들에게는 의만증후군(擬娩症候群, couvade syndrome)[1] 이 빈번하게 보고되었다. 그러므로 낮은 테스토스테론 수준은 아버지의 반응성을 증가시키는 것으로 볼 수 있다는 것이다(Storey et al., 2000). 반면, 프로락틴 수준이 높을 경우 영아의 울음에 보다 반응적이고 민감한 것으로 나타났으며, 어머니와 마찬가지로 아버지의 옥시토신 수준도 촉각적 자극 등과 같은 아기와의 상호작용에 영향을 미치는 것으로 나타났다(Feldman, Gordon, Schneiderman, Weisman,& Zagoory-Sharon, 2010; Gordon, Zagoory-Sharon, Leckman, & Feldman, 2010).

Joseph H. Pleck

최근까지도 아동의 성장에 미치는 아버지의 영향은 간과되어 왔으나 근래에 와서는 양육자로서 아버지의 역할이 갖는 중요성이 밝혀지고 있어 주목을 받고 있다. Pleck(2010)은 20세기 아버지의 역할을 경제적 부양자로서의 아버지(1940년대 이전), 성역할 모델로서의 아버지(1940년대 중반~1970년대 중반), 양육자로서의 아버지(1970년대 중반 이후)의 세 가지 형태로 개념화하였다. 사회변화로 인해 아버지는 더 이상 가정에 물질적 도움을 주는 부양자로서의 존재가 아니며, 어머니 못지않게 자녀의 양육자로서 중요한 역할을 담당하는 것으로 인식되고 있다.

따라서 아버지는 거칠고 어머니는 부드러우며, 아버지는 엄격하고 어머니는 양육적이라는 전통적 역할구분이 이제 변화하고 있다. 전통적인 역할구분과는 달리 가정에서 자녀양육자 역할을 수행하는 아버지(stay-at-home father: SAHF)의 비율이 점차 증가하고 있다(Shaver, 2007; U. S. Census Bureau, 2009). 생물학적 아버지로서의 역할비중은 점차 감소하고, 사회학적 아버지로서의 역할비중은 점차 증가하는 추세이다(사진 참조). 연구

🔦 **사진 설명** 현대사회에서는 양육자로서의 아버지 역할이 중요시된다.

---

1) 임신한 아내가 임신기간과 분만기간 동안 경험하는 입덧(구토)이나 식욕상실, 진통 등으로 인한 신체적 고통을 남편이 경험하는 증후군을 말한다.

결과에서도 아버지가 한계를 설정함과 동시에 온정성과 양육성을 보일 때 아동의 창의성, 독립심, 관대함, 민감성의 발달이 촉진된다고 한다(Mussen, Conger, Kagan, & Huston, 1990).

4. 부모역할의 영향 요인

Bronfenbrenner(1979, 2000)는 생태학적 관점에서 인간의 발달은 가까운 근접환경에서부터 자신이 살고 있는 문화적 환경까지를 모두 포함하는 미시체계, 중간체계, 외체계, 거시체계 그리고 시간체계의 다섯 가지 체계의 영향을 받는다고 하였다(〈그림 1-3〉참조). 그리고 아동이 성장함에 따라 부모와 자녀 간에 이루어지는 상호작용은 보다 넓은 체계의 영향으로 점차 그 복잡성이 증대된다고 하였다.

이러한 여러 환경 요인 가운데 아동의 성장과정에서 무엇보다도 큰 영향을 미치는 것은 중요한 미시체계인 부모이다. 대부분의 부모들은 부모로서의 역할을 잘 수행하고 있지만 그 정도에서는 차이를 보이며, 이러한 차이를 결정하는 주요 요인으로 Belsky(1984)는 부모, 자녀, 상황 요인을 들고, 이들 세 요인 가운데 부모요인이 가장 큰 영향을 미친다고 하였다. 이를 근거로 Taraban과 Shaw(2018)는 부모역할에 영향을 미치는 요인들을 다음과 같은 모형으로 제시하였다(〈그림 1-4〉참조).

Urie Bronfenbrenner

Jay Belsky

Daniel, S. Shaw

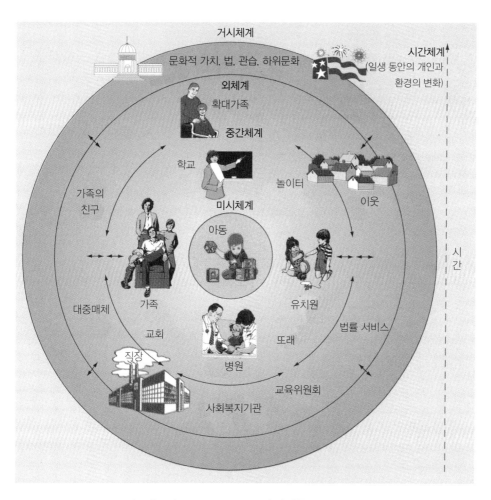

〈그림 1-3〉 Bronfenbrenner의 생태학적 체계 모델

출처: Shaffer, D. R. (1999). *Developmental psychology: Childhood and adolescence* (5th ed.). Pacific Grove, CA: Brooks/Cole.

1) 부모 요인

부모역할에 영향을 미치는 부모의 특성 가운데 대표적인 요인으로 Belsky는 부모 자신의 성장사(developmental history), 성격특성 그리고 정신병리 등을 들었다.

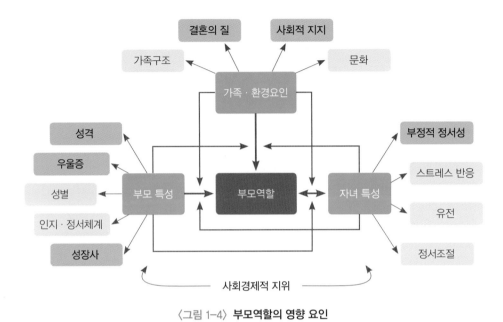

〈그림 1-4〉 **부모역할의 영향 요인**

출처: Taraban, L., & Shaw, D. S. (2018). Parenting in context: Revisiting Belsky's classic process of parenting model in early childhood. *Developmental Review, 48*, 55-81.

(1) 성장사

부모역할은 부모 자신의 성장사에 영향을 받는다. 성장사에 관한 많은 연구들은 부모는 그들이 양육되었던 방식과 유사하게 자신의 자녀를 양육한다는 부모역할의 세대간 전이(intergenerational transmission)에 대한 연구를 중심으로 이루어지고 있다. 그들 자신의 부모와 안정된 관계를 형성하였던 성인들은 그들의 자녀와도 안정된 애착을 형성하고 양육하는 경향이 있다. 이들은 자녀와의 상호작용에서 정서적 지지나 도움을 제공해주며, 발달상의 문제점을 이해하고, 자녀의 개별성을 수용한다. 그러나 성장과정에서 부모와 좋지 못한 관계를 형성한 사람들은 자녀와의 상호작용에서 결함을 보이게 된다. 초기에 어머니로부터 분리된 영아는 이후 아동기나 청년기에서 대인관계 문제나 성인기의 역기능 및 우울증과 관련이 있는 것으로 보고되었으며, 이러한 상실감은 강한 불안이나 죄책감, 분노의 감정을 유발하는 것으로 보고되었다(Hesse & Main, 1999, 2000; Rutter, 1999). 이처럼 부모역할은 자신의 부모에 대한 동일시를 통해 한 세대에서 다음 세대로 전해지게 된다(van Ijzendoorn, 1992).

Marinus H. van Ijzendoorn

부모역할의 세대간 전이에 대한 초기의 연구는 아동학대나 혹독한 양육방식을 중심으로 이루어졌다. 부모와의 관계에서 문제가 있었던 사람들은 성인기에 자녀를 학대하는 비율이 높다는 것이다. 물론 부모의 양육태도가 과거의 영향을 받는 것으로만 생각할 수는 없다. 오히려 자신의 경험을 극복하고자 하는 욕구가 강하여 보다 효율적으로 부모역할을 수행할 수도 있다. 그러나 이러한 요인이 부부관계의 문제나 낮은 교육수준, 혼전임신, 스트레스 상황과 같은 다른 위험요인과 결부되는 경우에는 실제적으로 학대를 유발하는 가능성은 더욱 높아지게 된다. 또한 아동학대뿐 아니라 온정적이고 긍정적인 양육태도도 세대간 전이가 이루어진다(Belsky, Conger, & Capaldi, 2009; Belsky, Jaffee, Sligo, Woodward, & Silva, 2005). 출생가족에서의 경험이 이후의 발달에 미치는 영향은 지속적이어서 자신의 부모와 가까운 관계를 유지했던 여성은 이후 성인자녀와 가까운 관계를 유지하며, 이는 아들보다 딸과의 관계에서 보다 두드러지는 것으로 나타났다(Hou, Suitor, & Gilligan, 2023). 아버지의 경우에도, 혹독한 훈육 등 아동기에서의 부정적인 경험은 내면화된 심리적 문제나 외현화된 심리적 문제와 관련이 있으며, 부정적인 경험이 누적되면 온정성과 양육성의 결여로 인해 자녀와의 관계의 질을 저하시키는 것으로 나타났다(Shafer & Easton, 2021). 즉, 출생가족에서의 발달의 역사가 개인의 성격이나 성인기의 관계형성에 영향을 미치며, 이것이 궁극적으로 부모역할에 영향을 미치는 것으로 볼 수 있다.

(2) 성격 특성

여러 학자들은 부모역할에서 개인의 성격이 결정적인 역할을 한다고 한다. 부모의 성격요인과 양육행동 간의 관계가 중요한 연구영역으로 대두된 것은 5요인 성격이론을 수용하면서부터이다. 성격의 5요인은 Cattell(1943, 1945)에 의해 작성된 광

Raymond Cattell

범위한 성격목록을 Tupes와 Cristal(1961)이 요인분석 방법을 통해 처음으로 규명하였으며, 이러한 5요인 구조는 다양한 대상과 연구자에 의해 반복적으로 확인되었다.

① 외향성

외향성(extraversion)은 상호작용의 양이나 강도, 활동수준, 자극에 대한 욕구나 기쁨에 대한 수용능력을 반영하는 것으로, 외향성에서 높은 점수를 얻은 사람들은 사교적이고, 활동적이며, 말이 많고, 인간지향적이고 낙천적인 반면, 외향성에서 낮은 점수를 얻은 사람들은 침울하고, 초연하며, 과제지향적이고, 조용하다. 이러한 차이에 비추어볼 때, 부모역할은 사회적인 특성과 관련이 있다는 점에서 외향적인 사람들이 보다 부모역할을 잘 수행할 것으로 추론할 수 있다. 그러나 이와는 반대로 외향적인 성향이 강한 사람들은 하루 종일 자녀와의 상호작용에만 전념해야하는 부모역할보다는 다른 성인과의 상호작용에 보다 관심을 가질 수 있다고 볼 수도 있다. 이에 대한 연구결과는 다소 일치하지 않으나, 메타분석 결과 외향성은 온정적인 부모역할과 정적 상관이 있는 것으로 나타났다(Prinzie et al., 2009).

② 순응성

순응성(agreeableness)은 사고나 감정, 행동에서 타인에 대해 공감하고 조화를 이루고자 하는 상호관계적 성향을 반영하는 것으로, 순응성에서 높은 점수를 받은 사람들은 부드럽고 타인을 신뢰하고 관용적인 반면, 낮은 점수를 받은 사람들은 냉소적이고 무례하며 의심이 많고 농간을 부리는 경향이 있다. 순응성에서 높은 점수를 받은 부모들은 자녀에 대해 긍정적인 정서반응이나 민감성을 보이는 반면 부정적인 정서반응이나 통제는 덜 보이는 등 지지적인 양육행동과 정적 상관이 있는 것으로 나타났다(McCabe, 2014; Prinzie et al., 2009).

③ 성실성

성실성(conscientiousness)은 개인이 높은 성취기준을 설정하고 이를 달성하기 위해 노력하는 정도를 반영한다. 지나치게 높은 성실성은 부모역할에 다소 부정적인 영향을 미치지만 (Belsky & Barends, 2002), 일반적으로 성실성은 온정적이고 지지적인 양육태도와 상관이 있는 것으로 나타났다(Bornstein et al., 2011; McCabe, 2014; Prinzie et al., 2009).

Marc Bornstein

④ 신경증

신경증(neuroticism)은 개인이 심리적 고통이나 비현실적인 생각, 과도한 충동이나 부적응적 대처반응에 얼마나 취약한가를 반영하는 것으로 부모의 행동에 다양한 방식으로 영향을 미친다. 신경증에서 높은 점수를 받은 어머니들은 불안하고 정서적으로 안정적이지 못해서 자녀의 요구에 민감하게 반응하기보다는 자신의 고통에 더 집중하는 경향을 보인다(Connor-Smith & Flachsbart, 2007). 따라서 신경증은 성격의 5요인 가운데 유일하게 온정적인 부모역할과 부적 상관을 보이는 것으로 나타났다(McCabe, 2014; Prinzie et al., 2009). 자녀가 사춘기에 이르러서도 부모의 신경증은 문제를 유발하는 양육행동과 결부되는 것으로 나타났는데, 이들은 자녀의 행동에 대해 덜 수용적이고 심리적 자율성에 대해 덜 지지적인 것으로 나타났다 (Gondoli & Silverberg, 1997). 이러한 연구결과는 어떤 발달단계에서든 높은 신경증 수준은 부적절한 양육행동과 관련되어 있음을 말해주는 것이다.

⑤ 개방성

개방성(openness)은 새로운 것에 대한 개방적인 정도를 나타내는 것으로, 경험에 대한 개방성에서 높은 점수를 받은 부모들은 흥미가 광범위하고 상상력이 뛰어난 반면, 낮은 점수를 받은 사람들은 실용적이고 전통적이며 정해진 방식으로 행동하는 경향이 높다. 극단적으로 높은 개방성 수준을 보이는 부모는 일상적으로 반복되는 부모역할보다 새로운 경험에 보다 관심을 집중하는 경향을 보이지만(Connor-Smith & Flachsbart, 2007), 일반적으로 개방성은 온정적 부모역할에 긍정적인 영향을 미치는 것으로 나타났다(Bornstein et al., 2011).

이상의 연구결과를 종합해보면 신경증 점수가 낮고 외향성이나 순응성, 경험에 대한 개방성, 성실성 점수가 높은 부모들이 자녀에 대해 보다 지지적이고 민감하고, 반응적이며, 지적인 자극을 많이 제공하는 것으로 볼 수 있다.

(3) 정신병리

영아기의 자녀를 가진 어머니의 우울증은 가장 주목을 받고 있는 정신병리 가운데 하나로서 민감성과 반응성에 영향을 미친다. 어머니의 민감성은 사회정서발달과 내면화된 행동문제에 영향을 미치며, 자유놀이상황에서 어머니의 민감성은 자녀의 언어발달에도 영향을 미치는 것으로 나타났다(Taraban, Shaw, Morris, & Mendelsohn, 2023). 또한 기존의 연구들에 대한 메타분석결과 부모의 민감성은 아동의 내면화된 문제행동 및 외현화된 문제행동과 관련이 있는 것으로 나타났으며, 특히 외현화된 문제행동과 더 관련된 것으로 나타났다(Cooke et al., 2022).

우울한 어머니들은 자녀에게 민감한 반응을 덜 보이며, 덜 웃고, 덜 말하고, 피부

접촉을 덜 하는 것으로 나타났다(사진 참조). 또한 영아와의 적극적인 개입의 중요성을 과소평가하고 부정적인 행동을 촉진시키는 것으로 나타났다(Diener, Mangelsdorf, Contrerae, Hazelwood, & Rhodes, 1995; Goldstein, Diener, & Mangelsdorf, 1996). 이러한 방식으로 어머니의 우울증상은 부모역할에 어려움을 초래하고, 아동의 기능성 수준을 낮추며, 궁극적으로 아동의 낮은 학업수행능력과도 관련이 있는 것으로 나타났다.

따라서 아동기에 어머니의 우울증상에 노출될 경우 이후 교육적 기회를 제한하는 심각한 위험을 초래할 수도 있다(Bechtiger et al., 2022).

어머니의 우울증이 부모역할에 미치는 영향에 대한 연구들에서 우울증은 어머니의 인지, 정서, 행동 전반에 영향을 미쳐 자녀의 사회정서적 요구에 관심을 집중할 수 없게 하고, 자녀의 어려움에 대해 감정이입하고 민감하게 반응하는 것을 어렵

게 만드는 것으로 나타났다(Coyne, Low, Miller, Seifer, & Dickstein, 2007). 아버지의
우울증도 어머니와 마찬가지로 부정적인 부모역할과 관련이 있는 것으로 나타났다
(Wilson & Durbin, 2010).

우울증의 영향은 지속기간이나 발병시기에 따라서도 상이하다. 자녀가 영유아
기일 때 부모가 우울증을 경험했거나 장기간 지속되었을 때 보다 심각한 영향을 미
치는 것으로 나타났다(Letourneau, Salmani, & Duffett-Leger, 2010; Lovejoy, Graczyk,
O'Hare, & Neuman, 2000).

(4) 인지정서체계

부모가 옳다고 믿는 신념이나 지식, 효능감과 같은 인지·정서적 요인도 부모역
할에 많은 영향을 미친다. 그리고 부모역할에 대한 효능감이나 지식과 같은 인지·
정서적 요인은 부모의 성격특성에 많은 영향을 받는 것으로 나타났다. 외향성은 부
모역할 유능성에 대한 인식과, 개방성은 부모역할에 대한 지식이나 유능성과 관련
이 있는 것으로 나타났다(Bornstein et al., 2011). 부정적인 정서성이나 신경증 수준
이 높고 순응성이 낮은 어머니들은 아기가 울고 있는 비디오에 대해 보다 부정적이
고 자기중심적으로 생각하는 경향을 보이며, 이는 아기와의 상호작용에서 민감성
을 떨어뜨리는 요인으로 작용한다. 나아가 자녀의 행동을 부정적으로 평가하는 인
지적 경향성은 부모의 정서조절체계에도 영향을 미쳐 적대적인 훈육을 행하는 결
과를 초래하게 된다(Mence et al., 2014). 실제로 혹독한 훈육을 하는 부모들은 자녀
가 보이는 일반적인 부정적 정서표현에 대해 적대적인 의도를 가지고 있다고 생각
하며, 이러한 부정적 정서 반응을 분노의 표현으로 오해하는 경향이 있다(Rhoades
& O'Leary, 2007).

또한 자녀의 발달이 사회적 환경의 영향을 많이 받는다는 신념을 가지고 있는 어
머니는 그렇지 않은 어머니보다 부모-자녀 간의 상호작용에서 어머니가 사용하
는 언어의 양이나 종류가 많고 다양한 것으로 나타났다(Donahue, Pearl, & Herzog,
1997). 사회적 환경이 아동의 발달에 중요한 역할을 하는 것으로 믿고 있는 어머니
들은 아동에게 제시된 사건의 세부적인 측면보다는 관계나 범주에 대한 생각을 요

구하는 질문을 보다 많이 하는 것으로 나타났다. 또한 부모의 신념은 문화적 배경에 따라서도 상이하게 나타났다. 중국계 미국인과 유럽계 미국인에 대한 비교문화 연구에서 Chao(1994)는 중국계 미국인들은 보육시설이 아니라 부모나 기타 가족원이 자녀를 키워야 한다는 사실을 강조하며, 부모에 의한 자녀교육이나 훈육을 보다 강조하는 것으로 나타났다. 또한 이들은 학업에서의 성공을 도와줌으로써 자녀에 대한 애정을 표현해야 한다는 신념을 가지고 있었다.

2) 자녀 요인

부모역할은 부모가 가지고 있는 특성의 영향을 받을 뿐만 아니라 자녀의 특성에 의해서도 영향을 받는다. 자녀의 성별이나 출생순위, 기질 등은 부모역할에 영향을 미치는 중요한 요인이다. 또한 특별한 욕구를 충족시켜야 하는 발달상의 문제를 가지고 있는 자녀의 경우 부모역할은 상당히 많은 영향을 받게 된다. 최근에는 자녀의 성별과 무관하게 동일한 기준으로 양육하려는 경향을 보이고 있으며, 한자녀가정의 증가로 인해 출생순위별 차이도 그다지 주목을 받지 않고 있다.

Arnold J. Sameroff

Michael J. Chandler

자녀의 기질이 부모에게 미치는 영향에 대한 연구는 Thomas와 그의 동료들(Thomas, Chess, Birch, Hertzig, & Korn, 1963)에 의해 이루어진 뉴욕종단연구(New York Longitudinal Study: NYLS)로 소급해 올라간다. 또한, Bell(1968, 1979)은 자녀와 양육자 상호 간에 서로의 행동을 재조정하고 자극하는 사회화의 재개념화(reconceptualization of socialization)에 대한 연구를 통해 일방적 접근방법의 한계를 지적하였으며, 이후부터 기질은 부모역할에 영향을 미치는 중요한 요인으로 많은 관심을 받게 되었다. 이후 Sameroff와 Chandler(1975)는 유기체와 환경요인 간의 상호작용에 대한 연구를 통해 수

줍음과 같은 기질특성은 부모로부터 특정한 인식이나 감정을 유도해낸다는 간략한
형태의 상호작용 모델을 제시하였다.

　기질의 영역 가운데 부모역할과 가장 관련이 있는 부분은 부정적 정서성(negative
emotionality)이다. 부정적 정서성은 기질의 핵심적 요소로서 환경적 스트레스에 대
해 아주 높은 수준의 분노, 슬픔, 공포 반응을 나타내는 것으로, 긍정적인 부모역할
을 어렵게 하고 혹독한 부모역할을 수행하게 한다(Crockenberg & Leerkes, 2003). 수
줍음도 일종의 기질적 특성으로, 이는 내면화된 문제행동과 개념적으로 상당 부분
관련이 있다. 아동이 학교에 입학하게 되면 수줍음은 불안관련 증상과 연관성이 증
가하게 되어(Bekkhus, McVarnock, Coplan, Ulset, & Kraft, 2023) 부모와의 상호작용에
어려움을 초래할 수 있다.

　초기의 기질연구는 부모역할과 밀접한 관련을 가
지고 이루어졌는데, 이러한 기질연구를 통해 Chess와
Thomas(1989)는 자녀의 문제행동이 전적으로 부모 책
임이라는 사실에 반대의견을 제시하였다. 이들은 건강
하게 부모역할을 수행하는 가정에서도 자녀에게서 정
신병리현상이 나타나기도 하며, 이와는 달리 부모역할
에 문제가 있거나 가족의 와해나 심한 스트레스 상황에
있는 가족에서도 자녀가 건강하게 성장하는 경우도 있

Alexander Thomas와 Stella Chess

다고 하였다. 이러한 연구결과를 통해 이들은 자녀의 특성과 환경적 요구 간의 조
화의 적합성(goodness-of-fit)을 강조하게 되었다.

3) 가족 · 사회환경 요인

　부모 자신이나 자녀가 가지고 있는 고유한 특성 외에도 부부 간 결혼생활의 질이
나 사회적 환경도 부모역할에 영향을 미치는 요인이다. 부모역할에 영향을 미치는
대표적인 가족 · 사회환경 요인으로는 부부관계, 사회적 지원망이나 문화적 요인
등이 있다.

(1) 부부관계

부모나 자녀의 특성 외에 부부관계는 부모역할에 영향을 미치는 중요한 요인이다. 결혼생활에서 부부관계가 원만할 경우 이는 부모역할에 긍정적인 영향을 미치는 반면, 부부간의 갈등은 민감한 부모역할을 저해하는 것으로 나타났다(Erel & Burman, 1995; Krishnakumar & Buehler, 2000).

어머니의 결혼생활에서의 적응은 자녀의 친사회적 행동에 긍정적인 영향을 미치지만(Wu, Zhang, Liu, Wang, & Zhao, 2023), 부부간의 파괴적인 갈등은 사려깊은 부모역할을 저해함으로써 부모역할에 장기적으로 부정적인 영향을 미치는 것으로 나타났다(Cheung & Chung, 2023). 어머니와 마찬가지로 아버지의 부부관계도 부모역할에 영향을 미치는 것으로 나타났다(Stover et al., 2016; Stroud, Durbin, Wilson, & Mendelsohn, 2011). 부모간의 갈등에 많이 노출될수록 아동의 정서적 반응성에 문제를 초래하며, 이는 다시 학교생활에서의 문제를 초래하는 것으로 나타났다(Davies, Thompson, Hentges, Parry, & Sturge-Apple, 2022).

청년기 자녀들의 경우에도 부부간 갈등 수준이 높을 경우 이를 위협적인 것으로 지각하고 불안감을 경험하며(MacNeill & Fosco, 2022), 부부관계의 질은 청년기 자녀의 우울증상에도 영향을 미치는 것으로 나타났다(Chiang & Bai, 2022).

(2) 사회적 지원

부모가 되기로 결정하는 것은 본질적으로 경제적 요인뿐 아니라 사회적 요인의 영향도 크게 받는다. 사회적 지원은 자녀를 가질 것인지를 결정하는 것뿐 아니라 이후의 부모역할에도 큰 영향을 미친다. 가족과 함께 시간을 보내기 어렵게 만드는 노동문화나 자녀양육 조력자 여부는 자녀출산에 영향을 미치는 주요 요인이며(Karabchuk, Dulmer, & Gatskova, 2022), 특히 여성의 경우 부모로부터의 경제적·육체적 지원 여부는 부모됨의 동기에 큰 영향을 미치는 요인으로 작용한다(Min, Johnson, Anderson, & Yurkiw, 2022; Pessin, Rutigliano, & Potter, 2022).

사회적 지원망의 범위가 넓은 어머니들은 어린 시절에 보다 지지적인 환경에서 성장한 어머니들이었으며, 사회적 지원망이 많은 어머니들은 자녀에게 보다 지지적인 양육태도를 보이는 것으로 나타났다. 이러한 관련성은 자신의 친구나 배우자와 좋은 관계를 유지할 줄 아는 사람들은 그들 자녀와의 관계에서도 존중을 표하고 반응하며 인내심을 보인다고 볼 수 있으며 동시에 정서적인 요구상황에 보다 효율적으로 대처하는 것으로 해석할 수 있다(Vondra, Sysco, & Belsky, 2005).

　사회적 지원망은 아버지 역할 수행에도 영향을 미친다. 저소득층 자녀의 사회경제적 불평등을 감소시키기 위해 시행되었던 헤드스타트 프로그램에 참여한 아버지들은 자녀와의 접촉이나 활동참여가 증가하였으며, 이는 부부관계에도 긍정적인 영향을 미치는 것으로 나타났다(Haralampoudis, Nepomnyaschy, & Donnelly, 2021). 양질의 조기양육과 교육은 소득수준에 따른 교육적 성취의 차이를 감소시켜 줌으로써 가난이 성인기로 대물림되는 것을 완화시켜줄 수 있다는 점에서 특히 저소득층 아동에게 중요한 의미를 갖는다(Bustamante, Dearing, Zachrisson, & Vandell, 2022). 이러한 사실은 현재 여러 나라들에서 시행하고 있는 공공 프로그램이 저소득층 자녀의 발달을 지원하고 복지를 향상시킬 수 있는 주요한 사회적 지원망이 될 수 있음을 말해준다.

Deborah Vandell

(3) 문화적 영향

　부모역할은 자녀를 어떻게 양육해야 하는지에 대한 문화적 기준의 영향도 받게 된다. 부모역할의 문화적인 영향에 대한 대표적인 연구자는 Ruth Benedict와 Magaret Mead이다. 이들은 성격과 문화는 분리할 수 없는 것이라고 하는 문화와 개인의 성격과의 관계에 대한 기초 자료를 제시해주었다. 어떻게 문화가 개인의 성격에 영향을 미치는가에 대해 Benedict는 어린 시절 사회화 과정을 통해 문화적 동화(cultural assimilation)가 일어나며, 이로 인해 문화와 성격은 분리할 수 없는 통합적인 것으로 형성된다고 하였다.

　Bornstein과 동료들(2007)은 문화는 부모역할에 대한 인식에도 영향을 미치는데, 집단주의 문화는 부모역할에 대한 긍정적

Ruth Benedict

인 인식과, 개인주의 문화는 부정적인 인식과 관련이 있다고 하였다. 문화권마다 성격의 5요인 가운데 신경증이 부모역할에 미치는 부정적 영향은 상이하지만, 순응성과 개방성은 모든 문화권에서 부모역할에 도움이 된다고 한다. 또한 중국의 도시 가족을 대상으로 문화가 어떻게 부모역할에 영향을 미치는지에 대한 연구에서는 서구의 권위있는 양육태도나 권위주의적인 양육태도와는 달리 중국 문화의 특징적인 '엄격하면서 애정적인(strict-affectionate)' 양육태도가 나타난다고 하였다(Zhang, Wei, Ji, Chen, & Deater-Deckard, 2017).

(4) 사회계층

부모역할에서 사회경제적 지위가 미치는 영향은 너무나 광범위하여 Taraban과 Shaw(2018)는 이를 모든 요인에 영향을 미치는 형태로 저변에 도식화하였다. 개인의 신체발달의 차원에서만 보더라도 아동기의 가난은 인슐린 저항성[2]이나 세포노화 등의 생물학적 기제에 영향을 미쳐 발달을 저해하는 요인으로 작용한다(Barton et al., 2022). 게다가 사회계층은 부모역할에 대한 신념이나 목표, 양육태도, 언어적 상호작용이나 통제방식 등에 영향을 미친다. 사회경제적 지위가 높은 어머니들은 낮은 어머니들보다 자녀에게 높은 성취기준을 설정해주고 자녀가 이러한 기준에 도달한 것에 대해 높이 평가하는 것으로 나타났다(Mansbach & Greenbaum, 1999; Ninio, 1988). 사회계층에 따른 양육태도의 차이는 많은 연구들에서 지적되고 있는데(Budwig & Chaudhary, 1996; Hart & Risley, 1992), 일찍이 Bronfenbrenner(1958)는 중산층 이상의 부모-자녀관계는 보다 수용적이고 평등한 반면, 노동자 계층은 보다 복종이나 질서를 요구하는 경향을 보인다고 하였다. 하류계층의 부모가 보이는 부모중심적이고 권위주의적인 태도와 비교하여 중상류계층의 부모들이 보이는 이러한 양육태도를 Hoffman(1963)은 민주적인 태도로, Sears 등(Sears, Maccoby, &

---

2) 혈당을 낮추는 인슐린의 기능이 떨어져 세포가 포도당을 효과적으로 연소시키지 못하는 현상. 인슐린 저항성이 높으면 인체는 인슐린을 지나치게 많이 만들어 내고 이로 인해 고혈압, 고지혈증, 심장병, 당뇨병을 야기 시킨다.

사회계층 → 생활여건 → 부모의 가치 → 부모 행동

〈그림 1-5〉 **사회계층과 부모행동의 관계**

Levin, 1957)은 아동중심적인 태도로 묘사하였다. 사회경제
적 지위가 높은 어머니들은 자녀와의 언어적 상호작용도 보
다 많이 하며(Hoff-Ginsberg, 1992, 1998), 특히, 교육수준이
높은 어머니들의 경우 조기교육이 자녀의 발달에 대한 투
자라고 생각하는 비율이 높게 나타났다(Steinberg & Kleinert,
2022). 또한 높은 사회계층의 부모들은 자녀가 보이는 부정
적 정서성에 대해 보다 민감한 양육태도를 보이는 반면, 낮
은 사회계층의 부모들은 덜 민감한 양육태도를 보이는 것으

Robert Sears

로 나타났다(Paulussen-Hoogeboom, Stams, Hermanns, & Peetsma, 2007; Paulussen-
Hoogeboom, Stams, Hermanns, Peetsma, & van den Wittenboer, 2008).

　Kohn(1963)은 다양한 사회계층의 부모를 대상으로 한 연구를 통해 사회계층이
부모역할에 영향을 미치는 과정을 다음과 같이 설명하였다(〈그림 1-5〉 참조). 노동
자 계층의 부모들은 보다 외적 규칙에 대한 복종을 강조하는데, 이러한 가치는 지시
에 대한 복종을 요구하는 하류계층의 직업적 특성을 반영하는 것이라고 하였다. 반
면 상류계층의 부모들은 자기주도적이고 창의적인 것에 가치를 두는데, 이 또한 자
신의 직업적 특성을 반영한 것이라고 볼 수 있다. 이러한 Kohn의 연구결과는 후속
연구나 다른 문화권을 대상으로 한 연구에서도 확인되었다(Kohn, 1969, 1979; Luster,
Rhoades, & Haas, 1989).

　일반적으로 사회경제적 지위는 수입이나 교육수준 등으로 평가하지만 부모역할
과의 관련성을 살펴보기 위해서는 단순히 수입이나 교육수준 이상의 것을 함께 고
려해야 할 것이다. 사회계층은 이웃이나 보육시설, 장난감이나 학습자료, 제공되
는 식품의 질 등 여러 요인과 결부되어 있다. 또한 낮은 사회계층의 부모들은 부모

역할을 과소평가하는 성격특성을 보이는데, 일생동안 사회경제적 지위가 낮은 부모들은 높은 수준의 신경증과 낮은 수준의 성실성과 관련이 있는 것으로 나타났다 (Jonassaint, Siegler, Barefoot, Edwards, & Williams, 2011). 그러므로 사회계층이 부모역할에 미치는 영향을 살펴보기 위해서는 사회계층 자체가 직접적으로 미치는 영향보다 어떻게 영향을 미치는지에 대한 보다 심층적인 연구가 필요할 것이다.

5. 현대사회의 부모역할

사회가 변화하면서 부모역할에서도 많은 변화가 나타났다. 사회변화의 여러 측면 가운데 여성취업률의 증가와 핵가족화·소가족화, 높은 이혼율, 가치관의 변화와 같은 요인들은 부모역할에 변화를 초래한 대표적인 요인으로 볼 수 있다.

1) 여성취업률 증가와 부모역할

전통사회에서 아버지와 어머니는 그 역할이 도구적인 역할과 표현적인 역할로 엄격하게 구분되어 있었으며, 이는 자녀양육에서도 예외는 아니었다. 그러나 최근 여성들이 자녀양육보다는 직업적 성취에 더 많은 비중을 두게 되면서 자녀양육은 부모의 직업적 성취에 종속되는 경향을 보이고 있다.

최근 결혼을 아예 하지 않거나 결혼을 해도 자신의 직업적 성취를 고려하여 자녀를 두지 않는 딩크(Double Income No Kids: DINK)족의 비율이 점차 증가하고 있다. 또한 경제적 부담뿐 아니라 부모역할을 다하지 못할 것이라는 죄책감 등으로 인해 자녀를 출산하더라도 둘째 자녀 이상을 출산하는 가구의 비율은 지속적으로 감소하는 반면, 한 자녀 가구의 비율은 2007년 51.2%로 절반 이상을 차지한 이래 지속적으로 증가하고 있다. 그 결과 2024년 통계청에서 발표한 우리나라의 '2023년 출생통계'에 따르면 총 출생아 수는 23만 명으로 나타났으며, 여성 한 명이 가임기간(15~49세) 동안 출산하는 출생아수(합계출산율)도 0.72명으로 나타났다(〈그림 1-6〉 참조).

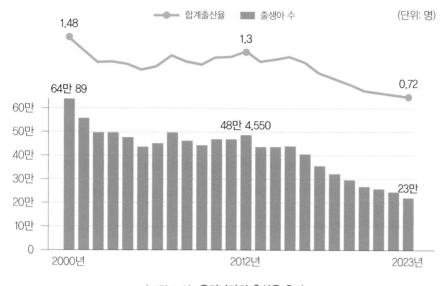

〈그림 1-6〉 **우리나라의 출산율 추이**
출처: 통계청(2024). 2023년 출생통계.

현재의 인구를 유지하는 데 필요한 최소한의 합계출산율이 2.1명이라는 사실에 비추어 볼 때 현재의 출산율이 그대로 유지될 경우 2050년경에는 우리나라 인구가 4천만 명 이하로 감소할 수 있으며, 출산율 감소와 아울러 나타나는 소황제증후군과 같은 사회문제 예방과 여성의 일·가족양립을 위해 그 어느 때보다도 출산 및 양육지원 인프라의 구축이 필요한 시점이다.

2) 핵가족화·소가족화와 부모역할

산업화와 도시화로 인해 가족은 형태상으로 점차 핵가족화·소가족화되고 있다. 3세대 가족은 이제 전체 가족의 5%에도 채 미치지 못하고 있다(〈그림 1-7〉 참조). 이러한 가족형태의 변화로 인해 현대의 부모들은 과거 대가족 내에서 성장과정을 통해 자녀양육에 대해 자연스럽게 배울 수 있는 기회를 갖지 못하게 되며, 결과적으로 이에 대한 지식이 부족할 수밖에 없다. 이러한 지식의 부족은 자신감의 부족으로 이어지고 다시 부모역할에 대한 만족도를 저하시키는 요인으로 작용한다.

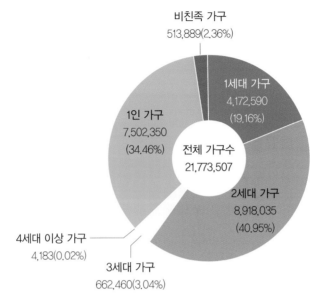

〈그림 1-7〉 **세대구성별 가구수**

출처: 통계청(2023). 인구총조사.

또한 여성취업률의 증가와 더불어 이러한 소가족화·핵가족화는 자녀양육자 부재현상을 촉진시키는 요인이 되고 있다. 양질의 보육시설이 충분하게 구비되지 않은 상황에서 전통적으로 자녀양육을 담당하던 여성들은 자녀양육의 책임을 전적으로 담당하기 어려워졌으며, 남성이 그러한 역할을 보완할 수도 없는 실정이기 때문에 돌봄 문제는 저출산을 유발하는 대표적인 요인으로 대두되고 있다.

3) 높은 이혼율과 부모역할

가족의 가치보다 개인적인 성취에 더 많은 가치를 두게 되면서 현대사회에서는 결혼을 통해 형성된 가족이 더 이상 안정적인 단위가 되지 못한다. 통계청에서 발표한 2023년 우리나라의 이혼건수는 9만 3천 건으로 나타났으며, 인구 천 명당 이혼율을 나타내는 조 이혼율은 1.8건에 달하는 것으로 나타났다. 이혼율이 정점에 달한 2003년 이후 이혼율은 점차 감소하고 있으나 여전히 높은 수치라고 볼 수 있다.

높은 이혼율은 한부모가족이나 새부모가족의 증가로 이어지며, 이는 아동의 성장과 발달뿐만 아니라 부모역할에도 큰 영향을 미치며, 이로 인해 유발되는 가족 내 갈등도 문제로 지적된다.

4) 개인주의 가치관과 부모역할

구조기능론적 관점에서는 남성은 생계부양자, 여성은 가사 및 자녀양육자로서의 역할구조를 유지할 때 가족은 가장 기능적이라고 하였다. 이러한 관점에서 본다면 부모역할은 다분히 개인보다는 가족이라는 집단의 안녕을 보다 중시하는 집단주의 가치관과 연관되어 있다.

이에 반해 현대사회에서 남녀 모두에게 평등하게 제공되는 교육의 기회는 개인으로 하여금 자기효능감을 획득하고 신분상승을 위한 기회와 직결되어 있다는 점에서 개인주의 가치관과 보다 관련이 있다. 전통적으로 강조되어 온 여성의 가사 및 자녀양육자 역할은 전현대적 가치로서 그리고 교육을 통해 얻게 되는 직업적 역할은 현대적 가치로서 이들은 서로 상충되는 가치로 받아들여진다.

이러한 가치의 충돌이 바로 여성 교육수준과 출산율과의 관계를 설명한다고 볼 수 있다. 가족의 특성이나 가치관 등에 따라 다소 차이는 있지만 많은 연구들에서 교육수준이 높은 여성은 낮은 여성에 비해 출산율이 낮게 나타난다는 반비례 관계를 말해주고 있다(Alcaraz et al., 2022). 따라서 우리나라의 낮은 출산율 문제는 단순히 경제적 차원의 문제에 국한된 것이 아니라 가치관의 변화를 반영하는 사회적 의미를 포괄하는 것으로 접근해야 할 필요가 있다.

부모역할은 어디까지나 집단주의 가치관과 연관되어 있는 만큼 개인주의 가치관의 확산은 여성취업률의 증가와 핵가족화·소가족화, 높은 이혼율 못지않게 부모됨의 동기나 부모역할에 대한 인식에 많은 영향을 미치고 있으며, 이는 우리나라의 낮은 출산율로 직결되고 있다. 그러므로 이러한 변화의 흐름에서 연착륙이 이루어지기 위해서는 무엇보다도 부모역할에 대한 교육이 가장 우선되어야 하며, 특히 성장과정에 있는 청소년을 대상으로 한 예비부모교육의 필요성을 절감하게 된다.

제2장

부모교육의 본질

여성취업률의 증가나 핵가족화, 소가족화, 가치관의 변화와 같은 현대사회의 변화에 비추어 볼 때, 부모교육의 필요성이 절실하게 요구되는 실정이다. 그럼에도 불구하고 부모교육에 대한 사회적인 인식은 부족한 실정이며, 동시에 개인적으로도 부모역할을 수행하기 위해서 준비가 필요하다고 생각하는 사람은 많지 않다. 이로 인해 대부분의 부모들은 체계적인 부모교육을 받은 경험이 없으며, 이처럼 부모가 되기 위한 준비나 교육의 부족은 부모역할을 불만족스럽게 만드는 중요한 요인이 되고 있다.

부모교육을 통해 자녀양육과 관련된 정보를 제공받고, 기술을 습득하며, 문제해결능력을 증진시킴으로써 부모는 자녀의 욕구를 보다 효율적으로 충족시켜줄 수 있다. 나아가 부모 자신도 보다 만족스러운 상호작용을 경험하게 될 것이며, 사회적 차원에서도 효율적인 사회복지의 방편이 되기도 한다. 이러한 측면에서 동서고금을 막론하고 부모역할의 중요성과 이를 위한 부모교육의 중요성은 끊임없이 강조되어 왔다.

이 장에서는 부모교육의 개념정의와 그 필요성, 목표 그리고 역사적 관점을 정리해 보고 이를 토대로 부모교육의 본질에 대한 이해를 돕고자 한다.

1. 부모교육의 개념

부모교육은 체계적인 프로그램을 통해 부모에게 지식과 정보 그리고 기술을 알려 주기 위해 의도적으로 계획된 활동이라고 볼 수 있다(Fine, 1980). 이러한 부모교육에 대한 초기의 인식은 전문가들이 부모를 가르치고 부모는 배운다는 교사와 학습자로서의 특성이 강조되었다. 그러나 1960년대 이후 부모교육에 대한 인식은 전문가가 가르치고, 부모가 배우는 일방적인 관점이 아니라 동등한 입장에서 교육활동에 참여함으로써 보다 효율적인 교육이 가능하다는 쌍방적인 관점으로 변화하였다.

부모교육(parent education)과 유사한 의미로 사용되어 온 부모훈련(parent training), 부모참여(parent participation), 부모역할하기(parenting), 부모개입(parent involvement) 등과 같은 용어들도 바로 이러한 관점의 변화를 반영해 준다고 볼 수 있다. 부모훈련은 부모에게 효율적으로 부모역할을 수행할 수 있도록 교육을 시키는 과정으로, 부모는 가르침을 받는 입장이라면 교육기관은 가르치는 입장이 된다. 그러므로 부모훈련이라는 용어는 초기의 부모교육에 대한 인식을 반영해 주는 용어라고 볼 수 있다. 반면, 부모참여는 부모가 직접 교육 프로그램을 계획하고 실시하는 데 참여하고 개입하는 과정을 의미한다. 이는 부모와 교육기관이 동등한 입장에서 자녀의 교육을 위해 노력하는 쌍방적인 과정을 의미하는 것으로, 부모개입과 유사한 용어라고 볼 수 있다. 이와는 달리 부모역할하기는 부모와 전문가와의 관계가 아니라 자녀의 발달단계에 적절한 환경을 조성하고 효율적인 부모-자녀 간의 상호작용 과정에 보다 초점을 둔 용어라고 볼 수 있다. 이러한 여러 용어들 간의 관계를 정리해보면 부모교육이라는 용어는 초기에는 부모훈련이라는 일방적인 의미가 강조되었으나 현재에는 부모참여와 개입이라는 쌍방적인 의미를 포함하는 보다 포괄적인 의미를 가진 용어로 사용되고 있다고 볼 수 있다.

2. 부모교육의 필요성

코메니우스가 모성교육의 필요성을 주장한 이래 자녀양육에 대한 어머니 역할의 중요성이나 이를 위한 교육의 필요성은 지속적으로 강조되어 왔다. 특히 최근에는 핵가족화, 소가족화 경향으로 인해 성장과정을 통해 자연스럽게 부모역할을 학습할 수 있는 기회가 부족할 뿐만 아니라 자녀양육과 관련된 근거 없는 지식의 폭발적인 증가로 인해 부모역할을 수행하기 위한 체계적인 교육의 필요성에 대해 많은 사람들이 공감하고 있다. 부모교육의 필요성은 여러 가지 관점에서 논의될 수 있으나 여기서는 부모의 관점, 자녀의 관점, 사회의 관점으로 구분하여 살펴보고자 한다.

1) 부모의 관점

부모는 부모교육의 주체라는 점에서 부모기(parenthood)에 대한 올바른 인식, 자녀양육에 대한 지식, 사회변화에 따른 부모-자녀관계의 변화와 같은 여러 가지 측면에서 부모교육이 필요하다.

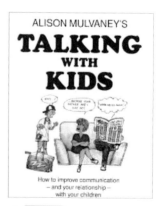

사진 설명 Alison Mulvaney의 저서 『자녀와 대화하기』

부모는 부모교육을 통해 자신에 대한 성찰과 아울러 보다 성숙한 한 인간으로 성장해 나가는 것이 필요하다. "신이 어디에나 존재할 수 없어 어머니를 만들었다"라는 말과 같이 일반적으로 우리는 부모를 전지전능한 존재로 인식하고 있다. 그러나 부모도 미성숙한 한 인간으로서 교육을 필요로 한다. 자신이 어떤 사람인가에 대한 성찰과 아울러 자녀를 대하는 자신의 태도나 신념에 대한 성찰을 필요로 한다.

Mulvaney(1995)는 부모들은 부모역할에 대해 잘못된 믿음을 가지고 있으며, 이를 수정하기 위해 부모교육이 필요하다고 하였다. 부모들이 가지고 있는 잘못된 믿음 가운데 하나는 부모는 자녀의 모든 행동에 개입하고 이에 대해 책임을 져야 한다는 생각이다. 이러한 생각을 가지고 있는 부모는 자녀의 숙제나 친구관계 등은 물론이고 자녀가 혼자 힘으로 할 수 있는 일까지도 모두 부모가 관여해야 한다고 생각한다. 이러한 부모의 행동은 자녀를 숨막히게 하고, 이로 인해 자녀는 위축되거나 혹은 반항을 하게 된다. 또한 나아가 자녀의 자립심까지 저해하는 결과를 초래하게 된다. 부모들이 가지고 있는 또 다른 잘못된 믿음은 부모역할은 즐거운 것이며 항상 이를 즐겁게 생각해야 한다는 믿음이다. 그러나 부모역할은 많은 시간과 에너지를 요구하는 역할이며, 다른 역할과 마찬가지로 항상 즐거울 수만은 없는 역할이다. 그럼에도 불구하고 많은 부모들은 이러한 문제로 고통을 받고 있으며, 여성의 경우는 더욱 그러하다. 최근 취업여성의 비율이 급격하게 증가하면서 많은 여성들은 직업과 자녀양육이라는 이중 역할의 문제에 직면하게 되며, 동시에 자신이 자녀양육에 소홀하고 자녀양육을 즐겁게만 받아들이지 못하는 문제로 인해 상당히 죄책감을 갖게 된다. 또 다른 잘못된 믿음은 자녀의 성공이나 실패가 자신의 책임이라는 생각이다. 부모의 양육태도는 자녀의 행동에 큰 영향을 미치는 요인임은 주지의 사실이다. 그러나 부모의 양육태도 이외에도 자녀의 행동에 영향을 미치는 많은 요인들이 존재한다. "말을 물가로 끌고 갈 수는 있어도 물을 먹일 수는 없다"는 옛 속담과 같이 부모가 자녀의 인생행로를 설계해 준다 하더라도 자녀가 반드시 그 길로 가는 것만은 아니다.

또한 아버지교육의 필요성이 절실하다. 아동의 성장과정에서 아버지가 미치는 영향력이 상당한 비중을 차지함에도 불구하고 전통적으로 자녀양육의 역할은 여성의 몫으로 간주되었다. 특히 여성의 사회참여와 이혼율이 증가하면서 양육자 부재 현상이 심화되고 있다. 많은 남성들이 아버지 역할의 중요성을 인식하고 있으나 아직도 자녀양육의 일차적인 책임자가 어머니라고 생각하고 있으며, 실제 참여율도 높지 않다. 그러므로 아버지교육이 보다 절실하게 요구된다.

2) 자녀의 관점

가족의 중요한 기능 가운데 하나가 자녀의 사회화 기능이며, 부모는 누구보다도 자녀의 신체, 인지, 사회정서발달에 큰 영향을 미치게 된다. 현대사회에서 자녀양육의 상당 부분이 사회로 이전되고 있으나 아직까지 부모는 자녀의 발달에 가장 큰 영향을 미치는 중요한 인물이다. 특히 초기발달에서 부모의 영향을 고려한다면 부모교육은 자녀의 성장발달에 긍정적인 영향을 미칠 수 있는 가장 효율적인 방법이라고 볼 수 있다.

3) 사회의 관점

사회구성원의 충원이나 사회복지와 같은 사회적인 차원에서도 부모교육은 필요하다. 최근 사회적인 문제로 대두되고 있는 저출산율 문제는 부모역할에 대한 우리 사회의 인식부족이나 부모역할에 대한 준비부족과도 관련이 있다. 우리 사회는 전통적으로 자녀양육의 역할을 여성의 몫으로 간주하였을 뿐만 아니라 부모역할을 수행하는 것 자체에 큰 가치를 부여하지 않았으므로 성장과정에서 부모역할에 대한 학습이 전혀 이루어지지 않았다. 따라서 우리나라의 저출산율은 부모역할에 대한 지식이나 기술, 문제해결능력이 상대적으로 부족할 뿐 아니라 이에 대한 자신감도 결여된 부모세대의 불안감을 반영해주는 것으로 볼 수 있다.

또한 부모교육은 사회복지의 효율적인 한 가지 방법이라고 볼 수 있다. 저소득층 자녀를 대상으로 보상교육의 일환으로 실시되었던 헤드스타트(Head Start) 프로그램과 같이 부모교육은 저소득층에서 나타나는 빈곤의 악순환을 예방할 수 있는 효율적인 방법이다(사진 참조).

🎙 사진 설명 이민가정 헤드스타트 프로그램에서 아이들과 놀이를 하고 있는 오바마 전 미국대통령.

3. 부모교육의 목표

부모교육의 궁극적인 목표는 부모로 하여금 자녀의 발달특성을 이해하고 자녀를 양육하는 데 필요한 지식이나 기술, 태도 등을 습득하도록 도와주는 것이다. 이러한 목표를 위해 보다 세부적인 하위목표들이 설정되며, 어떤 하위목표에 중점을 둘 것인지는 집단의 구성이나 가치관 등과 같은 여러 하위요인들에 의해 결정된다.

저소득층 자녀를 위한 보상교육의 일환으로 1965년부터 미국에서 실시된 헤드스타트(Head Start) 프로그램에서는 부모교육의 목표를 세 가지로 제시하였다. 첫째, 아동의 발달에 중요한 영향을 미치는 부모의 역할을 지지해주고 이를 촉진시킬 수 있는 프로그램을 제공한다. 둘째, 부모 자신이 자녀의 일차적인 보호자이자 교육자이며 지역사회의 공헌자임을 인식하게 한다. 셋째, 부모를 부모교육 프로그램의 계획이나 운영과 관련된 의사결정에 참여하게 할 뿐 아니라 관찰자나 지원자로서 부모참여의 기회를 제공해 준다는 것이다. 이후 Spodek과 Walberg(1977)는 다음과 같은 부모교육의 목표를 제시하였다. 첫째, 자녀를 지도하는 데 필요한 내용을 학

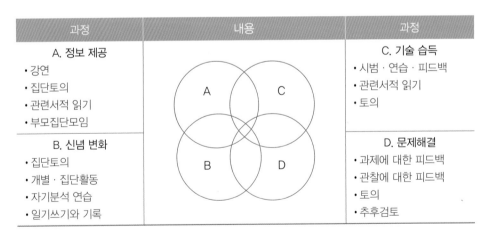

과정	내용	과정
A. 정보 제공 • 강연 • 집단토의 • 관련서적 읽기 • 부모집단모임		C. 기술 습득 • 시범 · 연습 · 피드백 • 관련서적 읽기 • 토의
B. 신념 변화 • 집단토의 • 개별 · 집단활동 • 자기분석 연습 • 일기쓰기와 기록		D. 문제해결 • 과제에 대한 피드백 • 관찰에 대한 피드백 • 토의 • 추후검토

〈그림 2-1〉 **부모교육의 목표**

출처: Fine, M. J., & Henry, S. A. (1989). Professional issues in parent education. In M. J. Fine (Ed.), *Handbook on parent education*, pp. 3–20. San Diego, CA: Academic Press.

습하게 한다. 둘째, 부모의 자아존중감을 향상시킨다. 셋째, 자녀의 발달이 우연에 의한 것이 아니라 부모가 영향을 미칠 수 있음을 인식시킨다. 넷째, 자녀의 발달에 도움이 되는 자료들을 이해할 수 있는 능력을 배양한다는 것이다. 이후 여러 학자들이 다양한 부모교육의 목표를 제시하고 있으며, 이를 종합해 보면 전반적으로 부모교육의 목표는 다음과 같은 네 가지 하위목표로 구분할 수 있다(〈그림 2-1〉 참조).

1) 정보 제공

부모교육의 일차적인 목표는 자녀의 성장과정이나 양육방법과 관련된 폭넓고 전문적인 지식이나 정보를 제공해주고, 이를 상호 간에 교환할 수 있도록 도와주는 것이다. 부모들은 강연회나 토론회, 독서모임 등을 통해서 부모교육 전문가로부터 자녀양육과 관련된 정보를 습득하거나 부모 상호 간에 정보를 교환할 수 있다(사진 참조). 이러한 정보 제공이라는 목표는 빈곤가정에 대한 보상교육을 통해 부모역할 수행능력을 향상시키고자 했던 초기의 부모교육의 중요한 목표였으며, 지금까지도 부모교육의 중요한 목표로 인식되고 있다.

🔍 사진 설명 부모들이 소규모 집단으로 부모교육을 받고 있는 모습.

🔍 사진 설명 강연회를 통해 부모교육이 이루어지고 있는 모습.

2) 신념 변화

부모교육의 목표는 부모가 자신의 신념에 대해 명료하게 인식하게 하고, 문제가 있을 경우에는 이를 변화시키도록 도와주는 것이다. 부모역할을 수행하는 데 있어 일차적인 과제는 부모 자신이 어떤 사람인지에 대한 명확한 인식이다. 자신이 어떤 유형의 부모이며, 이러한 자신의 신념이나 가치관이 자녀의 성장에 어떠한 영향을 미치는가에 대한 인식이 선행됨으로써 진정한 의미에서 부모의 태도변화도 가능하다. 즉, 자신이 권위주의적인 양육태도를 가지고 있다면 이를 명확하게 인식함으로써 이러한 태도가 자녀의 성장에 어떤 영향을 미치는가에 대해 인식하고 이러한 태도를 변화시켜 나가는 것이 가능하다.

3) 기술 습득

부모교육의 목표는 부모로 하여금 효율적인 부모역할을 수행하는 데 필요한 특정한 기술을 습득하도록 도와주는 것이다. 자녀양육과 관련된 기술 습득이라는 목표를 달성하기 위하여 부모교육 프로그램에서 가장 보편적으로 다루고 있는 내용은 부모-자녀 간의 의사소통과 관련된 것이다. 많은 부모교육 이론들은 부모-자녀 간에 원만한 상호작용이 이루어지기 위해서는 의사소통 방법이 가장 중요하다는 것을 전제로 하고 있으며, 따라서 이들 이론을 근거로 하여 만들어진 부모교육 프로그램들은 부모-자녀 간의 대화기법에 대한 내용을 중점적으로 다루고 있다. '나-전달법(I-Message)' '적극적 경청' 등과 같은 의사소통 방식은 P.E.T., STEP, AP 등과 같은 부모교육 프로그램에서 널리 활용되는 방법이다.

4) 문제 해결

부모교육의 또 다른 목표는 일상생활에서 자녀와의 상호작용 과정에서 직면하게 되는 여러 가지 문제들에 대한 해결능력을 증진시키는 것이다. 자녀의 잘못된 행동습관을 고쳐주고 이를 바람직한 행동으로 수정해 나가고자 하는 것은 모든 부모의 공통된 관심사이다. 특히 행동수정이론은 아동의 문제행동을 잘못된 학습의 결과로 간주하며 이를 수정할 수 있는 여러 가지 행동수정 기법을 제시해주고 있다. 아동의 발달과정에서 발생하는 여러 문제점들을 해결하는 능력을 향상시키기 위해 상담전문가들이 특정 상황에서 부모-자녀 간의 상호작용을 관찰하고 이에 대한 피드백이나 행동지침을 제시해주기도 한다.

이상과 같은 부모교육의 목표는 각각의 이론적 관점에 따라 그 강조하는 바가 상이하다. 정신분석이론에 근거한 부모교육 프로그램은 다양한 부모교육의 목표 가운데 부모 자신의 신념을 명료화하고 변화시키는 것을 보다 강조하고 있으며, 행동주의이론에 근거한 부모교육 프로그램은 기본적인 신념에 대한 인식보다는 기술습득이나 문제해결능력을 향상시키는 것에 초점을 맞추고 있다. 또한 인본주의이론에 근거한 부모교육 프로그램에서는 자녀의 감정수용이나 의사소통 기술을 향상시키는 것에 초점을 두고 있다. 또한 자녀의 연령별로도 특히 영유아기의 자녀를 둔 부모를 위한 프로그램은 자녀양육과 관련된 정보제공이나 교환에 초점을 맞추고 있으며, 사회계층별로도 교육수준이 낮은 부모들을 위한 부모교육은 기술습득이나 문제해결능력을 향상시키는 것이 보다 효과적인 방법이라고 한다.

4. 부모교육의 역사

인류역사의 시작과 더불어 자녀양육에서 부모역할이 중요하다는 사실에 대해서는 많은 사람들이 공감해 왔다. 처음부터 체계화된 부모교육 지침이나 이론을 근거로 하여 '부모교육(parent education)'이 이루어진 것은 아니지만 '어떻게 부모역할을 해야 하는가(parenting)'에 대한 지침은 존재해 왔었다.

자녀를 양육하는 데 있어서 부모의 역할이 어떤 것이어야 하는가에 대해서는 사회문화적 배경이나 시대에 따라, 또 학자에 따라 상이한 관점을 보인다. 엄격하고 규칙적인 것이 바람직한 부모역할이라고 생각했던 시대가 있었는가 하면, 모성성을 강조하는 시대도 있었다. 보다 적극적인 부모역할을 강조하는 학자가 있는가 하면, 최소한의 부모역할이 오히려 바람직하다고 생각하는 학자도 있었다. 또한 아동의 성장에 집단양육이 바람직하다고 주장하는 학자가 있는가 하면, 아동의 개인차를 고려하여 각 가정에서 부모가 양육하는 것이 바람직하다고 주장하는 학자도 있었다. 이들 가운데 어떤 관점을 가장 적절한 것으로 받아들일 것인지의 문제는 궁극적으로 선택의 문제로 남게 된다.

1) 서구의 부모교육

부모역할에 대한 서구의 관점은 부모역할에 대해 상이한 시각을 보이는 시대별로 다음과 같이 구분하여 살펴볼 수 있다.

(1) 고대사회의 부모교육

부모역할에 대한 관심은 고대 그리스 시대로 거슬러 올라간다. 고대사회의 부모역할에 대한 생각은 오늘날과 같이 발달이론에 근거한 체계적인 것은 아니지만 부모역할의 중요성에 대해 많은 시사점을 제공해주고 있다. 이 시기의 부모역할에 대한 관점에 영향을 미친 대표적인 학자로는 플라톤과 아리스토텔레스를 들 수 있다. 이어 로마시대에도 어머니의 무릎에서 이루어지는 가정교육이 자녀의 올바른 성품의 형성과 생활태도를 확립하는 데 큰 영향을 미친다고 생각하였다.

Platon

① 플라톤

플라톤은 『국가론(The Republic)』에서 아동과 청년에 대한 묘사와 아울러 그들의 행동을 어떻게 지도할 것인가에 대해 언급하였다. 플라톤의 견해는 오늘날의 정교한 발달이론이나 부모교육지침과는 거리가 있지만 부모역할과 관련된 기본적인 틀을 제공해주고 있다는 점에서 시사하는 바가 크다.

플라톤은 『국가론』에서 인간의 발달에는 욕망, 정신 그리고 신성이라는 세 가지 수준이 존재한다고 하였다. 그 가운데 욕망(desire)은 주로 신체적인 욕구만족과 관련이 있으며, 다음 수준인 정신(spirit)은 용기, 확신, 절제, 인내와 관련이 있으며, 가장 높은 수준인 신성(divine)은 진정한 의미의 정신으로서 이성으로 표현된다. 플라톤은 발달이란 인간이 성장함에 따라 낮은 수준에서 높은 수준으로 이행하는 과정이라고 보았으며, 각각의 발달단계에 적절한 교육이 가장 바람직한 것이라고 하였다. 이러한 관점에서 플라톤은 3세까지의 유아에게는 공포나 고통, 슬픔의 감정을 경험하게 하는 것은 바람직하지 않다고 하였는데, 이러한 플라톤의 견해는 오늘날 많은 심리학자들에 의해 지지되고 있다. 또한 이성이 발달되지 않는 아동기까지는 주로 음악이나 스포츠 등에 중점을 두고 또래집단과 어울리게 함으로써 사회성발달이 이루어지도록 해야 한다고 주장하였다. 그리고 최고의 수준인 이성이 나타나는 청년기에는 비판적 사고가 가능하기 때문에 교육과정을 수학이나 과학으로 대체하는 것이 바람직하다고 하였다.

동시에 플라톤은 유아기는 그 어느 시기보다도 습관에 의해 성격의 기초가 형성되는 시기인 만큼 유아에게 쾌락만을 제공하는 것은 아이를 망치는 일이라고 하였는데, 이는 "세 살 버릇 여든까지 간다"는 우리의 속담과도 유사하다고 볼 수 있다. 또한 플라톤은 아동의 나이가 6세가 되면 남자아이들은 남자아이들끼리 놀게 하고, 여자아이들은 여자아이들끼리 놀게 하는 것이 바람직하다는 성의 분리를 주장하였는데, 이 또한 우리나라 전통 아동교육에서의 '남녀칠세부동석'의 개념과 유사하다고 볼 수 있다.

또한 플라톤은 국민 모두가 정치에 참여해야 한다는 민주주의적 이상보다 이성을 가진 소수의 수호자 계급에 의한 통치가 바람직한 것으로 주장하였다. 이러한 이유로 그는 수호자 계급을 어떻게 양성할 것인가에 관심을 가졌으며, 이들을 양성하고 이상사회를 건설하기 위해 교육은 필수조건이라고 생각하였다. 소크라테스와 마찬가지로 플라톤은 수호자 계급은 집단에서 제공하는 음식을 먹고 집단 합숙소에 기거해야 한다는 생각을 가지고 있었다. 플라톤은 한 걸음 더 나아가 수호자 집단의 소유욕이나 이기심, 시기심을 완전히 배격하기 위해서는 아동은 태어나는 순간부터 국가가 지정한 보모가 운영하는 공동탁아소에서 양육되고 공동으로 소유되어야 하며, 사유재산의 소유도 금지되어야 한다고 주장하였다(이종환, 2019).

② 아리스토텔레스

아리스토텔레스도 플라톤과 마찬가지로 세 가지 수준의 정신세계가 존재한다

Aristoteles

는 사실에는 동의하였다. 그 가운데 가장 낮은 수준은 영양 공급과 생식기능으로 식물과 매우 비슷한 수준으로 보았으며, 그 다음 수준은 감각과 지각의 수준으로 이는 동물에게서도 발견되는 것으로 보았다. 인간과 동물을 구분 짓는 가장 높은 수준은 이성적 사고이며, 이성적 사고를 할 수 있는 능력을 발달시키는 것이 인간발달의 궁극적인 목표라고 보았다(Muuss, 1996). 또한 그는 인간의 발달을 3단계로 나누어 생후 첫 7년간을 유년기, 7세 이후 사춘기까지를 소년기, 사춘기 이후 21세까지를 청년기로 구분하였다. 그리고 유년기까지의 유아와 동물은 모두 쾌락을 추구한다는 점에서 유사하며 비슷한 발달단계를 거친다고 보았다. 그러나 이들 간의 차이점은 아동은 동물보다 높은 수준의 발달로 이어지는 잠재력을 가지고 있다는 점이다. 그러므로 부모역할은 이러한 잠재력을 최대한으로 발휘할 수 있는 환경을 조성해 주는 것이라고 생각하였다.

아리스토텔레스도 교육이 이상사회를 건설하기 위한 필수조건이라고 생각하였다. 그러나 플라톤과는 달리 아동은 가족에 의해 양육되어야 하며, 아동마다 개인차가 있으므로 각 아동에게 적절한 양육방식을 사용하는 것이 개인의 잠재력을 최대한으로 발휘할 수 있는 방법이라고 생각하였다.

그리스시대 이후 로마시대에도 어머니의 무릎에서 이루어지는 가정교육이 자녀의 성격형성에 가장 큰 영향을 미친다고 생각하여 자녀양육에서 부모역할을 강조하였다.

(2) 중세사회의 부모교육

중세시대에는 종교적인 가치가 사고의 중심을 차지한 시기로서, 인간의 행동이

나 부모교육에 대한 논의는 성서가 그 바탕이 되
었다. 인간은 사악한 존재로 태어나므로 부모는
바람직하지 않은 행동을 말소할 책임이 있으며,
악한 본성을 가지고 있는 아동을 자제력 있고 신
앙심 깊은 성인으로 성장하게끔 고된 훈련이나 엄
격한 훈련을 시키는 것이 부모의 역할이라고 생각
하였다.

　중세에는 인간은 창조의 산물이라는 신학적 견
해로 인해 전성설(前成說)적인 사고가 지배적이었
다(Ausubel, 1958). 전성설은 인간은 남성의 정자
나 여성의 난자 안에 이미 완전한 형상을 갖추고
있다는 것으로, 이러한 관점에서 보면 성인과 아
동의 차이는 단순히 양적인 차이에 불과하다는 것

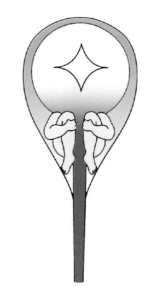

〈그림 2-2〉 **정자 속의 축소인간**

이다(〈그림 2-2〉 참조). 그러므로 중세에는 인간의 발달은 단계별로 질적인 차이가
있는 것이 아니라 양적인 팽창만 존재하는 것으로 이해되었다. 따라서 부모의 역할
은 아동의 고유한 본성에 귀를 기울이고, 단계별 특성에 따라 교육을 하는 것이 아
니라, 성인과 동일한 과제를 양적으로만 축소시켜 적용하는 것이었다.

(3) 근대사회의 부모교육

　근대사회에 들어와서는 종래의 전성설(preformationism)에서 탈피하여 아동기가
인생의 독립된 시기로서 그 중요성이 인식되기 시작하였다. Comenius에 의해 제
창된 '어머니 학교'는 부모교육에 대한 새로운 관점을 제시해주었다. 그는 어머니의
무릎에서 이루어지는 교육을 생애 최초이자 가장 중요한 교육으로 보고, 가정을 교
육의 장으로 인식하여 어머니가 교육자가 되어 자녀의 능력과 특성에 맞는 교육을
실시하도록 역설하였다. 18세기에 들어와서는 Locke와 Rousseau의 사상이 많은
영향을 미쳤으며, 이후 Pestalozzi와 그의 제자 Fröbel이 이를 보다 구체적이고 실제
적인 것으로 발전시켰다.

① Comenius

17세기에 들어 Comenius는 자신의 저서『대교수학(Didactica Magna)』(1632) 27장
에서 출생부터 24세까지의 교육을 4단계로 구분하였다. 그 가운
데 6세까지의 출생 초기의 교육은 어머니의 무릎에서 이루어져
야 한다고 주장하였다. 12장으로 구성된 어머니들을 위한 양육
지침서『유아학교(Schola Infancy)』(1633)에서 그는 어머니의 무릎
이 최초이자 가장 중요한 학교라고 하였다. Comenius는 아동의
능력과 개성을 중시하였으며, 감각교육과 자연의 섭리에 따른
Comenius의 아동중심 교육사상은 이후 Rousseau와 Pestalozzi
그리고 Fröbel의 사상에 많은 영향을 주었다.

Johann Amos Comenius

② Locke

Locke는 인간은 악하지도 선하지도 않은 '백지상태(tabula rasa)'로 태어난다고 주
장하였다. 백지상태의 개념은 인간은 모두 평등하게 태어나므로
모든 인간은 동등한 권리와 기회를 누려야 한다는 것으로, 이러
한 Locke의 주장은 사회개혁에 많은 영향을 주었다. 또한 Locke
는 인간은 모두 동등하게 태어남을 가정하고 있기 때문에 개인에
게서 나타나는 차이는 바로 학습과 경험의 차이에 기인한다고 하
였다. 어떤 사람이 다른 사람보다 더 우월하다면 이는 유리한 환
경에 기인하는 것이며, 이후의 학습이론이나 행동주의이론은 바
로 이러한 Locke의 경험주의에 근거한 것으로 볼 수 있다. 이처
럼 Locke는 개인차가 경험에 따라 나타나는 것으로 가정하였기

John Locke

때문에 아동의 성장에 적절한 환경을 조성해주는 데 있어서 부모의 역할을 강조하
였다. 자녀의 의지와 신체를 단련시켜 좋은 습관을 기르고, 지덕체(智德體)를 겸비
한 영국의 신사기질을 어린 시절부터 기르기 위해서는 부모의 역할이 중요하다고
하였다.

　Locke는 아동을 훈육하는 데 있어서는 벌보다는 보상을 해주는 것이 바람직하

며, 명령보다는 좋은 모델을 보여주는 것이 효과적이므로 부모는 훌륭한 모델로서의 역할을 수행해야 한다고 하였다. 또한 Locke는 이전의 전성설에서 탈피하여 아동이 성인의 축소판이 아니라 질적으로 성인과 다른 존재로 보았기 때문에 각 발달단계별로 이에 적절한 부모역할이 이루어져야 한다고 하였다.

③ Rousseau

Rousseau도 Locke와 마찬가지로 아동이 성인의 축소판이라는 중세의 시각으로부터 벗어나야 한다는 사실에는 동의하였다. 그러나 Locke와는 달리 Rousseau는 인간은 백지상태로 태어나는 것이 아니라 그들 특유의 사고방식이나 감정을 가지고 태어나며, 성장하면서 아동 스스로가 많은 것을 배울 수 있다는 신념을 가지고 있었다.

Rousseau는 아동 스스로 성장을 주도하는 힘을 가지고 있다는 아동중심 철학을 가지고 있었기 때문에 진정한 교육은 사회의 구속에서 벗어나 자유롭게 성장할 수 있을 때 가능하며, 인간의 본성을 선한 것으로 보았기 때문에 자연이 이끄는 대로 따르면 바르고 건강한 발달이 이루어진다고 생각하였다. 이러한 자신의 신념을 Rousseau는『에밀(Emile)』(1762)의 첫머리에서 "신이 인간을 창조할 때 모든 것은 선하지만 인간의 손으로 넘어가면 모든 것이 타락한다"라고 서술하고 있다. 그러므로 부모의 역할은 아동의 연령이나 능력에 적절한 과제를 제시해주되, 개인차를 고려

Jean-Jacques Rousseau

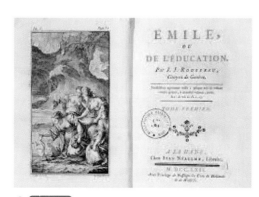

사진 설명 루소의『에밀』

하여 하고자 하는 동기가 자연스럽게 펼쳐질 수 있도록 지나친 간섭은 자제하는 것이 바람직하다고 하였다.

전성설적인 관점에서 탈피하여 Rousseau는 인간의 발달을 동물과 비슷한 수준의 강한 신체적 욕구를 갖는 1단계에서 시작하여 성인과 같은 성숙한 감정이 발달하는 4단계까지의 단계로 구분하고, 각 단계에서의 부모역할에 대해 설명하였다. 1단계인 유아기(출생~5세)에는 종일 뛰어놀고 가정에서 부모의 사랑에 의해 인격이 형성되도록 하고, 생활의 기쁨을 맛보게 해주는 것이 중요하다고 하였다. 2단계인 아동기(5~12세)에는 감각의 발달이 매우 중요하므로 놀이나 스포츠, 게임 등이 교육의 중심이 되어야 한다고 하였다. 3단계에서는 이성과 자의식이 발달하므로 지적 호기심과 탐구심이 충분히 충족될 수 있도록 해야 하며, 4단계에 이르러서야 비로소 성인과 같은 사회적 활동이 가능해진다고 하였다. 그러므로 부모역할은 발달단계별 특성과 조화를 이루도록 해야 한다고 하였다.

④ Pestalozzi

Rousseau의 영향을 받은 Pestalozzi는 『게르트루드는 자녀를 어떻게 가르쳤는가?(Wie Gertrude ihre kinder lehrt)』(1801)라는 아동지침서를 통해 부모는 자녀에게 잠재해 있는 여러 가지 능력이 조화를 이루어 발전할 수 있도록 도와주어야 한다고 하였다. 즉, 지적 능력을 상징하는 머리(head), 정서나 도덕성을 상징하는 심장(heart), 기술이나 예술적 능력을 상징하는 손(hand)이라는 3H가 조화롭게 발달하는 것을 가장 바람직한 것으로 보았다. 또한 자녀에게 있어 최초의 교사는 어머니이며, 모성애야말로 아동발달의 원동력이 된다고 하였다.

Johann Heinrich Pestalozzi

조화로운 발달은 교리나 문답을 통한 이성적인 과정이 아니라 어머니와 자녀의 오랜 시간에 걸친 감각적 상호작용을 통해 이루어지며, 교육은 아동이 성장하여 가정을 벗어나기 이전에 이루어져야 한다고 주장하였다.

⑤ Fröbel

Pestalozzi의 제자인 Fröbel은 만물은 신의 본성에 따라 존재한다고 보았다. 그러므로 교육은 인간 내부에 존재하고 있는 신성을 개발해 주는 것이며, 그 개발방법으로 유희와 같은 표현활동을 중시하였다. 그는 어머니가 자녀에게 들려줄 수 있는 노래와 게임, 이야기를 담은 『어머니와 아기의 노래(Mutter und Koselieder)』(1844)에 서 부모들이 가정에서 가르쳐야 할 내용에 대해 언급하

Friedrich Fröbel

였으며, 이를 가르치는 방법으로 율동이나 노래를 병행하면 더욱 효과적이라고 하였다.

이러한 목적을 달성하기 위하여 Fröbel이 고안한 부모교육 자료는 6종의 은물(恩物, gift)[1](사진 참조)과 11종의 작업, 노래와 게임, 자연연구의 네 가지로 구분되어 있다. 이를 통해 Fröbel은 우리는 진정으로 어린 아이들과 함께 살아야 한다고 주장하였다. 이러한 그의 생각은 현재의 유아중심적 교육, 상호작용에 근거한 교육, 부모-자녀 간의

🔎 사진 설명 Fröbel의 은물.

수평적 관계의 중요성에 대한 인식을 고취시키는 데 큰 영향을 미쳤다.

Comenius로부터 Rousseau를 거쳐 Pestalozzi와 Fröbel로 계승되는 사상은 이후의 부모교육에 큰 영향을 미쳤다. 이들의 영향으로 부모-자녀관계는 부모의 권위나 체벌에 의존하는 방법에서 점차 아동의 자립성을 존중하는 방향으로 변화하였다.

---

1) 은물이란 신으로부터의 선물이라는 의미이며, 유아의 지적 발달을 촉진시키기 위해 Fröbel이 제작한 것이다. 이는 원래 6개 은물 세트에서 이후 최소 10개 세트로 확장되었다.

(4) 20세기의 부모교육

20세기에 들어와서는 인간의 발달을 보다 과학적인 관점에서 설명하고자 하는 시도가 이루어졌으며, 인간발달에서 영아기, 유아기, 아동기에 대해 많은 학자들이 관심을 갖게 되었다. 정신분석이론이나 학습이론, 인지발달이론 등 다양한 관점에서 연구들이 이루어졌으며, 이러한 이론적 관점을 부모역할과 접목시키고자 하는 움직임이 시작되었다. 사회적으로도 자녀양육의 중요성에 대한 인식을 갖게 되어 1909년 미국의 루스벨트 대통령은 백악관 회의를 개최하고 세계 각국의 전문가들을 초빙하여 자녀양육과 관련된 문제들을 논의하였다. 이를 기초로 1912년 노동성에 '아동국(Children's Bureau)'이 설립되었고, 이후 대학에서 아동발달 과목이 개설되었으며, 연구소도 설립되었다. 그 가운데 '메릴 팔머 연구소(The Merrill-Palmer Institute)'는 아동가족분야의 선구자적인 역할을 하였다.

Theodore Roosevelt

이처럼 20세기에 들어와 전반적으로는 부모역할에 대한 관심이 고조되었으나 시기별로 그 형태에서는 다소 차이를 보였다.

① 20세기 전반

20세기 초반에는 행동주의의 영향으로 보상과 벌의 방법을 사용하여 자녀를 양육해야 한다는 생각이 지배적이었다. 그러므로 부모역할은 다소 엄격하고 규칙적이고 계획적인 것이 이상적이라고 생각하였다. 행동주의의 대표적 인물인 Watson은 Locke의 백지상태의 개념에 근거하여, 아동이 지적·정서적으로 건강하게 자랄 수 있도록 하기 위해서는 부모의 역할이 중요함을 강조하였다. 다음의 글에서 잘 표현되고 있는 이러한 Watson의 생각은 당시의 자녀양육에 큰 영향을 미쳤다.

행동주의의 영향으로 이 시기에는 부모역할에서 엄격성이 강조된 시기이다. 수유시간이나 양, 자녀양육과 관련된 모든 측면

John Watson

　　나에게 12명의 건강하고 잘생긴 아기를 주시오. 그리고 그들을 잘 키울 수 있는 특별히 준비
된 환경만 마련해 준다면, 나는 그들 중 어느 한 아이를 무작위로 골라 훈련시켜서 내가 원하는
어떠한 전문가로도 길러낼 수 있음을 보증하겠습니다. 그의 재능이나 기호, 성향, 능력, 직업, 인
종과 상관없이 의사나 법률가, 예술가나 판매지배인으로 만들 수 있습니다. 예, 그래요. 심지어
거지나 도둑으로도 만들 수 있습니다(Watson, 1924, p. 104).

에서 규칙성이 강조되었다. 아동의 행동에 비추어 시간을 가늠할 수 있을 정도로 규
칙적이고 엄격한 양육을 하는 것이 바람직한 부모역할로 간주되었다. 즉, 엄하고 절
제된 환경이 아동의 성장에 바람직한 영향을 미치는 것으로 인식되었다. 이러한 견
해가 현재로서는 상당히 극단적인 것처럼 보이지만 당시의 부모들에게는 큰 영향을
미쳤다. 부모들은 이러한 원칙에 따라 정해진 시간이 되기 전에는 비록 몇 분 전이
라고 하더라도 자녀에게 수유를 하지 않았다. 그 시대의 부모들은 이처럼 절제된 양
육을 함으로써 이후에 자녀가 나쁜 길로 빠져들지 않는다는 보장이 있다면 엄격한
규칙을 고수하는 것이 필요하다고 생각하였다.

② 20세기 중반

　　20세기 중반에는 자녀양육에서 모성성을 강조하였던 시기
라고 볼 수 있다. 정신분석이론의 영향으로 학자들은 다소는
느긋하게 아동의 욕구를 지나치게 억압하지 않고 양육하는
것이 바람직한 것으로 권고하였다. 아동의 내적 충동을 적
절하게 발산하게 하고, 이들의 행동에 대해 관대하고 이해심
있는 태도를 갖는 것이 바람직하다고 하였다.

Arnold Gesell

　　Gesell은 건강한 백인 중·상류층 아동에 대한 관찰결과를
중심으로 아동발달지수를 제시하였는데, 그는 이러한 연구
를 통해 건강한 발달의 틀은 아동 내부에서 비롯되며, 부모가 아동을 이해하고 기다
려주기만 하면 성장은 자연스럽게 이루어진다고 하였다. Spitz(1945) 등도 물리적인

Benjamin Spock

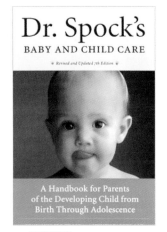

📷 사진 설명 Spock 박사의 『육아전서』

여건이 잘 구비된 환경에서 자란 아동보다 물리적인 여건이 다소 열악하더라도 어머니의 손에서 자란 아동이 훨씬 순조롭게 성장한다고 하였다. Spock의 『육아전서(The common sense book of baby and child care)』(1946)도 수유나 이유, 수면, 배변훈련 등에 대해 당시의 부모들에게 중요한 지침서 역할을 하였다. 이들의 영향으로 이 시기의 어머니들은 규칙적이고 절제된 양육보다는 어린이가 배고파 하면 먹이고, 대소변훈련도 지나치게 일찍부터 엄격하게 시작하기보다는 아동이 신체적으로 근육의 조절능력이 생겼을 때 부드러운 태도로 시키기 시작하였다. 발달을 주도하는 힘이 아동에게 있으므로 부모의 역할은 이러한 능력이 극대화될 수 있도록 온정적인 태도로 양육하는 것이 바람직하다고 하였다.

③ 20세기 후반

1960년대 이후에는 이전의 자녀양육과는 또 다른 새로운 관점으로 전환이 이루어졌다. 이러한 전환이 이루어지게 된 데에는 몇 가지 이유가 있다. 먼저, 지나치게 허용적이고 관대한 태도는 참을성이 없는 아이를 만들게 되므로 아동의 욕구나 충동에 대한 적절한 한계를 설정하는 것이 필요하다는 것이다. 또한 발달을 주도하는 힘이 아동에게 있다는 종전의 주장은 자녀양육에서 부모의 역할을 지나치게 과소평가하고 있다는 점이다. 환경은 아동의 성장발달을 촉진시켜주기도 하지만 방해할 수도 있으며, 만약 환경요인이 특정 시기에 방해를 받게 된다면 발달상의 지체가 나타날 수 있다는 것이다.

Piaget의 인지발달이론은 당시의 부모들에게 많은 영향을 미쳤다. Piaget는 아동은 주변 환경과의 상호작용을 통해 세계와 사물에 대한 틀을 구성해나간다고 하였다. 그러므로 부모는 자녀가 경험을 통해 자신의 세계를 확장시켜 나갈 수 있도록 다양한 경험의 기회를 제공해주어야 한다고 하였다. 또한 1957년 구소련에서 미국에 앞서 우주선 Sputnik을 발사하자(사진 참조) 미국사회에서는 기존의 가정교육이나 학교교육, 정부의 역할에 대해 의문을 제기하게 되었다. 그 결과 교육에 대한 관점에서 일대 혁신이 이루어지게 되었으며, 특히 조기교육이나 부모의 적극적인 참여의 필요성이 강조되었다. 이에 따라 1965년 헤드스타트 프로그램을 위시하여 취학 전 어린이와 그들의 부모를 대상으로 한 각종 프로그램이 개발되어 시행되기 시작하였다. 따라서 아동의 인지발달을 촉진시키는 데 있어서 적극적인 부모의 역할을 강조하기 시작하였으며, 이와 동시에 특정한 관점에서 부모역할을 제시하기보다는 여러 가지 부모교육 프로그램을 통해 다양한 선택의 기회를 제공해주는 것이 필요하다고 생각하였다.

🎙️ **사진 설명**　우주선 Sputnik의 발사대.

1970년대에 이르러서는 생태학적 관점이 대두됨으로써 아동의 발달에서 부모와 아동 간의 상호작용뿐만 아니라 개인이나 가족을 둘러싼 주변 환경요인이 아동의 성장에 중요한 영향을 미치는 요인이라는 생각을 가지게 되었다. Bronfenbrenner는 생태학적 관점에서 교육이 효과적으로 이루어지기 위해서는 개인과 가족을 둘러싼 생태환경의 개발에 역점을 두어야 한다고 강조하였다.

2) 우리나라의 부모교육

전통사회에서부터 우리나라는 자녀양육에서 부모의 역할을 중시하였으며, 부모를 위한 여러 가지 지침서가 전해지고 있다. 이들 가운데 상당수는 조선시대의 문헌이며, 이들 문헌에서는 어린아이를 가르치는 일은 가능한 한 빨리, 일상생활을 통해 가까운 관계에서 시작하는 것이 효과적이라고 생각하였기 때문에 가정교육을 중시하였고, 부모의 자녀교육에 대한 책임을 강조하였다. 『규중요람(閨中要覽)』에는 "아들을 가르치지 않으면 우리 집을 망치고 딸을 가르치지 않으면 남의 집을 망친다. 그러므로 가르치지 않는 것은 부모의 죄다"(김종권, 1993, p. 237)라고 하여 자녀교육에서 부모의 책임을 강조하였다. 1960년대에 이르러서는 서구의 부모교육 이론이나 프로그램이 널리 보급되었고, 1990년대 이후에는 우리나라의 문화적 특성을 고려한 다양한 부모교육 프로그램들이 다수 개발되고 있다. 또한 2016년에는 정부차원에서도 날로 증가하고 있는 아동학대 문제를 사전에 예방하기 위한 노력의 일환으로 '아동학대 예방 및 가족관계 증진'을 위해 「부모교육 활성화 방안」을 수립하여 대학생을 위한 예비부모교육 표준강의안을 제시하고 부모교육의 활성화를 위한 노력을 기울이고 있다.

(1) 전통사회의 부모교육

전통사회의 부모교육 지침서에 나타난 특징을 살펴보면 다음과 같다.

① 아동존중

외형적으로 우리 문화는 장유유서(長幼有序)라 하여 성인과 아동의 관계가 상하관계로 인식되고 있으나 실제로는 아동존중사상이 강조되었던 문화라고 볼 수 있다. 아동존중사상은 우리나라의 태교나 태몽문화에서 뚜렷하게 나타난다. 우리나라의 태교문화는 태중에서부터의 교육을 강조하였는데, 이는 태중에서부터 잉태된 아이를 하나의 생명체로서 소중하게 생각하였음을 반영해주는 것이다. 이러한 아동존중사상은 태중 나이를 인정해주는 우리나라의 나이계산법으로도 뒷받침이 되고 있다.

우리나라는 자녀가 출생하기 이전부터 부모교육을 강조하였는데, 이는 태교나 태몽을 통해 잘 나타난다. 이처럼 태교의 중요성을 강조하였기 때문에 여성교육을 위한 대부분의 서적에는 태교에 대한 내용이 수록되어 있으며, 그 대표적인 것으로는 고려시대 정몽주의 어머니 이씨의 『태중훈문(胎中訓文)』과 조선시대 빙허각 이씨의 『규합총서(閨閣叢書)』, 사주당 이씨의 『태교신기(胎敎新記)』, 우암 송시열의 『계녀

🔍 사진 설명 『계녀서』는 조선조 중기의 학자이며 정치가인 우암 송시열 선생(1607~1689)이 권씨 가문에 출가하는 딸을 훈계하기 위하여 지은 책이다.

🔍 사진 설명 빙허각 이씨의 『규합총서』 표지와 목록.

서(戒女書)』, 율곡 이이의 『규범(閨範)』 등이 있다.

『태중훈문』은 우리나라의 태교문화가 고려시대에도 보급된 것임을 보여주는 자료이며, 『규합총서』는 일종의 여성생활 백과사전의 한 부분으로서 태교를 다루고 있다. 『태교신기』에서는 전통사회에서 단편적으로 취급되던 태교내용을 종합적이고 체계적으로 서술하였다. 『태교신기』에서 사주당 이씨는 모친의 태중교육 10개월이 스승에게 10년을 배우는 것보다 중요하다고 하였으며, 인간의 기질과 성품이 태중에서 형성됨을 강조하였다. 태교신기에서는 임부의 정서상태가 미치는 영향을 강조하였을 뿐 아니라 잉태 시 부친의 청결한 마음가짐이 모친의 임신 10개월 못지않게 중요하다고 하여 잉태 이전의 환경, 부성태교의 중요성을 강조하였다. 또한 태교의 방법은 신체가 마음에 상응하여 움직임을 전제로 하였다. 따라서 공경하는 마음을 갖는 것, 행동을 삼가는 것을 통해 바른 마음을 갖는 존심(存心)과 정심(正心)은 태교의 핵심적인 방법이며, 가족원은 임부가 이러한 마음을 가질 수 있도록 동참을 통한 정서적 지지를 강조하였다(정순화, 2014). 이러한 태교의 원리는 현대과학의 관점에서 볼 때에도 매우 사려깊은 것으로 볼 수 있다. 모체의 정서적 측면을 중시했던 것은 출생 이후 자녀의 기본적 신뢰감이나 정서적 안정감의 형성에 크게 기여하였을 것으로 볼 수 있다.

또한 우리 조상들은 잉태 시에 본인이나 가까운 주변 인물들이 꾸는 태몽을 통해 태어날 자녀에 대해 높은 기대와 바람을 지니고, 태어난 자녀에게 때때로 그것을 들려주어 큰 인물이 되라는 성취동기를 북돋워 주었다. 이러한 일종의 자성예언(self-fulfilling prophecy)은 개인의 성장발달에 긍정적인 영향을 주었을 것으로 생각된다(정옥분 외, 1997).

② 발달단계별 교육

우리 전통사회에서는 아동의 발달단계에 적절한 교육방법을 취하였다. 영유아는 아직 약하고 어리고 깨이지 않은 존재로 보았기 때문에 보호하고 관대하게 대한다는 입장을 취하였다. 전통사회에서는 태어나서 3세까지를 유유아기(乳幼兒期)라고 하였으며, 이 시기의 아이를 젖아기라고 하여 무조건적이고 절대적인 보호의 대상으로 간주하였다. 아동이 밥을 먹고 말을 할 수 있는 시기가 되기까지의 젖아기는 약하고, 어리고 깨지 않은 존재로 보았기 때문에 가능한 한 욕구를 들어주고 기본생활습관이나 생활규범을 가르치는 것은 말을 알아들을 때 시작하였다. 무조건적인 보호의 대상이었던 어린아이가 3세가 되면 "세 살 버릇 여든까지 간다"는 옛 속담에 따라 기본적인 훈육이 이루어졌다. 그러나 3세부터 7세까지의 유아기(幼兒期)에는 본격적으로 훈육이 이루어졌다기보다는 생활상의 예의나 습관훈련과 같은 기초적인 것에 한정되었다. 즉, 수저사용법, 옷 입는 법, 세수하는 법, 대소변 가리기, 자신의 성별에 어울리는 언행 등 주로 올바른 습관형성을 목적으로 하는 예교육(禮敎育)을 시켰었다.

🔖 사진 설명 오줌싸개의 나쁜 버릇을 고치는 방법은 키를 눌러 쓰고 남의 집에 가서 소금을 얻어오게 하는 것이었다.

ⓒ 이서지 오줌싸개 Bed-Wetter (43×43cm)

그러나 이러한 관대한 양육태도도 자녀가 아동기에 접어들면 엄한 형태로 변하게 된다. 아동기는 대략 8세에서 시작하여 관례를 올리기 전인 14세까지를 말하며, 이 시기의 아동을 아직 깨이지 못한 어리고 미숙한 존재라 하여 동몽(童蒙)이라고 하였다(류점숙, 1995). 유아기에서 아동기로 넘어가는 과도기를 '미운 일곱 살'이라고 한 것도 성인들의 양육방식이 갑자기 엄하게 변하는 데 따른 아동의 저항적 반응을 반영하는 것으로 볼 수 있다.

③ 개인차의 교육

교육방법에서 연령에 따른 차이를 고려했을 뿐만 아니라 개인의 성품과 재질을 헤아리고 배려해야 함을 강조하였다. 조선 후기의 실학자인 이덕무가 지은 『사소절』의 사전편(土典篇)에는 "총명하고 민첩한 아이에게 조금 읽혀 잘 외우게 하는 것도 좋은 것이 아니지만, 둔한 아이에게 많이 읽히면 이는 약한 말에게 무거운 짐을 실은 것과 같으니, 어찌 멀리 갈 이치가 있겠는가?"(김종권, 1993, p. 108)라고 하였다. 즉, 독서교육에 있어서 아동의 역량을 무시한 채 독서의 양을 지나치게 부과하지 않고 아동의 역량에 맞게 할 것을 권장하였다. 또한 자녀를 훈계하는 데 있어서도 자녀의 기질 및 성품을 고려하여 방법을 달리하도록 한 사실은 개인차에 대한 이해와 통찰력이 뛰어났음을 보여주는 것이다.

④ 지행합일의 교육방법

지행합일(知行合一)의 원리 또한 우리나라 전통가정교육의 대표적인 교육방법이라고 볼 수 있다. 배움은 곧 실천으로 이어질 때 진정한 가치가 있다는 지행합일의 원리를 강조하였기 때문에 전통교육에서는 부모가 자녀에게 말로만 가르치고 지시하기보다는 먼저 부모 자신이 자녀의 본보기가 되고자 노력하였다. 부모 자신이 인격을 수양하고 절제하는 생활태도를 직접 보여줌으로써 바람직한 모델을 제시해 주는 것이 우리나라 전통교육의 출발점이었다고 볼 수 있다. 이러한 모델제시의 원리는 현대의 교수방법으로 평가해 볼 때에도 상당히 효율적인 방법이라고 볼 수 있다.

⑤ 효의 생활화

효(孝)의 생활화는 자녀에 대한 부모역할보다는 오히려 부모에 대한 자녀의 역할을 강조하는 것으로 볼 수 있다. 아버지의 눈을 뜨게 하기 위해 공양미 삼백 석에 인당수에 몸을 던졌던 '심청'의 이야기나 아버지의 병을 고치기 위하여 자식을 희생물

📷 **사진 설명** 아버지의 눈을 뜨게 하기 위해 공양미 삼백 석에 팔려간 효녀 '심청'의 이야기

로 바쳤던 '하늘도 감동시킨 효자'의 이야기는 분명 자식에 대한 어버이의 역할보다는 어버이에 대한 자식의 도리를 강조하고 있다. 나아가 눈먼 어미 쥐를 위험을 무릅쓰고 봉양하는 '새끼 쥐의 효도'에서는 동물도 어버이에 대한 효도를 다하건만, 이를 외면하는 것은 인간의 도리가 아님을 강조하고 있다(정순화, 김시혜, 1996).

이처럼 부모-자녀관계에서 특히 효를 강조한 것은 자연의 법칙에 근거한 것이다. 즉, 중력이 작용하는 자연계에는 자연 낙하하는 것이 절대적인 법칙인 것과 같이 인간의 정(情)도 아래로 향하는 자정(慈情)은 자연적으로 생기지만, 위로 향하는 효성(孝誠)은 노력하지 않으면 생기지 않는다고 보았다. 또한 종족보존의 본능에 의해 자정이 없는 사람은 거의 없지만 효성은 도덕의 원칙에 근거한 것이므로 장려하지 않으면 없어지기 때문에 효를 강조하였다. 즉, 자정은 아래로 흐르는 물과 같고 효도는 상승하는 불과 같아서, 물은 자연히 높은 곳에서 낮은 곳으로 흐르기 마련이지만 불은 인간이 살려야만 존재하고, 계속해서 보살피지 않으면 꺼져버리므로, 불에 해당하는 효성을 강조하는 의미에서 자식이 노친을 봉대하고 있는 모양으로 '효(孝)'자를 만들어 생활화하였던 것이다(유정기, 1975).

유교이론에 따르면 효는 상승하는 성질이 있어서 그것이 상승했다가 하강하면 원을 그리는데, 그 원 속의 것은 전체를 포용한다는 것이다. 따라서 부모에게로 상승하는 효심은 하강하면 형제자매를 포용하고, 또 연장해서 조부모에게 상승하는 효심은 하강하면 숙고(叔姑)와 종반(縱班)을 포용하게 되니, 그것을 더욱더 연장하면 모두 다 일체로 포용이 되어서 원만하게 되므로 효도는 도덕의 근본이 된다는 것이다. 즉, 단순히 부모만을 잘 봉양하는 것은 최소의 효 또는 하위의 효이고, 천하만인에게까지 발전시켜 인류를 박애하는 것이 최고의 효 또는 최상의 효가 된다. 따라서 효를 참으로 잘 행할 수 있는 자는 여타의 인간관계도 원만히 이끌어 나갈 수 있다고 보았다(류점숙, 1995).

이처럼 아동존중사상과 더불어 효의 생활화를 통해 부모의 역할과 자녀의 도리가 균형을 맞출 수 있었던 것이 우리 전통사회의 부모-자녀관계의 특징이라고 볼 수 있다.

⑥ 엄부자모

전통사회에서는 이상적인 부모역할로 엄부자모(嚴父慈母)의 모델을 제시하였다. 아버지의 엄한 가르침과 어머니의 자애로운 보살핌이 조화를 이루는 것이 자녀를 양육하는 데 있어서 이상적인 모델이라고 생각하였다. 부성의 두려움과 모성의 사랑이 함께 어우러져 인격의 기본틀을 형성하는 데 결정적인 역할을 한다고 하였다(이계학, 1991).『여사서(女四書)』의 내훈에는 "실로 고지식하게 자애한다는 것을 일삼거나 자애에 빠지는 것을 덕으로 삼는다면 이는 스스로 그 아랫사람을 잘못되게 만드는 것이다"라고 하여 자녀를 양육함에 있어서 엄격한 가르침이 없는 사랑을 경계하고 있다(백혜리, 1999, p. 79).

또한 아버지를 엄친(嚴親), 어머니를 자당(慈堂)이라고 하여 아버지의 엄한 역할만을 강조한 것이 아니라, 엄(嚴)함과 친(親)함이 공존하는 것을 자녀를 양육하는 올바른 태도로 간주하였다. 즉, 엄하면서 동시에 온정적인 아버지여야 함을 강조한 것이다(사진 참조).

🔎 **사진 설명**　우리 전통사회에서 부모는 자식을 자애롭지만 엄격하게 가르쳐야 한다고 보았다.
ⓒ 이서지 회초리 Switch (43×43cm)

(2) 20세기의 부모교육

1900년대 초반 우리나라에 외국문물이 유입되면서 서구의 부모-자녀관계에 대한 이론들이 유입되기 시작하였으나 이러한 영향은 극히 제한적인 것이었으며, 1960년대 이후 본격적으로 이에 관한 이론이나 저서가 소개되기 시작하였다.

1969년에 Spock 박사의 『육아전서』가, 1972년에는 Ginott의 『부모와 자녀 사이』 등의 아동양육지침서가 번역되어 출간되었다. 1970년대에는 행동과학연구소를 중심으로 행동수정이론에 대한 연구가 활발하게 이루어지고 널리 보급되었으며, 1980년대에는 여러 다양한 부모교육 프로그램들이 소개되기 시작하였다. 1985년에는 Dinkmeyer와 McKay의 '체계적 부모효율성훈련' 프로그램이, 1989년에는 Gordon의 '부모효율성훈련' 프로그램이 국내에 소개되었으며, 1995년에는 '적극적 부모훈련' 프로그램이 국내에 소개되었다. 이들 프로그램들은 연구소나 지역사회의 기관, 여성단체나 대중매체를 통해 많은 부모들에게 널리 보급되었다.

한편으로 1900년대 후반에는 외국 프로그램의 무분별한 수용에 대한 비판적인 시각이 대두되었고, 국내에서 개발된 프로그램이 하나둘씩 선보이기 시작하였다(김향은, 정옥분, 1999). 특히 문화관광부 산하의 한국청소년상담원에서 개발한 '자녀의 힘을 북돋우는 부모훈련' 프로그램은 국내에서 개발된 대표적인 것으로, 1993년에 총론이 개발된 이래 '자녀의 힘을 북돋우는 대화(1994)' '바른 행동의 길다지기(1994)' '생활의 기틀세우기(1995)' '어울려 사는 지혜 기르기(1995)' 등 1997년까지 구체적인 지도방법을 다룬 각론 프로그램 4종이 개발되고 개정되었다.

그 외에도 다양한 프로그램의 개발과 더불어 중·고등학교 기술·가정교과의 '인간발달과 가족' 영역이나 대학교의 예비부모교육 내용체계를 제시하는 등 정규 교과과정을 통해서도 부모교육의 활성화를 도모하고 있다. 이들 내용체계는 연계성과 동시에 위계성을 가지는 것으로 나타나 중·고등학교에서 학습한 내용을 대학교에서 반복학습과 심층학습을 통해 교육의 완성도를 높여가는 것이 가능하다는 점에서 장기적이고 지속적인 부모교육의 효과를 기대할 수 있음을 말해준다(정순화, 2017).

3) 우리나라와 서구의 부모교육

우리나라와 서구의 부모교육의 중심내용은 가족형태나 문화적인 차이에 따라 강조하는 측면이나 방식에서 다소 차이를 보이지만 본질적으로는 거의 유사한 것으로 볼 수 있다.

Winch(1971)는 아버지의 역할을 통제적인 역할로, 어머니의 역할을 양육적인 역할로 대비시켜 표현하였는데, 이는 우리의 엄부자모 모델과도 일맥상통하는 것이다. 즉, 아버지의 엄하고 통제적인 역할과 어머니의 온정적인 역할의 조화가 자녀의 인격을 결정하는 틀로서 중요한 요소임을 말해주는 것이다. 동서양을 막론하고 자녀에게 올바른 인격의 틀을 형성시켜주기 위해서는 자녀에게 사랑의 정감과 동시에 두려움의 정감을 발달시켜 주어야 한다는 엄친자모의 원리는 문화적인 차이라기보다는 부성과 모성의 자연성에 근거한 것이라고 볼 수 있다(김재은, 김광웅, 이계학, 유가효, 최경순, 1997).

또한 우리의 전통가족에서는 가정교육의 방법적 원리로 수신, 모범, 책임, 정성, 희생, 인내, 엄친, 존중, 관심, 가르침, 관대, 믿음의 12가지 덕목을 중시하였다(정옥분 외, 1997). 이와 유사한 원리는 서구의 부모역할 지침에서도 찾아볼 수 있다. Miller(1983)는 자녀의 발달을 저해하는 독성교육(poisonous pedagogy)의 항목을 구체적으로 제시함으로써 역설적으로 자녀의 성장발달에 도움이 되는 부모의 역할을 제시해주고 있다. 독성교육의 항목에는 다음과 같은 항목들이 포함되어 있다. 부모의 감정을 억제

Alice Miller

하면 자녀가 미워지므로 부모의 감정표현은 죄가 아니며, 부모의 감정이 자녀의 감정보다 우선시되어야 하며, 자녀의 감정을 고려하는 것은 위험한 일이다. 부모는 자녀의 주인이며, 부모는 자녀의 모든 면에서 옳고 그름을 판단하고 부모라는 이유만으로 존경받아야 하며, 자녀의 의지는 무시되어야 한다. 순종을 통해 자녀는 강해지며, 자녀의 높은 자긍심은 해로운 것이고 오히려 낮은 자긍심이 더불어 사는 데 필요한 요소이며, 부모의 관대함은 자녀에게 해로운 것이고, 자녀의 욕구에 반응하는 것은 잘못된 것이다. 또한 자녀는 부모에게 반항해서는 안 되며, 부모는 언제나 옳다는 것이다. 그리고 이러한 항목들은 자녀에게 어린 시절부터 주입하여 자연스럽게 받아들이도록 해야 한다는 것이다.

이러한 항목이 아동의 성장발달에 해가 되는 독성교육이라면, 바꾸어 말하면 자녀에게 유익한 교육이란 부모의 감정표현을 조절하고, 자녀의 감정을 수용하며, 자

녀 스스로 옳고 그름을 판단하게 하고, 자녀의 자긍심에 상처를 입히지 말아야 한다는 것이다. 또한 부모는 자녀에게 관대해야 하고, 자녀의 욕구를 존중해야 하며, 자녀가 지적하는 부모의 잘못도 기꺼이 수용해야 함을 의미하는 것이다. 이러한 교육의 지침은 바로 우리나라 가정교육 12덕목의 맥락에서 크게 벗어나지 않는 것으로 볼 수 있다(김시혜, 정순화, 1998).

4) 21세기의 부모교육

Alvin Toffler

앞서 살펴본 바와 같이 부모역할은 사회변화의 영향을 상당히 많이 받게 된다. 앞으로의 사회에서 어떠한 변화가 일어날 것인지에 대해 Alvin Toffler(1980)는 『제3의 물결(The Third Wave)』에서 제3의 물결시대인 21세기는 정보화 산업이 급속도로 발전하면서 전자생활 공동체의 형성, 재택근무의 활성화, 맞벌이가족의 보편화와 아울러 다양한 가족이 보편화될 것이라고 하였다. 이러한 변화는 이미 현실화되고 있다. 또한 Alvin Toffler와 Heidi Toffler(2006)도 『부의 미래(Revolutionary Wealth)』에서 앞으로의 세계는 생산자(producer)와 소비자(consumer)의 경계가 무너지고 양자가 통합된 프로슈머(prosumer)가 지배할 것이라고 하였다. 소비자이면서 동시에 생산에 자신의 아이디어를 반영하는 프로슈머들은 이미 우리 사회에 뿌리를 내리고 있으며, 이들에게 있어 창의적인 능력은 중요한 자원이 되고 있다.

그러므로 21세기에 요구되는 부모교육은 기존의 부모교육을 바탕으로 자녀들이 변화하는 사회에 잘 대처할 수 있도록 다음과 같은 점에 역점을 두어야 할 것이다.

첫째, 이미 우리는 세계화 시대, 지구촌 시대에 살고 있다(사진 참조). 앞으로의 사회는 인터넷의 발달로 보다 개방적이고 다양성이 공존하는 사회가 될 것이다. 그러므로 미래 사회에서 살아갈 수 있는 사람은 새로운 경험에 대해 열린 마음을 유지할 수 있는 경험에 대한 개방성이 절실하게 요구될 것이며, 부모교육도 이러한 측면에 역점을 두어야 할 것이다.

둘째, 이러한 개방성을 토대로 새로운 아이디어를 끊임없이 창출하는 창의적인 능력도 필요하다. 지금까지의 교육이 기존의 지식을 습득하고 이를 통해 평가를 받는 주입식 교육이었다면 앞으로는 창의적인 사고를 길러주는 것이 보다 필요할 것이며, 부모교육도 이러한 측면에 역점을 두어야 할 것이다.

셋째, 여성취업률의 증가와 한자녀가족의 증가, 인터넷이나 게임을 통한 혼자놀이의 비중이 증가하면서 최근 사회성발달은 더욱 문제시된다. 최근의 집단따돌림으로 인한 사회문제는 바로 이러한 사회성발달의 문제를 단적으로 보여주는 것이다. 그러므로 사회적인 능력을 향상시키고 공동체의식을 함양시키는 것에 초점을 둔 부모교육이 필요하다.

넷째, 인공지능이나 생명공학의 발달로 인해 앞으로 인간소외는 더욱 가속화될 전망이며, 발달하는 물질문명에 보조를 맞추면서 인간의 정신세계는 더욱더 소외되고 이로 인해 불안 등의 정신질환의 비율은 한층 증가할 것이다. 이러한 사회에서 보다 중요한 위치를 차지하는 것은 개인의 정신건강이며, 부모교육도 이러한 측면에 역점을 두어야 할 것이다.

다섯째, 우리 사회는 성인이 되면 결혼을 하고, 결혼을 하여 자녀를 출산하고 잘 양육하기를 기대한다. 그러나 이에 대한 교육은 소홀히 하고 있고 심지어 교육이 필요하다고 생각하지도 않으며, 자녀의 문제행동을 전적으로 부모의 책임이라고 비난한다. 따라서 많은 사람들은 자녀를 양육하는 것이 너무 어렵다고 생각하며, 이는 낮은 출산율로 귀결된다. 자녀양육이라는 직업에서 보다 효율적으로 기능하기 위해서는 경제적 지원 못지않게 교육적 지원이 필요하며, 2016년 정부에서 '부모교육 활성화 방안'으로 제시한 표준강의안을 중심으로 보다 폭넓은 예비부모교육이 청소년기, 청년기에 있는 예비부모를 대상으로 이루어져야 할 필요가 있다.

제 2 부

부모역할의 이해

아동발달에서 부모역할의 중요성에 비추어볼 때 부모교육의 중요성은 아무리 강조한다 하더라도 지나치지 않다. 특히 현대사회와 같이 부모역할에 대한 뚜렷한 지침이나 방향제시가 없는 인지지상주의(認知至上主義) 사회에서는 아동의 전인적인 발달을 위해 부모교육은 더욱더 그 필요성을 실감하게 된다.

부모를 대상으로 하는 교육에서 가장 핵심적인 부분은 부모역할에 대한 전반적인 이해를 돕는 것이라고 볼 수 있다. 부모역할에 대한 이해를 돕기 위해서는 자녀의 발달과정에 대한 지침이나 단계별 부모역할에 대한 논의가 우선적으로 이루어져야 할 것이다. 아울러 모든 부모들의 기대와는 달리 성장과정에서 자녀들은 바람직하고 적응적인 행동만을 보이는 것은 아니며, 다양한 부적응 행동을 보이게 된다. 실제로 발달상의 문제로 인해 소아정신과나 아동상담소, 놀이치료 기관을 찾는 아동의 수는 매년 증가하고 있는 실정이다. 이처럼 부적응 행동을 보이는 자녀가 있는 가족에서는 이들에 대한 특별한 부모역할을 필요로 하므로 이에 대한 논의도 필요하다. 또한 부계직계가족이 가장 보편적인 유형이던 전통사회와는 달리 현대사회에서는 여러 다양한 가족형태가 존재하며, 가족형태에 따라 상이한 부모역할을 필요로 하므로 이에 대한 논의도 필요하다.

제2부에서는 먼저 단계별 발달특성과 이에 따른 부모역할을 살펴보고, 다음으로 발달장애 문제를 가지고 있는 자녀에 대한 부모역할과 다양한 가족에서의 부모역할에 대해 살펴보고자 한다.

제3장

발달단계와 부모역할

　아동은 의존적인 상태로 출생하여 점차 하나의 독립된 개체로 성장해 나간다. 신체적으로 크기가 커지고 사고능력이 확장되며 외부 세계에 반응하는 방법을 습득하게 되면서 점차 독립된 자신만의 정체감을 형성해 나간다. 이러한 과정에서 타고난 유전적 요인뿐만 아니라 부모나 형제자매, 또래집단 등 여러 환경요인의 영향을 받게 된다. 그중에서도 부모는 아동과 가장 가까이에서 생활하고 자녀의 성장과정에 여러 가지 방식으로 개입하며 많은 영향을 미치게 된다. 자녀에게 생명을 부여하며, 성장에 필요한 의식주 등의 환경을 제공해주고, 자녀와의 정서적인 유대감을 형성하며, 그들 문화에서 인정받는 방식으로 자신의 욕구를 충족시켜 나가는 방법을 자녀에게 가르쳐 주기도 한다.

　이처럼 부모-자녀 간에 효율적인 상호작용이 이루어지기 위해서는 자녀의 성장과정에 따른 단계별 발달특성을 이해하는 것이 우선적인 과제이다. 자녀의 성장과정을 이해함으로써 부모는 그들의 자녀가 무엇을 기대하고 있는가를 보다 잘 파악하고 그들의 욕구를 쉽게 충족시켜줄 수 있으며 아동의 성장과정에 적절히 개입함으로써 바람직한 방향으로 성장해나가도록 지도할 수 있다. 따라서 자녀의 단계별 발달특성을 이해하는 것은 효율적인 부모-자녀관계를 형성하기 위한 지름길이 될 것이다.

이 장에서는 태내기에서 청년기까지의 발달단계별 특성을 살펴보고, 이를 기초로 하여 보다 효율적인 부모역할을 수행하고, 원만한 부모-자녀관계를 형성하기 위한 지침을 제시해보고자 한다.

1. 태내기의 발달과 부모역할

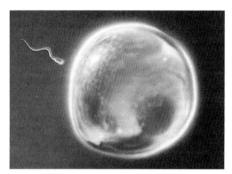

🔖 **사진 설명** 수정의 순간. 한 개의 정자가 난자의 세포막을 뚫고 들어가는 모습.

인간의 생명은 정자와 난자의 결합으로 시작된다(사진 참조). 태내에서 정자와 난자가 결합한 세포는 40주 동안 빠른 속도로 성장하여 하나의 생명체를 형성하게 된다. 그러므로 태내기는 짧은 기간이기는 하지만 인간발달의 초석이 되는 중요한 시기이다. 서양에서는 아기가 태어나 첫돌이 되어야 한 살이 되지만, 전통적으로 우리나라에서는 태어나자마자 한 살을 먹게 된다. 이는 수태되는 순간부터 하나의 완전한 생명체로 인정하는 것으로, 인간생명의 존중사상과 더불어 오늘날 발달된 태아과학의 관점에서 볼 때도 매우 과학적인 사고였음을 알 수 있다(이원호, 1986). 이 시기에 이미 상당 부분의 두뇌 발달이 이루어지며, 염색체상의 기형이 형성되기도 한다. 그러므로 예비부모들은 임신기간 중의 건강이 출생후 태아의 건강과 직결된다는 사실을 제대로 인식해야 한다. 또한 임신이나 출산이 자신의 생활에 가져오는 변화에도 적응할 필요가 있다. 특히 어머니의 생활방식이 극적으로 변화하게 되므로 이에 대한 적응도 필요하다. 임신기간의 마지막 삼분기 동안은 출산을 위한 준비를 하게 되며, 첫 아이인 경우 침구나 의복, 소품들을 준비하면서 새로운 둥지를 만들어 내는 상당히 즐거운 시간을 갖게 되기도 한다.

1) 태내환경과 영향요인

태내환경은 외부로부터의 자극이 어느 정도 차단되는 비교적 안전한 곳이라고 할 수 있다. 그러나 태내환경이 적절하지 못할 경우 그 영향은 태아에게 치명적인 것이 된다. 태아에게 바람직한 태내환경을 제공해주기 위해 금지되는 것과 허용되는 것에 대한 기준은 시대별로 변하고 있으나, 그 중요성에 대한 인식에는 변함이 없다.

(1) 영양

'작게 낳아서 크게 키우라'는 말처럼 종전에는 임신 중의 섭생은 가능한 한 소량의 음식물을 섭취하는 것이 바람직한 것으로 인식되었다. 그러나 현재는 임신기간 중의 충분한 영양섭취는 태아의 발달뿐만 아니라 어머니의 건강에도 필수적이라고 믿고 있다(Lowdermilk, Cashion, & Perry, 2014).

K. Alison Clarke-Stewart

임신기간 중의 어머니의 영양결핍과 태아의 발달 간의 관련성을 입증하는 사실 가운데 하나는 20세기 초반 스위스에서 크레틴병(cretinism)으로 출생한 아이들의 사례이다. 이곳은 지역의 특성상 옥소가 부족하였으므로, 결과적으로 이를 섭취하지 못한 임부의 아기에게 갑상선 기능장애가 나타났다. 이들은 지적 능력의 결함, 청각결함, 발육지체 등과 같은 증상을 보였으며, 이 지역 주민을 대상으로 옥소를 첨가한 식이요법을 실시한 결과, 크레틴병은 다음 세대에서는 나타나지 않았다(Clarke-Stewart, Friedman, & Koch, 1985).

일반적으로 임부의 하루 섭취량은 평상시에 비하여 15~30% (300~500Cal) 정도 증가시키는 것이 바람직하다. 특히 칼슘과 단백질, 철분, 비타민은 임부의 건강뿐만 아니라 태아의 성장, 발육에 필수적이므로 충분히 섭취해야 한다. 태내에서의 영양공급이 충분하지 못한 경우 사산, 유산, 조산이나 미숙아가 태어날 확률이 증가하며, 출산 시의 아동의 체중은 이후의 지능이나 성취도와도 관련이 있는 것으로 나타났다(Newman & Buka, 1993). 또한 태내기는 뇌세포가 급격하게 증가하는 시기이며, 다른 신체 부위와는 달리 뇌는 태내에서 급격한 발달이 이루어지므로 충분한 영양공급이 필수적이다. 그렇지 못한 경우 중추신경계의 결함을 초래하여 이후의 지적 발달에 영향을 미치게 된다(Morgane et al., 1993).

(2) 약물복용

오랫동안 어머니에게 안전한 약물은 태아에게도 안전한 것으로 생각되어 왔다. 그러나 어머니에게 안전한 약물도 태반을 통해 태아에게 전달되는 경우 치명적인 영향을 미칠 수 있으며, 특히 임신 초기에는 더욱 심각할 수 있다. 약물복용은 흡연이나 음주 등과 복합적으로 이루어지며, 태아에게 인지, 운동, 언어, 사회성, 정서발달의 여러 영역에 걸쳐 심각한 결함을 초래한다.

해표상기형(海豹狀畸形, phocomelia)[1]은 약물복용으로 인해 발생하는 가장 대표적인 결함의 예이다. 이는 임신 초기에 신경안정제인 탈리도마이드(thalidomide)를 복용했을 경우에 나타나며(Martinez-Frias, 2012), 주로 구개파열, 작은 귀, 골반탈구, 소화기·심장·비뇨기의 기형과 같은 신체적 결함이나, 손가락이나 발가락이 붙어 있는 사지결함을 초래한다. 가장 눈에 띄는 결함은 팔, 다리가 없거나 손과 발이 몸통에 붙어 있는 점이다(사진 참조).

헤로인 등과 같은 습관성 약물은 청각결함, 심장이나 관절의 결함, 구개파열, 사지기형이나 행동장애를 유발하는 것으로 나타났다. 코카인을 사용했을 경우, 성장지체나 사산, 출산과정에서의 문제(태반 조기박리 등), 뇌손상, 생식기의 이상, 갑상선 이상, 뇌출혈, 급성 심장발작을 유발하

🔅 **사진 설명** 해표상기형 아동.

---

1) 손과 발은 있으나 팔과 다리가 없는 기형

는 확률이 증가하고, 환경 자극에 대해 적극적인 반응을 보이
지 않으며, 그 효과는 지속적인 것으로 나타났다(Berk, 1996;
Richardson, Goldschmidt, Leech, & Willford, 2011).

　이상의 연구결과에 비추어볼 때, 아직까지 그 영향이 규명
되지 않은 의약품의 경우에도 반드시 안전하다고는 볼 수 없으
므로, 임신 중에는 가능한 한 약물복용을 자제하는 것이 바람
직하다.

Laura E. Berk

(3) 질병

　모체의 질병도 태내결함을 유발하는 중요한 원인으로 작용한다(Brunell, 2014;
Koren & Ornoy, 2018). 그 가운데 풍진은 태내결함을 유발하는 대표적인 질병이다
(Rasmussen, 2012). 특히 임신 3개월 이전에 모체가 풍진에 감염된 경우, 시각장애나
청각장애 및 정신지체 등을 유발할 확률이 높다.

　임부가 매독이나 임질 등의 성병에 감염된 경우에도 태아에게 심각한 영향을 미
치게 된다(Braccio, Sharland, & Ladhani, 2016). 감염된 태아의 30%는 출생 이전에 사
망하며, 그렇지 않은 경우에도 기형아 출산이나 시각장애를 초래하기도 한다. 이러
한 증상은 출산 시에는 나타나지 않고, 이후에 나타나기도 한다(Qin et al., 2014).

　후천성 면역결핍증(AIDS)의 원인이 되는 인체 면역결핍 바이러스(human
immunodeficiency virus: HIV)도 태아에게 감염되는 비율이 점차 증가하고 있다. 이는
감염된 어머니로부터 태반이나 출산과정에서의 접촉을 통해 태아에게 감염된다.

　그 외에도 B형 간염, 심장질환이나 당뇨병도 태아에게 영향을 미친다. 어머니가
당뇨병을 가진 경우, 일반적으로 자궁 내 환경은 혈당이 높고, 이에 따라 인슐린 분
비 수준이 높기 때문에 출생 후 신생아의 신체는 재적응을 해야 하는 문제를 갖는
다. 이들은 자극에 대해 덜 민감한 반응을 보이며, 사람의 얼굴을 주시하는 데 어려
움이 있었고, 운동능력도 지체된 것으로 나타났으며, 이러한 결함의 정도는 어머니
의 당뇨병의 정도와도 관련이 있다(Desai, Beall, & Ross, 2013; Eriksson, 2009).

(4) 연령 및 출산 횟수

일반적으로 여성은 13세경에 생리를 시작하여 폐경이 되는 50세 전후까지 출산 능력이 있지만, 태아나 어머니에게 특별한 문제를 일으키지 않는 최적의 연령은 23~28세까지라고 한다. 임산부의 연령이 35세를 넘을 경우 의학적으로 이를 노산이라고 한다. 최근에는 대부분의 여성들이 첫 아이를 갖는 시기가 점점 늦어지고 있는 추세에 있다. 노산인 경우 자연유산, 임신중독증, 난산, 미숙아 출산이나 다운증후군(Down Syndrome)의 비율이 급격히 증가한다(Ghosh et al., 2010; Lefevre, & Sundermeyer, 2020). 다운증후군의 원인 가운데 하나는 여성호르몬인 에스트로겐의 수준과 관련이 있다. 에스트로겐 수준은 20~35세 사이에 절정을 이루며, 호르몬 분비의 부족은 21번째 염색체의 이상을 초래하는 결과를 낳게 된다. 따라서 노산뿐만 아니라 임산부의 연령이 20세 이하인 경우에도 자궁의 미성숙이나 호르몬 분비로 인해 조산아나 다운증후군의 아이를 출산할 가능성이 높다(Malizia, Hacker, & Penzias, 2009).

어머니의 임신 횟수도 태아의 발달에 영향을 미친다. 어머니의 연령변인을 고려하지 않는다면, 첫 임신에서는 자궁과 태반 간의 순환이 늦게 이루어지기 때문에, 태내환경은 첫 아이보다 이후에 출생하는 아이에게 보다 유리하다. 따라서 둘째부터가 첫 아이보다 신체가 더 큰 경향이 있고, 출생결함이나 기형이 나타나는 비율 또한 낮은 경향이 있다. 그러나 출산간격이 너무 짧거나 출산 횟수가 많아질수록 이러한 이점(利点)은 상쇄된다.

(5) 음주

알코올은 빠른 속도로 태반에 침투하여 장시간 영향을 미치게 된다(Brocardo, Gil-Mohapel, & Christie, 2011; Frost, Gist, & Adriano, 2011). 태아의 알코올 분해능력은 성인의 절반 수준에 머무르기 때문에 태아는 알코올에 상당히 민감하게 반응하며, 소량의 알코올조차도 비정상적인 발달을 야기할 수 있다. 그러나 임산부에게 안전한 알코올 소비 수준을 제시하는 것은 불가능하므로 임신기간 중에는 될 수 있으면 알코올 섭취를 제한하는 것이 바람직하다.

알코올 중독 현상을 보이는 임부의 태아는 태아 알코올 증후군(Fetal Alcohol Syndrome)을 보이게 된다(Arnold et al., 2013; Grant, Brown, Duborsky, Sparrow, & Ries, 2013; Harper, Tunc-Ozcan, Graf, & Redei, 2014). 정신지체나 주의집중력의 결핍, 과잉행동은 이들 아동이 갖는 특징이며, 동시에 이들은 출생 전후의 성장지체, 비정상적인 두개골 모양, 눈이나 심장, 사지, 관절의 결함을 가지고 태어나기도 한다(Blanck-Lubarsch et al., 2019). 이러한 위험은 알코올 섭취량이 많을수록 증가하며, 정신지체아동 가운데 상당수는 태아 알코올 증후군의 희생양일 수 있다(Steinhausen, Willms, & Spohr, 1993).

(6) 흡연

흡연은 저체중아 출산에 영향을 미치는 가장 대표적인 요인이다. 또한 흡연은 뇌결함, 작은 두개골, 구개파열, 조산아가 태어날 확률이나 질병에 걸릴 확률을 증가시킨다(Brown & Graves, 2013; Burstyn, Kuhle, Allen, & Veugelers, 2012). 흡연 여성은 비흡연 여성에 비해 저체중아 출산율이 2배 정도 높게 나타난다. 만일 임신기간 중 여성이 흡연을 피할 수 있다면 20%의 저체중아 출산은 피할 수 있다고 한다(Chomitz, Cheung, & Lieberman, 1999).

직접적인 흡연뿐만 아니라 간접 흡연도 태아의 발달에 영향을 미치며, 흡연을 하는 어머니의 심리상태도 태아에게 영향을 미치는 요인으로 지적된다. 외부로부터 받는 스트레스나 어머니의 불안한 정서상태가 어머니로 하여금 담배를 피우게 한다. 어머니가 음주나 흡연을 할 경우, 태아가 지체를 보일 확률은 2배 정도 높아지며, 두 가지를 모두 할 경우 4배로 증가한다 (Dworetzky, 1990). 또한 임신기간 중 어머니의 흡연은 아동·청소년기의 천식과도 관계가 깊은 것으로 나타났다(Hollams, de Klerk, Holt, & Sly, 2014).

(7) 정서상태

사주당 이씨는 태교신기(胎教新記)에서 모친의 태중교육 10개월이 출생 후 스승에게 10년을 배우는 것보다 더 중요하다고 하였다. 이는 인간의 기질과 성품이 태중에서의 교육에 의해 형성됨을 강조하고 있는 것이다(이원호, 1986). 임신 중 모체의 정서상태의 중요성을 우리나라 전통육아에서는 태교라는 용어로 강조하고 있으며, 이러한 태교의 중요성은 현대과학으로 입증되고 있다.

사진 설명 『태교신기(胎教新記)』

분노, 공포, 불안과 같은 어머니의 정서적 스트레스는 자율신경계에 영향을 미쳐 부신 호르몬의 분비를 촉진시키게 되며, 이는 태반을 통해 태아에게 영향을 미치게 된다(Breedlove & Fryzelka, 2011; Monk et al., 2000; Nazzari & Frigerio, 2020; Schuurmans & Kurrasch, 2013).

태내기에 어머니의 정서적 혼란이 수주 동안 계속된 경우, 태아의 움직임은 임신기간 내내 높게 나타났으며, 출생 후에도 영향을 미치는 것으로 나타났다. 정서적으로 안정되지 못한 어머니에게서 태어난 영아는 과잉행동을 보이고, 성급한 성격특성을 지니며, 소화기 장애를 보이는 것으로 나타났다(Howerton & Bale, 2012). 이러한 신생아의 행동특성은 스트레스를 받고 있는 어머니로 하여금 자녀양육을 더욱 어렵게 하는 요인으로 작용하여 이후의 부모-자녀관계에도 부정적인 영향을 미치게 된다. 또한 어머니의 불안은 신진대사율을 증가시켜 저체중을 유도하거나, 불안을 극복하기 위해 이들 호르몬의 분비를 촉진시킴으로써 조산을 유발하는 요인이 되기도 한다(Azar, 1999).

임신 및 출산 풍습에 관한 비교문화연구(민하영, 유안진, 2003)에서 태교는 한국,

홍콩, 미국 문화 간뿐만 아니라 각 문화 내 세대 간에도 유의한 차이가 있는 것으로 나타났다. 한국은 홍콩이나 미국에 비해 상당히 높은 수준의 태교를 실천하고 있는데, 이러한 경향은 어머니 세대뿐만 아니라 할머니 세대 모두에서 동일하게 나타났다. 한편, 세 문화 모두 할머니 세대에 비해 어머니 세대의 태교 실천 수준이 높은 것은 태아학의 발달로 최근 태교의 중요성이 강조되고 있기 때문인 것으로 보여진다. 그러나 한국의 할머니 세대의 태교 실천 수준이 홍콩이나 미국 어머니 세대의 태교 실천 수준보다 높다는 사실은 태아학이 대중적으로 받아들여지기 전부터 한국에서 태교를 중요하게 간주했음을 시사하는 것이다.

(8) 기타 요인

히로시마와 나가사키의 원폭피해에서 밝혀졌듯이 방사능은 유전인자의 변화를 초래하는 원인이 된다. 방사능의 영향은 방사능의 양이나 태아의 상태 및 노출 시기에 따라 상이하나, 신체 기형이나 정신지체아를 유발하는 요인이 된다(사진 참조). 미세먼지와 황사 등의 대기오염 또한 태아에게 치명적인 영향을 미치는데, 조산이나 미숙아의 출생, 선천성 기형의 원인이 될 수 있다(Kumar et al., 2015; van den Hooven et al., 2012).

아버지의 혈액형이 Rh$^+$이고 어머니가 Rh$^-$인 경우, Rh$^+$가 우성이므로 태아는 Rh$^+$인자를 갖게 되며, 이는 어머니의 혈액과 일치하지 않으므로 문제가 생기게 된다(Li, Jiang, Yuan, & Ye, 2010). 태아가 Rh$^+$ 혈액형이고 모체가 Rh$^-$ 혈액형인 경우, 일반적으로 첫 번째 임신에서는 문제를 보이지 않는다. 그러나 두 번째 임신에서는 어머니의 혈액 속에 항체가 형성되어 사산이나 유산을 하거나 정신박약아가 태어

📷 **사진 설명** 우크라이나의 체르노빌 핵폭발 사고로 인한 방사능 오염 지역에서 태어난 이 소년은 한쪽 팔이 없다.

난다. 최근에는 Rh 백신주사가 개발되어 항체형성을 예방할 수 있다(Flegal, 2007).

임신기간 중의 성생활은 반드시 금해야 하는 것은 아니다. 그러나 초기에는 수정

란이 자궁벽에 완전히 착상하지 못한 상태이므로 유산의 우려가 있으며, 말기에는 조산의 우려가 있다.

　뜨거운 목욕이나 온천은 몸의 혈액순환을 촉진시키고 피로를 풀어 주지만, 지나치게 뜨거운 물은 임신한 여성의 자궁 주변 온도를 상승시켜 태아의 중추신경계의 이상을 초래할 수 있다. 39℃ 이상의 욕조에 10~15분 이상 앉아 있는 것은 태아에게 손상을 초래할 수 있다(Papalia & Olds, 1995).

　과도하지 않은 적절한 운동은 태아에게 영향을 미치지 않으며, 오히려 어머니의 자긍심을 높여 주고, 태아의 체중을 증가시키며, 긴장감이나 임신으로 인한 불편함을 감소시킬 뿐만 아니라 출산과정을 용이하게 해 주는 역할을 한다.

(9) 태내환경과 아버지의 영향

지금까지의 태내환경에 대한 관심은 여성의 음주, 흡연, 스트레스 등과 관련된 요인들에 초점이 맞춰져 왔다. 그러나 최근에 와서 남성도 태내환경에 많은 영향을 미칠 수 있다는 것이 밝혀졌다(Pedersen, McGrath, Mortensen, & Pedersen, 2014). 아버지의 음주, 흡연(사진 참조), 화학약품에 대한 노출이나 연령변인에 따라 출생결함이 증가하는 양상을 보이고 있다(Sadler, 2015; Soubry, Hoyo, Jirtle, & Murphy, 2014).

　남성의 흡연은 여성에게 간접적으로 영향을 미치게 되며, 흡연 남성의 정자는 비흡연 남성의 정자에 비해 기형이 더 많이 나타난다. 또한 남성의 흡연은 방출되는 정자의 수를 감소시켜 생산능력을 떨어뜨리는 대표적인 요인이 된다(Agricola et al., 2016; Beal, Yauk, & Marchetti; 2017). 하루에 반 갑 이상의 흡연을 하는 남성은 비흡연 남성보다 정자가 20% 정도 감소하며, 태아의 체중도 120g 정도 감소하는 것으로 나타났다. 또한 흡연 남성의 자녀는 비흡연 남성의 자녀에 비해 뇌수종, 안면마비 등의 결함이 생길 확률이 배로 증가하며, 뇌종양, 임파종, 백혈병에 걸릴 확률이 20% 증가

한 것으로 나타났다. 그러나 이것이 출생 직후의 간접 흡연의
영향인지에 대해서는 논란의 여지가 있다(Cao, Lu, & Lu, 2020;
Cordier, 2008; Milne et al., 2012).

Anne Merewood

　수정 전 남성의 음주습관도 영향을 미친다. 심한 음주는 남
성 호르몬인 테스토스테론의 수준을 낮추며, 결과적으로 불
임과 관련이 있다. 또한 하루 2잔 이상의 포도주나 2병 이상의
맥주를 마신 경우 태아의 체중이 평균치에 비해 85g 정도 적
은 것으로 나타났다. 마리화나나 코카인 같은 약물의 복용도
불임이나 태아의 건강상 문제를 초래한다(Merewood, 1998).

　아버지가 특정의 화학약품에 노출되는 직업을 가질 경우, 사산, 조산, 저체중아
를 출산하는 비율이 높은 것으로 보인다. 연구결과, 임신 수개월 이내에 안전하지
못한 환경에서 일할 경우 태아에게 해로운 영향을 미치는 것으로 나타났다. 이러한
사실은 어머니뿐만 아니라 아버지에게도 안전한 작업환경이 제공되어야 함을 의미
한다. 물론 이러한 위험은 작업장의 오염수준이 피부자극이나 갑상선의 문제, 호흡
문제를 야기시킬 만큼 충분히 심한 경우에 나타난다(Brooks, 1991).

　아버지의 연령도 태아의 건강과 관련된 중요한 변수이다. 아버지의 연령이 20세
이하이거나 55세 이상인 경우 다운증후군의 위험은 급격하게 증가한다. 20세에서
52세까지의 건강한 남성에 대한 연구결과, 연령이 증가할수록 염색체의 결함이 빈번
하게 나타나며, 20~34세까지는 2~3%만이 유전적인 결함을 갖는 데 반해, 35~44세
에서는 7%, 45세 이상에서는 14%의 결함을 보이는 것으로 나타났다(Kong et al.,
2012; Merewood, 1998).

　자폐증을 일으키는 유전자의 돌연변이 또한 아버지로부터 물려받은 유전자에서
발생하는 경우가 더 많다는 연구결과가 나왔다. 또 아버지의 연령이 많을수록 자녀
의 자폐증 발병위험도 커지는 것으로 나타났다. 즉, 35세 이상 남성의 경우 자폐증
을 일으키는 돌연변이를 유발할 수 있는 정자를 생산할 위험이 높은 것으로 드러났
다(조선일보, 2012년 4월 6일자).

　건강한 아기를 출산하는 것은 전적으로 여성만의 책임이 아니다. 남성도 동시에

책임이 있다. 앞에서 열거한 위험요인들로부터 안전하기 위해서는 남성도 흡연이나 음주, 약물복용을 중단한 지 일정 기간이 지나서 아기를 갖는 것이 바람직하다고 볼 수 있다.

2) 태내결함 및 임신 중의 이상

이상과 같은 요인들이 태아에게 미치는 영향에는 개인차가 큰 것으로 보인다. 어떤 태아는 위험요인에 장기간 노출되어도 아무런 결함을 보이지 않는 반면, 어떤 태아는 일시적으로 노출되어도 심각한 결함을 보이는 경우가 있다. 이러한 차이는 여러 가지 요인의 영향을 받으며, 특히 노출되는 시기와 많은 관련이 있다.

임신기간 중에는 여러 가지 이상이 생길 수 있으므로 정기적인 검진이 필요하다. 태내환경 요인의 문제로 인한 결함 가운데 현재로서는 비정상적인 정자를 미리 판별할 수 있는 방법이 없다는 점이다. 그러나 초음파 검사(ultrasound sonography), 양수검사(amniocentesis), 융모검사(chorionic villus sampling: CVS), 혈액검사(alpha fetoprotein: AFP) 등을 통해 태아의 유전적 결함을 미리 알아볼 수 있다.

(1) 다운증후군

다운증후군은 태내에서의 염색체 이상에 기인한 가장 흔한 염색체 결함으로 어머니의 연령이 증가함에 따라 급격하게 증가한다(Adorno et al., 2013; Davis, 2008; Glasson, Jacques, Wong, Bourke, & Leonard, 2016; Sherman et al., 2007). 다운증후군은

신체적 장애와 지적 장애를 동반한다(Grealish, Price, & Stein, 2020). 지적 장애가 있음에도 불구하고 다운 증후군의 아동은 속도가 느리기는 해도 정상아동과 비슷한 발달 양상을 보인다. 특히 성격이 밝고 사람을 좋아하기 때문에 사교성이 좋다(사진 참조). 심장질환이나 백혈병의 발병률이 높고, 중년기 이후에는 알츠하이머병에 걸릴 확률이 높다. 이러한 유전적 이상은 양수검사를 통해

확인이 가능하므로, 노산인 경우에는 반드시 검진을 받을 필요가 있다.

(2) 페닐케토뉴리아

페닐케토뉴리아(phenylketonuria: PKU)는 페닐알라닌을 분해하는 데 필요한 효소의 부족 때문에 생기는 질환이다. 이것이 분해되지 않아 독성이 신경조직에 축적되어 결과적으로 정신지체를 유발하는 요인으로 작용하게 된다(Diamond, Prevor, Callender, & Druin, 1997; Mange & Mange, 1990). 이는 출생 초기에 소변검사를 통해 판별이 가능하며, 페닐알라닌의 섭취를 제한하는 식이요법을 함으로써 극복하는 것이 가능하다(Ahring et al., 2018; Giovannini, Verduci, Salvatici, Paci, & Riva, 2012; Rohde et al., 2014).

(3) 성염색체 결함

일반적으로 정상적인 성염색체는 XX나 XY의 형태를 갖게 되지만, 클라인펠터 증후군이나 터너 증후군과 같은 이상이 나타나기도 한다. 클라인펠터(Klinefelter) 증후군은 적어도 두 개의 X염색체와 한 개의 Y염색체를 가지고 있으며, $^1/_{500} \sim ^1/_{1,000}$의 확률로 남아에게서 나타난다. 고환이 미성숙하여 정자를 생산하지 못하기 때문에 생식불능이다. 지능이 낮은 경우가 많은데, 특히 언어지능이 떨어진다. 터너(Turner) 증후군은 $^1/_{2,500} \sim ^1/_{8,000}$의 확률로 여아에게서 나타나며, 난소가 기능을 제대로 하지 못해 여성 호르몬이 부족하고 여성 호르몬의 부족으로 사춘기가 되어도 2차 성징이 나타나지 않으며 생식능력이 없다. 언어지능은 정상이지만 공간지각능력은 평균 이하인 경우가 많다. 당뇨병, 연소자형 관절염, 작은 키(단신)가 보편적인 특성이다(Apperley et al., 2018; Bianchi, 2019; Kaur & Phadke, 2012). 갑상선 질환, 결핵성 피부염, 류머티스성 관절염, 골다공증의 발병률이 높다.

(4) 임신 중의 이상

이상과 같은 태내결함 이외에도 임신기간 중에는 입덧, 자궁외 임신, 임신중독증, 전치태반, 조기파수, 조산, 유산 등과 같은 여러 가지 이상이 나타날 수 있다.

입덧은 그 원인이 명확하게 알려져 있지 않으나 태반에서 나오는 물질에 대한 일종의 거부반응으로 설명할 수 있다. 20명 중 1명이 심한 입덧으로 고생하며, 이는 1~2주에서 8주까지 가장 심하다. 입덧을 줄이기 위해서는 가능한 한 정신적 안정을 유지하고 조금씩 자주 먹는 것이 바람직하다. 임신 초기의 입덧은 태아가 잘 자라고 있다는 증거이며, 입덧을 한 여성은 유산이나 저체중아, 미숙아 출산이 더 적었다고 보고되고 있다.

난자와 정자의 접합체는 자궁 내에 착상하는 것이 원칙이다. 그러나 자궁외 임신은 수정란이 자궁에 착상하지 못하고 난관, 난소, 자궁경부, 자궁각 등에 착상하는 것을 말한다. 자궁외 임신은 오래 지속될 수가 없고, 태아는 난관 등에서 충분히 발육하지 못하고 유산된다.

임신중독증의 정확한 원인은 알려져 있지 않으나, 8개월 이후 몸이 붓고 소변에서 단백질이 검출되며 고혈압 증상을 수반한다. 어머니가 심한 임신중독증을 경험하면 태아는 조산아로 태어나거나 난산 또는 사산될 확률이 높다.

전치태반은 태반이 태아보다 자궁구 가까이에 발육하여 자궁구를 막고 있는 것으로, 이러한 경우에는 정상분만이 불가능하여 제왕절개 분만을 해야 된다.

양수는 분만 시 자궁의 수축이 일어나면서 터지게 되어 산도를 통해 태아가 출생하는 것을 도와주는 역할을 한다. 출산이 진행되기 이전에 양막이 터져 양수가 일찍 나오는 것을 조기파수라고 하며, 이러한 경우 태아는 감염의 우려가 있으므로 제왕절개 분만을 해야 한다.

임신 기간을 기준으로 하여 37주 이전의 분만을 조산이라고 하며, 조산인 경우에는 대체로 체중이 2.5kg인 미숙아이다. 그러나 임신 40주를 다 채운 신생아도 2.5kg 미만이면 미숙아로 간주된다.

조산아는 출생 후 곧바로 보육기에 넣어지므로(사진 참조), 초기 모자격리가 아기와 어머니와의 애착관계 형성에 손상을 줄 수 있

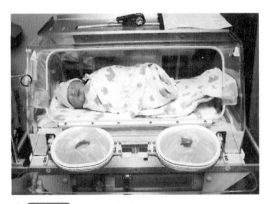
 사진 설명 조산아 보육기 속의 미숙아

다. 이와 같은 손상을 줄이기 위해 캥거루 케
어(Kangaroo Care) 전략을 이용할 수 있다. 캥
거루 케어란 어미 캥거루가 새끼 캥거루를
육아낭(pouch)에 넣어 키우는 것처럼 어머
니가 맨 가슴에 기저귀만 채운 미숙아를 똑
바로 세워 품어 안는 것을 말한다(사진 참조).
어머니와 미숙아가 하루에 2~3시간씩 밀접
한 신체접촉(캥거루 케어)을 함으로써 애착관
계 형성에 도움이 될 뿐만 아니라 미숙아의

🔦 **사진 설명** 캥거루 케어

심장박동과 체온을 유지시키고 호흡장애를 완화시켜준다(Ahmed et al., 2011; Begum
et al., 2008; El-Farrash et al., 2020; Ludington-Hoe et al., 2006; Nyqvist et al., 2010).

　태아가 생존 능력이 있기 전인 임신 20주 이전에 임신이 종결되는 것을 유산이
라고 한다. 전체 임신의 20~30% 정도를 차지하며, 남아가 여아에 비해 많은 비율
을 차지한다. 수정 당시 남아 대 여아의 비율은 130 : 100 정도이지만 출생 시의 성
비는 106 : 100으로 조정되며 이는 남아의 높은 태내 사망률에 기인한다. 유산의
70~80%가 2~3개월경에 일어나며 복통과 하혈을 동반한다. 유산의 30% 정도는
염색체상의 결함에서 비롯되며, 정자와 난자의 이상, 수정란의 착상문제, 자궁이나
태반의 미발육 등이 원인이 되기도 하지만 심한 육체노동이나 과로가 원인이 될 수
도 있다. 그러므로 임신 중에는 무거운 물건을 들거나 심한 운동이나 중노동을 하
지 않는 것이 바람직하다.

3) 태내기의 부모역할

　태내기는 인간의 발달에서 초석이 되는 중요한 시기이다. 비록 짧은 기간이지만
태내기의 발달은 이후의 성장과 직결되므로 태내환경에 대한 배려가 필요하다. 동
시에 임신은 여성의 신체와 생활에 많은 변화를 초래하므로 이에 대한 적응도 필요
하다.

(1) 임신에 대한 긍정적 태도

태내기에 이루어져야 할 일차적인 과업은 임신 자체를 긍정적으로 받아들이는 일이다. 많은 임산부들은 임신기간 중이나 출산을 전후하여 우울증을 경험하게 된다. 모든 사람들이 우울증을 경험하는 것은 아니며, 이와는 반대로 행복감에 빠져 있거나 행복감과 우울증이 교차하는 경우도 있다.

임신 중 우울증은 초기에는 증가하나 중기에는 다소 감소하며 말기에 다시 증가하는 것이 보편적인 형태이다. 이는 임신기간 중의 신체적인 변화와 직결된다. 임신 초기는 심리적으로나 육체적으로 힘든 시기이다. 입덧으로 인한 메스꺼움, 두통, 피로감 등이 우울증을 증가시킨다. 임신 중기에는 괴로운 징후가 많이 사라진다. 중기에 접어들면서 태반이 안정되고 태동이 나타남에 따라 태아의 존재를 실감하게 되며, 그 결과 우울증은 다소 감소하게 된다. 말기에는 체중증가나 거동의 불편함, 피곤, 불면증 등으로 인하여 우울증이 다소 증가하게 된다. 동시에 출산이 임박해 옴에 따라 기쁨, 기대, 난산이나 진통에 대한 걱정, 우울, 출생할 아이의 존재로 인한 흥분과 초조함 등의 감정이 교차하게 된다. 임신의 마지막 삼분기에 접어들면 여성은 지금까지는 아기의 건강이 관심사였지만, 이제 분만과정에서의 자신의 건강이나 안전, 출산 후의 역할의 어려움에 대해서도 걱정하게 된다. 이 시기에 출산과 관련된 악몽을 많이 꾸는 것은 그들이 가진 불안의 표시이기도 하다.

우울이나 초조함은 태어나는 아기에게는 물론 출산과정에서의 고통을 경감시키는 데에도 도움이 되지 않으므로, 가급적 임신 자체를 긍정적으로 받아들이고 명랑한 기분을 유지하도록 노력하는 것이 필요하다. 우울증을 극복하기 위해서는 임산부 자신의 적극적인 노력이 선행되어야 하며, 동시에 가족원으로부터의 정서적 위안도 필요하다. 친지나 친구들과 경험을 교환하는 것도 바람직한 방법이다.

(2) 아버지의 적극적 참여

임신기간 중 대부분의 남편들은 정서적 위안을 필요로 하는 아내에 대해 적극적인 반응을 보이며, 사소한 문제에서 아내의 의견에 순응하는 타협적인 태도를 갖게 된다. 이러한 남편의 정서적 지지는 아내로 하여금 임신과정에 용이하게 적응해 나가고 임신을 즐겁게 받아들이게 하는 것으로 나타났다. 또한 남편이 아내의 임신 사실을 기뻐하면 할수록 아내도 만족해한다.

임신한 여성뿐만 아니라 남편도 어려움을 경험한다. 아내의 임신은 남편으로 하여금 성적 긴장과 더불어 부모-자녀 간에 갈등을 생기게 하며, 이러한 갈등은 많은 남성으로 하여금 임신한 여성을 선망하고 이들과 유사한 증후를 경험하는 의만증후군(couvade syndrome)이라는 정서적 반응을 보이게 한다. 의만증후군으로 고통받는 예비 아버지들은 그들의 아내가 임신기간과 분만기간 동안 경험하는 입덧(구토)이나 식욕상실, 진통 등으로 인한 신체적 고통을 경험한다. 이는 불어의 'couver'에서 유래한 것으로, 문화인류학자인 Taylor경이 아기가 태어날 때 아버지가 침대에 가서 그 자신이 출산의 고통을 경험하는 것처럼 행동하는 의식을 의만(couvade)이라는 이름을 붙인 것에서 유래한다(Clarke-Stewart et al., 1985).

뿐만 아니라 아버지가 자녀출산에 대해 준비하고 분만과정에 참여하는 것은 아버지 자신에게 중요한 변화를 초래하며 이후의 부모-자녀관계에도 큰 영향을 미친다. 아버지가 분만과정에 직접 참여했거나 어머니가 병원에 있는 동안 영아와 충분한 접촉을 시도한 아버지는 이후의 자녀양육에도 적극적으로 참여하며 자녀와 많은 접촉을 시도하는 것으로 나타났다 (Parke, 1996).

Ross D. Parke

(3) 출산준비

분만이 반드시 예정일에 이루어지는 것은 아니므로 출산예정일이 다가오면 출산에 대한 정신적인 준비나 아기에게 필요한 물품을 미리 준비해야 한다.

일반적으로 대부분의 임산부는 병원에서 출산을 하게 된다. 출산할 병원이나 출산 후 휴식할 장소를 미리 정해 두고, 임신 말기에는 정기적으로 검진을 받도록 하고, 진통이 시작된 뒤 2~3시간이 경과하면 병원으로 가는 것이 바람직하다. 분만과정에서 대부분의 임산부는 특별한 도움을 필요로 하지 않으나 10~15%는 특별한 도움을 필요로 하므로 가정에서 출산할 경우에도 가까운 곳의 병원의 위치를 확인해두는 것이 필요하다.

아기에게 필요한 용품도 미리 준비해 두어야 한다. 아기를 위한 준비물로는 아기 의류(속옷: 3~5벌, 겉옷: 3~5벌, 기저귀: 30~40장, 포대기, 턱받이, 거즈 손수건), 아기 목욕용품(목욕통, 목욕 타월, 비누, 아기분, 베이비오일), 아기 침구류(요, 이불, 베개 등), 조유기구(우유병, 젖꼭지, 우유병 소독용품) 등이 있다.

2. 영아기의 발달과 부모역할

출생 후 24개월까지를 영아기라고 하며, 그중에서도 출생 후 첫 1개월을 신생아기라고 한다. 이 기간 동안 무력한 존재인 영아는 하나의 독립된 개체로서 성장할 준비를 하게 되며, 특히 신생아기는 비록 짧은 기간이지만 태내환경과는 상이한 새로운 환경에 적응해야 한다는 점에서 중요한 의미를 갖는다.

영아기는 발달의 여러 영역에서 급속한 성장이 이루어지는 시기이다. 뛰어다닐 수 있을 만큼 빠른 속도로 신체발달이 이루어지고, 다른 사람과 의사소통이 가능할 만큼 언어능력도 확대된다. 이후의 사회성발달을 위해 부모와 애착을 형성하는 것이 필요하며, 인지발달을 촉진시키기 위해 여러 감각 자극들이 필요한 시기이다. 이와 동시에 어머니와 분리된 하나의 개체임을 깨닫고, 자신의 개인적 능력을 과시하고자 끊임없이 노력하는 시기이다.

1) 신체발달

영아기의 신체적 성장은 놀랄 만큼 빠른 속도로 이루어진다. 아기를 신생아기 때 한 번 보고 나서 몇 개월 후에 다시 보게 된다면, 이 아기가 과연 그때 그 아기가 맞는지 의아할 정도로 아기가 달라져 있는 것을 발견하게 된다. 신장과 체중의 눈부신 성장 외에도 골격과 근육, 중추신경계 등의 신체내부적 발달도 급속도로 이루어진다.

(1) 신체적 특징

생후 첫 1년간의 특징은 빠른 신체적 성장이라 할 수 있다. 출생 시 체중은 남아가 평균 3.4kg, 여아가 평균 3.3kg이며, 신장은 남아가 평균 50.8cm, 여아가 평균 50.1cm이다. 건강한 영아의 경우 신장은 1년 동안 1.5배, 체중은 3배 정도 증가한다. 두 돌 무렵이 되면 신장은 성인 키의 절반 가량이 되고 체중은 출생 시 체중의 4배가 된다.

(2) 운동기능의 발달

운동기능에는 팔, 다리, 몸통과 같은 대근육을 사용하는 대근육 운동과 손의 움직임과 같이 몸의 소근육을 사용하는 소근육 운동이 있다.

① 대근육 운동

영아기의 가장 주목할 만한 대근육 운동기능은 고개도 못 가눌 정도로 전적으로 의존적이던 상태에서 뒤집기, 기기, 서기, 걷기, 달리기 등을 할 수 있는 기동성 있는 인물로 영아를 바꿔놓는 것이다. 출생 시 신생아는 고개도 못 가누지만 생후

🔖 **사진 설명** 영아가 뒤집기를 시도하고 있다.

🔖 **사진 설명** 18개월경에는 계단을 오를 수 있다.

1개월이면 엎드린 자세에서 고개를 들 수 있다. 2개월경에는 가슴을 들 수 있으며, 3~4개월경에는 뒤집기를 할 수 있다(사진 참조). 7개월경에는 혼자 앉을 수 있고, 12~14개월경에는 혼자 설 수 있다. 12개월경에는 붙잡고 걸을 수 있으며, 15개월경에는 혼자 걸을 수 있다. 18개월경에는 계단을 오를 수 있고(사진 참조) 자전거 타기를 할 수 있다. 18~24개월경에는 달리기, 뒤로 걷기, 공차기, 공 던지기, 뜀뛰기 등을 할 수 있다.

② 소근육 운동

소근육 운동기능은 근원발달의 원칙에 의해 팔과 손 그리고 손가락의 순으로 발달한다. 출생 시의 신생아에게는 잡기반사 능력이 있지만, 그것을 통제하는 능력은 없다. 마찬가지로 신생아도 매달려 있는 물체를 보면서 손과 발을 움직여 보지만 그 물체를 잡지는 못한다. 6개월이 되어야 매달려 있는 물체를 팔을 뻗어 잡을 수 있다 (Bower, 1979). 8~9개월경에는 자기 앞으로 던져 준 물체를 잡으려고 해 보지만 놓치고, 첫돌이 지나서야 제대로 잡을 수 있다(von Hofsten, 1983). 실이나 동전 같은 작은 물체를 집기 위해 처음에 영아는 손전체, 특히 손바닥을 사용한다. 그러다가 10개월이 지나면서 엄지와 집게손가락을 사용해서 작은 물체를 집을 수 있게 된다.

🔊 **사진 설명** 소근육을 이용해서 영아가 음식을 집어먹고 있다.

(3) 감각과 지각의 발달

인간은 환경을 탐색하는 데에 다른 어떤 감각기관보다 시각에 더 의존한다. 즉, 감각정보의 80%가 시각을 통해서 들어온다. 그럼에도 불구하고 시각은 영아의 감각능력 중 가장 늦게 발달한다. 출생 시 시각조절에 필요한 뇌회로가 충분히 성숙해 있지 않아 신생아의 시력은 매우 약한 편이다.

우리 주위의 환경으로부터 상당수의 정보가 소리를 통해서만 들어오기 때문에 청각은 매우 중요한 감각이다. 소리가 나는 근원을 찾으려는 반응처럼 영아의 듣는 능력은 보는 능력과 동시에 발달하며, 양자를 협응시키려는 반응을 보인다. 또한 듣는 능력에 문제가 있으면 이는 이후의 언어발달에도 영향을 미치게 된다.

영아는 여러 가지 다양한 냄새를 식별할 수 있다(Cao Van et al., 2017; Doty & Shah, 2008). 여러 가지 냄새를 묻힌 면봉을 영아의 코에 갖다대고서 영아의 얼굴표정과 신체의 움직임으로 영아의 반응을 알아본 연구(Crook, 1987; Pomares, Schirrer, & Abadie, 2002; Steiner, 1979)에서 바나나냄새나 딸기냄새에는 기분 좋은 표정을 짓고, 생선냄새에는 약간 싫어하는 반응을, 썩은 달걀냄새에는 고개를 돌리거나 얼굴을 찡그리는 반응을 보였다.

신생아도 단맛, 신맛, 쓴맛, 짠맛을 구별하고(Mennella & Bobowski, 2015; Rosenstein & Oster, 1988), 2~3개월경에는 특정한 맛에 대한 기호와 거부현상을 보인다.

촉각은 영아가 성인과 갖는 관계에서 매우 중요한 역할을 한다. 아기를 쓰다듬어 주거나 아기의 가슴에 가만히 손을 올려놓으면 우는 아기를 달랠 수 있고, 등을 토닥토닥 두드려주면 아기를 재울 수 있다(사진 참조).

2) 인지발달

영아기의 인지발달을 설명하기 위해 제시되는 한 가지 접근법은 Piaget의 인지발달이론이다. Piaget에 의하면 영아기의 인지발달은 주변 환경에 대한 이해에서 출발하는데, 인지발달을 위해서는 주어진 자극에 대해 주의를 집중하고, 이를 수용하는 것이 선행되어야 한다고 한다. 즉, 주변 환경에 대한 정보를 얻기 위해서는 감각운동을 통한 지각경험이 바탕이 되어야 한다고 한다.

(1) 감각운동기의 사고

Piaget(1960)는 인지발달 단계에서 영아기를 감각운동기라고 명명하였다. 감각운동기에 영아의 세상에 대한 인식은 감각기관과 운동기능을 통해 이해하는 것에 국한된다. 영아기의 사고는 언어나 추상적 개념을 내포하지 않는다. 영아가 이해하고, 기억하는 것은 자신이 직접 보고, 듣고, 느끼고, 행동하는 것에 의존한다. 즉, 감각기관을 통해 받아들인 정보가 인지발달의 중요한 내용이 된다는 것이다.

Jean Piaget

Piaget는 감각운동기를 6개의 하위단계로 나누었는데, 그 단계들은 다음과 같다.

① 반사운동기(Reflctivity: 출생~1개월)

영아는 세상에 대한 지식을 습득하는 일차적 자원으로서 빨기, 잡기, 큰 소리에 반응하기와 같은 반사적 행동에 의존한다. 영아는 다양한 반사능력을 가지고 이 세상에 태어나며, 이를 통해 외부 세계를 이해하게 된다. 이들 중 가장 우세한 반사는 빨기반사인데, 영아는 입에 닿는 것은 무엇이든지 빨려고 한다(사진 참조).

② 일차 순환반응기

(Primary Circular Reactions: 1~4개월)

영아의 관심은 외부의 대상보다는 자신의 신체에 있기 때문에 '일차' 순환반응이라 불린다. '순환반응'이라는 용어는 빨기, 잡기와 같은 감각운동의 반복을 의미한다. 즉, 유아가 우연한 행동을 통해 재미있는 결과를 초래하게 되면 계속해서 그 행동을 반복하게 되는 것을 말한다. 예를 들어, 영아가 손가락을 빠는 것이 아주 재미있는 일이라고 생각하게 되면, 손가락을 자꾸만 입 속에 넣으려고 한다(사진 참조). 순환반응의 목적은 기존 도식에 대한 수정이며, 이 도식의 수정은 지적 발달에 대한 입증이다.

③ 이차 순환반응기(Secondary Circular Reactions: 4~8개월)

이 하위단계의 주요 특징은 영아가 자신의 외부에 있는 사건과 대상에 열중한다는 점이다. 그래서 '이차' 순환반응이라 불린다. 일차 순환반응과 이차 순환반응 간의 주된 차이점은 행동의 초점에 있다. 일차 순환반응기 동안 영아는 자신의 신체에 관심을 갖는다. 그러나 이차 순환반응기에서 영아의 관심은 자신의 신체 외부에 있는 대상과 사건에 있다.

④ 이차 순환반응의 협응기
(Coordination of Secondary Circular Reactions: 8~12개월)

이 하위단계에서 영아의 관심은 자신의 신체가 아니라 주위 환경에 있으며, 자신의 목표를 달성하기 위해 두 가지 행동을 협응하게 하기 때문에 이 단계를 이차 순환반응의 협응기라고 일컫는다.

영아기의 인지발달에서 중요한 두 가지 획기적인 사건이 이 하위단계에서 발생한다. 첫째는 영아가 인과개념을 갖기 시작하는데, Piaget는 이것을 진정한 의미에서 지능의 첫 신호라고 믿는다. 또한 영아가 방해물을 치우고 숨겨진 물건을 찾아내는 행위는 두 번째 획기적 사건인 대상영속성(object permanence)의 개념을 획득하기 시작했다는 사실을 보여준다.

⑤ 삼차 순환반응기(Tertiary Circular Reactions: 12~18개월)

삼차 순환반응은 선행되는 두 순환반응과 구분하기 위해서 '삼차'라고 부른다. 일차 순환반응기 동안 영아는 자신의 신체에 관심을 가지며, 이차 순환반응기에는 외부 세계에 있는 대상에 관심을 갖는다. 이제 삼차 순환반응기가 되면 영아는 실험적 사고에 열중한다. 즉, 영아는 새로운 원인과 결과 간의 관계에 대해서 이를 가설화한다. 예를 들어, 영아는 처음에 장난감 북을 북채로 쳐보지만 다음에는 어떤 소

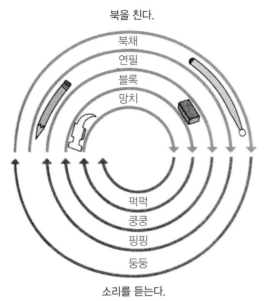

북을 친다.

북채
연필
블록
망치

퍽퍽
쿵쿵
핑핑
둥둥

소리를 듣는다.

〈그림 3-1〉 **삼차 순환반응기의 실험적 사고**

🔦 사진 설명 새로운 결과를 얻기 위해 영아
는 여러 가지 새로운 방법을 시도해 본다.

리가 나는가 보려고 연필로, 블록으로 그리고 망치로 두들겨 본다(〈그림 3-1〉 참조).

⑥ 정신적 표상(Mental Representation: 18~24개월)

이 하위단계는 영아의 지적 능력이 놀랄 정도로 크게 성장하는 시기이다. 영아는 이제 눈앞에 없는 사물이나 사건들을 정신적으로 그려내기 시작하고, 행동을 하기 전에 머릿속에서 먼저 생각을 한 후에 행동한다. 전 단계에서처럼 시행착오 과정을 통해서 문제를 해결하는 것이 아니라, 행동하기 전에 상황에 관한 사고를 하기 때문에 문제를 더 빨리 해결할 수 있다.

(2) 대상영속성 개념의 발달

감각운동기에 획득하게 되는 중요한 능력 중의 하나는 대상영속성의 개념이다. 대상영속성은 물체가 눈에 보이지 않거나 소리가 들리지 않더라도 그 물체가 계속 존재한다는 것을 아는 것이다. 대상영속성의 개념은 인지발달 단계와 병행하여 발달하는데, 이 개념을 획득하기 위해서는 자신이 주변 세계와 분리된 독립된 존재라는 사고를 할 수 있어야 한다.

3) 언어발달

단어나 문장을 습득하는 시기에는 개인차가 있지만, 대부분의 아동은 언어획득 시에 동일한 발달단계를 거친다.

(1) 울음

언어발달의 첫 단계는 울음이다. 울음은 아기가 자신의 욕구를 표현할 수 있는 유일한 의사소통 수단이다.

(2) 옹알이

2~3개월경에 나타나는 옹알이는 언어와 유사한 최초의 말소리다. 이는 신체적 성숙으로 인해 나타나는 근육활동의 결과이며, 농아도 처음에는 옹알이

사진 설명 언어발달의 첫 단계에서 영아는 울음으로 의사전달을 한다.

를 한다. 일반적으로 옹알이는 만족스러운 상태에서 가장 많이 나타난다. 옹알이는 어머니나 주변 사람들로부터 반응을 얻게 되면 점차 그 소리가 빈번해지고 다양해진다. 옹알이는 이러한 주변 인물로부터의 강화를 통해 모국어를 습득하는 중요한 기제로 작용한다.

(3) 한 단어 문장

생후 1년경이 되면 영아는 분명하게 이해할 수 있는 단어를 사용할 수 있으며, 그 단어가 자신의 생각을 표현하는 수단이 된다. 하나의 단어가 전체 문장을 대신하므로, 영아는 그들의 부모가 이해하는 것을 돕기 위해 얼굴표정이나 몸짓을 함께 사용한다.

(4) 두 단어 문장

24개월경에 영아는 문장을 만들기 위해 두 개 이상의 단어를 연결시킬 수 있다. 두 단어 문장은 한 단어 문장에 비해 보다 정교하고 명료하며, 두 단어 가운데 강세의 위치가 어디에 있는가에 따라 자신이 원하는 바를 강조하게 된다. 두 단어를 결합시키는 것은 보편적으로 50개 정도의 단어를 말할 수 있을 때 가능하다. 초기의 결합형태는 명사와 동사의 결합으로 이루어지는 전문식(電文式) 문장이며 자기중심적인 특성을 갖는다.

4) 사회정서발달

신생아도 기쁨이나 슬픔과 같은 기본정서를 가지고 태어나며, 각기 다른 기질적 특성을 보인다. 또한 영아기에는 가장 중요한 형태의 사회적 발달인 애착이 형성된다.

(1) 정서의 발달

영아기의 정서에는 두 가지 기능 또는 목적이 있다. 첫째, 영아의 정서표현은 영아의 상태를 다른 사람, 특히 양육자에게 알림으로써 양육자로 하여금 영아를 보살피게 하는 기능을 한다(Lamb, 1988; Mitsven et al., 2020; Thompson & Waters, 2020; Witherington, Campos, Harriger, Bryan, & Margett, 2010). 예를 들면, 영아의 미소는 양육

Carroll E. Izard

자로 하여금 영아와의 상호작용을 더욱더 계속하도록 해준다. 한편, 영아의 불편한 표정은 양육자로 하여금 영아에게 무슨 문제가 있는지 살펴보고 문제를 해결하도록 한다. 둘째, 영아기의 정서는 특정의 자극에 대해 특정한 행동을 하도록 하는 동기를 부여한다(Lamb, 1988). 예를 들면, '분노'는 공격행동의 동기를 부여하고, '공포'는 회피행동의 동기를 부여한다(Termine & Izard, 1988). 정서의 이러한 기능은 유기체가 환경에 적응하기 위한 진화의 결과로 볼 수 있다.

정서발달에 대한 학자들의 견해에는 다소 차이가 있으나, 대부분의 학자들은 기쁨이나 슬픔과 같은 정서는 출생 시부터 존재하지만, 그것은 덜 분화된 상태에 있는 것이며, 연령이 증가함에 따라 점차 분화된다고 믿는다. 즉, 신생아기의 경우, 흥분 상태에서 먼저 유쾌와 불쾌의 정서가 분화되고, 그 다음에 불쾌한 정서로부터 차츰 분노, 혐오, 공포, 슬픔 등의 정서가 나타나며, 유쾌한 정서로부터 행복, 기쁨, 만족 등의 정서가 나타난다는 것이다.

(2) 기질의 발달

영아는 출생 직후부터 각기 다른 기질적 특성을 보인다. 어떤 영아는 쾌활하고 명랑한 반면, 어떤 영아는 잘 울고 자주 보챈다. 또 어떤 영아는 조용하고 행동이 느린 반면, 어떤 영아는 활기차고 행동이 민첩하다. 이와 같은 개인차는 기질에서의 차이를 반영한다. 기질이란 한 개인의 행동양식과 정서적 반응유형을 의미하는 것으로 활동수준, 사회성, 과민성과 같은 특성을 포함한다(Rothbart & Bates, 1998, 2006).

Mary K. Rothbart

Thomas와 Chess(1977)는 영아의 기질과 환경이 상호작용하여 바람직한 결과를 산출한다는 '조화의 적합성(goodness-of-fit)' 모델을 제시하였다. 즉, 영아의 이상적 발달은 영아의 기질과 부모의 양육행동이 얼마나 조화를 이루는가에 달려 있다고 한다. 부모가 영아의 기질에 따라 양육행동을 조절한다면 그 결과는 보다 조화로운 관계가 된다. 반면, 영아의 기질과 부모의 양육행동이 조화를 이루지 못하면, 부모나 영아 모두 갈등을 경험하게 된다는 것이다.

John. E. Bates

(3) 애착의 발달

영아가 특정 인물에게 애착을 형성하게 되면 그 사람과 있을 때 기쁨을 느끼고, 불안한 상황에서 그의 존재로 인해 위안을 받는다.

영아기에 형성된 애착은 이후 인지, 정서, 사회성발달에 중요한 영향을 미친다

Inge Bretherton

Ross A. Thompson

(Bretherton, 2012; Thompson, 1998, 2013a, b). 일반적으로 안정된 애착관계를 형성한 영아는 유아기에 자신감, 호기심, 타인과의 관계에서 긍정적인 성향을 보이는 것으로 나타났다. 또한 아동기에 접어들어서도 도전적인 과제를 잘 해결하고, 좌절을 잘 참아내며, 문제행동을 덜 보이는 것으로 나타났다. 뿐만 아니라 영아기에 형성된 애착은 이후 주변세계에 대한 신뢰감으로 확대되기도 한다.

영아가 특정 인물과 애착을 형성했다는 증거로 나타나는 현상이 낯가림과 분리불안이다. 영아가 특정인물과 애착을 형성하게 되면, 낯선 사람이 다가오거나 부모가 낯선 사람에게 자신을 맡기면 큰 소리로 우는데, 이런 반응을 낯가림이라고 한다. 낯가림은 낯선 사람 그 자체에 대한 반응이 아니고, 영아가 익숙해 있는 얼굴과 낯선 얼굴 간의 불일치에 대해 보이는 반응이다. 즉, 일단 영아가 친숙한 사람에 대한 도식을 형성하게 되면 이를 낯선 사람과 비교하게 되며, 그 차이가 큰 경우에는 혼란스러움을 경험한다는 것이다. 낯가림은 6~8개월경에 나타나기 시작해서 돌 전후에 최고조에 달했다가 서서히 감소한다(Mash, Bornstein, & Arterberry, 2013; Volker, 2007). 낯가림이 낯선 사람에 대한 불안에서 비롯된 것이라면, 친숙한 사람과의 분리 또한 불안의 근원이 된다. 분리불안은 영아가 부모나 애착을 느끼는 대상과 분리될 때 느끼는 불안을 의미한다. 분리불안은 돌 전후에 나타나기 시작해서 20~24개월경에 점차 감소한다.

5) 영아기의 부모역할

자녀의 탄생은 결혼생활의 많은 측면에 걸쳐 변화를 초래한다. 사랑할 아기를 갖게 되고, 이를 통해 부부간에 친밀감을 더하며, 자녀의 성장을 통해 기쁨을 공유하는 등 긍정적인 측면에서의 변화도 있지만, 부부 상호 간의 재적응과 태어난 아기에 대한 부모로서의 역할부담에 대한 적응이 동시에 이루어져야 한다.

(1) 부모역할에 대한 적응

출산 이후가 반드시 불만족스럽기만 한 것은 아니고, 아기의 탄생으로 결혼만족도가 더 증가한 경우도 있다. 그러나 부모기는 하나의 위기로 인식되기도 한다. 첫 아이의 출산은 두 사람만의 결혼생활에 큰 변화를 초래하며 이로 인해 많은 스트레스를 경험한다. 이들은 부모로서, 배우자로서, 가사노동자로서의 과중한 역할부담이나 가족구성원과의 상호작용 등 여러 가지 요인으로 인해 스트레스를 겪는다.

많은 여성들은 부모로서의 자신의 역할에 대해 자신감을 갖지 못하며, 육아기술 등의 미숙으로 인해 스트레스를 경험한다. 특히 취업여성은 자녀에 대해 죄책감과 불안감을 느낀다. 동시에 막중한 가사노동으로 인해 수면시간의 감소나 만성피로에 시달리며 항상 시간에 쫓긴다는 의식에 사로잡힌다. 이는 일하면서 까다로운 아이를 키우는 어머니에게는 더욱 심각한 문제가 된다. 그 결과 부부간의 대화시간도 감소하고 배우자에 대한 애정문제에서도 어려움을 겪게 된다. 또한 직업을 포기한 경우에도 이로 인한 수입의 감소 등으로 인해 심각한 경제문제를 경험하기도 하고, 심한 경우에는 산후 우울증을 경험하는 여성도 상당수 있다.

출산 이후의 적응은 임신기간의 적응과 밀접하게 관련되어 있으며, 부모 자신의 여러 가지 특성과도 관련이 있다. 일반적으로 계획되지 않은 임신, 자신의 성장과정에서 겪은 부모와의 관계, 미숙한 성격특성, 낮은 교육수준, 적은 수입, 결혼에 대한 낭만적인 생각, 영아의 반응 등이 부모역할에서의 적응에 영향을 미친다. 임신에 대해 긍정적으로 생각하는 여성들은 어머니로서의 역할에 보다 쉽게 적응하며 그들의 아기는 신체, 사회성, 인지발달에서 보다 뛰어난 능력을 보인다. 또한 잘 울고 불안정한 아동은 부모로 하여금 우울증과 거부감, 무력감을 느끼게 하며, 수동적이고 양순한 아동은 이와 상반되는 반응을 유도해낸다(Thomas, Chess, & Korn, 1982).

남성에게도 마찬가지로 적응이 필요하다. 출산 전 남편은 전적으로 아내의 애정과 관심을 받았다. 그러나 이제는 아내가 대부분의 시간을 아기에게 할애하는 것을 보고 소외감을 느끼며, 무의식적으로 자신이 아기의 아버지라는 사실을 받아들이지 않게 된다. 심한 경우 그의 마음은 자신의 어린 시절로 되돌아가서 그의 아내는 자신의 어머니가 되며, 아기는 자신의 형제가 된다. 물론 이러한 반응을 의식하고 있는 것은 아니며, 무의식적이기는 하지만 그 감정은 아기에 대해 아버지로서 대하기보다 무의식중에 경쟁상대로 보게 된다. 아내가 아기를 돌보는 데 시간을 보내게 되면 그는 잔소리를 하거나 대수롭지 않은 일로 싸우려고 든다(Parke, 1996). 이러한 이유로 인해 출산 이후 부부간의 부적응 문제가 심각해져 사이가 나빠지고 이혼에까지 이르는 부부도 있다.

부모역할을 원만하게 수행해 나가기 위해서는 아버지의 참여가 절대적으로 필요하다. 동시에 성장과정에서 아이와 정서적 유대감을 형성하지 못한 아버지는 이후에 이를 형성하기가 어렵다. 특별히 유대감을 갖겠다고 노력하기보다는 아기에게 우유를 먹여주고, 함께 놀고, 안아주고, 목욕을 시켜 줌으로써 유대감을 길러나가는 것이 중요하다. 이는 아버지로서의 역할수행에도 도움이 되지만 아내의 자녀양육에 대한 부담을 경감시켜주기도 하는 것이다.

(2) 양육자의 역할

출생 전의 태내환경은 온도, 양분 등이 거의 완벽하게 이루어져 있으나 출생 직후 신생아는 무력한 존재이므로 전적으로 성인에게 의존함으로써 그 생존이 가능하다. 그러므로 양육자로서의 역할수행은 다른 동물에 비해 의존기간이 긴 인간의 생존과 성장에 필수적이다.

생후 1년간은 제1의 성장급등기라는 점에 비추어 충분한 영양공급이 필수적이

다. 충분한 영양이 공급되지 못했을 때 영아는 에너지 소비를 줄
이고 환경 내의 자극으로부터 움츠러듦으로써 에너지의 균형을
유지하려 한다. 이러한 위축은 정보를 받아들이는 능력을 제한하
게 되고 정상적인 발달에 필요한 지식이나 기술의 습득을 저해하
게 된다(Pollitt et al., 1999).

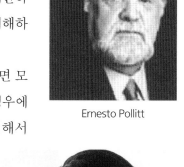

Ernesto Pollitt

　모유는 신생아에게 가장 적합한 영양식이므로, 가급적이면 모
유를 먹이는 것이 바람직하며(사진 참조), 그것이 불가피한 경우에
도 초유만은 반드시 먹이도록 한다. 충분한 모유 공급을 위해서
수유기간에는 무기질, 비타민, 수분 등을 함유한 음식
을 충분하게 섭취하도록 한다. 또한 산후 일주일 동안
은 모유량이 많지 않으므로, 젖을 빨리는 것이 모유의
분비를 촉진시키는 가장 좋은 방법이다. 동시에 불안
이나 공포가 없는 평온한 마음가짐을 갖는 것이 필요
하다.

　이유식을 할 때에는 한 번에 한 가지씩 첨가하도록
하며, 새로운 음식을 추가할 때에는 적어도 4~5일 간
격을 두어 새로운 음식물에 대한 거부반응이 없는지
를 살펴보는 것이 바람직하다.

　목욕은 수유 후 1시간 이내에는 가급적 피하도록 하
고, 밤에 잠을 잘 자지 않는 아기는 자기 전에 목욕시
키는 것이 바람직하다. 횟수는 1일 1회 정도가 적절하지만 추운 겨울에는 이틀에
한 번 정도도 무난하다. 배꼽은 2주 정도면 곱게 아물어 떨어지지만 진물이 나거나
고름이 나면 의사의 도움이 필요하다. 배꼽이 완전히 떨어질 때까지는 입욕을 피하
고, 손발 위주로 부분 목욕을 하거나 미온수로 적신 수건으로 닦아주는 것으로 충분
하다. 외기욕이나 일광욕은 영아의 식욕부진을 고쳐 줄 뿐만 아니라 뼈를 튼튼하게
해주고, 성장발육과 운동기능의 발달을 촉진시킨다.

(3) 기본적 신뢰감과 자율감의 발달

Erikson(1963)은 기본적인 신뢰감의 형성과 자율감의 발달은 영아기의 중요한 발달과업이라고 하였다. 이 시기에 어머니가 영아의 여러 가지 욕구에 대해 민감하게 반응하고 이를 충족시켜주게 되면 영아는 주변의 세계나 인간관계에 대해 신뢰감을 갖게 된다. 영아는 세상이 안전하고 살아갈 만하다는 믿음을 갖게 되며, 이러한 감정은 사회성발달에 필수적이다. 이러한 과정에서 양육자는 아기에 대해 즉각적이고 일관성 있는 태도로 임하는 것이 필요하다. 이와는 반대로 양육자가 영아의 욕구에 민감하지 못하고 일관성 없는 태도로 대하게 되면 영아는 세상에 대해 두려움과 불신감을 갖게 된다. 인간의 성장을 위해서는 어느 정도의 불신감의 경험도 필요하지만, 긍정적인 발달을 위해서는 불신감보다는 신뢰감을 더 많이 경험하도록 하는 것이 중요하다.

(4) 다양한 감각 자극의 제공

영아기의 인지적 특성은 감각운동적 지능이다. 즉, 풍부하고 다양한 감각 자극을 제공해주는 것은 인지발달과 밀접한 관련이 있다. 시각, 청각, 후각, 미각, 촉각 등 다양한 감각 자극을 제시하거나 감각의 협응능력을 발달시키기 위해 두 가지 이상의 자극을 동시에 제공하는 것도 필요하다.

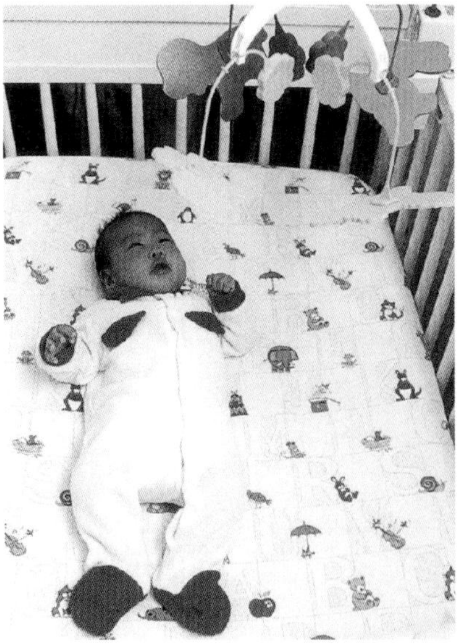

사진 설명 영아가 침대 위에 매달려 있는 모빌을 쳐다보고 있다.

시각적인 자극은 밝은색 계통의 명암대비가 뚜렷하고 움직임이 있는 장난감이나 사물을 제시하는 것이 바람직하다. 모빌 등의 장난감을 영아의 여러 시각적 특성이나 가시거리를 고려하여 제시해주면 눈과 손의 협응능력을 향상시키는 데 도움이 된다. 청각적 자극을 풍부하게 제시해주기 위해서는 노래, 이야기, 음악소리 등을 다양하게 들려주고 일상생활 속의 다양한 소리들도 접하게 하는 것이 바람직하다. 만져주기나 안아주기와 같은 촉각적 자극도 많이 제공해주어야 한다. 특히 대부분의 아버지들은 영아기의 아기와 상호작용하거나 시중 드는 것을 피하려 한다. 그러나 안아주거나 목욕을 시키는 것과 같은 피부접촉을 통한 촉각적 자극은 아기와의 유대감 형성에 중요한 의미를 갖는다. 이러한 행동이 아이를 응석받이로 만들거나 버릇없이 키우는 것이 아닌가 하는 불안감은 접어두는 것이 좋다.

　달리기나 계단 오르기 등의 활동을 통해 대근육 운동을 발달시켜줄 수 있으며, 책장 넘기기나 연필잡고 그리기, 그림맞추기 등은 소근육 운동을 발달시키고, 공놀이는 협응능력을 길러주는 데 적합한 놀이이다.

3. 유아기의 발달과 부모역할

　2세부터 초등학교 입학 이전까지의 시기를 유아기라고 한다. 유아기에는 인지능력이 발달하여 눈앞에 존재하지 않는 대상을 기억할 수 있는 표상능력이 발달하고 상상과 환상이 풍부해지는 시기이다. 또한 주변 환경에 대한 탐색이 활발해지고 많은 어휘를 습득하여 다른 사람과의 의사소통도 활발해진다. 이러한 능력을 이용하여 발달하는 놀이는 유아기의 중요한 과업이 된다. 놀이를 통해 자신이 새로 습득한 기술을 실제로 적용해보고 발전시켜 나가며, 일상생활에서의 긴장감을 해소시켜 나간다. 또한 성에 대한 호기심이 차츰 증대하여 자신이나 부모, 형제자매, 친구의 성별에 관심을 보이게 된다. 동시에 부모의 사랑과 관심을 독차지하려는 경향이 나타나 형제자매나 동성의 부모가 경쟁의 대상이 되기도 한다. 이러한 과정에서 부모의 태도나 가치를 자신의 것으로 받아들이는 동일시가 강하게 나타나며 이는 이후에 형성되는 초자아의 기본이 된다.

1) 신체발달

유아기에는 영아기에 비해 속도는 완만하지만 꾸준히 신체적 성장이 이루어진

다. 운동능력은 신체발달과 밀접한 관련이 있으며, 신체가 발달함에 따라 운동능력
도 꾸준히 발달한다.

(1) 신체적 성장

영아기의 급격한 신체적 성장에 비한다면 유아기의 성장속도는 느린 편이다. 그
러나 유아기에도 몇 가지 면에서 중요한 신체적 변화가 일어난다. 가장 눈에 띄는
변화는 신체의 크기나 모습에서의 현저한 변화이다. 영아기의 신체적 특징이던 큰
머리, 둥글고 통통한 얼굴, 볼록 나
온 배, 짧은 사지 등은 더 이상 유아
에게서 그 모습을 찾아볼 수 없다.
유아기에는 체지방도 꾸준히 감소해
서(Rallison, 1986) 전체적으로 통통하
던 영아의 모습에서 길고 홀쭉한 모
습으로 변한다(사진 참조). 눈에는 덜
띄지만 보다 중대한 변화는 뇌와 신
경계의 성숙이다. 뇌와 신경계의 성
숙으로 유아는 새로운 운동기술과
인지능력을 발달시키게 된다.

📍 **사진 설명** 신체의 비율과 체지방의 구성비율이 1세와 5세 사
이에 극적으로 변한다. 신체에 비해 머리가 크고, 통통하던 영아
가 다리가 길어지면서 홀쭉한 모습으로 변한다.

(2) 운동기능의 발달

유아기에 들어서면서 운동기술은 급속도로 증대한다. 영아기에 걸음마를 배운
영아는 유아기에 와서는 달리기, 뛰기, 공던지기, 자전거타기, 그네타기 등을 할 수
있다(Ball, Bindler, & Cowen, 2014). 대근육 운동뿐만 아니라 구두끈 매기, 크레용으
로 색칠하기 등의 소근육 운동기술도 발달한다. 일반적으로 소근육 운동기술은 여
아가 앞서는 반면, 대근육 운동기술은 남아가 우세하다.

2) 인지발달

유아기에는 인지적 성장과 언어발달이 빠른 속도로 이루어진다. 유아기 동안 뇌의 성장은 유아로 하여금 정보를 보다 효율적으로 처리하게 해준다. 유아는 이제 눈앞에 존재하지 않는 대상이나 사건에 대해 정신적 표상에 의한 사고를 할 수 있으며, 상징을 사용할 수 있는 능력을 갖게 된다. 이 시기에 습득하게 되는 언어발달은 인지발달에 매우 중요한 역할을 한다. 즉, 언어가 상징적 표현의 중요한 수단이 된다. 유아기에는 또한 단어의 습득이나 문법의 숙달로 인해 영아기에 비해 의사소통이 보다 효율적으로 이루어질 수 있다.

그러나 유아기에는 아직 실제와 실제가 아닌 것을 완전히 구분할 수 없으며, 자기중심적인 사고를 하는 특성을 지닌다. 또한 어떤 사물이나 사건을 대할 때, 사물의 두드러진 속성에 압도되어 두 개 이상의 차원을 동시에 고려하지 못한다. 이러한 사고의 특성으로 말미암아 보존개념, 유목포함, 서열화에 관한 개념습득이 어렵다. 유아기의 이러한 사고의 특성을 Piaget는 전조작기로 설명하고 있다.

유아기는 Piaget의 인지발달의 네 단계 중 두 번째 단계에 해당한다. 이 단계에서는 논리적인 조작이 불가능하기 때문에 전조작기라 부른다. 전조작기의 사고는 다음과 같은 특성을 갖는다.

(1) 상징적 사고

Piaget(1962)에 의하면 전조작기의 가장 중요한 인지적 성취는 상징적 사고 (symbolic thought)의 출현이라고 한다. 감각운동기의 말기가 되면 영아의 사고는 더 이상 자신의 행동이나 감각에 의존하지 않는다. 대신 정신적 표상, 지연모방, 상징놀이 등이 가능해진다. 이러한 정신능력은 감각운동기의 말기에 이미 싹이 트지만, 언어를 습득하게 되고 상상력이 풍부해지는 전조작기에 와서 활짝 꽃피운다.

상징적 사고의 가장 매혹적인 결과 중의 하나는 가상

🎤 **사진 설명** 유아들이 커피잔과 받침접시 등을 가지고 소꿉놀이를 하고 있다.

Kenneth H. Rubin

놀이다. 가상놀이란 가상적인 사물이나 상황을 실제 사물이나 상황으로 상징화하는 놀이를 말한다. 상징적 사고를 하기에는 충분한 나이지만, 아직 현실과 환상을 구분하기에는 너무 어린 나이인 유아기에 유아가 가장 좋아하는 활동이 가상놀이다. 소꿉놀이(사진 참조), 병원놀이, 학교놀이 등이 가상놀이의 예들이다. 유아기 동안 가상놀이는 점점 더 빈번해지고, 연령이 증가하면서 점점 더 복잡해진다(Rubin, Fein, & Vandenberg, 1983).

(2) 자기중심적 사고

유아는 우주의 모든 현상을 자기중심적으로 생각하는데, 자신이 좋아하는 것을 다른 사람도 좋아하고, 자신이 느끼는 것을 다른 사람도 느끼며, 자신이 알고 있는 것을 다른 사람도 알고 있다고 생각한다. 자기중심적 사고(egocentric thought)는 다른 사람의 관점을 고려하지 못하는 데에 기인한다. 이것은 유아가 이기적이거나 일부러 다른 사람의 입장을 배려하지 않는 것이 아니라, 단지 다른 사람의 관점을 이해하지 못하는 것을 의미한다.

유아기의 자기중심성(egocentrism)은 유아의 자기중심적 언어(egocentric speech)에서도 잘 드러난다. 자기중심적 언어는 자신이 하는 말을 상대방이 이해하든 못하든 상관없이 자기 생각만을 전달하는 의사소통 양식이다.

(3) 물활론적 사고

전조작기의 유아가 생물과 무생물을 구분하는 방식은 성인의 경우와는 다르다. 이 시기에 유아들은 물활론적 사고를 한다. 즉, 생명이 없는 대상에게 생명과 감정을 부여한다(Opfer & Gelman, 2011)(사진 참조). 예를 들면, 태양은 자기가 원해서 밝게 빛나고, 종이를 가위로 자르면 종이가 아플 것이라고 생각한다. 산너머 지는 해를 보고, 유아는 해가 화가 나서 산 뒤로 숨는다고 말한다. 탁자에 부딪혀 넘어진 유아는 탁자를 손바닥으로 때리면서 "때찌"라고 말하는데, 이것은 탁자가 일부러 자기를 넘어뜨렸다고 믿기 때문이다.

🔦 **사진 설명** 유아가 인형에게 우유를 먹이고 있다.

🔦 **사진 설명** 인형들에게 편안함을 주기 위해 흔들의자에 앉혀 준다.

3) 언어발달

유아기 사고의 특성은 상징을 사용할 수 있는 능력이며, 가장 중요한 상징적 표현의 수단은 언어이다. 아동이 상징적 기능을 획득하게 됨에 따라 단어 획득 속도는 급격하게 빨라진다.

(1) 단어와 문장의 발달

유아가 사용하는 단어의 수는 유아기에 빠른 속도로 증가한다. 이와 같이 단어수가 급증하는 것은 유아의 인지적 성숙으로 인해 사물을 범주화할 수 있는 능력이 발달하는 것과 관련이 있어 보인다(Goldfield & Reznick, 1990).

유아의 연령이 증가함에 따라 언어의 사용이나 이해가 점차 증가한다. 한 단어 문장을 거쳐, 전문식(telegraphic) 형태를 보이는 두 단어 문장을 사용하게 된 후, 2~3세경에 이르면 세 단어 이상을 이용하여 문장을 만들 수 있다. 또한 세 단어 문장 시기에

Steven Reznick

문법적 형태소를 사용하기 시작한다(조명한, 1982; 조성윤, 1992).

(2) 문법의 발달

문법의 발달면에서도 유아기에는 문장구조에 대한 분명한 감각이 엿보인다. 유아기 초기에는 전문식 문장의 형태를 유지하고 있으나, 점차 주어 · 동사 · 목적어 이외의 문장의 요소들이 첨가되기 시작하며, 복수형이나 어간에 어미를 다르게 활용하여 사용하기 시작한다.

(3) 의사소통 기술의 발달

유아기에는 단어의 획득이나 문법의 숙달로 인해 영아기에 비해 의사소통이 보다 효율적으로 이루어질 수 있다. 그러나 아직까지는 사고의 자기중심성 때문에 언어도 의사소통을 위한 사회화된 언어로 발달하지 못하고 자기중심적인 특성을 갖는다. 반복, 독백, 집단적 독백 등은 유아의 자기중심적인 언어표현의 대표적인 형태이다. 즉, 서로에게 이야기는 하고 있지만 그 말의 의미는 그들 자신의 사고 속에 국한되어 있다. 그러나 유아기 말에는 자기중심적 언어가 줄어들고 점차 사회화된 언어를 사용하게 된다.

4) 사회정서발달

유아기는 영아기에 비해 대인관계의 폭이 넓어지고 다양해지는 시기이다. 유아기에는 활동반경이 넓어짐에 따라 인간상호관계에 따른 정서적 긴장이 심하게 나타나기도 한다.

(1) 놀이

유아의 하루는 놀이의 연속이며, 그들이 하는 거의 모든 활동은 놀이가 된다. 성인의 시각에서 보면 놀이는 시간을 없애는 무의미한 것일 수 있지만, 놀이는 유아의 성장과 발달에 영향을 미치는 중요한 활동이며, 그들의 일이다. 유아는 자신의 생각과 감정을 쉽게 언어화할 수 없으므로 언어보다는 놀이에 의해 이를 더 적절하게 표현할 수 있으며, 놀이를 통해 새로운 지식을 쉽게 획득한다. 그 외에도 놀이는 또래와의 관계를 확장시키고 신체발달을 돕는 다양한 기능을 가지고 있다(Coplan & Arbeau, 2009; Graham, 2020; Hirsh-Pasek & Golinkoff, 2014; Maloy et al., 2021; Smith & Pellegrini, 2013).

최근에는 인공지능 음성인식 스피커와 휴머노이드 장난감과 같은 로봇장난감을 이용한 유아의 놀이 연구들이 나오고 있다(유지윤, 2023; 이경옥, 이병호, 2015; 황정혜, 2020). 휴머노이드 장난감을 어린이집 교실에 제공한 후 유아의 놀이를 살펴본 결과, 휴머노이드를 이용한 율동놀이는 유아의 음악적 능력과 창의성발달에 도움을 주었다(윤태복, 나은숙, 2018). 또한 유아는 인공지능 로봇놀이를 자신의 수준에 따라 다양한 방법으로 놀이하며 적극적이고 능동적으로 참여하였다. 그 결과 유아의 창의성발달에 긍정적인 영향을 미침으로써, 인공지능 로봇놀이가 디지털 놀이 매체로 적합하였다는 연구결과가 있다(유미열 외, 2012; 유지윤, 2023).

(2) 미디어와 스크린 타임

오늘날 많은 아동들은 유아기 때부터 TV나 컴퓨터, 스마트폰 등을 사용하고 있다(Lever-Duffy & McDonald, 2018). TV는 20세기 후반부터 계속해서 아동발달에 큰 영향을 미치고 있지만(Maloy et al., 2021), 최근에 와서 TV나 DVD의 영향뿐만 아니라 비디오게임, 컴퓨터, 아이패드(사진 참조) 등의 과도한 사용에 대한 경각심을 일깨우기 위해 '스크린 타임(screen time)'이라는 용어가 사용되고 있다(Bickham et al., 2013; Boers, Afzali, & Conrod, 2020; Lissak, 2018; Lloyd et al., 2014; Ngantcha et al., 2018; Poulain et al., 2018; Yilmaz, Demirli, Caylan, & Karacan, 2014).

최근 세계보건기구(World Health Organization: WHO)에서는 3∼4세 유아가 하루에 1시간 미만의 '스크린 타임'을 갖도록 권고하였다(Willumsen & Bull, 2020). 장시간의 '스크린 타임' 노출은 아동기 건강문제, 수면문제, 학업성취, 비만, 공격성, 불안, 우울증과 관련이 있으며(Berglind et al., 2018; Hale et al., 2018; LeBourgeois et al.,

2017; Lissak, 2018; Picherot et al., 2018), 인지발달을 저하시키는 것으로 밝혀졌다 (Carson et al., 2015). 유아를 대상으로 한 또 다른 최근 연구에서는 하루에 2시간 이상 스크린 타임에 노출된 유아는 주의집중 문제나 외현화 문제가 있는 것으로 나타났다(Tamana et al., 2019). 또한 TV, DVD, 비디오게임, 뮤직비디오 등의 폭력물 시청은 사회적 능력의 감소(Hinkley et al., 2018)와 높은 수준의 신체적 공격과 관련이 있는 것으로 밝혀졌다(Coker et al., 2015).

(3) 성역할발달

인간을 분류하는 가장 기본적인 범주는 성별이며, 우리가 속해 있는 사회는 성별에 따라 남성과 여성에게 적합하다고 생각되는 특성을 규정하고 있다. 사회가 각 성에 적합한 것으로 규정한 행동이나 태도를 자신의 것으로 내면화시키는 것을 성 유형화라고 하며, 이를 통해 우리는 자신의 성에 적합한 성역할 개념을 습득하게 된다.

성역할발달의 과정에는 많은 요인들이 영향을 미친다. 부모는 성역할 습득을 위한 모델로서 자녀의 성역할발달에 큰 영향을 미친다(Hilliard & Liben, 2012; Leaper, 2013; Leaper & Bigler, 2018; Liben, Bigler, & Hilliard, 2014). 특히 부모라는 모델이 유능하고 온정적이며 자신과 유사하다고 인정될 때 강한 동일시가 이루어진다.

형제의 수, 출생순위 그리고 형제들과의 관계는 아동의 성역할발달에 중요한 역할을 한다. 일반적으로 남자형제를 가진 아동은 여자형제를 가진 아동보다 더 남성적이다. 예를 들어, 남자형제만 있는 여아는 여자형제만 있는 여아보다 더 야심적이고 공격적이며, 지적 발달도 빠르다. 이것은 형제간에서 일어나는 모방과 동일시에 의한 효과로 볼 수 있다.

또래가 성역할발달에 미치는 영향도 매우 중요한데, 또래의 영향은 특히 유아기에 두드러지게 나타난다. 상당량의 성역할 학습은 동성과의 놀이를 통해 이루어진다. 이는 동성 또래와의 놀이가 성에 적합한 행동을 배우고 실행해보는 좋은 방법이 될 수 있기 때문이다(Leaper & Bigler, 2011, 2018; Matlin, 2012; Rubin, Bukowski, & Bowker, 2015).

TV 시청시간도 영향을 미치는데, 이는 TV가 전통적인 성역할을 자주 묘사하기 때문이다. 문화적 기대도 중요한 역할을 한다. 대부분의 문화권에서는 성별에 따른 보편적인 규범이 존재하며, 남아가 여아에 비해 더 많은 사회적 압력을 받는다는 사실도 이러한 문화적 기대와 관련이 있다.

(4) 사회화와 가족의 영향

사회화란 개인이 자기가 속해 있는 사회집단에 적합하다고 생각되는 행동양식을 습득하는 과정을 말한다. 가족은 개인의 사회화에 가장 큰 영향을 미치는 집단이다. 가족은 사회의 기본 단위로서 한 사회를 존속시키고 유지시키는 기능을 가지고 있다. 인간이 세상에 태어나서 사회구성원으로 성장할 수 있는 터전이 바로 가족이다. 부모는 아동이 이 세상에 태어나 최초로 관계를 형성하는 대상이며, 형제는 아동이 출생 후 처음으로 경험하는 또래집단이자 가장 오랫동안 개인의 사회화에 영향을 미치는 중요한 인물이다. 그러므로 부모의 양육태도와 형제관계는 아동의 사회화 과정에 지대한 영향을 미치게 된다.

5) 유아기의 부모역할

유아기에는 자기 주변의 환경에 대한 탐색이 적극적으로 이루어지므로, 부모는 안전한 환경을 제공해주는 것이 급선무라 할 수 있다. 초등학교 입학에 대비하여 자신의 신변처리와 관련된 문제들에 대한 훈련도 필요하다. 또한 인지발달을 위한 충분한 지적 자극이나 학습 기회, 언어적 상호작용의 기회를 제공해줄 필요가 있다.

(1) 보호자의 역할

주도성이 발달하는 유아기에는 안전하고 자유로운 탐색환경을 제공해줄 필요가 있다. 유아에게 세상은 체험되어져야 하는 것이며, 이를 위한 유일한 방법은 심리적·신체적으로 주변의 사물에 몰두하는 것이다. 유아기의 왕성한 호기심이나 탐구심을 흔히 '작은 에디슨'에 비유하기도 한다. 에디슨처럼 이들은 주변의 모든 사물에 대해 몰두하고 관심을 기울이게 된다.

Thomas Alva Edison

이 시기의 아동들에게는 어른들이 만든 환경에 적응하도록 요구하지 말아야 한다. 따라서 깨지기 쉽거나 아이의 손이 닿지 않아야 할 물건은 아이의 손이 닿지 않는 곳으로 옮기고, 마음껏 주위 환경에 대한 탐색이 이루어지도록 해야 한다. 가정을 값비싼 물건으로 장식하고 손을 대지 못하게 하면 유아는 자신감이나 주도성, 호기심을 상실하게 된다. 아동의 발달에 자극이 되는 재료들은 가급적 많이 제공해주고, 넘치는 에너지를 발산시키고 대근육을 발달시키기 위한 안전한 놀이장소를 제공해주어야 한다.

(2) 훈육자의 역할

유아기에는 대근육과 소근육이 어느 정도 발달한다. 그러므로 초등학교 입학준비를 위한 신변처리 능력을 훈련시킬 필요가 있다. 식사하기, 배변훈련, 수면습관 등 자신의 신변처리와 관련된 바람직한 습관형성은 이후의 발달에 큰 영향을 미친다. 습관형성이 제대로 안 될 경우에는 부정적인 자아개념을 형성하는 경향을 보인다. 대부분의 아동은 자율성이 발달하여 영아기 말경에는 이러한 행동들을 스스로 해보고자 하는 의사를 나타내게 된다.

① 식사습관

식사습관은 부모들이 가장 많이 호소하는 문제이다. 정해진 시간에 식사를 하지 않거나, 편식, 과식, 아예 식사를 하지 않는 것이 대표적인 문제점이다(사진 참조). 정해진 시간에 식사를 하기 위해서는 간식은 가급적 주지 않도록 해야 하며, 식사시간은 즐거운 시간이라는 생각이 들게끔 분위기를 조성해야 한다. 식사시간에는 잔소리와 걱정은 가급적 자제하고 유쾌한 화제로 즐겁게 식사하도록 한다. 반찬투정이나 편식은 무엇보다 가족 모두가 좋은 모델이 되어야 한다. 동시에 반찬투정 등은 가족들의 관심끌기에서 비롯되는 경우가 있으므로, 반찬투정 자체를 무시하는 것이 바람직하다. 또한 아이가 먹지 않는 것은 여러 가지 형태의 음식으로 다양하게 마련해주는 것도 필요하다.

　과식은 보편적인 식사습관상의 문제가 되고 있다. 과식으로 인해 아동은 필요 이상의 칼로리를 섭취하게 되며, 이는 비만과 직결된다. 과식으로 인한 비만에는 적절한 운동을 통해서 활동수준을 체계적으로 증가시키고, 간식이나 군것질의 양을 줄이는 것이 우선적으로 해야 할 과제이다. 그러나 관심끌기에서 비롯된 과식이 원인이라고 판단될 경우에는 미리 관심을 기울여주고, 대인관계에서 느끼는 외로움이 원인이라고 생각될 경우에는 대인관계의 융화를 통해 이를 해결하도록 도와주어야 한다.

　② 배변훈련

　배변훈련은 부모와 유아 간에 갈등을 일으킬 수 있는 문제이다. 아동에게 지나치게 엄격한 배변훈련을 시키거나 벌을 주게 되면 야뇨증이나 공격적인 행동을 유발할 수 있다. 그러므로 배변훈련은 조급하게 서두르지 말아야 하고, 어머니가 유아의 얼굴표정이나 행동에 민감하게 반응하여 적절한 시기를 선택하는 것이 무엇보다도 중요하다. 아동이 배변의사를 표현할 수 있게 되면 유아용 변기로 유도하여 기분 좋게 변을 볼 수 있도록 해준다(사진 참조). 또한 대소변을 가리게 되면 화장실을 이용하는 습관을 길러주어야 한다. 이때 화장실의 분위기는 밝고 재미있게 꾸며 주고, 부모는 인내심을 가지고 기다려 주어야 한다.

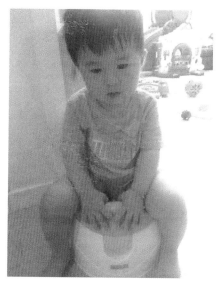

🔍 **사진 설명** Freud에 의하면 항문기의 배변훈련은 심리성적 발달에서 매우 중요하다고 한다.

배변행동이 성공한 경우 충분한 강화를 해주고, 실패한 경우에도 화를 내거나 벌을 주는 일을 삼가야 한다.

③ 기타의 생활습관과 신변처리 능력

이 외에도 수면습관 등과 같은 생활습관이나 기타 신변처리 능력에 대한 훈련도 필요하다. 잠자는 시간은 지나칠 정도로 강박적으로 고수할 필요가 없으나 대체로 정해진 시간에 자도록 해야 하며, 잠자기 전에는 자장가를 불러 주거나 동화책을 읽어 주는 등 편안한 마음으로 잠들 수 있도록 해주어야 한다. 잠자리에 들기 직전에 야단을 치거나 벌을 주지 말아야 하며, 낮에 야단맞았던 우울한 기분을 해소시켜 편안한 마음으로 잠자리에 들도록 해야 한다. 유아는 11~12시간 정도의 수면이 필요하므로 규칙적으로 낮잠을 재움으로써 심신의 피로가 회복되도록 해야 한다. 그러나 쉽게 잠자리에 들지 못하는 아이는 잠자기 전에 목욕을 시키거나 낮에 충분한 운동을 하게 하고 낮잠을 재우지 않는 것이 좋다.

유아는 모든 옷을 스스로 입고 벗을 만큼 소근육이 발달되어 있지 않으나 혼자서 입고 벗기를 좋아한다. 시간이 오래 걸리고 다소 잘못 입었더라도 격려해줌으로써 혼자 옷 입기 훈련을 하게 하는 것이 필요하다. 옷을 벗는 것에 비해 입는 것은 다소 힘이 들기 때문에 처음에는 큰 단추가 달린 옷이나 고무줄 바지를 입게 하고 점차 작은 단추가 달린 옷이나 지퍼를 채우는 훈련을 해 나가도록 한다.

🔊 사진 설명) 옷을 스스로 입고 벗는 것은 자율감의 표현이다.

(3) 언어적 상호작용

유아기는 어휘수가 급격히 증가하고 문법이 발달되는 시기이므로 충분한 언어적 상호작용이 필요하다. 아동의 이야기를 잘 들어주고, 이야기도 많이 들려주고 충분한 대화시간을 가질 필요가 있다. 부모가 하는 말이 유아에게는 좋은 모델이 되기 때문에 바른 말을 쓰도록 해야 한다. 부모가 유아에게 일방적인 지시나 명령으로 일관하면 언어표현의 기회를 상실하게 되며, 유아가 자신의 의사를 표현하기도 전에 미리 이를 충족시켜주는 완벽한 부모도 유아의 언어 사용 기회를 제한하게 된다. 그러므로 충분한 표현의 기회를 제공해주어야 하며, 아동이 말한 내용에 다소 첨가하여 보다 완전한 문장으로 확장시켜주는 것도 도움이 된다. 또한 유아는 자신이 경험한 바를 언어로 표현하므로 충분한 경험이나 다양한 자료를 제공해주는 것이 바람직하다. 책을 읽어줄 때에도 적극적으로 참여시켜 아이가 책을 볼 수 있게 책을 잡고, 책의 내용을 질문하고, 그림의 설명을 읽을 수 있게 도와준다.

유아기 사고의 특징상 유아는 끊임없이 '왜'라는 질문을 한다. "아이는 말에 굶주리고 있다"는 Gesell(1945)의 말을 반영하듯 유아는 '질문 게임'을 즐긴다. 부모가 질문을 귀찮게 여기지 않고 인내심을 가지고 반응을 하면 자연스럽게 언어적 상호작용이 이루어질 수 있으며, 이를 통해 유아의 언어능력이나 지적 능력의 발달을 도울 수 있다. 특히 유아는 강한 성적 호기심을 나타내는 질문을 많이 한다. 그러나 대부분의 부모들은 유아에게 성교육을 시키는 데에 곤란을 느끼고 있다. 이는 자신의 성장과정에서 부모에게 배운 바가 없으므로 전혀 이상한 일이 아니다. 그러나 아동이 의문을 갖는 것에 대해 분명하고 정확하게 답을 해주어야 한다. 얼버무리거나 나중에 이야기해 준다고 미루지 말아야 한다. 맨몸을 보이고 목욕을 같이 하는 것도 바람직하다.

(4) 학습 기회나 지적 자극의 제공

초등학교 입학을 준비하여 적절한 학습 기회를 제공하는 것도 필요하다. 지적 자극을 다양하고 충분하게 제공해줄 수 있는 유치원에 보내는 것도 좋은 방법이다. 일반적으로 유아기에는 놀이를 통해 많은 지적 자극을 받아들이게 된다.

놀이는 발달의 여러 측면에 긍정적인 영향을 미치므로, 유아가 놀이집단에서 놀 수 있는 기회와 놀이재료를 충분히 제공해주는 것이 필요하다. 다른 유아와의 놀이를 통해 유아는 놀이시설이나 장난감을 공유하며 자신의 만족을 지연시키고 집단에 잘 적응해 나가는 사회적 기술을 습득할 수 있다. 또한 놀잇감은 반드시 상품으로 만들어진 것일 필요는 없으며 주변의 생활용품이나 폐품, 자연에서 얻을 수 있는 모든 것이 가능하다.

4. 아동기의 발달과 부모역할

6세에서 11세까지의 초등학교에 다니는 시기를 아동기라고 한다. 생활의 중심이 가정에서 학교로 옮아감에 따라 이 시기의 발달에서는 학교생활이 중요한 역할을 하게 된다. 학교생활을 통해 아동은 많은 사회적 관계를 형성하게 되며, 또래집단의 비중이 점차 커지게 되므로 이 시기를 학동기 또는 도당기(gang age)라고도 한다. 또한 아동기는 학령 전기와 사춘기의 격렬한 동요에 비해 상대적으로 조용한 시기라는 점에서 잠복기라고도 한다. 표면적으로는 조용하게 보이지만, 아동기의 에너지는 내부적으로 조작능력을 획득하고 급격한 인지발달을 이루기 위해 사용된다. 동시에 아동은 식사, 수면, 옷입고 벗기, 배변습관을 갖추게 됨으로써 부모는 아동과 이 시기를 즐겁게 보내게 된다. 운동능력이나 언어능력이 증가함에 따라 자신의 욕구도 쉽게 표현하고, 자신의 욕구를 스스로 해결해 나갈 수 있게 된다. 외부세계에 대한 그들의 관심을 확장시키기도 하며, 부모나 다른 성인과의 관계도 발전시켜나가게 된다.

1) 신체발달

아동기의 신체발달은 그 속도는 다소 완만하지만 신체비율은 거의 성인과 유사해진다. 이와 아울러 대근육과 소근육도 더욱 강하고 정교하게 발달된다.

(1) 신체적 성장

아동기의 신체발달은 영유아기에 비해 그 속도가 완만하다. 신장은 1년에 평균 5.5cm씩 증가하여 11세경에는 145cm 정도로 성장한다. 5세경의 남아와 여아는 신장이나 체중이 비슷하다. 그 이후에는 여아에 비해 남아의 성장이 더 빠르지만, 10~12세경에는 여아가 남아의 성장을 앞지르게 된다. 체중은 1년에 평균 2.7kg씩 증가하여, 11세경에는 38kg 정도로 증가한다. 신장과 마찬가지로 11~13세경에는

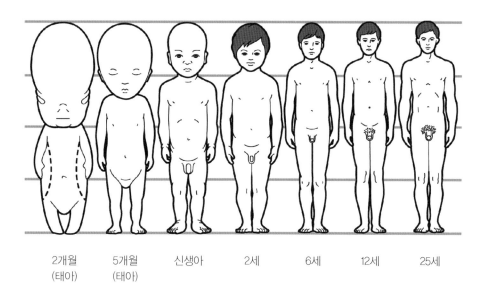

| 2개월 | 5개월 | 신생아 | 2세 | 6세 | 12세 | 25세 |
| (태아) | (태아) | | | | | |

〈그림 3-2〉 **신체비율의 변화**

출처: Muzi, M. J. (2000). *Child development*. Upper Saddle River, NJ: Prentice-Hall.

여아가 남아보다 체중이 더 많이 나간다. 또한 팔다리의 성장이 몸통의 성장보다 빨라서 학령기 아동의 전형적인 신체 특징인 팔다리가 가늘고 긴 모습을 보이게 된다. 머리 크기는 신장의 $1/7 \sim 1/8$ 정도로 거의 성인과 그 비율이 비슷하게 된다(〈그림 3-2〉 참조).

(2) 운동기능의 발달

대근육과 소근육의 기본적 운동기능은 7세경이면 거의 발달하며, 이후에는 기존의 운동능력이 더 빠르고 정교하게 발달한다(Hockenberry & Wilson, 2019). 기본적 운동능력인 던지기, 뛰어오르기, 달리기 능력이 더욱 발달하며, 이를 결합하여 게임으로 발전시켜나간다. 협응능력 발달의 가장 좋은 지표인 공놀이도 연령이 증가함에 따라 공을 보다 멀리 던지고, 보다 잘 받을 수 있게 된다. 6세경에는 줄넘기가 가능하고, 7세경에는 작은 네모 칸 안으로 정확하게 뛸 수 있다. 협응능력의 발달로 자전거나 스케이트, 수영, 단체놀이, 그리기, 악기연주 등을 잘할 수 있게 된다.

이러한 운동능력의 발달에서는 개인차와 성차가 크게 나타난다. 남아는 운동능력의 발달에 필요한 활동을 더 많이 하며, 17세까지 운동능력이 계속적으로 발달하는 반면, 여아는 13세경에 최고조에 달하며 이후부터는 쇠퇴하거나 기존의 능력을 유지하게 된다.

현대사회의 아동들은 대부분 운동량이 부족하다. 학교도 멀지 않고 방과후 시간도 육체적 놀이 대신에 조용한 학습활동으로 이루어진다. 그러나 규칙적인 운동은 아동에게 많은 이점을 가져다준다. 인내심이 길러지고 잠버릇이 좋아지며 비만방지에도 도움이 된다. 또한 심장질환을 예방해주는 효과뿐만 아니라 학습능력도 증진시켜준다.

2) 인지발달

아동기에는 유아기에 비해 인지능력에서 상당한 발전을 보인다. 좀더 세련된 방법으로 상징을 사용하고, 논리적으로 생각할 수 있으며, 사물의 한 측면에만 집착하지 않고 여러 측면을 고려하여 결론을 이끌어낼 수 있다. 동시에 타인의 관점을 이해하게 된다. 유아기의 직관적 사고에서 논리적 사고로, 중심화 현상에서 탈중심화로, 비가역적 사고에서 가역적 사고로 변하게 된다. 그러나 아동기의 사고는 구체적인 것, 자신이 직접적으로 경험한 세계에 한정되며, 추상적이고 가설적인 개념을 이해하는 데는 한계가 있다. 아동기의 이러한 사고의 특성을 Piaget는 구체적 조작기로 설명하고 있다.

(1) 보존개념

전조작기와 구체적 조작기의 중요한 차이는 아동이 문제해결 과정에서 직관보다는 논리적 조작이나 규칙을 적용하기 시작한다는 사실이다. 이러한 사고의 변화를 보여주기 위해 Piaget가 사용한 대표적 과제 중 하나는 보존개념이다. 보존개념은 물체의 외형상 변화에도 불구하고 이로부터 빼거나 더하지 않으면, 그 물체의 특정한 양은 그대로 보존된다고 판단할 수 있는 능력이다.

이러한 보존개념의 획득에는 가역성, 보상성, 동일성이라는 세 가지 개념의 획득이 전제가 된다. 가역성(reversibility)은 어떠한 상태 변화가 그 변화의 과정을 역으로 밟아가면 다시 원상으로 복귀될 수 있다는 사실이다. 보상성(compensation)은 높이의 감소가 폭이라는 차원으로 보상된다는 것이고, 동일성(identity)은 어떤 방법으로든 더하거나 빼지 않았으므로 양은 동일하다는 것이다.

(2) 조망수용

아동기에는 사고의 자기중심성에서 벗어나 타인의 입장, 감정, 인지 등을 추론하고 이해할 수 있는 조망수용(perspective taking) 능력을 습득하게 된다. 세 개의 산 모양의 삼각형을 배열한 뒤 작은 인형을 산모형 주위의 특정 위치에 놓아두었을 때 이들은 인형이 보는 산 모양, 즉 타인의 위치에서 보는 공간적 시각을 추론할 수 있다. 또한 어떤 줄거리를 이야기해 주고 상황을 설명해주었을 때, 아동은 그 이야기의 주인공이 느끼는 감정을 추론하는 것이 가능하다. 나아가 타인의 사고과정이나 행동의 원인을 추론하고 이해하는 인지적 조망능력도 획득하게 된다.

(3) 유목화

아동기에는 물체를 공통의 속성에 따라 분류하고 한 대상이 하나의 유목에 속하는 것으로 분류할 수 있다. 물체를 한 가지 속성에 따라 분류하는 단순 유목화(simple classification), 물체를 두 개 이상의 속성에 따라서 분류하는 다중 유목화(multiple classification)의 개념이나 상위유목과 하위유목 간의 관계를 이해하는 유목포함(class inclusion)의 개념을 습득하게 된다. 만약 아동기 이전의 유아에게 8개의 빨간 유리구슬과 2개의 파란 유리구슬을 보여주고, 빨간 유리구슬과 유리구슬 가운데 어떤 것이 더 많은가에 대해 물어보면, 이들은 대부분 빨간 유리구슬이 더 많다고 대답한다.

(4) 서열화

구체적 조작기의 또 다른 특성은 사물을 영역별로 차례대로 배열할 수 있는 능력을 획득하게 된다는 점이다. 유아기에는 길이가 다른 여러 개의 막대기를 놓고 이를 상호관계에 따라 순서대로 나열해 보라고 지시하면 유아는 많은 오류를 보인다. 그러나 아동기에는 특정한 속성에 따라 유목으로 나누면서, 동시에 거의 시행착오 없이 상호관계에 따라 막대를 순서대로 배열하는 것이 가능하다. 아동은 한 가지 속성에 따라 대상을 비교하면서 순서대로 배열하는 단순 서열화(simple seriation)뿐만 아니라, 두 가지 이상의 속성에 따라 대상을 비교해서 순서대로 배열하는 다중 서열화(multiple seriation)도 가능하다. 이러한 서열화의 개념은 수들 간의 관계를 이해하는 데 결정적인 역할을 하므로 산수를 배우는 데는 필수적이다.

3) 언어발달

유아기에 상당히 많은 언어능력을 획득하였지만, 언어적 유능성을 판가름하는 중요한 발달은 보통 아동기에 이루어진다.

(1) 어휘와 문법의 확장

학동기 아동들은 유아기 때 보이던 문장의 오류를 수정하게 되고, 문법적으로 보다 복잡하고 긴 구문을 사용할 수 있게 된다. 논리적 추론능력과 분석적 기술이 발달하여 내포문(內包文)이나 사동사(使動詞), 피동사(被動詞) 등의 문법적 규칙이나 구조를 이해하고 적절히 사용할 수 있게 된다. 여기서 내포문이란 관계절을 포함하는 문장으로, 영어의 경우 관계대명사 또는 관계부사 등을 사용한 문장을 의미한다.

(2) 의사소통 기술의 발달

아동기에는 의사소통 기술이 크게 발달한다. 특히 분명한 언어적 메시지를 전달할 수 있는 능력인 참조적 의사소통 기술(referential communication skills)이 발달한다. 3~5세 정도의 유아들은 보통 구두 메시지에서 의미가

📷 **사진 설명** 아동기에는 의사소통 기술이 크게 발달한다.

모호한 부분을 잘 인식하지 못하지만, 학동기 아동들은 상대방이나 자신의 메시지가 분명하지 않을 때 어느 부분이 모호한지를 인식하고, 그 부분을 분명하게 만드는 참조적 의사소통 기술을 발달시키게 된다.

(3) 읽기와 쓰기 능력의 발달

아동기에는 읽기 능력이 발달하는데 아동 개개인마다 발달시기와 능력에 차이가 있을 수 있다. 쓰기 능력은 읽기 능력이 어느 정도 발달된 후에 나타난다. 아동들은 처음 글쓰기를 할 때 글씨를 틀리게 쓰는 경우가 많다. 예를 들어 글자나 숫자를 거꾸로 쓰거나 종종 소리나는 대로 글을 쓴다. 이는 아동들이 글자를 쓸 때 일반적으로 단어의 소리를 이용하여 글자의 기본 형태를 생각해 내기 때문인 것으로 보인다. 하지만 초등학교 시기에 이러한 경향은 사라지고, 글씨를 바르게 쓸 수 있게 될 뿐 아니라 나아가 자신들의 생각을 글로써 표현하는 능력이 점차 발달하게 된다.

4) 사회정서발달

학동기의 아동은 자신의 에너지를 내면화하여 사회문화적 기술을 익히는 데 사용하게 되며 자신에 대한 개념도 형성하게 된다. 또한 아동의 활동반경이 가정을 벗어나게 됨에 따라 부모나 형제뿐만 아니라 또래집단이나 주위 환경이 사회정서발달에 영향을 미치게 된다.

(1) 도덕성 발달

도덕성이란 개인이 다른 사람과의 관계에서 지켜야 할 사회집단의 규칙을 인식할 수 있는 능력이다. 도덕성의 발달은 자신이 속한 사회의 문화규범에 따라 행동하도록 배우고 이를 자신의 것으로 받아들이는 과정을 통해 이루어진다. 부모는 도덕성 발달에 있어서 역할모델 노릇을 한다. 아동은 특히 나쁜 행동을 쉽게 모방하기 때문에, 자녀에게 좋은 모델 노릇을 하기 위해서는 부모 자신이 도덕적이어야 한다.

정신분석이론에서는 도덕성의 발달은 부모에 대한 동일시를 통해 이루어진다고 보았다. 남근기의 오이디푸스 콤플렉스를 해결하기 위해 부모의 행동을 동일시하는 과정을 통해 아동은 부모의 도덕적 규준을 내면화시키게 된다. 이렇게 내면화된 부모의 가치기준이나 외적 규범에 위배되는 행동을 하게 되면 죄책감을 느끼게 되며, 이것이 바로 아동의 양심이 된다고 한다. 반면 사회학습이론에서는 부모의 행동에 대한 모방과 자신의 행동에 대한 강화를 통해서 도덕적 가치를 배우게 된다고 보았다. 한편으로 인지발달이론에서는 도덕성은 인지발달과 병행해서 발달한다고 보았다. 즉, 자기중심적 사고에서 벗어나 타인의 관점을 이해하는 어느 정도의 인지적 성장이 이루어지기 전에는 도덕적 판단은 불가능하며, 특정한 인지능력을 기초로 하여 각 개인은 옳고 그름에 대한 자기 나름대로의 규칙을 형성할 수 있다고 본다.

(2) 또래관계

초등학교에 입학하면 아동은 가정 밖에서 보내는 시간이 많아진다. 출생 초기의 사회성발달은 부모와의 애착형성에 기초한 것이지만, 성장함에 따라 점차 접촉 대상이 확대되어 학교나 또래집단의 비중이 커지게 된다. 이러한 또래집단은 이웃에 살며, 연령이 비슷하고, 동성의 아동으로 구성되며, 외모, 성숙도, 운동기술, 학업성취나 지도력 등에 따라 서열이 형성된다. 사회가 점차 핵가족화·소가족화되고 여성 취업률이 증가하고 세대 간의 격차가 심화되면서 과거 혈육 간의 밀접한 관계를 또래집단이 대신하고 있다.

(3) 학교생활

학교는 가정과 더불어 가장 중요한 사회화 기관이다. 우리는 흔히 학교를 공부하는 곳으로만 생각하기 쉽지만, 학교는 아동들에게 매우 중요한 사회적 활동의 장(場)이기도 하다. 오늘날 학교의 영향은 전 세대에 비해 더 크다. 즉, 현대사회에 접어들면서 가정의 교육적 기능이 약화됨에 따라 학교는 아동의 사회화 과정에서 중요한 역할을 하게 되었다.

학업성취도와 COVID-19

　　2020년 COVID-19 팬데믹 상황에서 바이러스 확산을 막기 위해 미국을 비롯한 여러 나라에서 학교를 폐쇄하고 대면수업에서 비대면수업으로 전환하였는데, 비대면수업에서는 효율적인 학습이 이루어지지 못했다.

　　학교폐쇄는 특히 빈곤 아동, 감각장애(시각장애 또는 청각장애), 학습장애 아동들에게 부정적인 영향을 준 것으로 나타났다(Ozudogru, 2021). 예를 들면, 저소득층 아동은 컴퓨터나 인터넷 접근성이 떨어졌고, 시각장애나 청각장애가 있는 아동 또는 학습장애나 ADHD 아동들은 대면수업에서보다 온라인 수업에서 효율적인 학습이 이루어지지 못했다(Dudovitz et al., 2022). 학교폐쇄는 또한 아동의 영양문제도 초래할 수 있다. 많은 학생들이 하루에 필요한 칼로리 양의 50% 정도를 학교에서 공급받아 왔는데, 저소득층 아동들은 COVID-19 팬데믹 이전 수준의 영양 섭취가 불가능해졌다. 사회적 거리두기와 마스크 착용 일상화로 인해 팬데믹 현상은 아동의 사회정서발달과 교우관계에도 부정적인 영향을 미치는 것으로 보인다(Kranz, Steiner, & Mitchell, 2022).

　　한편, COVID-19 팬데믹을 거치며 전세계 국가들의 학업성취도가 일제히 추락한 가운데 한국은 예년 수준을 유지한 것으로 밝혀졌다. OECD가 공식 발표한 2022년도 국제 학업성취도 평가 결과에 의하면 한국 학생들은 모든 영역에서 OECD 평균보다 높은 점수를 기록한 것으로 나타났다. 이러한 결과에 대해 한국의 공교육 현장이 비대면수업에 빠르게 적응한 영향이라는 분석이 있다. 반면, COVID-19로 등교수업이 정상적으로 이루어지지 못함으로써 보통학력 이상 비율은 감소하고, 기초학력 미달 비율은 증가하는 등 학생들의 학업성취도가 떨어졌다는 사실이 우리나라 국가 공식지표로 확인된 바 있다. 뿐만 아니라 2022년 학생정신건강 실태조사에 의하면 학생들의 우울감, 불안감은 높아지고 교사 및 교우관계는 멀어진 것으로 나타났다.

5) 아동기의 부모역할

　아동기에는 학업적 성취나 또래와의 상호작용, 학교생활을 통해 근면성을 발달시켜나가며, 이러한 과정에서 여러 가지 문제행동을 보이기도 한다. 그러므로 부모는 아동이 보다 성공적인 경험을 할 수 있도록 배려해주고, 문제행동에 대해서도 적절한 지도가 필요하다.

(1) 근면성의 발달

이 시기의 아동은 자신의 재능을 발휘하는 일에 몰두한다. 아동은 자신이 무엇을 할 수 있는지를 중심으로 자기를 평가하며 그러한 기준에 합당하지 못하면 열등감을 가지고 부정적 자아개념을 형성하게 된다. 성공의 경험을 통해 아동은 근면성을 발달시켜나가게 되며 외부 세계에 대해 자신감을 갖게 된다(사진 참조). 반면 성공보다 실패를 많이 한 아동은 열등감이 형성되어 스스로 위축되고 부정적인 성격을 형성하게 된다. 아동기에는 자기 이외의 또래집단과의 관계를 통해 자신의 여러 가지 능력을 비교해보게 된다. 이러한 과정에서 만일에 아동이 자신의 수준과 같거나 자기보다 낮은 수준의 집단에

🔾 **사진 설명** 읽기, 쓰기, 셈하기 등의 인지적 기술의 습득은 근면성의 발달에 매우 중요하다.

속해 있으면 근면성을 형성해나가게 되지만, 자기보다 높은 수준의 집단에 속해 있으면, 자신의 능력에 대해 의문을 가지게 되어 열등감을 갖게 된다. 이러한 열등감은 아동에게 무력감을 제공하며 이후의 학습이나 기타 상황에서 더 지체된 성취를 보이게 하는 요인이 된다. 열등감이 심해지면 아동은 아무것도 할 수 없다고 생각하여 매사를 포기하고 의욕을 상실하여 게으름뱅이가 된다. 특히 우리나라와 같이 지나친 교육열로 인해 남과 비교하거나 경쟁심이 심해지면 열등감은 더욱 깊어진다. 그러므로 부모는 아동에게 성취감을 맛보게 해주는 적절한 수준의 과제를 제공해줄 필요가 있다. 또한 가급적 다른 아동과의 비교를 삼가고 남보다 앞서기를 강요하기보다는 남과 다르게 되라고 가르칠 때, 남이 갖지 못한 자신만의 강점을 인정하고 재능을 키워나갈 수 있다.

(2) 또래와의 상호작용

아동은 가족이라는 작고 친밀한 세계를 벗어나 점차 또래집단으로부터 많은 영향을 받게 된다. 아동기에 또래집단에 참여하는 것은 사회화의 중요한 근원이 되며, 지나치게 어른을 따르기만 하는 아이는 또래와의 소중한 사회학습의 기회를 잃게 된다. 이 시기의 아동은 가족에 속하고 싶은 마음과 동시에 가족으로부터 떠나고 싶은 두 가지 마음이 존재하며, 학교나 또래집단과의 관계가 순조롭지 못할 때 아동은 가족에 더욱 의존적이 된다.

부모는 자녀가 어떤 또래집단에 소속해 있는가에 대해 신경을 써야 하고 또래집단에 소속되지 못한 아동에 대해서도 대책을 세워야 한다. 일반적으로 친구를 갖지 못하는 데에는 중요한 두 가지 이유가 있다. 친구를 사귀는 데 주저하고 다른 아동에게 무슨 말을 할지, 게임에 어떻게 참여해야 하는지를 몰라 또래로부터 무시되는 경우와 공격성을 행사하거나 다른 아동을 방해하는 행동을 한다든지 게임을 주도하려 한다든지 해서 자신과 뜻이 맞지 않은 다른 아동들을 비난하곤 함으로써 또래로부터 거부당하는 경우이다.

이러한 사회적인 고립은 유아적인 성격특성이나 지나치게 이기적이고 고집이 세며 자기 마음대로 하는 성격특성이 원인이 될 수도 있지만, 외모나 옷차림, 신체적인 특징이나 부모의 양육태도가 그 원인이 되기도 한다. 거부당하는 아동에게는 또래 간에 지켜야 할 규율이 있음을 이해시키고 자신의 주장을 관철하기 위해 공격성을 행사하는 것을 자제하도록 하고 원활한 의사소통 방법을 가르쳐 주는 것이 효과적이다.

또래관계에서 수용이나 거부를 결정짓는 가장 중요한 시점은 첫 번째 상호작용이라는 점을 고려해야 한다. 새로운 집단과의 첫 만남에서 잘 어울리는 아동은 이후에도 또래 집단에서 인기가 있다(Putallaz, 1983). 일단 아동이 집단에서 수용되면 그가 공격성을 행사한다 하더라도 거부당하지 않는다. 즉, 아동이 집단에서 수용되고 난 후에는 공격적이거나 부적절한 행위가 양해되지만, 처음에 거부당하면 사소한 행동도 바람직하지 않은 것으로 생각된다(Hymel, 1986). 이는 처음부터 또래집단으로부터 인정을 받는 데 필요한 사회적 기술을 습득하는 것이 중요하다는 사실을 말해주는 것이다.

(3) 학교생활의 지도

학교를 간다는 것은 많은 낯선 사람들과 함께 생활해야 하며, 외적인 기준으로 평가를 받는다는 점에서 아동의 생활에서 커다란 변화인 것이다. 그러나 학교는 단순히 읽기, 쓰기, 셈하기와 같은 인지적 기술을 가르치는 것 이상의 역할을 한다. 친구를 사귀게 하고 교사라는 새로운 성인 모델과 사회적 관계를 형성하게 함으로써 사회적 능력을 키워준다. 그러나 아동이 학교와 조화를 이루지 못하면 학교생활은 악몽이 될 수 있다.

일반적으로 여아는 학교생활에서 문제를 덜 보인다. 여아는 덜 활동적이며, 언어가 발달해 있고, 청각적 자극에 대해 더욱 반응적이므로 처음부터 특정한 과제에 대해 집중이 가능하다. 그러나 남아는 활동적이며, 호기심이 강하고, 무엇인가를 조작해보는 과정을 통해 배우려는 경향을 보이므로, 정해진 시간 동안 집중해서 앉아 있는 데 어려움이 있다. 또한 여아보다 훨씬 과잉행동적이며 결과적으로 읽기나 기타 학교생활과 관련된 것에서 보다 많은 문제를 경험하게 된다. 일정한 시간에 학교에 가고, 숙제를 하고, 교사와 또래집단에 적응하는 문제에 대해 부모의 적절한 지도와 통제가 필요하다.

학생으로서 이 시기의 아동은 협응의 장이며 성취의 장인 학교생활을 즐겨야 한다. 이를 위해서는 부모의 태도가 중요하다. 부모는 학교출석이나 숙제, 교육제도에 대한 존경심을 강화시켜줄 수도, 그렇지 않을 수도 있다. 지적이고 양육적인 부모가 좋은 학교와 만나게 되면, 이는 아동의 성장에 최적의 환경을 조성해주는 것이 된다. 학교와 교사에 대해 부모의 태도가 긍정적이지 못하면 아동은 학교생활을 의미 있고 가치로운 것으로 여기지 못한다. 그러므로 부모는 교사를 존경하고 학교를 긍정적인 시각에서 볼 필요가 있다. 또한 아동에게 문제가 있는 경우 부모는 아동의 지지자로서의 역할을 수행해야 하며, 이를 해결하기 위해 부모는 학교와 긴밀한 유대관계를 형성해야 한다.

(4) 문제행동의 지도

유아기와는 달리 아동기는 생활의 중요한 무대가 가정에서 학교로 옮아가게 되는 시기이다. 가정에서 부모와의 관계가 안정적일 때 학교라는 새로운 환경에 대한 적응도 보다 쉽게 이루어지며, 그렇지 못한 경우에는 여러 가지 문제행동을 보이게 된다.

① 학교공포증

학교공포증은 학교에 있는 것과 관련된 불안이나 공포를 말한다. 이는 짜증이나 복통, 두통, 구토와 같은 증세를 수반하며 공격성, 수줍음, 발끈 화내기 등과 같은 행동을 수반하기도 한다. 특히 이러한 문제는 방학과 같이 학교로부터 장기적인 공백이 있을 때 빈번하게 나타난다. 학교공포증을 보이는 아동은 방학이 끝나고 학교로 돌아가는 것을 두려워한다. 이러한 아동들은 어머니나 가족과 분리되는 데에서 유래하는 분리불안 때문에 학교공포증을 갖게 되며, 교사나 또래, 학업성적을 통해 평가를 받기보다는 가정에 있을 때 더 편안함을 느낀다.

학교공포증은 사회적 공포와도 관련이 있다. 이는 또래집단이나 대중 앞에서 말하는 것에 대한 두려움에서 비롯되기도 한다. 이들은 모욕을 받거나 당황함을 느끼는 상황에 대해 극도의 공포심을 보인다. 또한 다른 사람의 판단에 지나치게 집착하며, 특히 그들에게는 또래집단의 판단이 큰 비중을 차지한다. 실제로 사회적 공포는 11∼12세경의 아동이 서로에게 모욕을 주고 괴롭힐 때 시작되며, 이는 예민한 아동에게 심각한 영향을 미치게 된다(Brooks, 1991). 신체적 특성, 인지적 능력이나 성격적 요인은 또래집단으로부터 괴롭힘을 당하는 중요한 원인이 된다. 이처럼 또래집단과의 문제는 학교환경을 적대적으로 만드는 중요한 원인이 되고 있으며, 점차 그 연령이 낮아져 최근에는 유치원 아동에게서도 나타나고 있다. 학교에 대해 두려움을 보이는 아동의 어머니는 일반적으로 자신도 학교 거부의 역사를 가지고 있는 경우가 많다. 이처럼 건강하지 못한 의존성의 사이클이 다시 그들의 자녀에게서 재현되기도 한다.

② 공격성

공격성은 여러 가지 형태로 일어날 수 있다. 도구적 공격성(instrumental aggression)

🔦 **사진 설명** 유아기에는 장난감 등을 획득하기 위한 도구적 공격성이 많이 나타난다.

은 장난감이나 자신이 원하는 대상이나 목표를 달성하기 위해 일어나는 것이며, 적대적 공격성(hostile aggression)은 신체적 · 언어적으로 타인에게 해를 입히기 위한 목적에서 일어나는 것이다(사진 참조). 신체적으로 다른 사람을 다치게 할 수도 있고 언어적 폭력이나 위협, 조롱, 괴롭힘, 모욕을 줄 수도 있다. 유아기에는 장난감이나 다른 원하는 물건을 얻기 위한 도구적 공격성이 많이 나타나지만, 점차 적대적인 것으로 변하게 된다. 대부분의 아동은 학교나 집에서 또래나 형제와의 관계에서 공격성을 행사하지만 일부는 특정한 상황에서만 공격성을 행사한다.

🔦 **사진 설명** 적대적 공격성은 타인에게 위해를 가하기 위한 목적에서 취하는 행동이다.

공격적 행동에 대한 접근은 다양한 관점에서 이루어질 수 있다. Ginott(1965)는 신체적 · 언어적 공격성은 통제되는 것이 바람직하지만, 아동의 화나는 감정은 수용해주도록 제안하고 있다. 아동의 감정을 수용하는 방법으로 Gordon(1970)

은 '적극적 경청'의 사용을 권장하고 있으며, 공격적 행동이 안전에 문제가 될 경우 부모는 강력한 어조의 '나-전달법'을 사용해야 한다고 한다. 반면 Dreikurs와 Soltz(1964)는 부모가 직접적인 개입을 하기보다는 아동 스스로가 싸움의 결과를 경험하도록 권장하고 있다. 특히 형제간의 싸움은 아동이 부모로부터 관심을 끌기 위해 일어난다고 주장한다. 그러한 경우 싸움이 관심을 끌기 위한 수단이 아니라는 사실을 알게 되면 이를 포기하게 되므로, 두 자녀에게 똑같은 벌을 줌으로써 이로부터 벗어날 수 있다. 부모는 싸움이 초래하는 이후의 결과에 대해서 말해줄 수도 있다(Brooks, 1991). 그러나 공격적인 아동을 체벌로 다스리는 것은 다시 공격적 행동을 모방하게 된다는 점에서 바람직하지 못하다. 또한 활동을 제약받은 아동에게는 놀이나 체육활동이 가장 좋은 강화물이 될 수 있다.

③ 거짓말

아동이 거짓말을 하는 이유는 여러 가지가 있다. 개인차가 있기는 하지만 아동 초기까지 아동은 현실과 환상을 완전하게 구분할 수가 없다. 이 시기의 아동은 그림책이나 옛날이야기를 사실로 믿고 자신도 그 일부라고 생각하는 물활론적인 사고를 가지고 있다. 특히 텔레비전이 보편적으로 보급된 상황에서 눈앞에 움직이는 환영과 실제 현실을 구분하기는 더욱 어렵다. 거짓말은 아동 자신의 감정을 반영한 것으로 볼 수 있으며 특히 유아기에는 더욱 그러하다. 또한 부모가 거짓말을 가르쳐 주는 모델이 되거나, 부모가 이미 알고 있으면서 당황스러운 질문을 함으로써 거짓말을 하도록 조장하는 경우도 있다. 진실을 말하거나 자신의 감정을 솔직하게 표현함으로써 벌을 받게 되면 아동은 벌에 대한 두려움 때문에 거짓말을 하기도 한다.

아동이 거짓말을 하는 행동에 대해서 Dreikurs와 Soltz(1964)는 일차적으로 이해하는 태도를 갖고, 부모 자신이 좋은 모델을 제시해주고, 자녀가 거짓말을 했을 때 이에 동요되지 않는 것이 중요하다고 하였다. 아동은 관심끌기나 힘 행사하기에서 이기기 위해 거짓말을 할 수도 있는데, 이는 부모를 무력하게 만든다. 이러한 경우 거짓말을 무시하고 진실을 말한 사실 자체를 인정해주고 강화해줌으로써 거짓말이 관심을 끌기 위한 수단이 될 수 없다는 것을 알게 해주어야 한다(Brooks, 1991).

5. 청년기의 발달과 부모역할

청년기는 아동기에서 성인기로 옮겨가는 과도기로서 이 시기의 청년은 어린이도 아니고 어른도 아닌 어중간한 상태에서 불안정과 불균형으로 인해 심한 긴장과 혼란을 경험하게 된다. 이 때문에 청년기를 흔히 '질풍노도의 시기'라고 한다.

특히 오늘날의 청년들은 전 세대의 청년들에 비해 더 많은 요구와 기대, 그리고 유혹과 위험에 처해 있다. 그러나 청년기가 스트레스가 많고 혼란스러운 시기라는 고정관념과는 달리, 대부분의 청년들은 아동기에서 성인기로 무난히 옮겨가는 편이다. 많은 청년들은 이 전환기를 신체발달, 인지발달, 사회성발달을 위한 도전과 기회로 생각한다.

1) 신체발달

출생 후 첫 2년간에 성장과 발달이 눈부시게 진행되지만 청년기 또한 성장의 다른 단계와 쉽게 구별될 수 있을 만큼 급격한 신체변화를 보인다. 신장과 체중이 증가하고, 체형이 변화하며 제2차 성징이 나타나서 이제까지의 소년, 소녀의 모습에서 벗어나 어른이 되어 간다. 이러한 신체변화의 중요성은 이에 수반되는 청년의 심리적 작용으로 인해 더욱 의미가 있다.

(1) 청년기 성장급등

청년기가 되면 신장과 체중이 급격히 성장하는데, 이것을 청년기 성장급등(adolescent growth spurt)이라고 한다. 여아가 남아보다 2~3년 정도 빨라서 대체로 여아의 경우 11세경에, 남아의 경우 13세경에 시작해서 4년 정도 지속된다. 여기에는 물론 개인차가 있다(Tanner, 1991).

(2) 내분비선의 변화

청년기에 일어나는 내분비선의 변화는 청년의 신체적 · 심리적 발달에 큰 영향을 미친다. 〈그림 3-3〉과 같이 신체 각 부위에 있는 내분비선은 각각 특수한 호르몬을 만들어 낸다. 호르몬은 내분비선에 의해 분비되고, 혈류를 통해 신체 각 부분에 운반되는 강력한 화학물질이다.

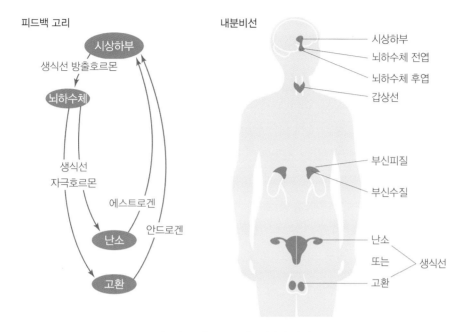

〈그림 3-3〉 **주요 내분비선의 위치**

출처: Cobb, N. J. (1998). *Adolescence: Continuity, change, and diversity* (3rd ed.). Mountain View, CA: Mayfield.

(3) 사춘기와 성적 성숙

사춘기에 일어나는 여러 가지 변화는 청년들을 매우 곤혹스럽게 만든다. 비록 이런 변화들이 청년들을 불안하고 걱정스럽게 만들지만 대부분의 청년들은 이 시기를 무난히 넘긴다.

그러면 사춘기란 무엇인가? 사춘기는 주로 청년 초기에 일어나는 호르몬의 변화로 인해 급격한 신체적 · 성적 성숙이 이루어지는 기간을 의미한다(Susman & Dorn, 2013). 사춘기의 결정요인은 영양, 건강, 유전 그리고 체중이다. 초경을 예로 들면, 산업혁명기에는 초경이 일찍 시작되었는데 이것은 향상된 생활수준과 의학의 진보와 연관이 있다. 그러나 사춘기는 단지 환경적인 사건만이 아니고 유전적 요인도 사춘기와 연관이 있다. 영양과 건강 등의 환경적 요인이 사춘기의 시작과 과정에 영향을 미치지만 유전적 프로그램 또한 그러하다(Plomin, 1993).

Robert Plomin

성적 성숙은 성호르몬에 의해 통제된다. 사춘기가 되면 난소와 고환이 발달함에 따라 성호르몬 분비가 증가한다. 이 성호르몬은 1차 성징과 2차 성징의 근원이 된다. 1차 성징은 출생 시 생식기에 의한 신체 형태상의 성차 특징을 가리키는 것이고, 2차 성징은 청년기에 들어서서 성호르몬의 분비에 의해 나타나는 신체상의 형태적·기능적인 성차 특징을 의미한다.

사춘기에 나타나는 2차 성징을 남녀별로 보면 남자의 경우에는 고환과 음낭, 음경이 커지고, 음모와 액모가 발생하며, 턱수염이 나고 변성이 되며, 정자의 생산증가와 몽정이 있게 된다. 여자의 경우에는 유방이 발달하고, 자궁과 질이 커지며, 음모와 액모가 발생하고, 골반이 확대되며, 초경이 시작된다(Tanner, 1978).

(4) 성숙의 가속화 현상

오늘날 청년세대는 전 세대보다 빠른 속도로 성장하며 보다 일찍 어른의 신체구조를 갖는다. 이와 같은 성숙의 가속화 현상은 영양적 요인과 환경적 요인 때문인 것으로 설명할 수 있다. 바꾸어 말하면, 예전보다 영양섭취가 개선되었다는 점과 영화나 TV 등의 매체를 통해 쉽게 성적 자극에 노출된다는 점 등이 그 요인인 것으로 보인다.

(5) 신체변화와 심리적 적응

신체적 성장이 완만하던 아동기와는 달리 급격한 신체변화를 겪는 청년기에는 여러 가지 혼란이 일어난다. 청년은 자신의 신체, 용모에 대해 지대한 관심을 갖고, 급격히 변화해가는 신체적 특징에 대해 극도로 신경과민이 된다(Murray, Byrne, & Rieger, 2011). 자신의 신체에 지대한 관심을 갖는 것은 청년기 동안 내내 그러하지만 특히 사춘기 때 더욱 심하다. 이때에는 자신의 신체에 대해 매우 불만족스러워하며, 특히 여자의 경우 더 심하다(Brooks-Gunn & Paikoff, 1993; Henderson & Zivian, 1995).

이와 같은 청년기의 정신적 동요의 원인으로서는 청년의 신체적 변화가 급격하다는 것, 신체 각 부위의 발달이 동일하지 않아 일시적으로 신체의 균형을 잃게 된다는 것, 발달상의 개인차가 크다는 것(조숙과 만숙), 그리고 성적 욕구에 관련되는 것 등을 들 수 있다.

2) 인지발달

신체적 · 생리적 발달과 마찬가지로 청년기의 인지발달 또한 눈부시다. 청년기에 와서 현저한 성장을 보이게 되는 인지발달의 특징은 양적인 면뿐만 아니라 질적인 면에서도 증가를 보인다. 양적 증가란 전 단계인 아동기에 비해 지적 과제를 훨씬 용이하고 빨리 그리고 효율적으로 성취하는 것을 말하고, 질적 증가란 인지과정에서의 변화, 이를테면 추상적인 사고, 가설적 · 연역적인 사고, 은유에 대한 이해가 가능해지는 것 등을 말한다.

(1) 청년기 사고의 특성

청년기 사고의 특성을 보면 첫째, 추상적 사고가 가능하다. 구체적 조작기의 아동은 눈에 보이는 구체적 사실들에 대해서만 사고가 가능하지만, 형식적 조작기의 청년은 추상적인 개념도 이해할 수 있다. 둘째, 가설적 · 연역적 사고가 가능하다. 셋째, 체계적이고 조합적인 사고가 가능하다. 즉, 청년들은 과학자처럼 사고하기 시작한다. 문제해결을 위해 사전에 계획을 세우고, 체계적으로 해결책을 시험한다. 반면, 아동은 시행착오에 의해 문제를 해결하는 편이다. 넷째, 이상주의적 사고를 한다. 구체적 조작기의 아동은 구체적 사실에 한해서 제한된 사고만을 하는 반면, 청년들은 이상적인 특성, 즉 자신과 다른 사람들에게 이상적이었으면 하는 특성들에 대해 사고하기 시작한다(Santrock, 1998).

John Santrock

(2) 청년기의 자기중심성

형식적 조작기에 달한 청년은 자신의 생각뿐만 아니라 다른 사람의 사고 또한 체계화할 수 있게 된다. 그러나 청년기의 급격한 신체적·정서적 변화로 말미암아 자신의 외모와 행동에 너무 몰두해 있으므로 다른 사람들도 자기만큼 자신에게 관심이 있다고 생각하여 자신의 관심사와 타인의 관심사를 구분하지 못한다. 이것이 청년기의 자기중심성이다.

① 상상적 관중

청년기의 자기중심성 사고를 반영하는 몇 가지 상황을 보면 청년은 상상적 관중(imaginary audience)을 만들어 내어 자신이 주인공이 되어 무대 위에 서 있는 것처럼 행동하고, 다른 사람들은 모두 구경꾼으로 생각한다. 청년은 다른 사람들이 자신을 관심의 초점으로 생각한다고 믿기 때문에 그들은 관중이고, 실제 상황에서는 자신이 관심의 초점이 아니라는 의미에서 상상적이다.

② 개인적 우화

청년기의 자기중심성을 반영하는 또 하나의 상황은 개인적 우화(personal fable)로서 자신의 감정과 사고는 너무나 독특한 것이어서 다른 사람들이 이해할 수 없을 것이라는 점이다. 즉, 자신은 많은 사람들에게 너무도 중요한 인물이라는 믿음 때문에 자신은 매우 특별하다고 생각하는 것이다. 청년이 자신을 주인공으로 생각하고, 자신에게만 통용된다는 의미에서 개인적이고, 현실성이 결여되어 있다는 의미에서 우화이다.

3) 미디어와 청년

미디어는 다양한 방식으로 청년들에게 영향을 미치고 있다. 오늘날 많은 청년들은 유아기 때부터 TV나 컴퓨터, 스마트폰 등을 사용하고 있다(Lever-Duffy & McDonald, 2018). TV는 계속해서 청년발달에 큰 영향을 미치고 있지만, 최근에 와서 TV나 DVD의 영향뿐만 아니라 비디오게임, 컴퓨터, 아이패드 등의 과도한 사용에 대한 경각심을 일깨우기 위해 "스크린 타임(screen time)"이라는 용어가 사용되고 있다(Bickham et al., 2013; Lissak, 2018; Lloyd et al., 2014; Ngantcha et al., 2018; Poulain et al., 2018; Yilmaz, Demirli Caylan, & Karacan, 2014). 최근 한 연구 (Vernon, Modecki, & Barber, 2018)에서 야간의 스마트폰 사용은 청년기 외현화 행동문제를 증가시키고, 자아존중감과는 부적 상관이 있는 것으로 나타났다. 또 다른 연구(LeBourgeois et al., 2017)에서는 장시간의 '스크린 타임' 노출은 청년기 건강문제, 수면문제, 학업성취, 비만, 공격성, 불안, 우울증과 관련이 있는 것으로 밝혀졌다.

<그림 사진 설명> 오늘날 미디어는 청년들의 생활에서 큰 비중을 차지하고 있다.

　청년들의 생활에서 큰 비중을 차지하고 있는 미디어는 정치, 경제, 교육, 사회 등 여러 방면의 정보를 얻을 수 있는 좋은 정보의 장이다. 하지만 그것이 오늘날에 와서는 무분별하게 난립하면서 청년발달을 저해하는 측면도 있다.

딥페이크(Deepfake)

　딥페이크란 인공지능 기술을 이용해 영상의 일부를 합성하는 기술, 혹은 그 결과물을 뜻한다. 즉, 인공지능이 다량의 데이터에 대한 반복학습을 통해 처리 능력을 향상시키는 기술을 뜻하는 '딥 러닝(deep learning)'과 가짜를 뜻하는 '페이크(fake)'를 합쳐 만든 신조어이다. 주로 영상 속 인물의 얼굴이나 특정 부위를 다른 인물의 얼굴이나 해당 부위로 바꾸는 방법으로 이루어진다 (다음백과사전, 2023).

　딥페이크가 전 세계적으로 문제가 되는 이유는 인공지능의 딥 러닝기술을 이용해 교묘하게 가짜를 만들어내기 때문이다. 2023년 5월 미 국방부 청사인 펜타곤 영내에서 폭발이 일어났다는 이른바 '가짜 사진'이 온라인에 확산되었다. 이로 인해 미국 증시가 폭락하고 전 세계가 세계 대전에 대한 불안에 떨었다.

이처럼 AI기술을 활용해 진짜처럼 만든 가짜 편집물(이미지·음성·동영상)인 딥페이크의 심각성은 진짜와 가짜, 사실과 허구를 구분할 수 없다는 것이다. 또한 컴퓨터로 한두 시간이면 누군가의 인생을 망칠 수 있는 사실적인 딥페이크를 제작할 수 있게 되었다. 그렇다 보니 사이버 범죄자들은 이러한 딥페이크를 악용해 더 심각한 범죄를 저지르고 있다. 최근에는 특정 정치인, 특히 여성 정치인의 얼굴과 포르노 여배우의 신체를 교묘하게 합성하여 SNS에 퍼뜨리는 '가짜 사진'이 퍼져 나가 논란을 빚기도 하였다. 우리나라에서도 최근 불특정 다수의 여성 얼굴과 나체 사진을 합성한 성범죄물이 대규모로 유포되면서 딥페이크 피해가 심각한 수준에 있다. 뿐만 아니라 이제는 인공지능(AI)을 이용하여 가족, 지인의 목소리와 사진을 이용하여 돈을 갈취해 가는 피싱사건이 이미 널리 퍼져 있다.

4) 정체감발달

청년기는 인간의 전생애에서 매우 특별한 시기이다. 출생 후 첫 1~2년을 제외하고는 청년기에 가장 큰 신체적 변화와 성숙을 경험한다. 정서면에서도 기복이 심한 시기로 첫사랑에 빠지는 것도 청년기이며, 실연의 슬픔을 맛보게 되는 것도 바로 이

청년기이다.

이 시기에 청년들은 스스로 나는 누구인가? 나는 무엇이 되기를 원하는가? 등의 질문을 하게 된다. 사실상 청년기는 자신을 새로이 창조하는 시기라기보다는 이미 있는 자신을 발견하는 시기라고 할 수 있다.

건강한 성인으로 성장하기 위해서는 청년기에 수행해야 할 발달과업이 있는데, 이 발달과업을 무난히 수행해야만 성인기의 새로운 도전들을 효율적으

로 해결할 수 있다. 청년들에게 주어진 발달과업은 여러 학자들에 의해서 다양하게 표현되었으며, 구체적인 과업은 문화에 따라 다르다. 그중에서 공통적이고 가장 중요한 것이 자아정체감의 확립이다.

청년기가 신체적 · 성적 · 인지적 · 정서적으로 급격한 변화가 일어나는 시기임을 고려할 때, 이러한 변화에 적절히 대처하기 위한 자아정체감의 확립이야말로 청년기의 가장 중요한 발달과업이라고 하지 않을 수 없다.

자아정체감은 그 용어 자체가 여러 가지 함축적인 의미를 갖고 있어서 한마디로 정의할 수는 없지만, 확고한 자아정체감을 지닌 사람은 개별성, 총체성, 계속성을 경험하게 된다고 한다. 개별성은 가치나 동기 또는 관심을 얼마쯤 타인과 공유했다 하더라도 자신은 타인과 다르다는 인식, 즉 자신은 독특하고 특별하다는 인식이다. 총체성은 자신의 욕구, 태도, 동기, 행동양식 등이 전체적으로 통합되어 있다는 느낌이다. 계속성은 시간이 경과하여도 자신은 동일한 사람이라는 인식, 즉 어제의 나와 오늘의 나는 같은 사람이라는 인식이다.

5) 이성교제와 청년기의 성

청년이 인생에서 겪게 되는 현저한 변화 중의 하나는 동성 친구와의 친밀한 우정에서 이성에 대한 우정과 낭만적인 애정으로의 이동이다. 관심이 동성 또래집단에서 이성 또래집단으로 옮겨가는 것은 성인기로 가는 정상적이고 건전한 진행과정이다. 청년은 이성교제를 통해 정상적인 인격형성을 도모할 수 있고, 성인 남녀의 역할을 배움으로써 사회적 기술과 예의를 배운다.

(1) 이성교제

이성교제는 배우자 선택이라는 중요한 역할을 할 뿐만 아니라 이성교제를 통해 인격의 정상적인 발달이 이루어질 수 있다. 즉, 이성교제를 함으로써 사랑의 본질과 기쁨을 알며, 예의에 벗어남이 없이 이성에 대한 관심을 표현하며, 서로의 개성과 인격을 존중할 줄 알고, 나아가서는 배우자 선택이나 앞으로의 결혼생활을 원만

🎙 사진 설명 청년은 이성교제에서 여가선용을 함께 함으로써
재미있는 시간을 가진다.

히 해나갈 수 있는 기초적 자질을 키울 수 있는 기회를 갖는다.

　청년기의 이성교제는 처음에는 여러 사람과 자유롭게 교제하는 것이 특징이며, 오락적 목적이 주가 된다(사진 참조). 그러다가 점차 한 사람에게 열중하게 되어 두 사람만의 시간을 가지기를 원하게 된다. 그러나 청년기의 이성교제가 결혼을 목적으로 하거나 배우자 선택의 언질을 반드시 내포하는 것은 아니다.

(2) 청년기의 성

　오늘날 우리 사회는 급격한 성개방 풍조로 인해 많은 청년들이 분별없이 너무 이른 나이에 성경험을 한다. 불건전한 성관계는 십대 임신이나 성병 감염의 위험을 초래하기도 한다. 그리고 성에 관한 정보는 범람하지만 왜곡된 정보가 너무 많다.

　우리나라 청소년들을 대상으로 한 연구(홍강의, 1996)에서도 많은 청년들이 분별없이 너무 이른 나이에 성경험을 하는 것으로 나타났다. 이른 나이에 성관계를 갖게 되는 이유는 성개방 풍조와도 관련이 있지만, 청년들의 자제력 결핍과 도덕성 결여와도 관련이 있는 것으로 보인다. 일부 청소년들은 부모에 대한 반항의 의미로서 성관계를 갖기도 하고, 또 다른 청소년들의 경우에는 부모로부터의 관심이나 애정 결핍에 대한 보상으로 이른 나이에 성경험을 한다. 우리 청소년들을 성적 탈선 및 성범죄로부터 보호하기 위해서는 성교육의 필요성이 절실하다.

　청년기에는 성적으로 성숙하고 강한 성적 욕구를 느끼게 되지만, 결혼하지 않은 미성년의 남녀가 성관계를 통해 성적 욕구를 충족시키기는 어려운 일이다. 따라서 많은 청년들이 자위행위를 통해 성욕을 해결하고자 하는데, 자위행위는 생식기의 자기자극에 의해 오르가슴에 도달하는 방법이다.

　자위행위는 성욕 해결의 정상적인 방법이 아닐 뿐더러 자위행위를 지나치게 자주 반복하면 건강을 해치게 된다. 대부분의 청년들이 자위행위를 수치스러운 것으로 여기며 죄책감을 느끼기 때문에 심리적으로도 문제가 된다. 특히, 청년들의 통제할 수 없는 과도한 자위행위는 성에 대해 지나친 관심을 갖도록 유도한다. 의학적으로는 자위행위가 무해한 것이라 하더라도 이것이 지나친 경우 자위행위 자체가 아니라 자위행위에 집착하게 되는 원인 때문에 심각한 문제가 될 수 있다. 따라서 지나치게 자위행위를 하는 청년의 경우 취미활동이나 스포츠 등을 통하여 성적 에너지를 다른 곳으로 전환시키는 것이 좋다.

6) 청년기의 부모역할

자녀가 청년이 되면서 나타나는 생물학적, 인지적 변화는 청년자녀의 행동에 영향을 미치고, 그로 인해 부모 또한 부모역할에 중요한 변화를 맞게 된다. 부모역할의 변화를 이해하기 위해서는 우선 청년자녀에게 일어나는 변화를 이해해야 한다.

첫째, 청년기에는 신체적 변화와 호르몬의 변화가 있고, 이 변화는 청년의 행동에 영향을 미친다. 둘째, 청년기의 정체감발달은 청년의 행동에 중요한 시사점을 준다. 특히 청년의 이상주의와 부모의 실용주의가 마찰을 빚을 때 더욱 그러하다. 셋째, 청년기의 인지변화는 부모들이 가끔 오해하게 되는 청년의 행동을 설명해준다.

(1) 청년과 부모와의 관계

부모로부터 독립하고 정서적 의존에서 벗어나고자 하는 청년이 부모와 갖는 관계는 아동기 때 가졌던 부모와의 관계와는 다르다. 청년의 급속한 신체적 성장은 부모의 체벌이나 통제를 어렵게 만든다. 그 결과 부모의 권위는 도전을 받게 되고, 지금까지의 부모-자녀관계를 수정해야 하는 상황이 초래된다. 또한 형식적·조작적 사고가 가능한 청년은 부모가 설정한 규칙이나 가치관에 대해 논리적 모순을 발견하고 의문을 제기한다. 증대된 인지적 기술로 인해 청년은 이제 더 이상 부모가 시키는 대로 무조건 따라 하지 않고, 청년자녀의 비판이나 의문 제기에 대해 어떤 부모들은 화를 내거나 방어적으로 대한다.

사회변화는 청년과 부모와의 관계를 더욱 어렵게 만든다(Small & Eastman, 1991). 첫째, 청년기의 연장은 자동적으로 부모의 부양책임과 청년의 의존기간을 연장시 켰다. 그로 인해 부모들은 더 많은 부담을 느낀다. 둘째, 급격히 변화하는 사회문화 적 변화와 방대한 정보와 가치들은 청년들이 성인의 역할을 준비하는 것을 더욱 어 렵게 한다. 셋째, 오늘날의 사회에서는 부모들이 청년자녀를 교육하는 데 도움을 받을 수 있는 지원망이 거의 없고, 친척과 친지들로부터 고립된 경우가 많다. 넷째, 흡연, 음주, 약물남용, 십대 임신 등 청소년 비행의 증가는 부모들로 하여금 지나치 게 신경을 쓰게 만든다. 다섯째, 대중매체가 청소년문제를 지나치게 부각시키고, 그리고 전문가들로부터의 상충된 조언은 부모들을 더욱 혼란스럽게 만든다.

우리가 자손에게 남겨줄 수 있는 불변의 유산은 뿌리와 날개라는 말이 있다. 이 말은 청년기의 성공적인 적응을 위해 필요한 애착과 자율의 중요성을 일깨워주는 것이다. 지금까지는 청년기 동안에 자율만을 강조해왔으나 최근에 와서 청년의 건 강한 발달을 위한 애착의 필요성이 강조되고 있다.

(2) 청년과 부모와의 갈등

많은 부모들은 어릴 때 고분고분하게 말을 잘 듣던 자녀가 청년이 되자 버릇없이 굴고, 부모가 설정한 기준에 따르지 않으면 실망하고 당황해 한다. 마치 부모들은 자녀가 성인이 되려면 십여 년의 세월이 필요하다는 사실을 잊어버리고, 하룻밤 사 이에 성숙한 어른이 될 것으로 기대하는 것처럼 보인다.

많은 청년들은 부모로부터 독립하고 싶어하는 동시에 자신이 실제로 얼마나 부 모에게 의존하고 있는지를 깨달으면서 끊임없이 갈등을 느낀다. 청년들의 이러한 양면적인 느낌은 종종 부모들 자신의 양면성과 일치한다. 자녀가 독립하기를 원하 는 동시에 그들이 계속해서 의존해주기를 바라기 때문에 부모들은 종종 십대자녀 들에게 '이중적인 메시지'를 전달한다.

일반적으로 부모와 청년자녀 간의 갈등은 청년 초기에 사춘기의 시작과 더불어 증가한다(Juang & Umana-Taylor, 2012; Weng & Montemayor, 1997). 사춘기의 생물 학적 변화, 논리적 추론과 같은 인지적 변화, 독립과 정체감을 수반하는 사회적 변화 그리고 중년기 위기를 포함하는 부모 쪽의 신체적, 인지적, 사회적 변화 등이 청년과 부모 간 갈등의 증가원인이다. 부모와의 갈등은 청년 중기에 안정되다가 청년 후기가 되면 감소한다(Laursen & Ferreira, 1994). 이 감소는 성인기로의 진입을 반영하는 것이라 볼 수 있다.

Brett Laursen

한국, 중국, 일본 등 동양 세 나라의 청소년을 대상으로 그들의 부모와 어느 정도의 갈등을 경험하고 있는지를 조사한 연구가 있다(문화체육부, 1997). 이 연구에서 부모의 간섭 정도, 부모에 대한 반항, 가출충동, 체벌경험에 관한 문항을 구성하여 청년과 부모의 갈등 정도를 조사하였다. 연구결과, "부모로부터 간섭을 많이 받고 있다고 느끼는가?"라는 질문에 한국 청소년의 경우, 전체 응답자의 64.4%가 "그렇다"고 대답해 일본(50.2%)과 중국(27.5%)에 비해 월등히 높은 것으로 나타났다.

(3) 청년과 부모의 의사소통

의사소통에는 말하기, 듣기, 읽기, 쓰기 이외에 감정의 교환이나 상대방과의 공감 등 다양한 내용이 포함된다. 이러한 의사소통에는 언어적 의사소통과 비언어적 의사소통이 있다. 언어적 의사소통은 말이나 글로 의사를 전달하는 것이고, 비언어적 의사소통은 얼굴표정이나 몸짓, 행동, 옷차림 등 언어를 포함하지 않은 의사전달을 말한다. 의사소통에서 중요한 것은 태도요인으로서 상대방에 대한 신뢰, 감정이입, 자신의 생각이나 감정을 자유롭게 표현할 수 있는 분위기, 다른 사람의 생각이나 느낌을 진지하게 듣는 자세 등이다.

비효율적인 의사소통은 부정적이고 방어적인 경향이 있다. 이러한 의사소통은 부모의 우월감, 지나친 통제, 독단, 욕하기, 비난 등을 포함한다. 부모들은 자녀를 지나치게 비판하고, 그래서 자녀의 죄책감을 유발한다. 결과적으로 청년들은 낮은 자아존중감과 고립감을 경험한다.

부모와 청년의 의사소통을 원활히 하는 방법으로 '나–전달법(I-message)'이라는 것이 있다. '나–전달법'은 상대방을 방어적으로 만들지 않고서 나의 생각이나 감정

을 솔직하게 표현하는 의사소통 기술이다(Gordon, 1970). '나-전달법'에는 네 가지
구성요소가 있다. 첫째, 상대방의 행동에 대한 객관적이고 비판적이지 않은 묘사,
둘째, 그 행동이 나에게 미치는 눈에 보이는 확실한 영향, 셋째, 내가 상대방의 행동
에 대해 느끼는 기분, 넷째, 그래서 상대방이 그 점에 대해 어떻게 해주기를 바라는
가 하는 것이다.

'나-전달법'의 사용에서 전제가 되어야 할 점은 다른 사람의 말을 경청하는 능력
이다. 수년에 걸친 임상실험 결과 Carl Rogers(1980)는 우리가 다른 사람의 말을 잘
듣지 않는 주된 이유는 다른 사람을 판단하려는 자연스런 경향 때문이라고 결론지
었다. 그래서 Rogers는 감정이입적 듣기 또는 적극적 듣기(active listening)를 주장한
다. 적극적 듣기는 다른 사람의 말을 비판적으로 듣지 않고 자신이 들은 것을 확인
하는 의미에서 객관적인 피드백을 제공하는 것을 포함한다.

제4장

발달장애와 부모역할

    부모들의 기대와는 달리 성장과정에서 자녀들은 바람직하고 적응적인 행동만을 보이는 것은 아니며, 다양한 부적응 행동을 보이게 된다. 실제로 발달상의 문제로 인해 치료전문기관을 찾는 아동의 수는 매년 증가하고 있는 실정이다. 이러한 수적인 증가에 대해 혹자는 발달상의 문제를 보이는 아동이 매년 늘어난다기보다는 부모들이 이에 대해 더 많은 관심을 보이고 있으며, 진단방법이 보편화되면서 종전에는 부적응 문제로 진단되지 않았던 아동이 발달장애로 진단되는 비율이 높아진 것일 뿐이라고 해석하기도 한다.

    그러나 부적응 행동을 보이는 아동의 수가 매년 증가하는 데 대한 해석상의 논란을 떠나서, 이들 아동은 성장과정에서 부모로부터 특별한 도움을 필요로 하며, 이러한 도움을 통해 발달상의 문제가 개선될 수 있음은 주지의 사실이다. 그럼에도 불구하고 아동의 부적응 행동에 대해 일반적으로 부모들은 상실감이나 거부감, 분노, 불안, 죄의식, 우울, 도피, 적대감, 후회, 절망감과 같은 역기능적인 반응을 보이며, 이러한 부모의 반응은 도움이 필요한 아동에게 오히려 부정적인 영향을 미치게 되는 경우가 많다.

이 장에서는 발달장애의 유형별 원인과 특성을 살펴보고, 이에 대한 부모역할을 살펴보고자 한다.

1. 발달장애의 진단과 부모역할

발달장애는 발달상의 지체를 전반적으로 포괄하는 것으로, 여러 다양한 이론적 관점이나 그 심각성 그리고 개인이 속한 문화에 따라 판별 기준이 상이하기 때문에 정확하게 정의를 내리는 데 어려움이 있다.

James M. Kauffman

🔊 사진 설명 Kauffman의 저서 『아동과 청소년의 정서 및 행동장애의 특성』

발달장애의 정의는 일반적인 문제행동에 대한 관점에 근거하여 개념화해 볼 수 있다. 문제행동이란 아동의 행동이 연령이나 사회문화적 규범에서 벗어난 정도가 극단적이며, 그러한 행동이 지속적으로 나타나는 경우를 의미한다(Kauffman, 1993). 이러한 관점에서 본다면 발달장애는 연령별 발달 평균치로부터 그 이탈된 정도가 심하고, 이러한 행동이 일회성으로 나타나는 것이 아니라 지속적으로 나타나는 행동으로 규정할 수 있다. 또한 문화적 규범에서 벗어나는 행동이라는 점에서 문화적인 차이가 있을 수 있음을 의미한다. 즉, 특정한 사회에서는 발달상의 장애라고 볼 수 있는 행동이 또 다른 사회에서는 발달상의 장애라고 볼 수 없다는 것이다.

발달장애의 분류기준은 학자들에 따라 다양하지만, 가장 보편적으로 사용되는 것은 DSM(Diagnostic and Statistical Manual of Mental Disorders) 분류기준이다. 현재 개발되어 사용되고 있는 DSM-5(미국정신의학협회, 2015)에서는 기존의 DSM-IV에서 분류되어 사용된 '유아기, 아동기, 청년기에 진단되는 장애'라는 범주 대신 신경발달장애(neurodevelopmental disorders)라는 명칭 하에 여러 가지 아동기의 발달장애를 분류하고 있고, 그 외에

표 4-1 | **발달장애의 분류**

장애범주	하위 유형
신경발달장애	지적 발달장애, 의사소통장애, 자폐스펙트럼장애, 주의력결핍 과잉행동장애, 특정학습장애, 운동장애(발달성 협응장애, 상동증적 운동장애, 틱장애) 등
불안장애	분리불안장애, 선택적 함구증 등
외상 및 스트레스 관련장애	반응성 애착장애, 탈억제성 사회적 유대감 장애, 외상후 스트레스장애, 급성 스트레스장애, 적응장애, 지속적 비탄장애 등
급식 및 섭식장애	이식증, 되새김장애, 회피적/제한적 음식섭취장애, 신경성 식욕부진증, 신경성 폭식증, 폭식장애 등
배설장애	유뇨증, 유분증 등
파괴적, 충동조절 및 품행장애	적대적 반항장애, 간헐적 폭발장애, 품행장애 등

출처: 미국정신의학협회(2023). **정신질환의 진단 및 통계편람(제5판 수정판)**. 권준수 외(역). 서울: 학지사.

도 불안장애, 외상 및 스트레스 관련장애, 급식 및 섭식장애, 배설장애, 파괴적, 충동조절 및 품행장애 등의 진단군에 몇 개의 장애를 포함시켜 분류하고 있다. 또한 DSM-5 진단기준을 개정하여 발간된 DSM-5-TR(미국정신의학협회, 2023)에서는 유병률, 위험 및 예후 인자, 문화와 관련된 진단적 쟁점, 성 및 젠더와 관련된 진단적 쟁점, 자살 사고 혹은 행동과의 연관성, 동반이환(comorbidity)[1] 등에서 광범위한 업데이트가 이루어졌다(〈표 4-1〉 참조).

이상에서 제시된 DSM-5의 장애유형 가운데 여기서는 신경발달장애의 하위 유형인 자폐스펙트럼장애, 주의력결핍 과잉행동장애, 틱장애를 살펴보고, 외상 및 스트레스 관련장애 가운데 반응성 애착장애를, 이 밖에 급식 및 섭식장애, 배설장애, 품행장애를 중심으로 이들 장애의 원인과 특성 및 이에 따른 부모역할을 살펴보고자 한다.

---

1) 한 환자가 두 만성 질환을 동시에 앓는 상태

2. 자폐스펙트럼장애와 부모역할

자폐스펙트럼장애(Autism Spectrum Disorder)는 신경발달장애의 한 범주로 분류된다. 자폐스펙트럼장애의 구체적인 원인과 특성 및 이에 따른 부모역할을 살펴보면 다음과 같다.

1) 자폐스펙트럼장애의 원인과 특성

DSM-5에서는 DSM-IV에서 전반적 발달장애의 범주에 포함시켰던 유아자폐증, 아스퍼거 증후군, 소아기 붕괴성 장애 등의 진단명을 없애고, 이를 모두 자폐스펙트럼장애로 포괄적으로 분류하였다. 어려서 일시적인 자폐증상을 보이는 레트 장애(Rett's disorder)는 DSM-5에서는 그 진단명이 제외되었다.

Leo Kanner

자폐성장애(Autistic Disorder)는 1943년 Leo Kanner가 언어와 행동에서 특징적인 양상을 보이면서 타인과의 애정적 접촉이 거의 없이 자신만의 세계에 빠져 있는 아동 11명의 사례를 보고하고, 이들을 유아자폐증(Infantile Autism)이라고 명명하면서 장애의 한 유형으로 인식되기 시작하였다. 이를 계기로 과거에는 정신병으로 진단되던 자폐증상이 정신병과는 명확하게 구분되는 또 다른 장애로 널리 알려지게 되었다.

지금까지는 자폐증이라는 진단이 심한 낙인효과를 초래한다고 생각하여 전반적 발달장애라는 용어를 사용하였으나 DSM-5에서는 자폐스펙트럼장애라는 용어를 사용함으로써 아주 가벼운 상태의 자폐증상에서부터 심한 상태의 자폐증상이 연속선상으로 존재하는 것으로 간주한다. 즉, 자폐적인 특성을 보이면서 사회성이 떨어지는 아스퍼거증후군의 경우, 과거와 달리 아스퍼거증후군으로 진단을 내리는 것이 아니라 자폐스펙트럼장애의 경미한 축의 끝에 위치하는 고기능 자폐증의 한 형태로 간주하여 자폐스펙트럼장애로 진단을

표 4-2 **자폐스펙트럼장애의 진단기준**

진단기준

A. 다양한 분야에 걸쳐 나타나는 사회적 의사소통 및 사회적 상호작용의 지속적인 결함으로 현재 또는 과거력상 다음과 같은 특징으로 나타난다.
   1. 사회적–감정적 상호성의 결함(예, 비정상적인 사회적 접근과 정상적인 대화의 실패, 흥미나 감정 공유의 감소, 사회적 상호작용의 시작 및 반응의 실패)
   2. 사회적 상호작용을 위한 비언어적인 의사소통 행동의 결함(예, 언어적, 비언어적 의사소통의 불완전한 통합, 비정상적인 눈 맞춤과 몸짓 언어, 몸짓의 이해와 사용의 결함, 얼굴 표정과 비언어적 의사소통의전반적 결핍)
   3. 관계 발전, 유지 및 관계에 대한 이해의 결함(예, 다양한 사회적 상황에 적합한 적응적 행동의 어려움, 상상 놀이를 공유하거나 친구 사귀기가 어려움, 동료들에 대한 관심 결여)
   현재의 심각도를 명시할 것:
   심각도는 사회적 의사소통 손상과 제한적이고 반복적인 행동 양상에 기초하여 평가한다.

B. 제한적이고 반복적인 행동이나 흥미, 활동이 현재 또는 과거력상 다음 항목들 가운데 적어도 2가지 이상 나타난다.
   1. 상동증적이거나 반복적인 운동성 동작, 물건 사용 또는 말하기(예, 단순 운동 상동증, 장난감 정렬하기, 또는 물체 튕기기, 반향어, 특이한 문구 사용)
   2. 동일성에 대한 고집, 일상적인 것에 대한 융통성 없는 집착, 또는 의례적인 언어나 비언어적 행동 양상(예, 작은 변화에 대한 극심한 고통, 변화의 어려움, 완고한 사고방식, 의례적인 인사, 같은 길로만 다니기, 매일 같은 음식 먹기)
   3. 강도나 초점에 있어서 비정상적으로 극도로 제한되고 고정된 흥미(예, 특이한 물체에 대한 강한 애착 또는 집착, 과도하게 국한되거나 고집스러운 흥미)
   4. 감각 정보에 대한 과잉 또는 과소 반응, 또는 환경의 감각 영역에 대한 특이한 관심(예, 통증/온도에 대한 명백한 무관심, 특정 소리나 감촉에 대한 부정적 반응, 과도한 냄새 맡기 또는 물체 만지기, 빛이나 움직임에 대한 시각적 매료)

C. 증상은 반드시 초기 발달 시기부터 나타나야 한다(그러나 사회적 요구가 개인의 제한된 능력을 넘어서기 전까지는 증상이 완전히 나타나지 않을 수 있고, 나중에는 학습된 전략에 의해 증상이 감춰질 수 있다).

D. 이러한 증상은 사회적, 직업적 또는 다른 중요한 현재의 기능 영역에서 임상적으로 뚜렷한 손상을 초래한다.

E. 이러한 장애는 지적 장애(지적 발달장애) 또는 전반적 발달지연으로 더 잘 설명되지 않는다. 지적 장애와 자폐스펙트럼장애는 자주 동반된다. 자폐스펙트럼장애와 지적 장애를 함께 진단하기 위해서는 사회적 의사소통이 전반적인 발달 수준에 기대되는 것보다 저하되어야 한다.

주의점: DSM–IV의 진단기준상 자폐성장애, 아스퍼거 장애 또는 달리 분류되지 않는 전반적 발달장애로 진단된 경우에는 자폐스펙트럼 장애의 진단이 내려져야 한다. 사회적 의사소통에 뚜렷한 결함이 있으나 자폐스펙트럼장애의 다른 진단 항목을 만족하지 않는 경우에는 사회적(실용적) 의사소통장애로 평가해야 한다.

출처: 미국정신의학협회(2023). **정신질환의 진단 및 통계편람**(제5판 수정판). 권준수 외(역). 서울: 학지사.

내리게 된다는 것이다(〈표 4-2〉 참조).

자폐스펙트럼장애(Autism Spectrum Disorder: ASD)는 신경발달장애에 해당하는 것으로, 사회적 의사소통과 상호작용 기능의 지속적 손상과 제한적이고 반복적인 행동양식과 흥미, 활동을 특징으로 한다. 사회적 의사소통과 상호작용 기능의 손상은 광범위하고 지속적이며, 어휘나 문법과 같은 형식적 언어 기술이 손상되지 않았다 하더라도 상호 간의 사회적 의사소통을 위한 언어 사용 기능은 손상되어 있다. 또한 눈맞춤이나 몸짓, 표정 등 사회적 상호작용을 위한 비언어적 의사소통 행동에서도 특이함을 보인다. 이러한 증상들은 아동기 초기부터 나타나며, 기능적 손상이 명확해지는 시기는 개인의 특성과 처한 환경에 따라 다르다. 지적 또는 언어적 손상을 동반하는 경우에 비해 손상이 없는 경우에는 결함을 감지하는 것이 더 어려울 수 있다. 자폐스펙트럼장애의 유병률은 전체 인구의 1% 수준이며, 남녀의 비율은 3:1 정도로 남아의 비율이 훨씬 높게 나타난다.

증상을 처음으로 인식한 나이를 조사한 결과, 29.5%가 1세 이전에, 51.11%가 18개월 이전, 64.6%가 2세 이전에, 87.8%가 3세 이전에 발견한 것으로 나타났으며, 100%가 6세 이전에 발견한 것으로 나타났다(윤현숙, 2006). 이처럼 실제로 부모가 아동의 자폐성장애를 인지하는 시점은 3세 이전이 대부분이지만 의사가 추후진단을 권유하거나 이후 개선될 것이라는 부모의 생각 등 여러 요인으로 인해 실제로 자폐성장애로 진단이 내려지는 시기는 오히려 늦어져 조기중재로 이어지는 경우가 높지 않다(국립특수교육원, 2016).

자폐스펙트럼장애의 명확한 원인은 알려져 있지 않으나 유전적 요인과 환경적 요인이 모두 영향을 미치는 것으로 알려져 있다. 자폐의 원인으로 과거에는 환경요인, 특히 부모의 양육태도가 중요한 요인으로 지목되었다. 자폐아동의 부모는 냉담하고 애정이 없으며, 아동에게 민감한 반응을 보이지 못하기 때문에 아동이 부모에 대해 적개심을 갖고 마음의 문을 닫아버리는 자폐증상을 보이게 된다고 생각하였다. 그러나 최근에는 부모의 양육태도가 주요 원인으로 받아들여지지 않으며, 오히려 유전적 요인이나 뇌의 기질적인 이상이 중요한 원인으로 지목된다. 자폐성장애의 유전율은 80% 정도로, 유전적 요인은 자폐성장애의 가장 강력한 요인으로 알려져 있다(Abrahams & Geschwind, 2008). 자폐성장애는 유전적인 특성으로 인해 손위 형제가 자폐성장애로 진단된 경우 동생에게서 그 발병률이 18.7%에 달하는 것으로 나타나 이러한 사실을 뒷받침하고 있다. 특히 남자형제에서는 그 위험률이 2배, 한 가족에서 두 명 이상 자폐성장애로 진단된 경우에는 3배로 높아지는 것으로 나타났 다(Ozonoff et al., 2011).

유전적 요인이 자폐성장애의 강력한 요인으로 알려지면서 조기발견과 조기개입 의 중요성이 뇌의 가소성과 관련되어 강조되고 있다. 즉, 뇌의 가소성이 높아 변화 가능성이 큰 영유아기에 뇌의 보상과정을 도움으로써 정상발달의 기회를 제공하고 이차적인 신경손상과 이에 따른 공존질환 발생을 방지할 수 있기 때문이다. 실제 연구결과에서도 조기선별을 통한 조기중재가 이루어질수록 아동의 이후 발달이 양 호한 것으로 보고되었으며, 3세 이후 진단을 통해 개입이 이루어진 경우에는 뇌 발 달상의 이점이 없는 것으로 나타났다(Dawson, 2008; Dawson et al., 2010). 이처럼 영 유아 자폐스펙트럼장애를 조기선별, 조기중재하는 효과는 국내외적으로 거듭 입증 이 되고 있다(이경숙, 윤현숙, 정희승, 유희정, 2015).

2) 자폐스펙트럼장애 아동의 부모역할

자폐스펙트럼장애는 대부분 그 원인이 미상이지만 유전적인 요인과 뇌의 기질 적인 요인을 주요 원인으로 간주하고 있다. 부모의 냉담한 양육태도 자체가 자폐 스펙트럼장애의 주요 원인은 아니라고 하더라도 아동의 적응을 도우는 데 있어서 부모의 양육태도는 큰 영향을 미치는 것으로 인식되고 있다. 그러므로 부모로 하 여금 자녀와의 상호작용 방법을 습득하게끔 도와주는 것은 무엇보다도 필요한 일 이다.

(1) 행동수정

자폐아동의 치료에는 바람직한 행동의 빈도를 증가시키고 바람직하지 못한 행동 의 빈도를 감소시키기 위해 강화와 소거, 행동연쇄, 고립, 권리박탈, 과잉정정, 처벌

Ole Ivar Lovaas

Edward S. Shapiro

과 같은 행동수정의 방법이 효과적으로 사용될 수 있다(김승국, 2001). 특히 이러한 중재방법 가운데서도 혐오자극을 제공하는 처벌의 방법은 여러 연구들에서 일관성 있게 효과적인 것으로 나타나고 있다(곽승철, 박수진, 2001).

Lovaas(1973)는 아동의 긍정적인 행동에 대해서는 관심을 기울이고 부정적인 행동에 대해서는 무시하는 소거의 방법을 사용하여 자폐아동의 반항적인 행동을 수정한 결과, 자폐아동의 자립심이나 언어능력, 사회성이 유의하게 향상되었다고 하였다. 또한 직접적으로 이러한 행동수정 방법을 사용하지 않고도 강화물이 제공될 것임을 예고해주는 자극만 제시하여도 자폐아동의 자해행동은 유의하게 감소한 것으로 나타났다(Mace, Shapiro, & Mace, 1998).

그러나 이러한 행동치료 방법이 효과적이기는 하지만 이러한 방법으로 수정된 행동들은 일단 치료가 끝나면 소실된다는 문제점이 있다. 그러므로 이러한 치료의 효과를 지속시키기 위해서는 부모의 개입이 필요하다. Hemsley 등(1978)도 부모가 행동수정 기법을 훈련받은 경우 자폐아동의 치료효과가 다른 집단에 비해 높게 나타났다고 보고하였다. 특히 자폐스펙트럼장애 아동의 경우 의사소통의 주요 중재변인으로 몸짓을 포함한 중재전략이 널리 사용되고 있으며, 그 가운데서도 성인과 아동 간의 상호작용을 중심으로 하는 상호작용적 모방 훈련이 많이 적용되고 있다(이희란, 2015).

(2) 인지행동치료

1980년대에 북미와 유럽에서 행동치료와 인지치료를 통합하여 시작한 인지행동치료는 성인과 아동 모두에서 널리 이용되는 치료방법으로 아동을 대상으로 한 치료기법 중에서는 행동수정 다음으로 널리 연구되고 사용되어 왔다(Kazdin, Bass, Ayers & Rodgers, 1990). 인지행동적 관점은 인간의 행동이 환경요인에서 비롯된다는 초기의 행동주의적 관점과는 달리 신체적 특성이나 인지적 능력, 신념, 태도 등의 개인적 특성이 행동이나 환경에 양방향적으로 상호 영향을 미친다는 것이다. 개인의 태도 가운데 대표적인 요인으로 Bandura(1986)는 자기효능감을 설명하였다. 자기효능감은 주어진 과업을 수행하는 데 있어서 자신이 그 일을 잘 해낼 수 있다는 개인적인 신념을 의미한다. 그러므로 이는 어떤 행동을 모방할지를 결정하는 데 큰 영향을 미치게 된다. 자기효능감이 높은 사람은 주어진 과제를 자신의 능력범위 안에 있다고 생각하는 경향이 있으므로 이를 수행하기 위해 보다 적극적으로 노력하는 반면, 자기효능감이 낮은 사람은 주어진 과제를 자신의 능력범위 밖에 있다고 생각하게 되므로 이를 회피하려 할 것이다. 자폐아동의 부모들은 자녀의 까다로운 행동으로 인해 외출도 제한을 받으며 불확실한 행동으로 인해 항상 경계를 늦추지 못하며 당황스러운 경험을 많이 가지고 있다. 이러한 경험이 누적되면서 자폐증상을 보이는 아동의 부모는 부모로서의 효능감을 상실하게 되고, 자녀의 행동에 대해 적절하게 대처하려는 노력보다는 오히려 통제하려는 부정적인 태도를 보이게 되어 결과적으로 자녀의 자기효능감까지 낮추는 요인으로 작용하게 된다.

실제로 자폐아동은 자신의 의지나 생각에 따라 주체적으로 자신의 행동을 결정하기보다는 타인의 지시를 받는 경우가 많고 결과적으로 높은 자기효능감을 갖기가 어렵게 된다. 그러므로 자폐아동의 치료에서는 타인으로부터의 도움을 최소화하고 독립적으로 자신의 행동을 관리하도록 도와주는 자기관리 중재방법이 효과적인 것으로 나타났다(원종례, 2001; Pierce & Schreibman, 1994). 또한 부모의 자기효능감을 높여줄 수 있는 중재방법이 중요한데, 자폐스펙트럼장애 자녀를 양육하는 부모에게 부모교육을 실시한 결과 부모의 양육스트레스는 감소하고 양육효능감은 향상된 것으로 나타났다(최윤미, 유은영, 2023).

(3) 놀이치료

자폐아동의 치료에 가장 널리 알려진 효과적인 방법 가운데 하나는 놀이치료이다. 놀이는 아동의 사회성발달에 필수적인 요소이다. 자폐아동은 자기 스스로 놀이를 주도하고 놀이에서 즐거움을 얻는 능력이 제한되어 있으므로, 사회성이 뛰어난

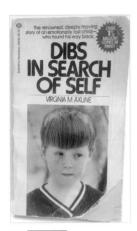

The renowned, deeply moving story of an emotionally lost child—who found his way back.

DIBS
IN SEARCH
OF SELF
VIRGINIA M. AXLINE

🔎 사진 설명 Axline의 대표적인 놀이치료 사례 『자아를 찾은 딥스』

🔎 사진 설명 자폐증 치료견.

또래집단과의 놀이경험은 자폐아동의 사회적인 능력을 향상시키는 데 효과적인 방법으로 보고되고 있다(이경숙, 1993). 바로 이러한 이유로 자폐아동교육에서는 통합교육을 효과적인 방법으로 간주한다(최혜승, 2005).

또한 놀이환경을 보다 체계적으로 제공해주는 놀이치료는 더욱 효과적인 방법이다. 실제로 자폐성장애 유아를 대상으로 놀이향상 단기 프로그램을 실시한 결과 언어능력과 상호작용능력이 상승하는 것으로 나타났다(장미연, 진혜경, 이경숙, 2005). 놀이치료를 통해 아동을 있는 그대로 수용해주고 공감해주는 것은 자폐아동의 치료에 큰 영향을 미치는 것으로 알려져 있다. Axline의 저서 『자아를 찾은 딥스』도 바로 이러한 놀이치료의 효과를 보여주고 있는 좋은 사례이다. 또한 애완견을 이용하여 자폐증상을 보이는 아동을 치료하는 것도 유사한 원리에 근거한 것이라고 볼 수 있다. 애완견이 자폐아동에게 다가가 혀로 핥아주고 코로 찌르는 것과 같은 지속적인 상호작용을 통해 자극을 줌으로써 자폐아동의 반응을 효과적으로 유도해낼 수 있다는 것이다(사진 참조).

아동중심 놀이치료에서 한 걸음 더 나아가 부모에게 놀이치료 기술을 가르쳐주는 부모놀이치료(filial play therapy)의 발전도 바로 이러한 맥락에서 출발한다고 볼 수 있다. 부모놀이치료는 아동중심 놀이치료기법을 사용하여 3~10세의 정서적 문제를 가진 아동을 위해 가정에서 부모가 놀이치료를 수행하는 데 필

Bernard Guerney와 Louise Guerney

요한 기술을 훈련시키기 위한 목적으로 Bernard Guerney와 Louise Guerney에 의해 개발된 구조화된 놀이치료 프로그램이다. 부모놀이치료는 아동이 긍정적으로 변화하려면 부모도 함께 변화해야 함을 전제로 한다. 실제로 어머니와의 상호작용 놀이는 자폐성 유아의 사회적 관계맺기에 긍정적 영향을 미치는 것으로 나타났다(선우현, 2008). 부모놀이치료의 궁극적인 목표는 부모들이 자녀를 수용하고 자녀들과 상호작용하는 방법을 배우도록 돕는 것이다. 즉, 부모에게 자녀와 효과적으로 상호작용하는 기술을 지도하여 부모를 치료대행자로 삼는 접근방법이다. 이는 1909년 Freud가 공포증을 보이는 다섯 살짜리 소년 한스를 자신이 직접 치료하지 않고 아버지를 통해 치료한 것이 그 시초라고 볼 수 있다.

지금까지 부모놀이치료가 널리 활용되지 못한 이유는 부모가 놀이 파트너로 부적합하다는 생각 때문이었다. 그러나 부모는 자녀를 가장 자세하게 파악할 수 있으며 자녀의 삶에서 가장 중요한 존재라는 점에서 부모놀이치료는 그 지속적 효과뿐만 아니라 예방적 효과도 기대할 수 있다. 부모놀이치료를 통해 부모가 아동과 함께 성장하게 되므로 부모는 자녀의 행동을 거부하거나 자신의 요구에 맞추려 하지 않고 자녀의 긍정적인 행동에 초점을 맞추게 될 것이고, 결과적으로 보다 나은 효과를 기대할 수 있다.

(4) 디지털치료

최근에는 부모교육이 자폐스펙트럼장애 아동의 언어능력 향상에 도움이 되고, 원격 방식을 통한 부모교육의 효과가 확인되면서 기존의 약물치료나 행동치료를 보완하는 방법으로 디지털치료가 강조되고 있다. 특히 COVID-19로 인해 놀이치료시설 등 대면놀이가 감소하고 가족 간 상호작용 시간은 증가하면서 스크린이나 디지털 앱을 통한 치료의 중요성이 부각되고 있다. 이에 따라 기존의 여러 다양한 행동치료 프로그램 개발 및 임상 연구 성과를 바탕으로 2024년 12월까지 자폐스펙트럼장애자를 위한 디지털치료제를 개발 완료할 예정이며, 개발될 자폐스펙트럼장애 디지털치료제는 향후 약물치료 및 행동치료 모델을 보완할 수 있을 것으로 보고 있다(의약일보, 2022년 7월 12일자). 그 일환으로 자폐스렉트럼장애 영유아의 의

🔊 사진 설명   자폐스펙트럼장애아의 의사소통 능력을 키워주기 위해 '룩앳미(Look At Me)'와 특정 소리를 제거하는 'Unfear' 앱.

사소통 촉진을 위하여 부모 및 양육자가 가정에서 아동을 지원할 수 있는 부모주도 중재 프로그램이 앱으로 개발되었다(송승하, 김붕년, 이수은, 2023). 또한 자폐스펙트럼장애의 가장 큰 어려움인 사회적 관계를 맺기 위한 의사소통 능력을 키워주기 위해 '룩앳미(Look At Me)'나 자폐증 및 언어 지체 아동을 위한 언어 및 인지 치료용 앱, 자폐증을 가진 사람에게 불편함과 불안을 유발할 수 있는 특정 소리를 제거하는 'Unfear' 등 다수의 앱이 출시되었다.

(5) 자립교육

자폐아동은 특정한 영역에서 상당히 뛰어난 능력을 보여주는 경우가 많다. 그러므로 자폐아동이 보이는 행동특성에 초점을 맞추어 직업훈련을 시키는 것도 자립을 도와주는 한 가지 방법이 될 수 있다.

자폐아동 연구에 뛰어난 공헌을 한 Baron-Cohen(2003)은 「근본적인 차이(The essential difference)」라는 자신의 논문에서 자폐 증상은 '사람에게 공감하는(empathizing) 지능'과 '사물을 이해하는(systemizing) 지능'이라는 두 가지 지능의 부조화에서 비롯된다고 하고, 이들 지능을 각각 E지능, S지능으로 명명하였다. 일반적으로 남아는 S지능이, 여아는 E지능이 높게 나타나며, 자폐 증상은 높은 S지능과 낮은 E지능의 영향으로 인해 사물에 대한

Simon Baron-Cohen

규칙이나 체계에 대해서 과도하게 집중하는 반면, 타인의 감정이나 의도를 파악하는 능력이 부족한 것에 기인한다고 하였다. 특정 영역에서 우수한 능력을 보여주는 '서번트 증후군(savant syndrome)'을 지닌 자폐스펙트럼장애는 이러한 집중현상을 단적으로 보여주는 예로 볼 수 있다. 현재 우리나라에서 '서번트 증후군'을 지닌 자폐성장애아들이 특별한 재능으로 많은 기대와 관심을 받고 있었음에도 불구하고 이러한 재능을 의미 있는 기술로 연결하거나 사회적으로 수용 가능한 직업기술이나 진로로 연결시키기에는 어려움이 있다. 부모들은 자녀가 보이는 특별한 능력에 큰 기대를 했으나 현실적으로 손에 쥘 수 있는 성과를 갖기에는 모든 것이 부

🎙️ 사진 설명 달리기에서 지구력이 남다른 자폐청년 마라토너 '초원이'를 주제로 한 영화 '말아톤'

모에게 맡겨진 과제라는 사실에 좌절한다. 그러므로 자폐성장애아들이 지닌 보석 같은 재능이 진정한 보석이 될 수 있도록 이들의 특별한 재능을 지도할만한 전문가와 지원체계가 마련되어야 한다(박현옥, 강혜경, 2023). 자폐스펙트럼장애아들이 보이는 규칙이나 체계화에 대한 높은 집중력과 지구력을 활용할 수 있는 과제를 부여하고, 세밀한 능력을 필요로 하는 직업훈련을 시키는 것도 자립교육의 한 가지 방법이 될 수 있다.

3. 주의력결핍 과잉행동장애와 부모역할

주의력결핍 과잉행동장애(Attention Deficit Hyperactivity Disorder: ADHD)도 신경발달장애의 한 범주로 분류된다. 주의력결핍 과잉행동장애의 구체적인 원인과 특성 및 이에 따른 부모역할을 살펴보면 다음과 같다.

표 4-3	주의력결핍 과잉행동장애의 진단기준

진단기준

A. 기능 또는 발달을 저해하는 지속적인 부주의 및 과잉행동—충동성 (1) 그리고/또는 (2)의 특징을 갖는다.

  1. **부주의**: 다음 9가지 증상 가운데 6가지(또는 그 이상)가 적어도 6개월 동안 발달 수준에 적합하지 않고 사회적 · 학업적/직업적 활동에 직접적으로 부정적인 영향을 미칠 정도로 지속됨

  주의점: 이러한 증상은 단지 반항적 행동, 적대감 또는 과제나 지시 이해의 실패로 인한 양상이 아니어야 한다. 후기 청소년과 성인(17세 이상)의 경우에는 적어도 5가지의 증상을 만족해야 한다.

    a. 종종 세부적인 면에 대해 면밀한 주의를 기울이지 못하거나, 학업, 작업 또는 다른 활동에서 부주의한 실수를 저지름(예, 세부적인 것을 못 보고 넘어가거나 놓침, 작업이 부정확함)

    b. 종종 과제를 하거나 놀이를 할 때 지속적으로 주의집중을 할 수 없음(예, 강의, 대화 또는 긴 글을 읽을 때 계속해서 집중하기가 어려움)

    c. 종종 다른 사람이 직접 말을 할 때 경청하지 않는 것처럼 보임(예, 명백하게 주의집중을 방해하는 것이 없는데도 마음이 다른 곳에 있는 것처럼 보임)

    d. 종종 지시를 완수하지 못하고, 학업, 잡일 또는 작업장에서의 임무를 수행하지 못함(예, 과제를 시작하지만 빨리 주의를 잃고 쉽게 곁길로 샘)

    e. 종종 과제와 활동을 체계화하는 데 어려움이 있음(예, 순차적인 과제를 처리하는 데 어려움, 물건이나 소지품을 정리하는 데 어려움, 지저분하고 체계적이지 못한 작업, 시간 관리를 잘 하지 못함, 마감 시간을 맞추지 못함)

    f. 종종 지속적인 정신적 노력을 요구하는 과제에 참여하기를 기피하고, 싫어하거나 저항함(예, 학업 또는 숙제; 후기 청소년이나 성인의 경우에는 보고서 준비하기, 서류 작성하기, 긴 서류 검토하기)

    g. 과제나 활동에 꼭 필요한 물건들(예, 학습 과제물, 연필, 책, 도구, 지갑, 열쇠, 서류 작업물, 안경, 휴대폰)을 자주 잃어버림

    h. 종종 외부 자극(후기 청소년과 성인의 경우에는 관련이 없는 생각들이 포함될 수 있음)에 의해 쉽게 산만해짐

    i. 종종 일상적인 활동을 잊어버림(예, 잡일하기, 심부름하기; 후기 청소년과 성인의 경우에는 전화 회답하기, 청구서 지불하기, 약속 지키기)

  2. **과잉행동—충동성**: 다음 9가지 증상 가운데 6가지(또는 그 이상)가 적어도 6개월 동안 발달 수준에 적합하지 않고 사회적, 학업적/직업적 활동에 직접적으로 부정적인 영향을 미칠 정도로 지속됨

  주의점: 이러한 증상은 단지 반항적 행동, 적대감 또는 과제나 지시 이해의 실패로 인한 양상이 아니어야 한다. 후기 청소년과 성인(17세 이상)의 경우, 적어도 5가지의 증상을 만족해야 한다.

    a. 종종 손발을 만지작거리며 가만두지 못하거나 의자에 앉아서도 몸을 꿈틀거림

    b. 종종 앉아 있도록 요구되는 교실이나 다른 상황에서 자리를 떠남(예, 교실이나 사무실 또는 다른 업무 현장, 또는 자리를 지키는 게 요구되는 상황에서 자리를 이탈)

c. 종종 부적절하게 뛰어다니거나 기어오름(주의점: 청소년 또는 성인에서는 주관적으로 좌불안석을 경험하는 것에 국한될 수 있다)

d. 종종 조용히 여가 활동에 참여하거나 놀지 못함

e. 종종 '끊임없이 활동하거나' 마치 '태엽 풀린 자동차처럼' 행동함(예. 음식점이나 회의실에 장시간 동안 가만히 있을 수 없거나 불편해함. 다른 사람에게 가만히 있지 못하는 것처럼 보이거나 가만히 있기가 어려워 보일 수 있음)

f. 종종 지나치게 수다스럽게 말함

g. 종종 질문이 끝나기 전에 성급하게 대답함(예. 다른 사람의 말을 가로챔. 대화 시 자신의 차례를 기다리지 못함)

h. 종종 자신의 차례를 기다리지 못함(예. 줄 서 있는 동안)

i. 종종 다른 사람의 활동을 방해하거나 침해함(예. 대화. 게임이나 활동에 참견함; 다른 사람에게 묻거나 허락을 받지 않고 다른 사람의 물건을 사용하기도 함; 청소년이나 성인의 경우 다른 사람이 하는 일을 침해하거나 꿰찰 수 있음)

B. 몇 가지의 부주의 또는 과잉행동─충동성 증상이 12세 이전에 나타난다.

C. 몇 가지의 부주의 또는 과잉행동─충동성 증상이 2가지 이상의 환경에서 존재한다(예. 가정. 학교나 직장; 친구들 또는 친척들과의 관계; 다른 활동에서).

D. 증상이 사회적. 학업적 또는 직업적 기능의 질을 방해하거나 감소시킨다는 명확한 증거가 있다.

E. 증상이 조현병 또는 기타 정신병적 장애의 경과 중에만 발생하지는 않으며, 다른 정신질환(예. 기분장애. 불안장애. 해리장애. 성격장애. 물질 중독 또는 금단)으로 더 잘 설명되지 않는다.

출처: 미국정신의학협회(2023). 정신질환의 진단 및 통계편람(제5판 개정판). 권준수 외(역). 서울: 학지사.

1) 주의력결핍 과잉행동장애의 원인과 특성

주의력결핍 과잉행동장애는 기능 또는 발달을 저해하는 지속적인 양상의 부주의 또는 과잉행동이나 충동성을 보이는 것을 의미한다. 주의력결핍 과잉행동장애는 아동기에 시작되며, 몇 가지 증상이 12세 이전에 나타나야 한다는 요건은 아동기 동안 상당한 임상적 증상이 나타나는 것의 중요성을 말해주는 것이다. 이러한 증상이 13세 이후에 처음 발생할 경우 이는 다른 정신질환에 의해 설명될 가능성이 더 높다(〈표 4-3〉 참조).

많은 부모들이 걸음마기에 처음으로 과도한 운동 활동을 관찰하지만, 4세 이전에는 정상적인 행동과 이를 구별하기가 어렵고 초등학교 시기에 가장 흔히 식별되며, 대부분 청소년기 초기를 지나면서 상대적으로 안정되나 일부는 반사회적 행동이 나타나면서 증상이 악화될 수 있다. 우리나라 국민건강보험 데이터베이스에 기초한 주의력결핍 과잉행동장애의 진단비율은 전반적으로는 점차 감소하고 있으나 성인의 비율은 다소 증가한 것으로 나타났으며(경장재, 서정철, 남범우, 서정석, 2021), 성인기에 주의력결핍 과잉행동의 증상을 보이는 경우는 높은 수준의 우울증상과 관련이 있는 것으로 나타났다(박민아, 김가은, 김의정, 2023). 주의력결핍 과잉행동장애가 있는 아동은 그렇지 않은 또래에 비해 청소년기에 품행장애, 성인기에 반사회성 성격장애가 나타날 가능성이 더 높다. 주의력결핍 과잉행동장애는 전 세계적으로 아동의 약 7.2% 정도 발생하지만 국가 간 유병률은 0.1%에서 10.2%까지 매우 다양하다. 주의력이 부족하기 때문에 정서나 행동문제를 유발하기도 하고, 또래들로부터 따돌림을 당하거나 부모나 교사로부터 벌을 받는 경우가 빈번하기 때문에 자아존중감이 낮고 우울증이 나타나는 경우도 있으며, 지능에 비해 학업성적이 낮게 나타난다.

주의력결핍 과잉행동장애는 부주의 우세형, 과잉행동/충동 우세형, 복합형의 세 가지 하위유형으로 분류할 수 있다. 부주의 우세형은 6가지 이상의 부주의 증상이

6개월간 지속되면서 과잉행동과 충동증상은 6가지 미만인 유형이며, 과잉행동/충동 우세형은 6가지 이상의 과잉행동/충동증상이 적어도 6개월간 지속되면서 부주의 증상은 6가지 미만인 유형이다. 또한 복합형은 6가지 이상의 부주의 증상과 6가지 이상의 과잉행동/충동증상이 적어도 6개월 이상 지속되는 유형으로, 대부분의 주의력결핍 과잉행동장애는 이에 해당한다.

주의력결핍 과잉행동장애는 아동기의 정신장애 가운데 가장 일반적이고 광범위하게 발생하며, 학업성취능력의 저하와 관련이 있다. 부주의 증상은 학업적 결함이

나 또래들로부터의 무시와 관련이 있는 반면, 과잉행동 및 충동성은 또래들로부터의 배척이나 가해와 관련이 있다. 주의력결핍 과잉행동장애가 있는 성인들은 직업안정성이 낮고, 낮은 직업적 성취를 보이며, 무직의 가능성도 높다. 주의력결핍 과잉행동장애는 여성보다 남성에게서 빈번하게 나타나며, 남녀의 비율은 아동의 경우 2:1. 성인은 1.6:1 정도로 나타난다.

주의력결핍 과잉행동장애의 원인은 아직까지 정확하게 알려지지 않았으나 다음과 같은 여러 가지 요인이 영향을 미치는 것으로 보인다. 첫째, 주의력결핍 과잉행동장애는 유전율이 74%정도로 유전적인 성향이 높은 질환으로 알려져 있다. 일란성 쌍생아의 경우에는 한 명이 주의력결핍 과잉행동장애를 보일 경우 다른 한 명도 주의력결핍 과잉행동장애를 보일 확률이 높고, 이들 가족 가운데 동일한 문제를 가진 사람들이 있을 경우 통제집단에 비해 4배 정도 발생률이 높은 것으로 보고되고 있다(Anastopoulos & Barkley, 1990).

둘째, 중추신경계의 손상이나 생화학적 이상이 주의력결핍 과잉행동장애의 원인이 된다는 것이다. 연구결과, 전두엽의 손상은 행동결과에 대한 무관심, 충동성과 불안감 증가, 과도한 정서상태, 낮은 감수성과 학업에서의 어려움을 초래한다고 한다(조수철, 1990). 또한 정서적인 행동이나 정서조절과 관련이 있는 변연계의 손상이 정서적인 문제를 유발할 수 있으며, 특히 감각자극에 의미를 부여하는 편도체의 손상은 정서표현이나 경험에 큰 영향을 미치는 것으로 나타났다(Phelps & LeDoux, 2000). 따라서 이들

Arthur D. Anastopoulos   Russell A. Barkley

Elizabeth A. Phelps   Joseph E. LeDoux

아동이 보이는 충동적인 행동도 감정과 이성이 적절한 타협점을 찾지 못하고 감정이 폭발하여 외부로 분출되는 것이라고 볼 수 있다. 그 외에도 주의력결핍 과잉행동장애와 연관된 도파민계의 기능이상(류원기 외, 2003)이나 세로토닌 분비 감소와의 관련성(조수철 외, 2009)도 밝혀지고 있다.

셋째, 극소 저체중 출생은 주의력결핍 과잉행동장애의 위험성을 증가시키며, 체중이 적을수록 위험은 더 커진다. 태아기에 흡연에 노출된 것도 관련이 있으며, 소수의 경우에는 다이어트와도 관련이 있는 것으로 나타났다.

넷째, 아동 초기 가족 간의 상호작용 양상이 직접적으로 주의력결핍 과잉행동장애를 야기하는 것은 아니지만 가족 간의 불화, 부정적 상호작용은 아동의 ADHD를 야기하는 가족관계의 특징이다. 아동학대나 방임, 가정불화나 이와 관련된 가족 내의 분위기, 권위주의적인 부모의 양육태도로 인한 상호작용에서의 높은 스트레스가 주의력결핍 과잉행동장애 아동의 증상을 더욱 악화시키고 장기화시키는 데 영향을 미칠 수 있다.

다섯째, 주의력결핍 과잉행동장애는 영양이나 식습관과도 관련이 있다. 일찍이 Feingold(1979)는 인공감미료나 방부제와 같은 식품의 영향을 강조하면서 과다한 당분의 섭취는 과잉행동을 유발하는 대표적인 요인이 된다고 하였으나 최근에는 영양결핍이 주의력결핍 과잉행동장애와 관련이 있다고 한다.

여섯째, 지나치게 산만한 주위환경이나 불규칙적인 생활계획은 ADHD 아동의 증세를 심화시키는 것으로 보고되고 있다. 특히 사회경제적 지위가 낮은 가정에서는 규칙적인 생활계획을 제공하는 데 어려움이 많아 증상을 더욱 악화시키는 것으로 보인다.

2) 주의력결핍 과잉행동장애 아동의 부모역할

주의력결핍 과잉행동장애 아동의 부모는 자녀에게 강압적인 방법을 사용하는 경우가 많은데, 이러한 부모의 행동은 오히려 아동의 문제행동을 더욱더 심각하게 만드는 요인이 될 수 있다. 또한, 어린 아동은 많이 움직이고 주의집중 시간이 짧은데,

연령이 증가할수록 이러한 문제는 감소한다. 그러므로 이러한 발달상의 문제는 주의력결핍장애와 혼동하지 말아야 한다. 주의력결핍 과잉행동장애 아동의 부모역할을 수행하는 데에는 다음과 같은 방법이 도움이 된다.

(1) 약물요법과 식이요법

주의력결핍 과잉행동장애 아동에 대한 약물치료는 1937년 Bradley가 암페타민을 사용하여 주의가 산만하고 과잉행동을 보이는 아동의 주의집중능력을 향상시키면서 시작되었다. 이후 이러한 약물은 주의력결핍 과잉행동장애를 치료하는 중요한 방법으로 대두되었다. 그러나 주의력결핍 과잉행동장애 아동의 경우 틱장애를 동시에 가지고 있는 경우가 많기 때문에 틱장애가 동반된 주의력결핍 과잉행동장애의 경우 정신자극제를 사용할 경우 틱 증상을 악화시킬 수 있으므로 약물치료 시 주의가 필요하다(우준범, 김지훈, 2018). 또한 약물치료는 주의력결핍 과잉행동장애 아동의 일차적인 증상을 쉽게 치료해주지만 지속적으로 복용하지 않거나 부모의 양육태도 등에서의 근본적인 변화가 수반되지 않으면 그 효과를 지속적으로 기대하기가 어렵다. 즉, 약물치료를 하다가 이를 중단했을 때에도 그 치료효과가 지속된다는 증거는 미미하다는 것이다(신민섭, 오경자, 홍강의, 1995).

이러한 이유로 Feingold(1979)는 주의력결핍 과잉행동장애의 치료에서 식이요법의 중요성을 강조하였다. 특히 당분을 지속적으로 과다하게 섭취하는 것은 과잉행동을 촉진시키므로 적절한 조절이 필요하며, 식품첨가제나 인공감미료 등도 가급적 자제하는 것이 바람직하다는 것이다.

(2) 행동수정

주의력결핍 과잉행동장애 아동의 행동치료를 위해 이러한 약물치료 외에도 행동수정 방법이 사용되고 있다. 여러 학자들(Haenlein & Caul, 1987; Wender, 1974)은 주의력결핍 과잉행동장애 아동이 정상아동에 비해 보상에 둔감하다는 주장을 하였다. 그러나 이와는 상반되는 입장에서 Firestone과 Douglas(1975)는 ADHD 아동은 오히려 정상아동보다 보상에 대해 과도하게 민감한 반응을 보인다고 하였다.

Dewitt(1996)도 행동수정의 강화기법을 사용하여 아동의 학업과 사회적 능력을 향상시킬 수 있다고 하였다. 주의력결핍 과잉행동장애 아동의 부모는 자녀가 지시를 따르지 못하는 것이지 고의적으로 따르지 않는 것은 아님을 알아야 한다. 그러므로 목표행동을 아동이 할 수 있는 수준으로 설정하여 자녀가 보상 받을 기회를 많이 만들어 주고, 자녀의 바람직한 행동에 대해서는 즉각적으로 관심을 보이고 강화해주도록 하며, 부적절한 행동에 대해서는 소거의 방법을 사용하여 관심을 보이지 않는 것이 좋다.

자기조절과 자기교수법 등의 인지적 행동치료요법도 주의력결핍 과잉행동장애를 치료하는 데 효과적으로 사용될 수 있다. 국내 부모개입 연구에서도 소수의 가족치료 개입을 제외하고는 대다수가 부모교육과 인지행동치료를 적용한 것으로 나타났다(이선혜, 이지혜, 2023). 주의력결핍 과잉행동장애로 진단된 아동도 자기 행동을 억제하고 자신의 행동을 바람직한 형태로 유도할 수 있는 자기관리능력을 가지고 있으므로 자신의 행동을 스스로 조절하도록 지원하는 것은 아동에게 독립심과 적응능력을 키워줄 수 있다는 장점이 있다(Barry & Haraway, 2005). 실제로 아동에게 미술활동 내에서 자기행동관리 중재방법을 사용함으로써 부적절한 행동인 방해 행동은 감소된 반면, 바람직한 행동인 과제이행 행동은 증가한 것으로 나타났다(김정일, 2006).

(3) 놀이치료

주의력결핍 과잉행동장애 아동이 보이는 충동적인 행동은 그 원인이 불안에 기인하는 경우가 많은데, 불안은 충동성을 더욱 촉진시키는 요인이 된다. 이러한 내재적인 불안을 치료하는 데 있어 심리치료는 효과적이다. 놀이치료 과정을 통해 아동이 중심이 되어 불안감을 적절하게 표현하고 치료자가 아동의 불안한 감정을 편안하게 수용해 줌으로써 충동적인 행동은 감소될 수 있다.

또한 주의력결핍 과잉행동장애 아동은 주의집

🔊 사진 설명 미술치료활동을 하고 있는 아동.

중 시간이 짧기 때문에 이들의 행동을 치료하는 데 복잡한 논리적 탐색을 필요로 하는 방법보다 미술치료방법도 효과적으로 사용되고 있다(사진 참조). 미술치료방법은 주의력결핍 과잉행동장애 아동의 자기효능감 향상과 불안 감소에 효과가 있었으며, 이를 통해 눈 마주침이나 물건을 챙기고 정리정돈하기, 자발적인 활동을 하는 등의 행동변화가 나타났다(정진숙, 2023).

(4) 환경구성과 활동계획

환경구성이나 활동계획은 주의력결핍 과잉행동장애 아동의 행동을 지도하는 데 유용하다. 따라서 가급적 활동계획을 정해진 스케줄대로 규칙적으로 운영하는 것이 주의집중 문제를 해결하는 데 도움이 되므로 정해진 규칙을 자주 상기시켜주고, 매일 일정한 계획에 따라 생활하며, 과다한 자극이나 운동을 피하도록 한다. 또한 아동의 주위환경을 규격화, 단순화시켜 생활하기 용이하게 해주고, 감정표현이 자유로운 가정분위기를 조성해주며, 자신의 감정을 표현하고 조절할 수 있는 놀이나 활동을 계획하는 것도 도움이 된다.

4. 틱장애와 부모역할

틱장애(Tic Disorders)는 신경발달장애의 범주 가운데 운동장애로 분류된다. 운동장애에는 발달성 협응장애, 상동증적 운동장애, 틱장애 등이 포함된다. 틱장애의 구체적인 원인과 특성 및 이에 따른 부모역할을 살펴보면 다음과 같다.

1) 틱장애의 원인과 특성

틱장애는 갑작스럽고 빠르게 반복적으로 비율동적인 동작이나 음성이 나타나는 것을 말한다. 이러한 증상은 뚜렷한 목적이 없는 것이 특징이며, 스스로 통제할 수 없을 정도로 불수의적인 근육의 수축이 나타난다. 그러나 대부분의 경우 틱 증상이 나타나기 전 종종 국소적인 불편한 전조감각이 나타나는 것으로 보고되고 있는데, 이는 틱이 자발적으로 억제될 수도 있음을 말해 주는 것이다. 틱 증상이 거의 모든 근육군과 음성에서 나타날 수 있지만 일반적으로 얼굴과 목의 근육에서 많이 나타나며, 눈 깜박임이나 헛기침 등이 흔히 나타나는 증상이다. 틱장애에는 투렛장애와

표 4-4 **틱장애 진단기준**

진단기준

주의점: 틱은 갑작스럽고 빠르며 반복적이고 비율동적인 동작이나 음성 증상을 말한다.

투렛장애
A. 다수의 운동 틱과 한 가지 이상의 음성 틱이 질병 경과 중 일부 기간 동안 나타난다. 2가지 틱이 반드시 동시에 나타날 필요는 없다.
B. 틱 증상은 자주 악화와 완화를 반복하지만 처음 틱이 나타난 시점으로부터 1년 이상 지속된다.
C. 18세 이전에 발병한다.
D. 장애는 물질(예, 코카인)의 생리적 효과나 다른 의학적 상태(예, 헌팅턴병, 바이러스성 뇌염)로 인한 것이 아니다.

지속성(만성) 운동 또는 음성 틱장애
A. 한 가지 또는 다수의 운동 틱 또는 음성 틱이 장애의 경과 중 일부 기간 동안 존재하지만, 운동 틱과 음성 틱이 모두 나타나지는 않는다.
B. 틱 증상은 자주 악화와 완화를 반복하지만 처음 틱이 나타난 시점으로부터 1년 이상 지속된다.
C. 18세 이전에 발병한다.
D. 장애는 물질(예, 코카인)의 생리적 효과나 다른 의학적 상태(예, 헌팅턴병, 바이러스성 뇌염)로 인한 것이 아니다.
E. 투렛장애의 진단기준에 맞지 않아야 한다.

잠정적 틱장애
A. 한 가지 또는 다수의 운동 틱 및/또는 음성 틱이 존재한다.
B. 틱은 처음 틱이 나타난 시점으로부터 1년 미만에 나타난다.
C. 18세 이전에 발병한다.
D. 장애는 물질(예, 코카인)의 생리적 효과나 다른 의학적 상태(예, 헌팅턴병, 바이러스성 뇌염)로 인한 것이 아니다.
E. 투렛장애나 지속성(만성) 운동 또는 음성 틱장애의 진단기준에 맞지 않아야 한다.

출처: 미국정신의학협회(2023). 정신질환의 진단 및 통계편람(제5판 개정판). 권준수 외(역). 서울: 학지사.

만성 운동 또는 만성 음성 틱장애 등이 포함된다. 투렛장애(Tourette's Disorder)는 여러 가지 운동 틱과 한 가지 이상의 음성 틱이 나타나는 것을 의미한다. 만성 운동 또는 만성 음성 틱장애(Chronic Motor or Vocal Tic Disorder)는 운동 틱 또는 음성 틱 가운데 어느 한 가지만 나타나는 것을 말한다(〈표 4-4〉 참조).

틱행동은 대개 4~6세에 처음 시작되며, 눈 깜박임이 첫 증상으로 많이 나타난다. 10~12세경에 가장 심하고 청소년기에 약해지지만 성인기에도 지속되거나 악화되는 경우도 간혹 나타난다. 미국의 경우 유병률은 1,000명당 3명 정도로 파악되며, 세계적으로 남성이 여성보다 2배에서 4배 정도 많은 것으로 나타난다. 틱장애는 주의력결핍 과잉행동장애나 파괴적 행동, 강박장애와 관련된 증상들을 동반하는 경우가 많다.

틱장애의 원인은 정확하게 밝혀지지는 않았으나 다음과 같은 요인들이 영향을 미치는 것으로 보인다. 첫째, 유전적 요인이 틱증상의 표현과 심각도에 영향을 미친다. 틱장애의 유전율은 70~85%로 추정되며, 틱장애가 있는 가족에서 희귀한 유전적 변이와 공통적인 유전적 변이가 확인되고 있다. 둘째, 아버지의 높은 연령이나 어머니의 임신 중 발열, 흡연, 심각한 스트레스 등 뇌 발달 초기의 환경적 위험 요인이 틱증상에 영향을 미치는 것으로 보인다. 셋째, 틱은 대부분 긴장된 상황에서 자주 나타나며, 불안이나 흥분, 피로한 상황에서 증가한다. 틱에 대한 명시적 언급이 틱을 촉발할 수 있고, 틱이 나타나는 데 대한 불안으로 인해 일상적인 생활이나 학업에 부정적인 영향을 받게 된다. 틱장애 아동은 다른 사람의 몸짓이나 소리를 관찰하여 그대로 따라할 수 있는데, 틱장애에 대한 이해가 부족한 권위주의적인 인물과 상호작용할 때 이러한 행동을 자신을 조롱하는 것으로 오인하여 문제가 될 수 있다.

2) 틱장애 아동의 부모역할

틱장애의 치료법은 약물요법 등의 의료적 개입방법과 행동치료 등의 심리적 개입방법으로 구분할 수 있다. 이 가운데 약물치료는 틱 증상을 완화시키는 데 효과적인 방법으로 널리 사용되고 있으나 약물치료가 초래하는 부작용을 고려할 때 약물치료와 행동치료를 병행하는 것이 효과적인 방법이다(송동호, 2011).

틱장애는 스트레스나 긴장요인이 주요인으로 작용하기 때문에 틱 장애 아동을 다루는 데 있어서 부모는 야단을 치거나 벌을 주는 행동을 자제해야 한다. 이러한 부모의 행동은 긴장요인을 가중시켜 틱 증상을 악화시키게 된다. 틱행동은 저절로 없어지는 경우가 많으므로 틱행동이 나타나면 부모는 오히려 이러한 행동에 대해서는 관심을 중단하고 지켜보는 것이 바람직하다. 동시에 가능한 한 긴장요인을 감소시켜 줄 수 있도록 편안한 환경을 조성해주는 이완법을 병행한다면 더욱 효과적이다. 모래놀이치료나 융합예술치료가 틱 증상의 감소에 영향을 미친다(윤금숙, 2022; 지민정, 이에스더, 2023)는 사실은 이러한 이완효과와 관련된 것으로 볼 수 있을 것이다.

틱장애 치료는 증상의 제거보다 완화가 주요 목표이므로 부모가 틱장애 아동을 있는 그대로 수용해주면 아동의 스트레스도 감소하고 자아존중감도 높아져 오히려 긍정적인 효과를 거둘 수 있다. 따라서 틱장애 치료에서는 아동의 발달력과 강점-약점, 가족 상황, 학교 적응 상태 등을 고려한 포괄적인 접근이 필요하다. 치료과정에서 가족교육이 핵심적인 역할을 하며, 틱 증상 아동의 자기조절감을 키우기 위한 개입도 필요하다(김붕년, 2004).

5. 반응성 애착장애와 부모역할

반응성 애착장애(Reactive Attachment Disorder)는 DSM-5에서 외상 및 스트레스 관련장애로 분류된다. 반응성 애착장애의 원인 및 특성과 이에 따른 부모역할을 살펴보면 다음과 같다.

1) 반응성 애착장애의 원인과 특성

애착의 문제는 가장 보편적으로 나타나는 영유아기의 문제이다. 그러나 이에 대한 인식은 그다지 오랜 역사를 가지고 있지 않다. 애착문제가 하나의 장애로 인식 되기 시작한 것은 DSM-III(미국정신의학협회, 1980)에서부터였다. 이후 널리 알려지 기 시작한 반응성 애착장애는 부적절한 사회적 관계를 형성하는 것으로 5세 이전

표 4-5 반응성 애착장애의 진단기준

진단기준

A. 성인 보호자에 대한 억제되고 감정적으로 위축된 행동의 일관된 양식이 다음의 2가지 모두로 나타난 다.
    1. 아동은 정신적 고통을 받을 때 거의 안락을 찾지 않거나 최소한의 정도로만 안락을 찾음
    2. 아동은 정신적 고통을 받을 때 거의 안락에 대한 반응이 없거나 최소한의 정도로만 안락에 대해 반응함

B. 지속적인 사회적 · 감정적 장애가 다음 중 최소 2가지 이상으로 나타난다.
    1. 타인에 대한 최소한의 사회적 · 감정적 반응성
    2. 제한된 긍정적 정동
    3. 성인 보호자와 비위협적인 상호작용을 하는 동안에도 설명되지 않는 과민성, 슬픔 또는 무서움의 삽화

C. 아동이 불충분한 양육의 극단적인 양식을 경험했다는 것이 다음 중 최소 한 가지 이상에서 분명하게 드러난다.
    1. 성인 보호자에 의해 충족되는 안락과 자극, 애정 등의 기본적인 감정적 요구에 대한 지속적인 결 핍이 사회적 방임 또는 박탈의 형태로 나타남.
    2. 안정된 애착을 형성하는 기회를 제한하는 주 보호자의 반복적인 교체(예, 위탁 보육에서의 잦은 교체)
    3. 선택적 애착을 형성하는 기회를 심각하게 제한하는 독특한 구조의 양육(예, 아동이 많고 보호자 가 적은 기관)

D. 진단기준 C의 양육이 진단기준 A의 장애 행동에 대한 원인이 되는 것으로 추정된다(예, 진단기준 A 의 장애는 진단기준 C의 적절한 양육 결핍 후에 시작했음).
E. 진단기준이 자폐스펙트럼장애를 만족하지 않는다.
F. 장애가 5세 이전에 시작된 것이 명백하다.
G. 아동의 발달 연령이 최소 9개월 이상이어야 한다.

출처: 미국정신의학협회(2023). 정신질환의 진단 및 통계편람(제5판 개정판). 권준수 외(역). 서울: 학지사.

에 시작된다. 반응성 애착장애는 발달적으로 부적절한 애착행동을 보이는 것이 특징이다. 반응성 애착장애 아동은 양육자와 애착이 전혀 형성되어 있지 않거나 거의 발달되어 있지 않아서 고통스러운 상황에서 안전기지로서 애착대상에게 의지하는 일이 거의 일어나지 않을 뿐 아니라 그러한 노력도 하지 않는다. 또한 양육자가 도움을 주려하여도 이에 반응을 거의 보이지 않으며, 일상적인 상호작용에서도 긍정적인 감정을 거의 드러내지 않는다(〈표 4-5〉 참조).

반응성 애착장애 아동이 보이는 행동특성이나 사회성의 결함은 자폐스펙트럼 장애에서도 공통적으로 나타난다는 점에서 진단에 유의해야 한다. 그러나 반응성 애착장애는 환경 요인이 주요 원인이지만 자폐스펙트럼 장애는 어디까지나 유전적, 생리학적 요인이 주요 원인으로 간주되고 있다. 따라서 반응성 애착장애는 외상 및 스트레스 관련장애의 하위범주로 분류되는 반면, 자폐스펙트럼 장애는 신경발달장애의 하위범주로 분류되고 있다. 또한 반응성 애착장애는 비정상적인 의사소통 장애를 보이지는 않으나 자폐스펙트럼 장애는 비정상적인 의사소통의 문제를 보인다는 점에서 차이가 있다.

반응성 애착장애는 그 주된 요인이 환경적인 요인으로 볼 수 있다. 반응성 애착장애의 진단을 받은 아동에게서는 생의 첫 몇 개월 동안에 사회적 방임상태가 자주 나타난다. 심각한 사회적 방임은 반응성 애착장애 진단의 필수요건이며, 심각한 방임 이후의 양육환경의 질에 따라 예후도 차이가 난다(미국정신의학협회, 2023). 애착은 출생 초기에 부모와의 상호작용을 통해 형성되는 것으로 부모의 민감성이나 반응성이 중요한 요인이 된다. 일반적으로 안정애착을 형성한 유아의 어머니는 불안정애착을 형성한 유아의 어머니보다 유아의 정서적 상황이나 행동에 대해 보다 민감하고 신속하게 반응을 보인다고 한다(Ainsworth, 1982). 이러한 양육자의 반응은 아동으로 하여금 자신에 대해 긍정적인 가치를 부여하게 하지만 양육자가 아동의 정서상태에 대해 민감성과 반응성을 보이지 못하고 이를 무시하거나 애착의 대상이 너무나 빈번하게 바뀌는 경우에는 반응성 애착장애를 보일 수 있다. 그 외에도 가족관계의 불안정성이나 지속적인 불화, 학대나 방임경험 등도 반응성 애착장애를 유발하는 요인으로 지적되고 있다.

Bowlby(1982)는 이러한 관계를 내적 작동모델로 설명하였다. 생의 초기에 형성된 애착관계는 이후 전생애에 걸쳐 영향을 미칠 뿐만 아니라 세대 간 전이가 일어나게 된다(Bretherton, 1991). 그래서 자신의 부모와 긍정적인 관계를 가진 것으로 회상하는 부모의 자녀들은 안정애착을 형성하는 반면, 자신의 부모와 부정적인 관계를 가진 것으로 회상하는 부모의 자녀들은 불안정애착을 형성하는 경향이 있다는 것이다. 성인애착면접지를 이용하여 반응성 애착장애아의 어머니를 대상으로 실시한 우리나라의 면접조

Inge Bretherton

사결과에서도 어머니의 내적실행모델 유형이 비일관적이며 양가감정을 보이는 유형(47.37%)이 가장 많았고, 안정 유형과 불안정 유형으로 대별해 보면 불안정 유형(84.21%)이 안정 유형(15.79%)보다 월등하게 많은 것으로 나타났다(박명화, 2012).

2) 반응성 애착장애 아동의 부모역할

반응성 애착장애는 그 원인이 부모의 양육태도와 관련된 만큼 부모는 아동발달에 대한 기본적인 지식의 습득과 아울러 초기의 애착형성의 중요성을 인식하는 것이 무엇보다도 중요하다. 또한 반응성 애착장애 환자와 그 부모들을 치료하기 위해서는 세 가지 중요한 영역이 반드시 포함되어야 한다. 첫째, 반응성 애착장애 아동에게 치료적인 환경을 조성해 주어야 한다. 둘째, 개별 놀이치료, 엄마 놀이치료, 형제 놀이치료, 또래 놀이치료, 집단 놀이치료를 통해 반응성 애착장애 아동과 그 엄마와의 사이에 애착을 형성시켜 주어야 한다. 셋째, 언어치료, 인지치료, 치료교육 등을 통해 뒤처진 발달을 촉진시켜 주어야 한다(이혜련, 2004). 실제로 모 애착강화 및 정서지원 프로그램은 어머니의 양육태도와 상호작용 기술에 긍정적인 변화를 가져왔을 뿐 아니라 반응성 애착장애 아동의 발달에 긍정적인 영향을 미치는 것으로 나타났다(박명화, 2006). 반응성 애착장애의 원인이 부모의 양육태도, 특히 민감성과 반응성의 문제와 관련이 있기 때문에 부모놀이치료를 통해 부모의 양육기술을 향상시킴으로써 부모-자녀관계의 변화가 가능하다. 반응성 애착장애 아동의 부

모에 대한 놀이치료 결과, 유아와 어머니와의 관계가 상당히 호전되었으며, 아동의 문제도 상당히 호전된 것으로 나타났다(이경숙, 신의진, 1998; 이경숙, 박은아, 황유정, 신의진, 2007).

또한 애착은 부모세대에서 자녀세대로의 세대 간 전이에 문제가 있는 경우가 많기 때문에 인지행동치료도 효과적이다. 자신이 부모와의 애착관계에서 문제를 가지고 있음을 인식하고 그러한 잘못된 양육태도로 인해 자신의 자녀에게 다시 거부적인 양육태도를 보이게 된다는 사실을 인식하는 것은 중요한 의미가 있다.

6. 급식 및 섭식장애와 부모역할

급식 및 섭식장애(Feeding and Eating Disorders)에는 이식증, 되새김장애, 회피적/제한적 음식섭취장애, 신경성 식욕부진증, 신경성 폭식증, 폭식장애 등이 포함된다. 급식 및 섭식장애의 구체적인 원인과 특성 및 이에 따른 부모역할을 살펴보면 다음과 같다.

1) 급식 및 섭식장애의 원인과 특성

이식증(pica)은 영양분이 없고 음식도 아닌 하나 이상의 물질을 먹는 것이 적어도 1개월 이상 지속되는 대표적인 섭식장애이다. 24개월 이전의 영아는 먹어서는 안 되는 음식을 먹는 일이 있더라도 이를 이식증으로 진단하지 않으며, 지적 장애나 자폐증 등과 관련하여 나타날 수 있으나 이러한 경우에도 이식증으로 진단하지 않는다. 아동기에 가장 흔히 발병하며, 학령기 아동에서 이식증의 유병률은 약 5% 정도이다.

되새김장애(rumination disorder)는 위장장애나 메스꺼움, 구토 등의 위장 문제와는 무관하게 적어도 1개월 동안 음식물의 반복적인 역류를 보이는 행동을 말한다. 되새김장애를 보이는 영아들은 과식을 하지만 즉시 역류현상이 뒤따르기 때문에 영양실조와 체중감소를 보이는 경우가 많다. 특정한 발병 시기는 없으나 영유아기에 나타나는 경우 3~12개월 사이에 나타나며, 이러한 경우 생명을 위협할 수도 있다.

어린 아동의 경우 거식증까지 발전하지는 않더라도 음식물을 거부하는 회피적/제한적 음식섭취장애(avoidant/restrictive food intake disorder)도 많은 부모들이 호소하는 문제 가운데 하나이다. 회피적/제한적 음식섭취장애는 음식 섭취에 대한 홍미 결여나 음식의 감각적 특성에 근거한 회피, 섭식의 부정적 결과에 대한 걱정 등으로 인해 음식물 섭취를 회피하거나 제한함으로써 심각한 체중감소나 영양 결핍, 위장관 급식 혹은 경구 영양보충제에 의존하거나 심리사회적 기능이 현저하게 방해받는 것을 말한다. 음식에 대한 회피와 제한은 음식의 냄새나 식감, 모양, 색상, 온도 등의 감각적 특징에 의한 것일 수도 있다. 영유아기나 아동기 초기에 가장 흔히 나타나며, 성인기까지 지속될 수도 있다.

이와는 달리 폭식장애(binge-eating disorder)는 일정 시간 동안 대부분의 사람들이 먹는 것보다 분명하게 많은 양의 음식을 먹고, 먹는 것에 대한 조절능력을 상실한 느낌을 주는 것을 말한다. 이들은 평소보다 많은 양을 급하게 먹고, 불편하게 배가 부를 때까지 먹으며, 배고프지 않은데도 많은 양을 먹고, 많이 먹는 것에 대한 부끄러움 때문에 혼자 먹고, 폭식 후 과도한 죄책감을 느낀다. 폭식장애는 정상 체중이나 과체중, 비만인 사람들 모두에게서 나타나지만 치료를 요하는 사람들은 과체중이나 비만인 경우가 많다. 그러나 폭식장애와 비만은 별개의 문제이다. 폭식장애는 폭식 이후 체중 증가의 두려움으로 인해 구토나 심한 다이어트와 같은 보상행동이 수반되는 신경성 폭식증과는 달리 보상행동이 나타나지 않는다.

급식 및 섭식장애의 주요 원인을 살펴보면 다음과 같다. 첫째, 일반적으로 폭식장애와 같은 문제는 뇌에서의 심각한 화학적 결함이나 시상하부나 편도체의 손상 등이 주요 요인이 된다. 편도체의 손상은 정신운동성 간질을 유발하는 요인이 되는데, 간질을 치료하기 위해 이를 제거하자 원숭이들은 물체를 인식하지 못하고 무엇이든 먹고자 하는 반응을 보였다고 한다(Phelps & LeDoux, 2000). 스트레스를 받을 때 분비되는 코르티솔이 과다분비될 경우에도 섭식장애를 초래할 수 있으며, 스트레스와 무관하게 호르몬 분비체계 이상으로 코르티솔이 과다분비될 경우에도 식욕

사진 설명 스트레스는 폭식증의 주요한 원인이 된다.

억제호르몬인 렙틴의 작용을 방해하여 식욕조절이 어려워질 수 있다. 세로토닌의 전구체인 트립토판의 부족도 우울증상을 유발하여 폭식 등 섭식문제를 유발할 수 있다(사진 참조).

둘째, 유전적, 기질적 요인도 영향을 미친다. 폭식장애는 가족력이 영향을 미치는 것으로 보인다. 또한 아동이 불안장애, 자폐스펙트럼장애, 강박장애나 주의력결핍 과잉행동장애를 가진 경우 회피적/제한적 음식섭취장애의 위험성을 증가시킨다.

셋째, 부모의 양육태도로 인한 심리적 요인도 영향을 미친다. 방임이나 감독의 부재는 이식증의 위험을 증가시킨다. 되새김장애도 자극의 결여나 방임 등 부모-자녀 간의 갈등이 원인으로 작용할 수 있고, 회피적/제한적 음식섭취장애도 가족 내의 불안요인이 원인이 될 수 있다(미국정신의학협회, 2023). 특히 관심끌기는 모든 섭식장애의 원인이 된다. 외동아이거나 신체적으로 허약한 아동인 경우 부모가 먹는 문제에 지나친 관심을 보여줌으로써 오히려 먹는 행동을 관심끌기의 수단으로 사용하여 회피적/제한적 음식섭취장애가 나타나는 경우가 많다. 되새김장애의 경우에도 부모로부터 충분한 애정을 받지 못한 영아가 자기위안이나 자기자극을 얻는 수단으로 되새김을 하고 이를 통해 긴장을 해소하고자 하며, 이러한 경우 되새김 행동에 대해 부모가 특별한 관심을 보이면 관심끌기의 수단으로 지속적으로 되새김행동을 하게 된다. 폭식장애나 이식증도 정서적 위안을 구하고 긴장이나 스트레스를 해소하기 위한 수단으로 나타나기도 한다. 식사와 관련된 지나치게 강압적인 식사분위기 등도 영향을 미친다. 엄격한 절식이나 식사예절에 대한 반작용으로 폭식장애가 나타날 수도 있고, 몸에 좋은 음식이라고 지나치게 강압적으로 먹게 된 경우 음식에 대한 거부반응을 보이기도 한다.

넷째, 음식을 제공하는 방법도 한 가지 요인으로 작용할 수 있다. 특히 음식의 감각적 특성에 따라 먹는 것을 회피하는 회피적/제한적 음식섭취장애의 경우 부모가 자녀에게 지나치게 향이나 양념의 맛이 강한 음식을 부적절한 방식으로 제공하는 것이 원인으로 작용할 수 있다. 우리나라의 대표적인 식품인 김치의 경우 강한 양념 맛으로 인해 대부분의 아동이 먹는 데 어려움을 보이며, 이후 이를 회피하는 원인으로 작용할 수 있다. 생선이나 닭고기를 통째로 제공했을 경우에도 혐오감으로 인해 회피의 원인이 될 수 있다.

다섯째, 잘못된 식사습관도 영향을 미친다. 자율성이 발달되는 시기에 혼자서 밥을 먹는 습관을 키워주는 것은 중요하다. 이러한 시기에 계속적으로 부모가 밥을 먹여주면 아동은 자발적으로 밥을 먹고자 하는 욕구를 상실하고 궁극적으로 부모에게 밥 먹는 일을 의존하게 되며, 결과적으로 음식에 대한 흥미도 상실하게 된다.

그 외에도 타인의 행동에 대한 모방효과 등 여러 요인이 급식 및 섭식장애에 영향을 미친다.

2) 급식 및 섭식장애 아동의 부모역할

심각한 회피적/제한적 음식섭취장애의 경우 약물치료로 항우울제가 사용되기도 하고, 반추장애의 경우 음식물의 역류를 방지하기 위한 외과적 처치 등 의료적 개입이 필요할 수도 있다. 그러나 식습관은 어려서부터 형성되는 생활습관인 만큼 평소에 부모의 지속적인 관심이 필요하다. 동시에 식사문제를 초래하는 원인을 고려해 볼 때, 여러 가지 행동수정 방법도 효과적이다. 섭식장애 아동을 지도하는 과정에서 고려해야 할 점은 다음과 같다.

첫째, 아주 어린 영아나 유아의 경우에는 적절한 식사습관을 형성시켜주는 것이 보다 중요하다. 적절한 양의 음식을 제공해주고, 음식물의 종류도 적절하게 선정해주는 것이 필요하다. 특히 과식하는 아동은 유아기에 이미 자신에게 필요한 식사량 이상으로 먹는 것에 길들여진 경우가 많다. 또한 영양의 균형이 맞지 않는 경우가 많거나 주식보다는 간식을 선호한다는 특성을 가지고 있다. 제한적 음식섭취장애 가운데 특정한 음식에 길들여진 아동의 경우에는 포만의 방법을 사용하는 것도 효과적이다. 특별한 신체적 문제가 없는 경우 아동이 회피하는 음식물을 점차적으로 양을 늘여가는 체계적 둔감법도 널리 사용된다. 또한 돌을 먹는 아동의 경우 돌을 입으로 가져가지 않고 버리는 상반행동에 대한 차별강화와 돌을 입으로 넣으려는 행동을 차단하는 반응차단 방법이 이식행동의 감소에 효과가 있는 것으로 나타났다(하승숙, 허상, 김민영, 2020).

둘째, 섭식문제가 심리적 불안요인이나 스트레스로 인한 경우 인지행동치료기법을 통해 향상되는 것으로 나타났다. 폭식경향을 가진 대학생을 대상으로 한 연구에서 인지행동치료는 이들의 자존감이나 충동성, 사회적 불안감을 감소시킴으로써 결과적으로 폭식경향을 감소시키는 것으로 나타났다(박누리, 손정락, 2012). 또한 마음챙김에 근거한 폭식 개선프로그램은 폭식경향 여대생의 정서적 섭식 및 폭식행동을 유의하게 감소시킨 것으로 나타났다(한초롱, 김정호, 김미리혜, 2019). 따라서 식사시간 중에는 스트레스를 받지 않도록 편안한 주제로 이야기를 하고 지나치게 먹는 태도나 먹어야 하는 음식에 대해 강조하지 않도록 한다. 특히 이식증의 경우에는 식사시간 이외에 아동의 주변 환경 내에 스트레스 요인이 없는지에 대한 지속적인 관찰도 필요하다.

셋째, 먹는 음식을 대상으로 자녀가 관심끌기를 하지 않도록 미연에 방지한다. 되새김장애의 경우 자기위안이나 자기자극을 얻는 수단으로 일어난다고 생각되면 부모는 되새김행동에 특별한 관심을 보이지 않는 것이 중요하다. 섭식의 문제가 관심끌기가 주된 원인이라고 생각되면 바람직한 식습관을 보일 때 관심을 보여주도록 하고, 바람직하지 못한 행동에 대해 관심을 보이지 않는 소거의 방법을 사용하는 것도 효과적이다.

넷째, 부모가 바람직한 식습관에 대한 모델을 보여주는 것이 필요하다.

다섯째, 자기관찰 방법도 많이 사용된다. 특히 폭식장애의 경우, 자신이 먹은 음식의 양을 실제로 관찰함으로써 경각심을 높이고 자제력을 높이는 데 도움이 된다. 또한 착시효과를 이용해 같은 양의 음식을 작은 그릇에 담아 줌으로써 실제보다 많은 양의 음식을 섭취하였다는 심리적 포만감을 느끼게 하는 것도 도움이 된다.

7. 배설장애와 부모역할

배설장애(elimination disorders)는 방광염이나 신우염 등과 같은 생리학적 이유로 인해 발생하는 경우도 있다. 그러나 여기서는 의학적인 요인이 주원인인 경우를 제외하고 기타의 원인이 주요인인 경우에 대해서만 설명하기로 한다. 배설장애의 구체적인 특성 및 이에 대한 부모역할을 살펴보면 다음과 같다.

1) 배설장애의 원인과 특성

배설장애는 아동이 의도적이든 아니든 부적절한 장소에서 반복적으로 소변 혹은 대변을 보는 것을 의미한다. 이는 소변과 대변의 문제로 분류할 수 있으며, 소변의 문제를 유뇨증(遺尿症; enuresis), 대변의 문제를 유분증(遺糞症; encopresis)이라고 한다.

(1) 유뇨증

유뇨증은 방광의 조절이 가능한 연령 이후에도 적어도 3개월 동안 연속적으로 주 2회 이상의 빈도로 밤이나 낮 동안 침구나 옷에 반복적으로 소변실수를 하는 것을 말한다. 대부분의 유뇨증은 불수의적이지만 때로는 의도적인 경우도 있고, 일반적으로 최소 5세 이상이어야 유뇨증의 치료대상으로 간주한다. 유뇨증은 야간형과 주간형으로 구분되며, 그 가운데 야간형이 흔하게 나타난다.

주뇨증의 빈도는 7세 아동의 경우 3.2~9.0%, 11~13세 청소년은 1.1~4.2%, 17세 청소년은 1.2~3.0%로 나타났다. 야뇨증은 5세 아동의 경우 5~10%, 10세에서는 3~5%, 15세 이상에서는 1% 정도로 연령이 증

가함에 따라 감소하며, 야간 유뇨증은 여아에 비해 남아에게서 2배 정도 높게 나타난다. 유뇨증은 일차성 유뇨증과 이차성 유뇨증으로 구분할 수 있는데, 일차성은 한번도 소변을 가리지 못한 경우이고, 이차성은 일정기간 소변을 가리다가 다시 실수하는 경우를 의미한다. 일차성 유뇨증은 5세에 시작되며, 이차성 유뇨증이 흔히 발병하는 시기는 5세~8세이지만 그 어느 시기에도 발병할 수 있다.

유뇨증은 그 원인이 방광용량의 문제나 방광염, 요도염 등의 질환이나 야간의 소변억제호르몬 분비 문제 등의 신체적 요인이 큰 영향을 미친다. 그리고 가족력이 높고 이란성 쌍생아에 비해 일란성 쌍생아의 일치율이 높다는 점에서 유전적인 요인이 큰 영향을 미치는 것으로 보인다. 그러나 그 외에도 심리적 요인이 유뇨증에 영향을 미칠 수 있으며, 대표적인 요인은 다음과 같다.

첫째, 배변훈련 시기나 방법이 적절하지 못한 경우이다. 적절한 소변훈련을 받지 못하였거나, 부모가 방광통제 능력이 없는 아동에게 지나치게 이른 시기에 배변훈련을 시키게 되면 효과를 기대하기도 어려울 뿐만 아니라 심리적인 부담감으로 인하여 오히려 문제가 발생하게 된다. 특히 배설문제를 체벌로 다스릴 경우 더욱 심각한 결과를 초래할 수 있다.

둘째, 스트레스와 긴장요인은 배설문제를 유발하는 대표적인 원인이다. 이사나 부부간의 불화로 인한 가족 내의 불안이나 긴장요인으로 인해 만성적인 스트레스를 받으면 아동은 방광조절기능을 습득하는 데 어려움을 보이며, 특히 이차성 유뇨증은 이러한 스트레스가 원인이 되는 경우가 많다.

셋째, 관심끌기와 같은 심리적 요인도 원인이 될 수 있다. 동생을 본 경우 많은 아동이 배변실수를 하는데, 이러한 행동을 흔히 퇴행행동이라고 한다. 퇴행행동의 목적은 자신의 애정적 욕구를 충족시키기 위한 관심끌기라고 볼 수 있다.

(2) 유분증

유분증은 대변을 가려야 하는 연령에 의도적이든 아니든 부적절한 장소에 대변을 보는 것을 의미한다. 유분증은 변비 및 변실금이 있는 것과 없는 것으로 구분할 수 있다. 연령상으로는 4세를 분기점으로 삼으며, 적어도 3개월 동안 월 1회 이상 나타날 경우에 유분증으로 진단할 수 있다. 유분증의 유병률은 고소득 국가에서는 1~4%, 일부 아시아 국가에서는 2~8% 정도로 나타난다. 여아보다는 남아가 더 많고, 사회경제적 지위가 낮은 계층의 아동에게서 보다 빈번하게 나타난다. 유분증도 일차성 유분증과 이차성 유분증으로 구분할 수 있다. 유뇨증과 마찬가지로 유전적 요인이나 질환으로 인해 발생하기도 하며, 부적절한 배변훈련이나 긴장, 스트레스가 원인이 되기도 한다. 그 외에도 유분증은 조기 학대나 방임을 경험한 것이 원인으로 작용하기도 하며, 무의식적인 분노나 반항심의 표현일 수도 있다.

2) 배설장애 아동의 부모역할

유뇨증의 치료에는 항우울제나 항이뇨 호르몬제 등 약물치료가 사용되기도 한다. 그러나 유뇨증을 완화시키고 이로 인한 스트레스나 대인관계 문제를 완화시키는 데에는 행동수정이나 놀이치료 등의 방법이 널리 사용된다. 행동수정의 방법으로는 아동의 속옷에 경보기를 부착하여 경보기가 울리면 화장실로 가서 소변을 보도록 가르치는 방법이 사용된다. 또한 놀이라는 자연스러운 분위기 속에서 과거의 부정적 기억이나 불안감을 감소시키고 자기조절능력을 향상시키는 방법도 사용된다. 유분증도 유뇨증과 마찬가지로 하루에 일정 시간을 정하여 변기에 앉히고 대변훈련을 하여 성공하면 체계적인 강화를 제공함으로써 배변습관을 형성하게 하는 행동수정의 방법이나 놀이치료의 방법이 사용된다. 그 외에도 배설행동도 섭식행동과 아울러 꾸준하게 관심을 가지고 가르쳐야 할 기본적인 생활습관 가운데 하나로서 다음과 같은 점에 유의해야 한다.

첫째, 가족 내의 불안이나 긴장요인이 주요인이라고 생각될 경우 체벌은 자제하고 아동이 편안함을 느끼도록 분위기를 조성해주는 것이 필요하다. 특히 유분증의 경우 부모가 체벌을 많이 사용하거나, 학교에서는 또래집단으로부터 따돌림을 당하는 경우가 많은데, 이러한 적대적인 분위기는 유분증을 더욱더 악화시키는 요인이 된다. 미술치료 프로그램을 통해 유분증을 포함한 정서·행동 문제들이 호전되는 것으로 나타났는데, 이는 치료 과정에서 억압된 자신의 감정을 자유롭게 표현할 수 있을 뿐 아니라 무조건적 수용과 공감에 근거한 치료관계에서 비롯된 것으로 볼 수 있다(편명신, 정여주, 2023).

둘째, 배변문제가 관심끌기에서 비롯된 것이라고 판단될 경우에는 아동에게 미리 관심을 보여주고 배설에서 문제를 보이면 이러한 행동은 무시하는 소거의 방법을 사용하는 것이 바람직하다.

셋째, 유뇨증의 경우 저녁에 자기 전에는 물이나 수분이 많은 식품의 섭취를 가급적으로 자제하도록 한다. 또한 유분증인 경우 섬유질이 많이 함유된 식품을 중심으로 식이요법을 병행하는 것도 효과적인 방법이다.

8. 품행장애와 부모역할

품행장애(conduct disorder)는 파괴적, 충동조절 및 품행장애의 한 범주로 분류된다. 품행장애의 구체적인 원인과 특성 및 이에 따른 부모역할을 살펴보면 다음과 같다.

1) 품행장애의 원인과 특성

품행장애는 다른 사람의 권리를 침해하고 연령에 적절한 사회적 규범 및 규칙을 위반하는 행동이 지속적이고 반복적으로 나타나 사회적·학업적·직업적 기능에 현저한 손상을 초래하는 장애를 의미한다. 품행장애의 진단기준은 다음과 같다(〈표 4-6〉 참조).

〈표 4-6〉의 진단기준에 제시된 바와 같이 품행장애는 다분히 호르몬 분비와 관련된 사춘기의 반항과는 달리 시기가 지나면 증상이 완화되는 일시적인 것이 아니라 타인의 기본 권리나 사회적 규범이나 규칙을 위배하는 행동 양상이 반복적, 지속적이고 대담하고 잔인하며 반성이나 개선의 의지가 미약한 특성을 보인다. 파괴적, 충동조절 및 품행장애의 하위범주에는 품행장애 외에도 적대적 반항장애나 간헐적 폭발성 장애 등이 포함된다. 그러나 적대적 반항장애는 화내거나 파괴적인 행동을

표 4-6   품행장애의 진단기준

진단기준

A. 다른 사람의 기본적 권리를 침해하고 연령에 적절한 사회적 규범 및 규칙을 위반하는 지속적이고 반복적인 행동 양상으로, 지난 12개월 동안 다음의 15개 기준 중 적어도 3개 이상에 해당되고, 지난 6개월 동안 적어도 1개 이상의 기준에 해당된다.

사람과 동물에 대한 공격성
1. 자주 다른 사람을 괴롭히거나, 위협하거나, 협박한다.
2. 자주 신체적인 싸움을 건다.
3. 다른 사람에게 심각한 신체적 손상을 입힐 수 있는 무기를 사용한다(예, 방망이, 벽돌, 깨진 병, 칼, 총).
4. 다른 사람에게 신체적으로 잔인하게 대한다.
5. 동물에게 신체적으로 잔인하게 대한다.
6. 피해자가 보는 앞에서 도둑질을 한다(예, 노상강도, 소매치기, 강탈, 무장강도).
7. 다른 사람에게 성적 활동을 강요한다.

재산 파괴
8. 심각한 손상을 입히려는 의도로 고의적으로 불을 지른다.
9. 다른 사람의 재산을 고의적으로 파괴한다(방화로 인한 것은 제외).

사기 또는 절도
10. 다른 사람의 집, 건물 또는 자동차에 무단으로 침범한다.
11. 어떤 물건을 얻거나 환심을 사기 위해 또는 의무를 피하기 위해 거짓말을 자주 한다(즉, 다른 사람을 속인다).
12. 피해자와 대면하지 않은 상황에서 귀중품을 훔친다(부수거나 침입하지 않고 상점에서 물건훔치기, 문서위조).

심각한 규칙 위반
13. 부모의 제지에도 불구하고 13세 이전부터 자주 밤늦게까지 집에 들어오지 않는다.
14. 친부모 또는 부모대리인 가정에서 사는 동안 밤에 적어도 2회 이상 가출한다. 또는 장기간 귀가하지 않은 가출이 1회 있다.
15. 13세 이전에 무단결석을 자주 한다.

B. 행동 장애가 사회적, 학업적 또는 직업적 기능 영역에서 임상적으로 현저한 손상을 초래한다.

C. 18세 이상일 경우, 반사회성 성격장애의 기준에 부합되지 않는다.

출처: 미국정신의학협회(2023). 정신질환의 진단 및 통계편람(제5판 개정판). 권준수 외(역). 서울: 학지사.

보이고 규칙을 위반하는 행동을 보이지만 재산파괴, 절도 등의 행동을 보이지 않는 다는 점에서 품행장애와 차이를 보이며, 간헐적 폭발성 장애는 상황에 적절하지 않 게 화를 내고 타인에 대한 신체적 공격성을 보이지만 충동적 행동이 비의도적, 비계 획적이라는 점에서 품행장애와 차이를 보인다.

품행장애는 아동기 발병형과 청소년기 발병형의 하위유형으로 나뉘며, 아동기 발병형은 더욱 공격적이고 성인기까지 장애가 지속될 가능성이 큰 것으로 알려져 있다. 이러한 아동기 발병형의 형질로 냉담-무정서(Callous-Unemotional: CU) 특질 이 지목되었는데, 이 특질을 가진 개인을 사이코패스로 명명하기도 한다(이효신, 이 강선, 2016). 또한 품행장애는 남아에게서 훨씬 높게 나타난다. 청소년기의 여아에 게는 물질남용이 자주 연관되는 반면, 남아는 폭력적 성향이 두드러지게 나타난다.

품행장애의 원인은 매우 다양하여, 유전적 요인뿐 아니라 기질적 요인이나 가정 환경요인, 생리적 요인이 영향을 미치는 것으로 알려져 있다. 첫째, 부모나 형제자 매가 품행장애가 있는 경우 품행장애의 발병 위험이 증가한다는 사실은 품행장애 에 대한 유전적 요인의 영향을 말해준다. 특히 아동기 발병유형의 경우 가족력은 큰 영향을 미친다.

둘째, 품행장애에는 가정환경 요인이 영향을 미친다. 부모의 거부와 방임, 비일 관적인 양육방식, 신체적ㆍ성적 학대, 빈번한 양육자의 교체, 부모의 범죄나 정신 병리 등은 품행장애를 유발하는 위험요인으로 작용한다. 또한 애착 유형을 분류한 결과, 우울-품행장애성향 집단은 불안 애착 수준이 높게 나타나며, 애착 유형별로 는 불안/양가형, 회피형, 안정형 순으로 많이 나타났으며, 대처방식에서도 정서중 심적 대처와 회피적 대처를 더 많이 사용하는 반면 문제중심적 대처를 적게 사용하 는 것으로 나타났다(김주미, 신민섭, 김은정, 2011). 가정환경뿐 아니라 또래의 거부, 비행집단 연루, 이웃의 폭력에 노출되는 것과 같은 지역사회 수준의 환경요인도 영 향을 미치며, 이러한 환경요인은 특히 아동기 발병유형에 두드러진 영향을 미친다.

셋째, 까다롭고 통제하기 어려운 기질이나 평균 이하의 인지기능, 특히 낮은 언 어성 지능 등도 품행장애를 유발하는 위험요인으로 볼 수 있다.

넷째, 뇌 영상 결과를 품행장애의 진단지표로 사용하지는 않으나 품행장애를 보이는 개인에게서 정서조절이나 정서처리와 관련된 뇌 영역, 특히 뇌의 복측전전두피질과 편도체를 포함하는 전두측두엽-변연계 회로의 구조적, 기능적 차이가 일관되게 관찰되고 있어 품행장애와 연관된 것으로 볼 수 있다.

　그 외에도 품행장애 가운데 공격적 행동의 원인을 구체적으로 살펴보면 다음과 같다. 첫째, 공격성을 인간의 본능으로 간주하는 관점이다. 일찍이 Hobbes는 자신의 저서 『리바이어던(Leviathan)』(1651)에서 인간은 본래 이기적인 동물이며, 자연상태에서는 모든 사람이 자기 자신의 이익만을 추구하는 '만인의 만인에 대한 투쟁'을 주장함으로써 인간의 타고난 공격성향을 강조하였다. 이후 Freud(1933)는 인간은 삶의 본능인 '에로스(eros)'와 더불어 자기파괴적인 죽음의 본능인 '타나토스(tanatos)'를 함께 가지고 태어난다고 하였다. 또한 Lorenz(1966)와 같은 동물행동학자들도 모든 동물들이 공격적 행동의 잠재력을 가지고 있다는 사실을 근거로, 인간도 안전이나 기본적인 욕구가 위협을 받으면 공격적인 행동을 하도록 유전적으로 프로그램화되어 있다고 하였다.

Thomas Hobbes

　둘째, 학습이론에서는 공격성에 대한 본능이론의 주장과는 달리, 고등동물로 올라갈수록 본능의 중요성은 감소하며 공격성은 강화와 모방에 의해 보다 많은 영향을 받는다고

Konrad Lorenz

하였다. Patterson과 그의 동료들(Patterson, Reid, & Dishion, 1992)은 유아의 공격적 행동을 관찰한 결과, 공격적 행동은 긍정적인 보상을 받게 될 때 보다 빈번하게 나타난다고 하였다. 즉, 공격적 행동을 통해 다른 아이로부터 자신이 원하던 장난감을 빼앗게 되면 이후 이러한 공격성은 더욱 빈번하게 발생하는 반면, 자신의 공격적 행동이 성공하지 못하면 공격성은 감소한다는 것이다. 또한 Bandura(1973)는 실험연구를 통해 공격적인 행동의 강화와 모방 효과를 입증하였다. 그는 아동에게 공격적인 행동과 친사회적인 행동이 나타나는 비디오를 보여주고 이들의 행동을 관찰

🔎 사진 설명 폭력성을 소재로 한 영화
'친구'. 이후 이 영화를 모방한 범죄가 다수
보도되었다.

Leonard Berkowitz

한 결과, 폭력적인 행동이 나타나는 비디오테이프를 본 아동이 친사회적인 행동이 나타나는 비디오를 본 아동보다 이후 훨씬 더 공격적인 행동을 보였으며, 공격성이 보상을 받는 경우에는 폭력적인 행동이 더 많이 나타난다고 하였다. 이러한 연구결과는 단순히 보는 것만으로도 모방이 이루어지며, 보상은 공격성을 촉진시키는 중요한 요인임을 말해주는 것이다. 그러므로 대중매체를 통해 공격적인 행동을 보는 것만으로도 공격적인 행동은 증가하며, 특히 공격자에게 보상을 가져다줄 경우 공격성은 더욱더 증가하게 된다는 것이다(사진 참조).

셋째, Dollard와 그 동료들(1939)은 공격성의 주된 원인이 좌절상황이라고 하였다. 즉, 좌절은 어떤 형태로든지 공격적인 행동을 유발하며, 공격적인 행동은 항상 어떤 형태의 좌절에 의해 유발된다는 좌절–공격성 가설(frustration/aggression hypothesis)을 제시하였다. 욕구의 좌절은 분노의 감정을 유발하며, 분노는 다시 공격적 행동을 유발하는 중요한 요인이 된다는 것이다. 그러나 Berkowitz(1974)는 좌절상황에서 반드시 공격적인 행동이 나타나는 것은 아니며, 이러한 상황에서도 공격적인 단서가 제시되지 않으면 공격적인 행동이 나타나지 않을 수도 있다는 수정된 좌절–공격성 가설(revised frustration/aggression hypothesis)을 주장하였다. 일반적으로 좌절된 아동은 만족스러운 아동보다 더 공격적이기는 하지만, 좌절에 대한 반응으로 타인에게 도움을 요청하거나 아예 포기하는 것과 같은 비공격적인 행동으로 나타나는 경우도 있다는 것이다(〈그림 4-1〉 참조).

넷째, 인지행동이론의 관점에서는 공격성 수준이 높은 사람들은 타인을 힘으로 지배하거나 통제할 수 있을 때 자신이 가치 있는 인간이라는 그릇된 신념을 가지

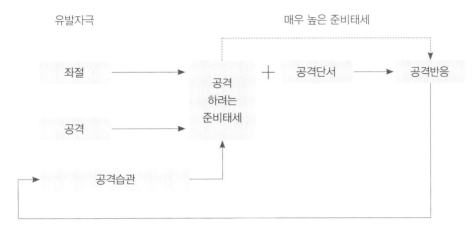

〈그림 4-1〉 **Berkowitz의 좌절-공격성 가설**

출처: Berkowitz, L. (1974). Some determinants of impulsive aggression: Role of mediated association with reinforcements for aggression. *Psychological Review, 81*, 165-176.

고 있다고 한다. 이들은 일반적으로 자아존중감이 낮으며, 자신이 지배적이지 않으면 타인으로부터 긍정적인 관심을 받지 못한다고 생각한다. 또한 만성적으로 공격적인 사람들은 모호한 사회적 상황에서 타인의 행동을 지나치게 적대적인 것으로 평가하는 편향적인 성향을 가지고 있는데(Dodge, 1980), 이를 단서-왜곡 가설(cue distortion hypothesis)이라고 한다.

Kenneth A. Dodge

이 외에도 생물학적 관점에서는 호르몬의 수준도 공격성과 관련된 것으로 보고 있다. 남성 호르몬인 안드로겐과 테스토스테론의 수준이 높아지면 공격성 수준이 높아지며, 이로 인해 남아와 여아의 차이가 나타난다고 하였다(Nottlemann, Susman, & Blue, 1987). 그리고 특성이론의 관점에서는 기질적으로도 까다로운 기질의 아동은 순한 아동보다 더 공격적이라고 하였다(Hetherington & Parke, 1999).

Mavis Hetherington

2) 품행장애 아동의 부모역할

품행장애는 취학 전 유아기에도 발병할 수 있으나 일반적으로 아동 중기에서 청소년 중기 사이에 처음으로 증상이 분명하게 드러나며, 나이가 들면서 반사회적 행동이 줄어드는 경향을 보이지만, 조기발병한 경우에는 경과가 좋지 않고 이후 반사회성 인격장애나 물질관련장애로 발전할 가능성이 높다. 어렸을 때 형성된 공격적 성향은 성장하면서 점차 만성적 공격성으로 고착되어 청소년 범죄나 낮은 학업성취, 학업중퇴를 초래하기도 한다(〈그림 4-2〉, 〈그림 4-3〉 참조). 품행장애는 예방이 매우 중요하며, 품행장애의 치료에서 약물치료의 방법도 사용되고 있으나 심리치료의 방법이 널리 사용되고 있다. Kazdin과 동료들(1990)은 1970년부터 1988년까지 우울, 불안 등 내면화문제와 품행, 주의력문제 등 외현화문제를 대상으로 인지

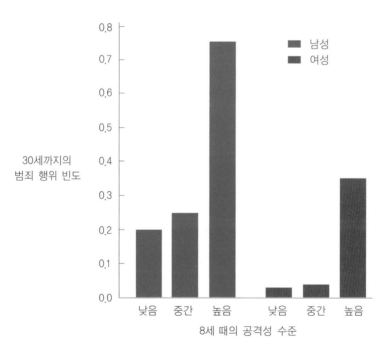

〈그림 4-2〉 **아동기의 공격성과 성인기의 범죄행동**

출처: Huesmann, L. R., Eron, L. D., Lefkowitz, M. M., & Walder, L. O. (1984). Stability of aggression over time and generations. *Developmental Psychology, 20*, 1120-1134.

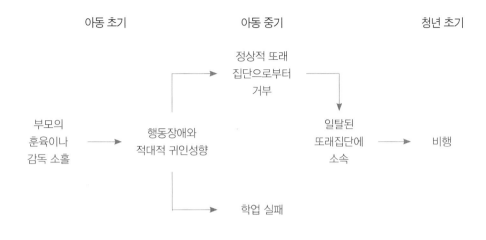

아동 초기　　　　아동 중기　　　　청년 초기

정상적 또래
집단으로부터
거부

부모의
훈육이나　→　행동장애와　→　일탈된
감독 소홀　　　적대적 귀인성향　　또래집단에　→　비행
　　　　　　　　　　　　　　소속

학업 실패

〈그림 4-3〉 **만성적 반사회적 행동의 발달모형**

출처: Patterson, G. R., DeBaryshe, B. D., & Ramsey, E. (1989). A developmental perspective on antisocial behavior. *American Psychologist, 44*, 329-335.

행동치료, 놀이치료, 가족치료 등 다양한 심리치료를 실시한 논문을 분석하여, 심리치료의 효과를 입증한 바 있다. 이후 문제유형별 심리치료 크기의 효과를 살펴본 연구에서 아동·청소년 심리치료는 내면화문제보다 품행문제 등과 같은 외현화문제를 감소시키는 데 보다 효율적인 것으로 나타났다(구훈정, 최승미, 권정혜, 2012; 조성은, 2004).

(1) 행동수정

공격적인 행동에 반응하는 가장 보편적인 방법은 체벌의 방법이다. 그러나 이는 공격적인 행동모델을 보여주는 결과를 초래하므로 궁극적으로는 내면화된 공격성을 강화시킴으로써 오히려 공격적인 행동을 오래 지속시키는 원인이 된다. 또한 평소에는 아동에게 관심을 보이지 않다가 아동이 공격적인 행동을 보일 때에만 관심을 보여준다면 공격적 행동이 의도적으로 관심을 끌기 위한 목적에서 유발될 수 있고 이러한 경우 관심은 오히려 보상효과를 초래할 수 있다. 그렇다고 해서 공격적인 행동을 무시하는 것은 아동으로 하여금 공격성에 대해 허용적인 느낌을 갖게 한다. 그러므로 공격적인 행동과 상반되는 행동을 강화해주거나 공격적인 행동과 동시에 일어날 수 없는 활동을 강화해주는 상반행동 강화의 방법을 사용하는 것은 효과적인 대안이 될 수 있다. 공격적인 행동이 나타날 경우 격리(time out)의 방법을 사용하는 것도 도움이 된다. 또한 모방의 효과를 차단하기 위해서는 부모 자신이 공격성을 보여주거나 대중매체를 통해 아동에게 공격적인 프로그램을 지나치게 많이 보여주는 것은 자제하여야 한다.

그 외에도 토큰강화방법도 품행장애 아동의 욕설하기, 수업 중 자리 이탈하기, 수업 중 마음대로 말하기 등의 행동문제 개선에 효과가 있었으며, 그 효과는 중재가 끝난 후에도 지속적으로 유지되는 것으로 나타났다(김소희, 정용석, 2015).

(2) 인지행동치료

품행장애 아동들은 타인의 의도를 적대적으로 평가하는 반면 자신의 공격성은 과소평가하는 성향을 보이며 자신과 타인의 감정을 정확하게 지각하지 못하므로 감정의 동요가 일어날 때 이를 두려움이나 슬픔으로 예상하기보다는 분노와 같은 강렬한 감정으로 해석하고 공격적으로 반응한다.

또한 자신의 목표가 차단되거나 다른 아동의 공격을 받을 때 어떻게 반응해야 하는지에 대한 지식과 기술의 부족으로 인해 공격성을 행사하게 된다. 그러므로 주장훈련(assertiveness training)은 품행장애를 치료하는 한 가지 방법이 될 수 있다. 사회적으로 수용될 수 있는 공격성의 대안이 바로 주장적 행동이다. 주장적 행동은 타인의 권리와 감정을 존중하면서 동시에 자신의 권리를 보호하고 자신의 감정을 표현하는 행동을 말한다. 그러므로 아동이 공격적 행동 대신에 주장적 행동을 배우도록 하는 것이 효과적인 방법이다. 어린 아동도 자기주장을 할 수 있으나 사회적 기술이 제한되어 있어서 공격적 행동의 형태로 자기주장을 표현할 수 있다. 이러한 공격적 행동이 자기주장으로 전환되지 못하면 또래집단이나 성인들로부터 배척당하고 자아존중감이 감소하게 된다. 자기표현 훈련 프로그램이 품행장애 위험 고등학생의 학업적 자아존중감과 대인관계에 긍정적인 영향을 미쳤다는 연구결과(한숙종, 방명애, 권보미, 2018)나 자아존중감 집단중재 프로그램이 품행장애 위험 고등학생의 학교생활 적응, 학교규칙 준수, 자아존중감에 긍정적인 영향을 미친 연구결과 (이효선, 방명애, 2012)는 이러한 사실을 뒷받침하는 것이다.

또한 자신의 행동이 초래하게 되는 결과에 대해 생각해보게 하고 타인의 관점에서 볼 수 있는 공감훈련도 한 방법이 될 수 있다. 이처럼 인지행동적 관점에서 이루어지는 품행장애아동 훈련 프로그램에는 정서교육, 감정과 행동에 대한 자기 감찰, 억제적인 자기대화(self-talk)를 이용하는 자기지시 훈련, 자기 강화, 사회적 관점 취하기, 사회적 장면에서 타인의 의도 이해하기, 사회적인 문제해결 등과 같은 유사한 요소들이 포함되어 있다(Bailey, 2001).

(3) 놀이치료

집단놀이치료가 품행장애아동의 공격성 및 사회적 상호작용에 미치는 영향을 살펴본 연구에서 집단놀이치료는 품행장애아동의 긍정적 상호작용 행동을 증가시킨 반면, 부정적 상호작용 행동은 점차 감소시킴으로써 품행장애아동의 신체적 공격성과 언어적 공격성 모두에 긍정적인 영향을 미치는 것으로 나타났다. 따라서 집단놀이치료는 품행장애아동의 자기효능감을 고양하여 공격성을 감소시키고 부정적인 행동을 긍정적인 행동으로 이끌어 내는 데 긍정적인 영향을 미쳤음을 알 수 있다(송혜경, 2012).

놀이치료 외에도 독서나 미술, 음악을 활용한 치료프로그램도 품행장애아동의 부적응적인 행동을 감소시키는 데 긍정적인 영향을 미치는 것으로 나타났다. 독서치료는 품행장애 청소년의 왜곡된 인지구조를 변화시키고 공격행동이나 규칙위반행동과 같은 부적응행동을 감소시키는 것으로 나타났다(서석진, 이효신, 양경애, 2012). 미술치료도 품행장애 아동의 신체적 공격성, 언어적 공격성, 간접적 공격성을 감소시키고 친사회적 행동에 긍정적인 영향을 미치는 것으로 나타났으며(김현영, 공마리아, 2008), 음악활동도 비언어적이고 비위협적인 수단으로 품행장애 청소년에게 자신을 표현하기 위해 필요한 신뢰감을 다시 회복할 수 있는 환경을 제공해 주는 것으로 나타났다(권혜경, 진혜경, 2000).

(4) 가족치료

품행장애아동은 애착유형별로도 불안정 애착유형이 높은 비율을 차지하는 것으로 나타났는데(김주미, 신민섭, 김은정, 2011), 이는 품행장애가 가족관계와 분리시켜 생각할 수 없는 문제임을 말해주는 것이다. 이 문제로 인해 가장 고통 받는 사람이 부모와 가족이지만, 한편으로는 이 문제를 발생시키거나 강화시키는 주요 선행요인이 부모일 수 있기 때문이다. 따라서 품행장애아동의 건강한 발달을 지원하고, 가족의 고통을 덜고 자녀에 대한 양육역량을 강화시켜 건강한 가족체계로 성장해 나가기 위해서는 품행장애아동 가족 전체에 적용될 수 있는 치료전략이 필요하다. 이와 동시에 품행장애의 발생에는 유전요인이나 뇌와 자율신경계, 신경심리요인 등의 여러 요인이 복잡한 방식으로 상호작용하는 만큼 이들 요인을 고려한 치료전략이 필요하다. 이러한 관점에서 McDaniel 등(McDaniel, Doherty & Heporth, 2018)

표 4-7 **품행장애 아동의 가족을 위한 의료가족치료 전략**

임상전략	내용
초기 과정: 질병에 대한 생물학적 · 심리사회적 이해와 수용	
1단계	품행장애의 생물학적인 접근을 이해한다.
2단계	질병에 대한 가족력과 의미를 탐색한다.
중기 과정: 가족 재구조화 및 양육역량 증진	
3단계	가족과 개방적이고 협력적 관계를 형성한다.
4단계	변화의 문을 여는 가족체계 내 · 외의 의사소통을 촉진한다.
5단계	문제가 가족체계에 미친 영향을 파악하고 건강한 재구조화를 시도한다.
6단계	문제를 과대해석하지 않고 가족의 정체성을 강화하며 삶을 정상화한다.
7단계	가족의 행동주체성을 증가시켜서 대안적 대처방법을 강화한다.
8단계	문제해결력을 높이기 위한 부모교육과 정서적 지지를 제공한다.
9단계	가족 연대감을 증진시키고 외부체계와 건강한 연결을 강화한다.
후기 과정: 심리적 내성과 대처	
10단계	어려움을 견디는 심리적 내성을 기르고 대처방안을 마련한다.

출처: 전혜성(2022). 파괴적 충동조절 및 품행장애 아동의 가족을 위한 의료가족치료 전략 모색. 가족과 가족치료, 30(1), 173-193.

이 제시한 의료가족치료의 10단계 모델을 토대로 하여 전혜성(2022)은 의료가족치료의 초기, 중기, 후기 과정에 따라 다음과 같은 10단계 전략을 제시하였다(〈표 4-7〉 참조).

또한 공격성이 품행장애의 주요 증상인 만큼 사전에 가정환경을 가능한 한 공격적인 행동이 일어나지 않도록 방지하거나 좌절상황을 가급적 줄여주는 것도 도움이 된다. 공격적인 장난감을 구입하는 것을 자제하고 왕성한 활동이 이루어질 수 있도록 충분한 공간을 제공해준다. 밀착된 공간은 공격성의 발생을 증가시키므로 가급적 좁은 공간에 몰리는 것을 줄이도록 활동계획을 고려한다. 공격적인 아동을 지도하는 데 〈표 4-8〉과 같은 지침이 제시되고 있다.

표 4-8　공격적 행동에 대한 직접적인 교육지침

- 일상생활에서 좌절상황을 감소시키기
- 아동으로 하여금 자신이 유능하다고 느끼도록 도와주기
- 감정이입능력을 향상시키기
- 친사회적 행동을 가르치기
- 우연적 공격성을 구분할 수 있도록 도와주기
- 표현적 공격성의 대안을 제시해주기
- 공격적인 놀이를 단계적으로 감소시켜 나가도록 도와주기
- 공격성이 수용되지 않는 행동이라는 사실을 이해시키기
- 총놀이와 같은 공격적 행동의 대안을 가르치기
- 다른 사람의 공격성에 대한 반응방법을 가르치기
- 계획된 활동을 통해 공격성의 대안을 가르치기
- 갈등조정을 통한 공격성의 대안 가르치기

출처: Kostelnik, M. J., Whiren, A. P., Soderman, A. K., Stein, L. C., & Gregory, K. (2002). *Guiding children's social development* (4th ed.). Albany, NY: Delmar.

제5장

다양한 가족과 부모역할

우리 사회에는 전통적인 핵가족뿐만 아니라 다양한 가족이 공존하고 있다. 이러한 다양한 가족은 각기 부모-자녀 간의 상호작용에 영향을 미치는 독특한 속성을 가지고 있으며, 이는 부모역할을 수행하는 데에도 영향을 미치게 된다.

다양한 가족형태 가운데 가장 대표적인 것으로는 한부모가족, 새부모가족, 맞벌이가족 등을 들 수 있다. 한부모가족은 두 부모가 수행해야 하는 역할을 한 부모가 전적으로 부담한다는 점에서, 새부모가족은 구조적으로나 상호관계가 복잡하다는 점에서, 맞벌이가족은 직업과 자녀양육의 두 가지 역할을 수행해야 한다는 점에서 부모역할의 어려움을 가중시키는 요인이 되고 있다. 이 외에도 부모역할에서 독특성을 보이는 대표적인 유형은 입양가족과 보조생식술의 방법으로 부모-자녀관계가 형성되는 경우이다. 입양의 경우에는 혈연관계가 없는 부모-자녀관계가 형성될 수 있다는 점에서 부모역할에 또 다른 어려움이 있게 된다. 그 외에도 최근 사회적 물의를 일으켰던 영아 유기 및 살해사건은 청소년 부모와 양육미혼부·모에 대한 논의를 필요로 한다.

이 장에서는 이들 다양한 가족의 특성과 자녀양육문제를 살펴보고, 이를 토대로 부모역할 지원방안을 모색해보고자 한다.

1. 한부모가족의 부모역할

한부모가족(single parent family)은 넓은 의미에서는 부모 중 한 사람과 자녀로 구성된 가족을 의미한다. 그러나 우리나라의 「한부모가족복지법」에 의하면 한부모가족은 만 18세 미만의 미성년 자녀를 둔 가정에서 부모 중 한쪽의 사망이나 이혼, 별거, 유기, 미혼모 등의 이유로 혼자서 자녀를 키우는 한부모와 자녀로 구성된 가족을 의미한다. 2023년 통계청에서 발표한 우리나라의 전체 한부모 가구는 1,494,067가구로 전체 가구수(21,773,507)의 7% 정도를 차지하는 것으로 나타났으며, 그 가운데 18세 이하의 자녀를 둔 가구는 355,123가구로 나타났다.

한부모가족의 대다수(81.6%)는 이혼으로 인한 한부모가족이며, 가구 구성은 어머니와 자녀로 구성된 모자가구가 가장 높은 비율을 차지하는 것으로 나타났다(여성가족부, 2023).

1) 한부모가족의 특성

한부모가족은 그 발생 사유에 따라 상이하지만, 한 부모가 두 부모의 역할을 수행해야 한다는 공통적인 특성을 가지고 있다. 그 외에도 한부모가족은 경제적인 어려움이나 사회적 고립, 정서적 문제와 같은 다양한 어려움을 경험하는 것으로 나타나고 있다.

(1) 경제적 어려움

한부모가족의 가장 큰 스트레스 요인 가운데 하나는 경제적 어려움이다. 한부모가족의 월평균 소득은 전체가구 소득 대비 58.8% 수준이며, 경제적 어려움은 특히 저소득층에서, 부자가족보다는 모자가족에서 보다 심각하다(여성가족부, 2023). 모자가족은 부자가족보다 임금 수준이 낮을 뿐만 아니라 취업 기회도 제한되어 있으며, 자녀가 어려서 종일제 직업을 갖지 못하게 되면 경제적인 문제는 더욱 심각해진다. 또한 자녀가 성장하더라도 모자가족의 어머니가 느끼는 스트레스 중 가장 심각한 것은 경제적인 스트레스이다(문은영, 김보람, 2011; 황정임, 이호택, 김유나, 2016). 그래서 모자가족에서 아버지의 부재가 자녀에게 영향을 미칠 수 있는 부정적인 영향은 경제적 안정이 보장된다면 훨씬 경감된다고 한다. 이러한 경제적인 문제를 해결하는 가장 손쉬운 방법은 재혼이며, 여성 재혼의 상당수는 경제적인 어려움을 해결하기 위한 목적으로 이루어진다.

(2) 자녀양육 문제

한부모가족의 어려움 중 부모역할 수행에 대한 부담감은 경제적 어려움 다음으로 문제시 된다(최은영, 2020). 특히 부부간의 역할분담이 뚜렷하게 구분되어 가사노동이나 자녀양육에 전혀 참여하지 않았던 아버지와 자녀로 구성된 부자가족에서는 자녀양육이나 교육으로 인한 부담이 더욱더 문제가 된다. 이들 부자가족이 직면하는 가장 큰 문제는 자녀양육과 교육에서의 돌봄공백으로 나타났다(문은영, 김보람, 2011; 황정임 외, 2016). 또한 경제적 역할과 동시에 가사노동이나 자녀양육에 대한 책임을 혼자 감당해야 하는 모자가족은 역할과부하로 인한 만성적이고도 일상적인 피로와 긴장에 시달리고 있으며, 자녀양육에 할애할 시간이 절대적으로 부족하다. 이로 인해 부모역할을 제대로 수행하지 못하는 것에 대한 죄책감을 느끼는 경우가 많다.

(3) 사회적 관계망의 축소

한부모가족의 또 다른 어려움은 사회적 관계망의 축소이다. 모자가족에 있어 배우자의 상실은 지금까지 남편을 중심으로 이루어지던 배우자와 관련된 사회적 관계망의 상실을 의미한다. 부자가족의 경우도 사회적으로 고립되기는 마찬가지이다. 특히 이혼으로 인해 형성되는 한부모가족은 의도적으로 전 배우자와 함께 형성하였던 사회적 관계에 개입하는 것을 회피하게 되며, 결과적으로 사회적 관계망이 축소되고 사회적 지원의 양도 감소하게 된다. 또한 부자가족은 집안일 항목을 제외하고는 도움을 받을 수 있는 사회적 지원망이 모자가족에 비해 낮게 나타난다. 이로 인해 정보 공유의 한계로 지원제도의 존재 자체를 모르는 경우가 많아 지원정책에 대한 인식도 모자가족에 비해 낮게 나타난다(김영란, 황정임, 최진희, 김은경, 2016).

(4) 정서적 문제

한부모가족, 특히 모자가족은 경제적 어려움이나 역할과부하로 인해 심리적 · 정서적 어려움을 경험하며, 이는 우울이나 무력감과 같은 정신질환의 유발가능성을 높이는 요인이 된다. 반면 부자가족의 경우 자녀와의 대화단절로 인한 자녀양육의 어려움과 낮은 관계만족도로 인해 정서적 어려움을 경험한다(김영란 외, 2016). 또한 한부모가족에 대한 사회적 차별도 심리적, 정서적 어려움을 유발하는 요인으로 작용한다. 특히 한부모가족 양육자의 성별이 여성이고 나이가 어릴수록 더 많은 차별피해 경험에 노출되고 있는 것으로 나타났다. 그러므로 한부모가족 정책 설계 시 경제적인 지원뿐 아니라 심리 및 정서 지원에도 중점을 두어야 할 필요가 있다(이이나, 이창배, 2023).

2) 한부모가족의 자녀양육문제

경제적 문제, 과중한 역할과 정서적 · 사회적 지원의 부족으로 인해 일반적으로 한부모가족의 부모들은 스트레스 수준이 높고 이러한 스트레스는 자녀양육태도에 그대로 반영된다. 한부모가족의 자녀양육문제는 두 부모가 수행해야 하는 역할을 한 부모가 전적으로 부담해야한다는 공통적인 어려움을 가지고 있으나 이러한 어려움은 부모 자신이나 자녀와 관련된 여러 변인에 따라 상이하다.

(1) 부모관련 변인

한부모가족의 자녀양육문제와 관련된 부모변인으로는 부모의 성별이나 연령, 양육태도, 이혼여부, 이혼 전의 갈등유무 등이 양육에서의 어려움을 설명하는 중요한 변수이다. 일반적으로 아버지와 자녀로 구성된 부자가정은 모자가정에 비해 부모역할 수행에서 더 많은 어려움을 호소하는 것으로 나타났으며(최은영, 2020), 어머니의 연령이 어릴수록 부모역할을 수행하는 데 더 많은 어려움을 경험한다고 한다(Hamner & Turner, 2001). 또한 부모의 양육태도는 한부모가족에서 자녀의 적응을 예측하는 중요한 변인이다. 친권자인 부모가 독재적, 방임적 양육태도를 보일 때보다 민주적 양육태도를 보일 때 자녀는 보다 잘 적응한다고 한다. 연구결과 한부모가족은 양부모가족에 비해 방임적 양육태도가 높게 나타나며, 이는 자녀의 학교적응에도 부정적인 영향을 미치는 것으로 나타났다(김현숙, 2016). 또한 이혼한 부모는 일반적으로 자신이 직면하고 있는 어려움 때문에 새로운 상황에 적응하려고 노력하는 자녀의 욕구에 제대로 반응하지 못하게 된다. 특히 이혼 후 첫 2년 동안은 모-자녀관계에서 가장 혼란스러운 시기이며, 어머니는 그들의 자녀에게 보다

부정적이고 요구적이며, 적대적인 태도를 보이는 것으로 나타났다(Amato & Booth, 1996; Bank, Forgatch, Patterson, & Fetrow, 1993). 이와는 달리 지나치게 자녀를 과잉보호하여 버릇이 없거나 책임감이 없는 것도 한 가지 문제로 볼 수 있다. 이 외에도 이혼 전 부모의 갈등여부도 영향을 미치는데, 자녀가 보이는 적응상의 문제는 이혼 자체보다도 파괴적인 부모갈등에 만성적으로 노출될 때 더욱 심각하다고 한다(사진 참조). 이미 사랑하지도 않고 갈등상황인 부모들이 이혼했을 때에는 오히려 적응상의 문제가 감소한다고 한다(Hetherington, 1992).

🔎 사진 설명　파괴적인 부모갈등에 노출되는 자녀.

(2) 자녀관련 변인

한부모가족의 자녀양육문제와 관련된 대표적인 자녀변인으로는 자녀의 성별과 연령이다. 일반적으로 남아는 여아보다 더 많은 건강상의 문제와 문제행동을 보이

며, 아들을 가진 어머니는 딸을 가진 어머니보다 더 많은 어려움을 겪는다고 한다 (Hetherington, 1992; Mott, Kowaleski-Jones, & Menaghan, 1997). 이처럼 남아가 부적 응적 행동을 더 많이 보이는 이유는 친권자가 주로 어머니라는 점이 크게 작용한 다. 모자가정의 남아는 아버지라는 역할모델을 상실하게 된다. 또한 어머니는 한부 모로서 자신이 경험하는 어려움으로 인해 자녀에게 보다 통제적이고 제한적이며, 이러한 어머니의 태도는 여아에 비해 활동수준이 높은 남아의 적응을 더욱 어렵게 하는 것으로 보인다.

또한 이혼에 대한 자녀의 반응은 연령에 따라 다양하게 나타나는데, 학령전기의 유아는 부모의 이혼에 대해 자신에게 책임이 있다고 생각하며 강한 죄책감을 갖는 다. 유아는 대처수단으로 거부의 방법을 사용하며, 공격성과 돌출행동, 분노나 우 울감의 표현 및 퇴행행동을 보인다. 동시에 친권자인 부모가 양육을 포기하거나 유 기할 가능성에 대한 두려움을 가지고 있으며, 이로 인해 과제수행이나 놀이에서 결 손을 보인다. 학동기의 아동은 거부나 유기당한 느낌을 가지며, 불안감이나 수치심 을 보이며, 강박적 행동, 회피나 침묵, 자신의 슬픔에 대한 강한 언어적 부정이나 공 격적인 행동특성을 보인다. 종종 교사나 또래집단에게로 분노가 표출되기도 하며, 학업성취의 문제로 어려움을 경험하기도 하지만 학교가 만족감의 근원이 되기도

Pauline H. Turner

한다. 청소년기에는 가장 직접적으로 분노를 표현한다. 가출을 하거나, 부모에 대한 배신감이나 슬픔, 분노, 회피의 감정을 표현 한다. 동시에 부모를 한 인간으로 인식하고 새롭게 관계를 평가 하고, 훌륭한 결혼에 대한 가치나 개념을 재평가한다(Hamner & Turner, 2001). 이처럼 연령별로 반응에서 다소 차이를 보이지만, 일반적으로 부모의 이혼으로 인한 부정적인 영향은 나이 어린 유 아에게서 현저하게 나타난다고 볼 수 있다. 왜냐하면 나이 든 아 동은 사회적, 인지적으로 성숙하고, 대처를 위한 가족 외부의 자 원을 가지고 있기 때문이다.

3) 한부모가족의 부모역할 지원

한부모가족의 부모역할 수행에는 복합적인 요인이 영향을 미치므로 단순히 자녀 양육에 대한 지원뿐 아니라 사회적 차원의 지원이 병행해서 이루어져야 할 것이다.

(1) 사회적 인식의 전환

한부모가족을 '결손가족' '불완전한 가족'으로 받아들이는 것은 사회적 편견과 선입견을 조장할 수 있으므로 이에 대한 인식의 전환이 필요하다. 이러한 부정적인 인식을 차단하고 긍정적인 측면을 강조하기 위해 Ahrons(1994)는 '한부모가족(single parent family)'이라는 용어 대신에 '두 개의 핵가족(binuclear family)'이라는 용어를 사용하였다. 우리나라에서도 종전에 사용하던 '편부모'라는 용어가 결손이나 결핍을 상징하는 용어라는 이유로 '한부모'라는 용어로 대치된 것도 바로 이러한 인식의 전환을 유도

Constance Ahrons

하기 위해서이다. 한부모에서 '한'은 '하나', 즉 하나로서 온전하다는 의미로, 한 명의 부모가 두 부모의 역할을 모두 수행할 수 있다는 의미이다. 그러므로 이러한 용어에 부합되는 인식의 전환이 이루어져야 할 것이다.

(2) 경제적 지원

한부모가족, 특히 모자가족이 경험하는 가장 심각한 문제는 경제적인 문제이며, 경제적인 어려움으로 인해 자녀양육에서도 혼란을 경험하게 된다. 소득빈곤, 자산빈곤, 주거빈곤, 시간빈곤, 건강빈곤 등의 모든 영역에서 한부모가족은 양부모가족에 비해 어려움을 경험하는 것으로 나타났으며, 다섯 가지 영역 가운데 자산빈곤에서 가장 심각한 박탈을 경험하며, 한부모의 건강이 취약한 경우 소득 빈곤을 탈출하는 것이 거의 불가능에 가까운 것으로 나타났다. 더구나 이들 영역들은 서로 연결되어 있어서 한 영역만을 지원하는 것으로는 효과를 기대하기 어렵다(박미진, 2023). 그러므로 한부모가족의 경제적인 문제를 지원하기 위한 여러 가지 대책 마

련과 아울러 취업의 중요한 방해요인으로 작용하는 보육시설 확충과 제도적인 뒷받침이 필요하다.

모자가정의 경우 자녀양육비 문제는 경제적 어려움을 더욱더 심화시키는 요인으로 작용한다. 부자가정에 비해 모자가정의 빈곤에는 자녀수나 막내연령, 기타 가족 여부와 같은 가족 요인이 영향을 미치는 반면, 부자가정의 경우에는 연령과 학력, 주관적 건강상태, 현재의 지위와 같은 개인변인의 영향이 보다 크게 작용하는 만큼 한부모의 성별에 따른 차별적 접근이 필요하다(이혜정, 장수정, 김병인, 백경훈, 2021). 또한 국내의 열악한 양육비 이행 현실을 개선하고 부모의 양육책임을 강화하기 위해 양육비 관련 법제도는 부단히 변화해왔으나, 현실은 크게 개선되지 않았다. 양육비 이행을 강제할 수 있는 양육비이행관리원을 설치하였으나 이를 한국건강가정진흥원 내에 둠으로써 독자적인 업무수행이 제대로 이루어지지 못하였다. 그러므로 양육비 대지급 제도 도입, 양육비 불이행자에 대한 제재 강화 등이 이루어지기 위해서는 양육비이행관리원이 양육비의 지급과 구상에 관한 업무를 감당할 수 있는 적절한 권한을 가져야 할 것이다(박복순, 2021; 전경근, 2023). 한부모가족이 경험하는 경제적 문제를 지원하기 위해 여성가족부에서는 다음과 같은 한부모가족 지원사업을 제공하고 있다(〈표 5-1〉 참조).

표 5-1 한부모가족 지원사업

사업명 및 개요	사업대상	수행기관

〈한부모가족자녀 양육비 등 지원〉
• 아동양육비: 만 18세 미만 자녀(단, 고등학교 이하 재학 중인 경우 22세 미만), 월 21만 원
• 추가아동양육비
-조손 및 만 35세 이상 미혼 한부모가족 5세 이하 자녀, 월 5만 원
  -만 25~34세 한부모가족자녀, 월 5~10만 원 지원
  • 학용품비: 중학생 · 고등학생 자녀, 연 9.3만 원
• 생활보조금: 시설 입소가구, 월 5만 원
	소득인정액 기준 중위소득 63% 이하 한부모 및 조손가족	지방자치단체

〈청소년한부모 자립지원〉 • 아동양육비: (0~1세 자녀) 월 40만 원 　　　　　　(2세 이상 자녀) 월 35만 원 • 검정고시 등 학습지원(연 154만 원 이내), 자립촉진수 　당(월 10만 원) 등	소득인정액 기준 중위소득 65% 이하 24세 이하 한부모가족	지방자치단체
〈한부모가족복지시설 지원〉 • 시설 기능보강: 신축, 개보수, 기자재구입 등 • 시설 입소자 상담 · 의료 지원 • 시설 아이돌봄서비스 지원 • 공동생활가정형(매입임대주택) 주거 지원 • 시설배치 사회복무요원 인력경비 지원	소득인정액 기준 중위소득 100% 이하 한부모가족 ※ 24세 이하 위기임산부 소득기준 무관	지방자치단체, 한부모가족 관련 시설 · 단체
〈한부모가족 무료법률구조〉 • 한부모가족 대상 법률상담, 소송대리, 기타 법률사무 　등 무료법률구조 지원	「한부모가족지원법」 제5조, 제5조의2 제2항 한부모가족	대한법률 구조공단

출처: 여성가족부(2024). 2024년 한부모가족지원사업 안내.

(3) 자녀양육 지원

한부모가족의 부모들은 경제적 문제나 역할과부하로 인해 자녀 돌봄 시간이 절대적으로 부족하다. 이에 따라 정부에서도 한부모가정 자녀를 어린이집 우선 입소 대상에 포함시키고 양육비를 지원하고 있다. 그러나 돌봄 지원이나 경제적 지원뿐 아니라 부모-자녀 간 상호작용을 돕기 위한 교육적 지원도 필요하다.

한부모가족의 자녀양육에서 부모의 양육태도는 무엇보다도 중요한 요인이다. 모자가족에서의 모-자녀 간의 많은 문제는 초기의 통제적, 방임적 양육태도에서 상당 부분 비롯된다고 볼 수 있다(Amato & Booth, 1996). 한부모가 양육함으로써 초래할 수 있는 문제를 사전에 차단하겠다는 의도에서 보다 통제적인 태도를 보이는 것이 오히려 문제를 심화시키는 요인이 된다는 것이다. 또한 절대적인 상호작용 시간의 부족으로 자녀에게 짜증을 내는 것과 같은 거부적인 태도를 보이거나, 이와는 반대로 자녀의 잘못된 행동을 엄하게 지적하여 바로잡기보다는 내버려두는 방임형의 양육태도를 보이기 쉽다. 부모의 심리 욕구 지지형 양육태도는 청소년 자녀의 적응에도 중요한 영향요인으로 작용한다. 이처럼 부모의 양육태도가 긍정적일수록 한

표 5-2   한부모가족의 자녀를 위한 지침

- 자녀와 함께 가족의 문제를 논의한다.
- 자녀에게 이혼할 것이라고 미리 말한다.
- 자녀는 양쪽 부모로부터 계속 사랑받을 것임을 확신시킨다.
- 이혼의 이유를 자녀의 수준에서 납득하게끔 이야기한다.
- 이혼한 전 배우자에 대한 비난을 자제한다.
- 미래에 대해 긍정적인 태도와 신뢰감을 표현한다.
- 부모 가운데 누가 부양할 것인가에 대해 자녀에게 선택하게 하지 않는다.
- 자녀의 일상생활을 가급적 방해하지 않는다.
- 자녀가 자신의 느낌을 표현하도록 격려한다.
- 부정적인 감정도 표현하도록 한다.
- 금전적인 문제나 부양에 따르는 문제, 상호 간의 방문 등에 대해 논쟁을 삼간다.
- 함께 생활하지 않는 부모나 확대가족의 가족원과 지속적으로 접촉하게 한다.

출처: Hamner, T. J., & Turner, P. H.(2001). *Parenting in contemporary society* (4th ed.). New York: Allyn & Bacon.

부모가족 자녀의 자아인식 수준이 높게 나타나는 만큼(이의빈, 김진원, 2022; 이의빈, 엄명용, 2023) 부모는 자신의 양육태도에 대해 올바른 인식을 갖도록 노력함과 동시에 시간 부족으로 인한 문제를 해결하기 위해 자녀에게도 자신의 일은 스스로 알아서 하도록 독립심을 키워주는 것이 바람직하다.

그 외에도 이혼을 통해 형성된 한부모가족에서는 자녀의 적응을 돕기 위한 여러가지 배려가 필요하다. 〈표 5-2〉와 같은 지침은 자녀의 적응을 돕는 데 도움이 된다.

(4) 정서적 지원

한부모가족의 부모역할 수행에서 직면하는 문제점은 한부모라는 가족구조상의 문제에 기인하기도 하지만 부모 자신의 태도가 보다 큰 영향을 미친다. 그러므로 부모 자신의 태도를 변화시키기 위한 심리적, 정서적 지원이 이루어져야 한다.

이혼이나 사별 등의 사건은 그 자체만으로도 일종의 외상이며 그 과정에서 우울을 경험하지만 이후에도 자녀 양육이나 경제적 어려움, 사회적 인식 등으로 인해 우울을 경험한다. 이는 당사자뿐 아니라 자녀들에게도 심각한 영향을 미친다. 한부모가족 구성원들은 죄책감과 자책감, 분노, 우울 등의 정서적 문제와 복합외상, 애착 대상의 상실, 가정폭력, 자살 위기 등에 노출되어 있다. 하지만 지금까지 한부모가족에 대한 지원은 물리적·경제적 정책에 치중되어 있고, 심리적 지원은 미미한 수준이므로 한부모가족의 성장을 위해 정서적 문제에 더 많은 관심을 기울이고 이를 지원하는 것이 필요하다(조우관, 이순하, 2022).

이혼의 경우 상대방 배우자에 대한 폭력이 이혼 2~3년 전부터 증가하여 이혼 전 1년간 최고조에 달하며 이혼 1~2년 후에야 안정되는 것으로 나타났다. 가장 위험한 시기는 이혼 소송이 진행되는 이혼 전 6~12개월인 것으로 나타났다. 어린 자녀가 있는 여성은 그렇지 않은 여성에 비해 이혼 전부터 신체폭력 위험을 경험하며, 이혼 이후 1년 정도까지도 위험을 경험하는 것으로 나타났다. 따라서 이러한 희생을 당한 경험이 있는 여성의 경우 이혼 과정이 시작되는 시점부터 지원이 필요하다(Einiö, Metsä-Simola, Aaltonen, Hiltunen, & Martikainen, 2023).

한부모가족 자녀의 적응에는 부모 자신의 자아존중감이나 자신감이 가장 중요한 요인이 된다. 일반적으로 한부모가족의 부모들은 자신의 인생이 비참하고 실패하였다는 생각으로 인해 자아존중감이 낮고 양육자로서의 자신감도 결여되어 있으며, 바로 이러한 부모의 태도가 자녀에게 영향을 미친다는 것이다. 실제로 자녀의 문제는 부모가 적응을 잘하는 경우에는 현저하게 감소하며, 적응에 어려움이 없는

Abraham Lincoln   Napoleon   이퇴계   한석봉

사진 설명 한부모가족에서 성장한 위인들.

것으로 나타났다(사진 참조).

　친지나 친구와 같은 사회적 지원망을 적극적으로 활용하고 인터넷 동호회나 자조모임의 참여 등을 통해 상호 간에 정보를 교환하는 것도 한부모가족의 정서적 지원에 도움이 될 수 있다.

2. 새부모가족의 부모역할

　재혼가족은 자녀의 유무에 관계없이 최소한 한쪽 배우자가 재혼인 경우 형성되는 가족을 의미하며, 부부 가운데 어느 쪽이든 전혼(前婚) 자녀가 최소한 한 명 이상 있는 경우를 새부모가족(step family)이라 한다. 우리나라의 혼인 통계에 의하면 전체 결혼에 대한 재혼의 비율은 18.3%로 나타났다(통계청, 2023). 그러나 통계상의 수치로 반영되지 않았지만 사실혼의 관계에 있는 재혼가족도 적지 않음을 감안할 때 현실적으로는 보다 많을 것으로 추정된다.

　새부모가족은 적응과정에서 한부모가족과는 상이한 어려움을 보인다. 한부모가족이 경제적인 문제나 외로움, 자녀양육의 짐을 혼자 져야 하는 문제가 있다면 새부모가족은 서로 상이한 가족구성원 간의 화합을 이루는 것이 보다 어려운 문제가 될 수 있다.

1) 새부모가족의 특성

　새부모가족은 사별로 인해 형성된 새부모가족과 이혼으로 형성된 새부모가족으로 구분할 수 있다. 그러나 점차 사별보다는 이혼으로 인한 새부모가족이 증가하는 추세이며, 특히 부모역할에 많은 영향을 받는 나이 어린 자녀를 둔 새부모가족은 사별보다는 이혼으로 형성된 경우가 많기 때문에 대부분의 새부모가족에 대한 연구는 이혼으로 형성된 새부모가족에 초점을 맞추고 있다. 일반적으로 사별로 인한 새부모가족은 이혼으로 형성되는 새부모가족에 비해 상호작용의 복잡성이 덜하다고 볼 수 있다(Olson & Banyard, 1993). 그러나 어떤 경우이든 새부모가족은 기본적으로 전혼의 영향으로 인해 파생되는 정신적인 문제와 취약한 부부관계, 강하게 유대가 형성된 전혼 부모-자녀관계 및 모호하게 규정된 새부모역할 등의 문제를 안고 있다. 또한 계모에 대한 사회적으로 부정적인 이미지를 안고 출발해야 한다는 부담도 가지고 있다.

(1) 전혼의 영향

초혼과는 달리 재혼은 부부 가운데 어느 한쪽이나 쌍방이 모두 결혼을 한 경험을 가지고 있으며, 이러한 경험으로 인해 정신적인 상처나 좌절감, 외로움과 같은 문제를 가지고 있는 경우가 많다. 이와 같은 부정적인 경험은 이후 재혼의 부부관계에서 어려움을 초래하는 요인이 될 수 있다.

또한 부부 쌍방이 전혼 경험이 있는 새부모가족에서는 부모-자녀 간의 유대가 배우자 간의 유대보다 더 오래되었다는 특성을 가지고 있기 때문에 친밀한 부부관계 형성에 어려움이 있다. 새부모가족의 자녀들은 종종 두 가족의 구성원이 되며, 따라서 새부모와 자녀와의 관계는 생물학적 친족관계를 대신하는 것이 아니라 새로운 가족구성원의 충원에 불과한 경우가 많다. 더구나 새부모가족에서 남편이나 아내가 전혼 자녀와 친밀한 관계를 형성하고 있는 경우 친밀한 부부관계 형성은 더욱 어렵다. 특히 부자가족에서 딸은 아버지에게 부인과 같은 역할을 하고 있는 경우가 많으므로 이러한 경우 아버지가 재혼하게 되면 딸은 계모를 자신의 경쟁자로 인식하는 경우가 많다는 것이다(Greif, 1995). 또한 계자녀들은 새부모를 자신의 생물학적 부모에 대한 애정과 관심의 경쟁자로 보고 부모의 친밀한 관계에 대해 배신감을 느끼며, 그들과의 친밀한 관계형성을 거부하게 된다.

(2) 모호한 부모역할

새부모가족에서는 역할에 대한 경계가 명확하지 않다. 새부모가족은 경계의 애매성으로 인해 누가 어떤 역할을 어디까지 책임져야 하는지에 대한 인식이 불분명하며, 자신에게 적합한 행동이 어떤 것인지가 불확실하므로 끊임없이 역할혼란을 경험한다(최은영, 2020; Fine, Coleman, & Ganong, 1998). 역할의 애매성으로 인해 가족응집성은 낮고 빈약한 의사소통이 이루어지며, 이는 상호간에 낮은 관심으로 이어진다.

새부모가족에서 새부모는 부모역할을 수행하는 과정에서 다음과 같은 어려움을 겪을 수 있다. 첫째, 자신의 친자녀가 아닌 누군가의 자녀를 사랑한다는 것은 어려운 일이다. 새부모로서 계자녀를 사랑하는 것은 힘든 일이다. 둘째, 계자녀들은 편가르기의 방법을 곧잘 사용하며 이로 인해 부부간에 불필요한 갈등과 긴장이 발생한다고 생각한다. 셋째, 자녀의 친부모인 배우자가 새부모인 자신이 자녀훈육에 개입하는 것을 원치 않을 수도 있다. 넷째, 자신이 새 배우자의 인생에서 가장 중요한 사람이라고 느끼기 어려울 때가 있다. 다섯째, 가정의 경제적 형편상 새부모의 욕구보다 계자녀의 욕구해결을 우선시할 때 분노의 감정이 생길 수 있다.

새부모를 맞이해야 하는 자녀의 입장에서도 다음과 같은 현실적인 문제에 직면하게 된다. 첫째, 자신의 친부모를 새부모와 공유해야 하는 문제에 직면한다. 특히 이혼한 생모에 대해 애틋한 태도를 가지고 있는 경우 이는 매우 어려운 문제가 된다. 둘째, 자녀는 새로 형성된 가족도 이혼으로 끝날지 모른다는 두려움에서 새 가족에 애정을 갖는 것을 두려워 할 수 있다. 셋째, 자녀들은 이전의 방식과는 다른 양육방식에 적응해야 하며, 자신의 친부모는 용인해주었던 행동을 새부모가 일일이 훈육하고 간섭하는 것에 대해 분노의 감정을 가질 수 있다. 넷째, 자녀들은 자신이 새부모를 좋아하게 되면 함께 살고 있지 않은 비친권 부모를 배신하는 것이라는 생각 때문에 죄책감을 느낄 수 있다. 다섯째, 자녀들로서는 이혼한 부모들의 재결합에 대한 꿈을 포기하는 것이 힘든 일이며, 이로 인해 새부모에 대해 적대감을 갖기 쉽다.

(3) 사회적 편견

새부모에 대한 사회적인 편견도 부모역할을 더욱 어렵게 만드는 요인이 된다. 특히 계모가족은 콩쥐팥쥐전이나 장화홍련전, 심청전 등과 같은 국내의 전래동화뿐아니라 신데렐라, 백설공주, 헨젤과 그레텔 같은 서양의 동화에서 보듯이 냉정한 계모와 착하고 불쌍한 계자녀라는 인식에 바탕을 둔 가장 널리 알려진 범문화적 고정관념의 대상이라고 할 수 있다(임춘희, 1996)(사진 참조). 이러한 사회적 편견으로 인해 계모역할은 계부역할보다 적응에 어려움이 있다. 계부가족이 대부분인 서구사회에 비해 우리나라의 경우에는 계모가족이 상당 비율을 차지하고 있어서 적응상의 어려움이 더욱 클 것으로 예측할 수 있다. 새부모를 묘사하는 용어로 'step'이라는 용어를 사용하는 것이 이러한 편견을 가중시

🔦 사진 설명 계모에 대한 사회적 편견이 잘 드러나는 전래동화 '신데렐라'

킨다는 점에서 일부 학자들은 이를 반대하고 있다(Claxton-Oldfield, 2000).

계모에 대한 이 같은 문화적인 편견은 계모가 계부보다 자녀양육과 관련된 활동에 보다 많은 시간을 할애하며, 남성이 여성보다 덜 애정적이고 덜 양육적이므로 계부에게는 계모와 같은 기대를 하지 않기 때문이기도 하다. 이러한 비현실적인 편견으로 인해 가족의 단합을 이루기가 어렵고, 계모는 부모역할에서 이중으로 곤경에 처하게 된다. 즉, 한편으로는 계자녀를 친자녀인양 애정을 쏟아야 한다는 점이고, 다른 한편으로는 그러한 부모역할이 진심에서 우러나온 것으로 받아들여지지 않는다는 점이다. 따라서 계모역할을 성공적으로 수행하는 데에는 조심스러운 접근이 필요하다.

2) 새부모가족의 자녀양육문제

사회적 인식과는 달리 새부모가족은 자녀양육에서 특별한 문제를 보이지 않으며, 새부모가족에서 계모는 자신의 역할에 잘 적응하는 경우가 많은 것으로 나타났다(MacDonald & DeMaris, 1996). 또한 새부모가족과 핵가족을 비교하여 문제의 많고 적음

Alfred DeMaris

을 논하는 것 자체가 사과와 오렌지를 비교하는 것만큼이나 의미가 없다고도 한다 (Pasley, 1995). 그러나 이러한 관점은 새부모가족이 가지고 있는 관계의 복잡성을 제대로 파악하지 못한 것이며, 일반적으로 새부모가족에서 부모-자녀관계는 새부모가족이 가지고 있는 속성으로 인해 자녀양육에서 많은 어려움을 경험할 수 있고, 이러한 양육에서의 어려움은 새부모가족의 부모나 자녀와 관련된 여러 변인들에 따라 상이한 것으로 나타난다.

(1) 부모관련 변인

새부모가족의 자녀양육에서 경험하는 어려움은 무엇보다도 부모자신의 양육태도와 관련이 있다. 새부모의 양육태도는 자녀의 적응에 중요한 변수이다. 아동이나 부모의 성별에 관계없이 온정과 지지는 일관성 있게 새부모가족에서 자녀의

Jean Giles-Slims

사회적 유능감과 관련이 있으며, 강압이나 갈등이 없을수록 자녀의 사회성 및 학업능력에서 어려움이 없는 것으로 나타났다 (Hetherington, 1992). 아동뿐 아니라 청소년 계자녀의 적응도 양육태도에 영향을 받는데, 새부모가 지지적이고 민주적인 양육방식을 보일 때 적응이 용이한 반면, 통제적이거나 방임적 양육태도를 보일 때에는 적응이 어려운 것으로 나타났다(Crosbie-Burnett & Giles-Sims, 1994). 또한 새부모의 온정적 양육태도가 계자녀의 심리사회적 적응에 미치는 영향에서 친구 지지와 학교 지지는 조절요인으로 작용하는 것으로 나타났으며(김효순, 2010), 계모에 대한 적응은 계부에 비해 훨씬 힘들다고 한다(Hamner & Turner, 2001).

이혼 후 공동육아에서 부모가 보이는 태도도 중요한데, 부모 모두가 긍정적인 태도를 보일 때 자녀들이 가장 잘 적응하는 것으로 나타났다(Schoppe-Sullivan et al., 2023).

(2) 자녀관련 변인

새부모가족에서의 부모-자녀관계는 자녀의 발달단계나 면접교섭 여부, 형제 유무 등과 같은 요인과도 관련이 있다. 자녀의 연령별로는 청소년기에 가장 어려움을

보이는데, 이는 자녀가 사춘기에 해결해야 할 발달과업과 새부모가족에 대한 적응 문제가 겹치기 때문인 것으로 볼 수 있다. 청소년기에 있는 계자녀는 자신의 발달 과업이 가족으로부터 독립하는 것이며, 이러한 상황에서 침입자로 생각되는 새부모에게 복종하는 것을 거부하는 경향이 있다. 새부모가정 청소년들이 높은 공격성 향과 비행성향을 보이는 것(박승민, 신선임, 오승재, 노종선, 변복수, 2023)도 이와 관련이 있다.

또한 비양육부와 청소년 자녀 간에 면접교섭이 이루어지는 경우, 빈번한 만남이 이루어질수록 비양육부에 대한 자녀의 친밀감은 높았으며, 비양육부에 대한 친밀감이 높을수록 향후 청소년의 면접교섭 의향도 증가하였다. 아울러 이혼부모 간 관계가 좋다고 지각할수록 비양육부에게 대한 친밀감이 높았으며, 향후 면접교섭 의향이 증가하였다(신영미, 진미정, 2022).

그 외에 형제관계도 영향을 미친다. 형제관계는 일생동안 지속되고 빈번한 상호작용이 이루어지는 독특한 관계로서 이혼 직후 아동의 적응에 도움을 주는 주요 요인이다. 그러므로 이혼가족에서 형제관계를 중심으로 예방적 차원의 개입도 고려해야 할 것이다(van Dijk, van der Valk, Buist, Branje, & Deković, 2022).

3) 새부모가족의 부모역할 지원

한부모가족과 마찬가지로 새부모가족에서도 부모역할을 수행하는 데 있어서 복합적인 요인이 영향을 미치므로 단순히 자녀양육에 대한 지원뿐 아니라 사회적 차원의 지원이 병행해서 이루어져야 할 것이다.

(1) 사회적 인식의 전환
우리나라에서 지금까지 새부모가족에서 가장 문제가 되었던 것은 자녀의 성(姓)과 관련된 문제였다. 자녀가 아버지의 성을 따라야 한다는 부성(父姓) 강제조항에 따라 자녀가 친아버지의 성을 그대로 따를 경우에 자녀의 성이 의붓아버지의 성과 다를 경우 이는 자녀의 적응을 어렵게 만드는 대표적인 요인으로 인식되었다. 그러

나 2008년부터 기존 호적법이 폐지되고「가족관계의 등록에 관한 법률(가족관계등
록법)」이 시행되면서 이러한 문제가 다소 해결되었다고 볼 수 있다. 그러나 자녀의
성이 바뀌었다고 해서 자녀가 경험하는 정체성의 문제가 궁극적으로 해결되었다고
볼 수는 없다.

이처럼 성이 문제가 되는 근본적인 원인은 바로 사회적 편견에서 비롯되는 것이
라고 볼 수 있다. 새부모가족의 자녀뿐만 아니라 부모도 자신이 새부모라는 사실을
공공연하게 밝히는 것을 꺼리는 것도 바로 이러한 이유 때문이다. 그러므로 도움이
필요한 상황에서 실제로 도움을 받지 못하게 되며, 결과적으로 문제를 더 키우는 결
과를 초래하게 된다. 그러므로 근본적인 문제는 사회적인 인식의 변화이다.

이러한 인식의 전환을 촉구하고 새부모가족의 긍정적인 측면을 강조하고자
Olson과 DeFrain(2003)은 'step-family'라는 용어 대신에 'reconstituted family'라는
용어를 사용해야 한다고 하였다.

(2) 자녀양육 지원

초혼가족과는 달리 혈연적 유대도 없고 상이한 생활경험을 가진 새부모가족에서
자녀와 원만한 관계를 형성하는 것은 재혼가족이 해결해야 할 가장 중대한 문제이
다. 새부모가족의 부모역할에서 고려해야 할 점은 다음과 같다.

첫째, 새부모의 양육태도는 자녀의 적응에 가장 큰 영향을 미치는 요인이다.
Hetherington(1992)은 새부모의 가장 성공적인 책략은 초기에 계자녀와 따뜻한 관
계를 형성하고, 친부모의 훈육방식을 지지하고, 갑작스럽게 통제적 훈육자의 역할
을 수행하는 것을 자제하는 것이라고 한다. 즉, 새부모가족에서 자녀의 적응은 양
육방식에 따라서도 차이가 있는데, 권위있는(authoritative) 양육태도와는 정적 상관
을 보이는 반면, 권위주의적(authoritarian) 양육태도와는 부적 상관이 있고 관계형
성 초기에 계자녀로 하여금 적개심과 저항을 불러일으킬 수 있는 가능성이 있다는
것이다.

둘째, 자녀양육에 대한 개입수준의 조절문제이다. 새부모가족은 초혼가족과는
그 성격이 근본적으로 다름에도 불구하고 대부분의 새부모가 갖는 오류 가운데 하

나는 자신들이 마치 초혼가족과 같다고 생각하며 초혼가족처럼 보이려고 가장한다든가 이들 가족의 기준을 무리하게 자신들의 가족에 적용시키기 위해 애쓴다는 것이다. 자신이 친부모를 대신하겠다는 슈퍼 새부모(super step mother/father) 역할은 현실적으로 불가능할 뿐만 아니라 적응에 도움이 되지도 않는다. Dainton(1993)은 이러한 잘못된 관념에 맞서 정체성 관리책략을 만들어 가는 방법을 제시하였다. 정체성 관리란 사전에 호감을 받을 것으로 예상되는 인상을 유지하고, 그렇지 못한 인상을 주지 않도록 개입수준을 조절하는 것을 말한다. 또한 자녀양육 역할을 친아버지가 책임지게끔 하는 것도 한 가지 방법이다. 이는 계모가 양육능력이나 의사가 없음을 의미하는 것이 아니라 이러한 방법을 사용함으로써 부모역할의 부정적인 기대에서 벗어나 긍정적인 부모-자녀관계를 이루어낼 수 있다는 것이다.

셋째, 시간적 여유를 가지고 접근하는 것이다. 부모-자녀관계는 서서히 형성되는 것이며, 빠른 시일 내에 친밀한 관계로 발전되지 않는다. 재혼가족 연구로 잘 알려진 Emily Visher와 John Visher(1996)는 이러한 이유로 재혼가족을 혼합가족(blended family)이라는 용어로 묘사하는 것에 반대하였다. 이러한 용어는 새로운 가족이 쉽게 하나의 조화로운 가족으로 뭉쳐지리라는 비현실적인 기대를 조장하며, 동시에 과거의 경험이나 배경과는 무관하게 조화로운 하나의 단위를 이룰 수 있다는 기대를 하게 한다는 것이다. 새부모가족이 하나의 가족으로 기능하기에는 오랜 시간을 필요로 하며, 적응의 정도나 적응에 필요한 시간은 과거의 경험에 따라 다양하다.

Emily B. Visher

넷째, 전혼(前婚)에서의 부모-자녀관계를 배려해주는 것이 필요하다. 계자녀의 기억 속에는 함께 살지 않는 친부모와의 기억이 남아 있음을 인정해주고, 자녀로 하여금 비친권자인 부모와 지속적인 관계를 유지하도록 하는 것은 적응에 도움이 된다. 또한 새부모가 친부모와 경쟁하지 않고 새로운 역할정립을 시도한다면 보다 우호적인 부모-자녀관계가 형성될 것이다. 다음과 같은 지침은 새부모가족의 부모역할에서 고려해야 할 점이다(〈표 5-3〉 참조).

표 5-3   새부모 역할에 대한 지침

- 자녀가 이전 관계에서의 슬픔을 극복하고 새로운 관계를 구축할 수 있도록 충분한 시간을 주도록 한다.
- 자기 자신과 다른 가족구성원에 대해 잘 파악하도록 한다.
- 가족들이 새로운 가족에서 자신의 위치를 찾을 수 있도록 도와준다.
- 현재 배우자의 전 배우자와 협력관계와 동시에 일정한 간격을 유지하도록 한다.
- 가능하면 새 집으로 이사하거나 살던 집을 수리하여 새로운 배우자와 자녀들이 자신의 영역을 새롭게 형성할 기회를 제공한다.
- 가족들이 공동으로 의사결정을 하도록 하고 상대방의 의사를 존중하고 수용해준다.
- 발달수준에 맞추어 자녀를 의사결정에 포함시킨다.
- 유언이나 자녀양육과 같은 새로운 결혼에 수반되는 법적인 의무를 받아들인다.
- 계자녀에게 사랑을 기대하기보다 상호 간에 예의를 지키도록 한다.
- 친부모와 자녀와의 유대감을 존중해준다.

출처: Hamner, T. J., & Turner, P. H. (2001). *Parenting in contemporary society* (4th ed.). New York: Allyn & Bacon.

(3) 정서적 지원

새부모가족의 적응을 위해서는 새부모나 자녀를 대상으로 한 상담 및 교육프로그램이 필요하며, 교육내용 구성 시 재혼 유형에 따라 내용을 달리하고, 새부모 역할에 대한 교육, 자녀 출산에 관한 문제를 포괄적으로 다룰 필요가 있다. 또한 새부모가족에 대한 문제지향적 관점을 지양하고, 가족 기능을 향상시키는 데 초점을 맞추어야 할 것이다(노명숙, 2013).

현재 우리나라에는 다양한 가족지원 정책을 제안하고 실행하기 위해 '가족센터'가 설립되어 있고, '가족센터'의 다양한 가족 통합지원 및 상담 프로그램을 통해 재혼가족에 대한 정서적 지원활동이 이루어지고 있다. 그러나 아직 이러한 서비스가 제공되고 있는지에 대한 정보가 없거나 알고 있더라도 이를 이용하고 적극적으로 참여하는 비율은 그다지 높지 않다. 따라서 가족센터에서 제공하는 서비스에 대한 적극적인 홍보와 더불어 지속적으로 참여를 유도하고 서비스의 질을 향상시키고자 하는 노력이 필요하다.

3. 맞벌이가족의 부모역할

최근 가족의 변화에 큰 영향을 미친 요인 가운데 하나는 기혼여성의 경제활동 참여비율이 확대되었다는 점이다. 맞벌이는 최근에 나타난 새로운 사회현상은 아니다. 여성의 경제활동 참여는 유사 이래 지속적으로 이루어져 왔으며, 단지 그 형태상의 변화가 있었을 뿐이다. 농경사회에서는 가정과 일터가 분리되지 않아 부부가 공동으로 생계유지에 참여하였으며, 이후 산업혁명의 영향으로 남성은 일터로, 여성은 가정에서 가사노동과 자녀양육에 종사함으로써 분리된 생활영역을 갖게 되었다. 산업화가 진전되면서 여성노동력의 필요성 또한 증가하게 되었으며, 부부가 모두 일터로 나가는 맞벌이가족(dual career family, dual earner family)은 앞으로도 지속적으로 증가할 것으로 전망된다.

1) 맞벌이가족의 특성

가족부양과 가사담당 및 자녀양육으로 남녀의 역할이 뚜렷하게 구분되어 있던 전통사회와는 달리 부부 모두가 일터로 나가는 맞벌이가족에서 직면하는 가장 큰 문제는 역할과부하와 자녀양육자 부재 문제이다.

(1) 역할과부하

역할과부하나 역할갈등은 남편과 아내 모두가 경험하는 일이지만 우리 사회에서는 아직도 가사노동이나 육아와 관련된 대부분의 책임이 여성에게 편중되어 있기 때문에 아내 쪽에서 보다 심각하게 경험하게 된다.

맞벌이가족에서 여성들이 경험하는 역할과부하 현상(사진 참조)은 역할분담 실태에서 뚜렷하게 나타난다. 우리나라 가구의 시간 사용에 대한 조사결과, 참여시간 면에서 볼 때 남성은 아직까지 가사노동을 분담하기보다는 도와주는 것이라는 소극적 수준에 머물러 있다(〈표 5-4〉 참조). 심지어 여성만 취업을 한 경우에도 남성의

사진 설명 한 손에는 집안일, 한 손에는 직장일로 힘든 여성의 모습.

가사활동 시간은 여성보다 낮은 것으로 나타났으며 이는 전통적인 성역할 태도의 영향이라고 볼 수 있다.

역할분담 실태뿐 아니라 역할분담 의식도 문제이다. 우리나라 가정에서 남편의 가사분담 의식은 전통적인 성역할 태도를 그대로 반영해 주고 있으므로 이로 인한 역할갈등은 불가피하다. 남성은 아내의 취업으로 경제적으로 도움이 되는 것과 아내의 일은 자랑스럽게 생각하면서도 아내가 전업 주부로 자리를 비울 때 생기는 공백이나 부담은 싫어하는 이중 잣대를 가지고 있다. 남성의 의식뿐 아니라 여성의 의식도 마찬가지여서, 맞벌이가족에서도 자녀양육이나 가사노동을 여성이 전담하거나 주로 해야 한다고 응답한 비율이 높게 나타났다. '슈퍼우먼 콤플렉스(superwoman complex)'는 이처럼 아내나 부모, 직장인으로서의 모든 역할을 완벽하게 해내려는 여성을 묘사하기 위해 만들어진 용어이다.

표 5-4   맞벌이 및 외벌이 가구의 시간사용   (단위: 시간, 분)

| | 맞벌이 가구 | | | 외벌이 가구 | | | | | |
| | | | | 남편만 취업 | | | 아내만 취업 | | |
	전체	남편	아내	전체	남편	아내	전체	남편	아내
필수시간	11:12	11:11	11:12	11:26	11:18	11:34	11:46	12:16	11:17
수면	7:53	7:54	7:53	8:03	7:53	8:13	8:09	8:30	7:48
식사 및 간식	1:57	1:59	1:55	2:03	2:04	2:02	2:00	2:05	1:54
기타 개인유지[1]	1:21	1:18	1:24	1:20	1:20	1:20	1:38	1:41	1:35
의무시간	9:04	8:46	9:24	8:03	8:43	7:22	6:20	3:40	8:57
일(구직활동 포함)	5:15	5:50	4:37	3:01	5:46	0:08	2:30	0:18	4:39
학습	0:03	0:04	0:03	0:08	0:04	0:12	0:08	0:10	0:06
가사노동[2]	1:58	0:54	3:07	3:13	0:53	5:41	2:18	1:59	2:36
이동	1:48	1:58	1:37	1:41	2:00	1:20	1:24	1:12	1:36

여가시간	3:44	4:02	3:25	4:31	3:59	5:04	5:53	8:04	3:46
교제 및 참여	0:48	0:42	0:54	0:58	0:41	1:15	1:07	1:08	1:06
문화 및 관광	0:03	0:03	0:03	0:03	0:02	0:04	0:01	0:01	0:02
미디어 이용	2:02	2:14	1:49	2:25	2:12	2:39	3:16	4:38	1:56
스포츠 및 레포츠	0:24	0:30	0:18	0:31	0:30	0:32	0:47	1:16	0:19
기타[3]	0:27	0:34	0:20	0:33	0:35	0:33	0:42	1:01	0:23

주 1) 개인건강관리, 개인위생, 외모관리 등
　　2) 가정관리, 가족 및 가구원 돌보기
　　3) 집단게임·놀이, 컴퓨터·모바일게임, 개인 취미활동, 유흥 등
출처: 통계청(2020). 2019년 생활시간조사결과.

(2) 자녀양육자 부재

맞벌이가족의 자녀양육에서 가장 우선적인 문제는 자녀의 연령이 어린 경우 양육자 부재 문제에 직면하게 되는 것이다. 전통가족에서와는 달리 가족형태가 핵가족화됨으로써 여성이 취업할 경우 이를 대치할 양육자의 부재가 가장 큰 문제로 대두된다. 1991년 「영유아보육법」의 제정과 1995년 보육시설 확충 3개년 계획으로 보육시설의 양적·질적 차원에서 상당 부분이 개선되어 왔다. 그러나 아직도 보육시설은 취업모의 다양한 욕구를 충족시켜주지 못하는 경우가 대부분이다. 이러한 이유로 인해 첫 자녀가 3~4세가 되고 둘째 자녀를 출산하게 될 경우 여성이 노동시장에서 퇴장하는 비율은 급격하게 상승한다. 그 결과, 우리나라 여성의 취업패턴은 선진국과는 대조적으로 M자 곡선[1]을 보이게 된다(〈그림 5-1〉 참조). 어린 자녀의 존재 여부는 여성들의 취업중단 경험에서 가장 많이 언급되는 요인이며, 최근의 저출산율은 이러한 갈등을 그대로 반영하는 것이다.

또한 역할분담 실태나 의식에 비추어볼 때, 자녀양육과 관련된 역할분담도 문제이다. 앞서 살펴본 바와 같이 가사활동 시간 가운데 가장 많은 시간을 차지하는 것은 음식준비와 가족 보살피기로 나타났다. 이는 모든 연령층을 평균적으로 제시한

---

1) 2023년 통계청 자료에 의하면 여성의 혼인과 출산연령이 늦어지면서, 고용률이 떨어지는 연령대도 뒤로 밀린 것으로 보이며, 따라서 M자 곡선이 점차 완화하고 있는 모양새다.

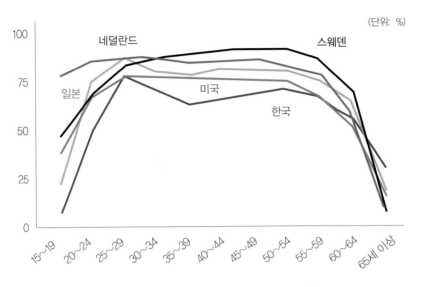

(단위: %)

〈그림 5-1〉 **국가별 여성 생애주기 경제활동참가율**

출처: 김지연(2023). KDI 현안분석: 30대 여성 경제활동참가율 상승의 배경과 시사점. 세종: 한국개발연구원.

것이며 영유아기의 자녀가 있는 경우, 육아시간이 가장 높은 비율을 차지한다. 또한 다른 가사역할에 비해 육아와 관련된 역할은 아직도 대부분이 여성의 몫으로 남아 있다. 대부분의 여성들은 자녀양육을 자신이 전담해야 하는 일로 생각하는 경향이 있으며, 자녀양육에서 남편의 분담의식은 상당히 낮은 편이다.

맞벌이가족에서 부모역할 수행의 어려움은 아직 맞벌이가족을 보편적인 형태로 인정하지 않는 인식의 문제에서 비롯되며, 자녀돌봄의 역할을 부모가 아닌 어머니 중심으로 인식하는 이러한 문화적 관습은 맞벌이가족의 어머니에게 부담을 더욱 가중시키는 요인으로 작용한다(송혜림 외, 2009).

2) 맞벌이가족의 자녀양육문제

맞벌이가족이 가지고 있는 이러한 속성으로 인해 자녀양육에서 여러 가지 어려움을 경험할 수 있다. 맞벌이가족 내에서도 자녀의 연령, 부부간의 역할분담방식, 배우자 및 가족원의 지지, 소득수준이나 근무조건 등에서 다양성과 이질성이 존재하며, 이들 요인에 따라 맞벌이가족의 부모-자녀관계도 영향을 받는다. 연구결과에서도 자녀가 어릴수록, 가사노동시간이나 근무시간이 길고 배우자의 지원이 적을 경우 일-가족 양립 갈등은 증대되며(유계숙, 2008), 미취학자녀가 있는 기혼 맞벌이 여성이 미취학자녀가 없는 기혼 맞벌이 여성에 비해 일-가족갈등을 더 많이 겪고 있는 것으로 나타났다(문영주, 2013).

또한 우리나라와 같이 실제로는 핵가족이지만 부계직계가족의 속성을 다분히 가지고 있는 사회에서는 조부모의 지원에 따라서도 부모-자녀관계는 영향을 받는다. 맞벌이가족에서 조모의 권위있는 양육방식은 유아의 문제행동과 부적 관계를 보이는 반면, 조모의 권위주의적 양육방식은 유아의 문제행동과 정적 관계를 보이는 것으로 나타났다.

그 외에도 가족친화적 근무환경의 조성여부도 맞벌이가족의 자녀양육문제에 영향을 미치는 요인이다. 지금까지 정부차원에서는 탄력적 근무시간제, 직장 내 보육시설운영, 부양가족 지원 프로그램 등 가족친화적 프로그램을 도입함으로써 조직의 성과를 높이고 조직원들의 조직몰입을 증진시키는 데 주력해 왔다(이영지, 2011). 그러나 직장 일이 가정생활에 미치는 부정적 영향보다 가정생활이 직장 일에 미치는 부정적 영향이 더 클 뿐 아니라 직장 일이 가정생활에 미치는 긍정적 영향보다 가정생활이 직장 일에 미치는 긍정적 영향이 더 큰 것으로 나타난 연구결과는 가족친화적인 조직문화를 도입하는 것 못지않게 가족지지, 배우자의 가사분담과 같은 가족 자원의 활용에 관한 관심이 보다 증대되어야 할 것임을 말해준다(문영주, 2013; 이진숙, 신지연, 2010).

3) 맞벌이가족의 부모역할 지원

맞벌이가족이 급격하게 증가하고 있는 반면에 여성의 출산과 양육 부담을 경감시켜주기 위한 배려는 아직 미흡한 것이 현실이다. 사회적 지원과 아울러 맞벌이가족의 부모역할을 지원하기 위해 개선해 나가야 할 점을 살펴보면 다음과 같다.

(1) 사회적 지원

맞벌이가족의 자녀양육 문제를 해결하기 위해서는 실제 부모들의 필요에 따라 다양한 형태의 보육시설의 양적 · 질적인 확충이 급선무이다. 직장보육시설이나 영아전담어린이집의 확충뿐 아니라 생애 초기에 집중된 보육정책으로 인해 초등학교 이상 자녀를 둔 부모의 역할지원을 위한 정책이 전무한 실정이므로, 초등학생 대상 방과후 교실을 확충하여 이들에게도 보육의 혜택을 줄 수 있는 제반 여건을 마련하는 것이 필요하다.

그 외에도 현행 보육제도의 틈새를 보완함으로써 부모의 양육부담을 경감시켜주는 아이돌보미사업의 확대 실시나 부모의 출퇴근 시간을 고려한 시간연장형 보육 등 맞벌이가족의 수요를 고려한 다양한 보육시설이 운영되어야 할 것이다.

다양한 형태의 보육시설의 설립뿐 아니라 제도적 보완이나 지원도 필요하다. 우리나라의 「근로기준법」 등에서는 임신 중의 여성 근로자에게 출산 전과 후를 통해 최장 90일(다태아는 120일)의 출산전후휴가를 보장하고 있다. 그리고 출산한 여성을 위해 10일(2025년 2월 23일부터 20일로 확대 시행)의 배우자 출산휴가를 부여해야 한다고 규정하고 있다. 또한 근로자가 희망하는 경우 자신의 신분, 지위를 상실하지 않고 일단 일을 중단했다가 다시 복직할 수 있도록 보장하는 육아휴직제도를 시행하고 있다. 우리나라의 「남녀고용평등법」과 「일 · 가정 양립지원에 관한 법률」에서는 사업주는 '만 8세 이하 또는 초등학교 2학년 이하의 자녀'가 있는 근로여성 또는 그를 대신한 배우자인 근로자가 양육을 위해 휴직을 신청하는 경우에 이를 허용하도록 한다고 규정하고 있다. 육아휴직에 대한 인식 개선으로 이를 이용하는 비율이 점차 증가하고는 있으나 휴직기간 동안의 소득보장을 통해 남성들의 육아휴직참여도를 높이는 것과 같은 제도적 보완이 필요하다.

(2) 자녀양육 지원

보육시설 확충이나 제도 개선과 아울러 부모 자신의 태도나 가족구성원의 도움은 실질적으로 가장 중요한 양육 자원이라고 볼 수 있다. 그러므로 맞벌이가족의 자녀양육에서는 다음과 같은 점을 고려하여야 한다. 첫째, 가정 내의 역할에서 가장 우선적인 것은 자녀양육과 관련된 역할이며, 이는 자녀가 어린 경우에는 특히 그러하다. 그러므로 일차적으로 자녀와의 상호작용 시간을 가장 우선적으로 분배하도록 노력해야 한다. 일찍이 Hoschschild(1997)가 지적한 바와 같이 맞벌이가족의 어머니는 자신의 자녀에 대한 죄책감을 가지고 있고 늘 피곤에 지쳐있다. 그러나 부모로서의 역할을 다하지 못하였다는 죄책감을 갖거나 그로 인해 과잉보호를 하는 것은 오히려 자녀의 발달에 부정적인 영향을 미친다. 그러므로 취업모의 양육스트레스는 감소시키고 양육효능감을 향상시키기 위한 교육 및 치료 프로그램 등의 지원이 필요하다.

둘째, 전통적인 대가족과는 달리 핵가족 내에서 아버지의 역할분담은 자녀의 성장에 가장 중요한 자원이 되므로, 아버지의 적극적인 참여를 지원하는 것이 필요하다. 최근 아동의 성장과정에서 아버지 참여의 긍정적인 측면이 강조되면서 많은 아버지들이 자녀양육에 관심을 가지고 이에 참여하려는 경향을 보이고 있다. 맞벌이가족이 직면하는 가장 큰 문제가 자녀양육이며, 자녀양육에서 아버지의 참여가 미치는 영향을 고려한다면 이러한 현상은 고무적인 것이다. 또한 배우자의 지원은 부인의 생활만족도에 가장 중요한 변인이라는 점에 비추어볼 때, 아버지의 참여는 간접적인 방식으로도 자녀양육에 긍정적인 영향을 미칠 수 있다.

셋째, 조부모의 지원도 한 가지 대안이 될 수 있다. 맞벌이가족의 육아문제를 해결하기 위한 방안으로 외형상으로는 핵가족이지만 실제는 확대가족의 성격을 갖는 수정핵가족이나 수정확대가족이 점차 증가하고 있다. 이러한 가족형태는 예전처럼 노부모 봉양을 위한 것이 아니라 자녀양육에서 도움을 얻기 위한 목적에서 증가하고 있다. 보육제도가 아무리 완비된다 하더라도 할머니의 손끝을 선택하는 우리 사회의 정서를 반영하는 것이다(사진 참조). 이는 노년의 여유를 박탈하는 문제, 부모세대와 조부모세대의 가치관의 차이로 인한 갈등을 야기시킬 수 있으

나, 맞벌이가족의 자녀양육에 긍정적인 영향을 미치는 훌륭한 대안임은 분명하다. 우리나라는 노인부양에서도 아직까지 가족부양을 우선시하는 문화이므로 노부모가 개인적인 시간을 갖도록 배려하거나 노후나 여가에 사용될 재정적 지원을 제공하는 것과 같은 방식으로 상호호혜적인 접근이 필요할 것이다.

4. 입양가족의 부모역할

입양은 혈연관계가 없는 타인의 자녀를 사회적·법적 절차를 통해 자신의 자녀로 입적하여 부모-자녀관계를 형성하는 것이다. 입양은 출산을 통해 부모가 될 수 없는 사람에게 부모가 될 수 있는 기회를 제공해줄 뿐만 아니라, 친부모가 기를 수 없는 아이를 위한 바람직한 해결책이라는 점에서 사회적으로도 긍정적인 것으로 평가할 수 있다. 입양을 통해 형성되는 입양가족(adoptive family)에서는 혈연관계가 없는 사람들끼리 인위적으로 부모-자녀관계가 형성되기 때문에 부모역할을 수행하는 데 또 다른 어려움이 있을 수 있다.

1) 입양가족의 특성

입양이 이루어지면 양부모는 친부모의 모든 권리와 의무를 이양받게 된다. 양부모가 자녀양육에 대한 모든 권리와 의무를 이양받는다고 하더라도 입양가족은 기본적으로 혈연관계가 없는 부모-자녀관계를 형성하게 되며, 이에 대한 사회적 편견도 무시할 수 없다.

(1) 혈연관계가 없는 부모-자녀관계

우리 사회는 혈연주의가 강하게 자리잡고 있으며, 부모-자녀관계는 혈연관계를 바탕으로 해야 함을 원칙이라고 생각하고 있다. 입양은 혈연관계 유무에 따라 가족 내 입양(related adoption)과 가족외 입양(unrelated adoption)으로 구분할 수 있는데,

전통적으로 우리나라에서는 가계계승과 가산의 상속을 위해 혈족중심의 가족내 입양이 이루어졌다. 형이 자식이 없는 경우에 동생의 장자(長子)를 입양하는 것이 보편적이었으며, 동생이 자식이 없는 경우에는 형의 차자(次子)를 입양하는 것이 보편적인 풍습이었다. 그러나 최근 저출산으로 인해 가족내 입양이 불가능할 뿐만 아니라 자신의 자녀를 다른 집의 자녀로 입양하는 것에 대한 거부반응으로 가족내 입양은 점차 감소하는 반면, 전혀 혈연관계가 존재하지 않는 가족외 입양의 비율은 점차 증가하는 추세이다.

현대사회에서 입양으로 맺어진 대부분의 부모-자녀관계는 혈연관계로 맺어진 관계가 아니기 때문에, 문제가 생기면 부모-자녀관계를 해소하겠다는 파양(破養)의 방법을 선택하는 것이 가능하다. 이러한 사실은 양부모가 아동에 대한 권리와 의무를 넘겨받았다 하더라도 이는 고정적인 것이 아니며 다른 대안이 존재한다는 것을 의미한다. 마찬가지로 자녀의 입장에서도 이러한 부모-자녀관계가 영속적이라는 믿음이 부족하며, 결과적으로 관계형성에 어려움이 있을 수 있다.

(2) 사회적 편견

우리 사회에는 새부모에 대한 편견과 유사한 편견이 입양부모에게도 존재한다. 이러한 편견으로 인해 부모-자녀 간에 흔히 있을 수 있는 일회성의 부정적인 상호작용도 친자녀나 친부모가 아니라는 이유로 왜곡되어 해석되며, 결과적으로 더욱더 문제를 악화시키는 요인이 된다. 인지행동이론의 관점에서 Beck(1976)은 이러한 왜곡된 사고의 문제를 지적해주고 있다. 그는 인간의 감정과 행동은 객관적인 현실보다는 주관적으로 지각하는 현실에 의해 결정되며, 이러한 과정에서 인지적인 오류가 영향을 미친다고 하였다. 우리 문화에서 성장하면서 한때 많은 아이들이 들어왔던 "다리 밑에서 주워왔다"라는 표현이 바로 이러한 인지적 왜곡과 관련된 것으로 해석할 수 있다. 이러한 말을 듣는 아이의 입장에서는 자신이 다리 밑에서 주워온 아이가 아니라고 부정하면서도 마음속으로는 "우리 친엄마가 아니라서 나한테 그렇게 했었나?" 하고 생각해보는 것은 누구나 어린 시절 한 번쯤은 경험해 보았음직한 사건이다. 이처럼 친부모-자녀 간에도 단순한 사건이 왜곡되어 해석될 수 있다는 사실에 비추어본다면 입양가족의 부모-자녀관계에서는 더욱 심각한 왜곡현상이 나타날 것으로 생각될 수 있으며, 결과적으로 이러한 생각은 다시 부정적인 행동을 유발하는 악순환이 일어나는 것이다. 우리나라에서 지금까지 비공개입양이 높은 비율을 차지하는 것은 바로 이러한 사회적 편견으로 인한 결과이기도 하다.

2) 입양가족의 자녀양육문제

역사적으로 입양은 친부모가 없는 혹은 친권을 포기한 아동을 위한 가장 성공적인 사회적 해법이라고 간주되어 왔다. 그러나 혈연관계가 아닌 입양가족의 자녀양육에는 또 다른 어려움이 있을 수 있으며, 이러한 어려움은 입양가족이 가지고 있는 구조적인 특성에 영향을 받기도 하지만 부모나 자녀와 관련된 여러 변인에 따라 차이를 보이기도 한다.

(1) 부모관련 변인

입양과 관련된 연구들에서 입양아동이 시설이나 위탁기관에서 자라는 아동들보다 적응을 잘하며(Borders, Black, & Pasley, 1998), 자녀를 양육할 의사가 없는 친부모에 의해 양육된 아동보다 오히려 적응을 잘하는 것으로 나타났다(Brodzinsky, 1993). 실제로 자신의 양부모와 친밀한 관계를 형성하는 아동은 사회적인 적응능력이나 자아존중감에서 비입양아동과 아무런 차이가 없는 것으로 나타났으므로(Borders et al., 1998), 입양 자체가 문제를 유발한다고 볼 수는 없다는 것이다. Silverman(1993)은 해외입양인 경우에도 인종 간의 차이가 있음에도 불구하고 아동의 적응이나 자아존중감에서 국내입양과 비교해 거의 차이가 없는 것으로 보고하였다. 그러나 많은 입양아동이 정상적으로 기능하지만 장기적인 측면에서 입양아동은 비입양아동보다 그들의 양부모와 친밀한 관계 형성이나 여러 가지 적응능력에서 취약한 것으로 나타났다(Brodzinsky, 1993). 이러한 차이는 다음과 같은 입양부모의 특성으로 인해 유발되는 경우가 많다.

첫째, 부모의 낮은 자아존중감이 자녀와의 관계형성을 어렵게 하는 요인이 된다는 것이다. 일반적으로 불임으로 인해 입양을 하는 양부모들은 친부모보다 자녀양육에 대한 자신감이 낮은 것으로 나타났다. 이러한 사실은 불임과 관련된 수년간의 고통과 관련된 슬픔, 입양에 대한 불확실성, 불임과 입양에 대한 사회적 낙인 등에 기인한다고 볼 수 있다(Borders et al., 1998). 입양을 원하는 경우는 대부분 불임이 주요 요인이 되며, 따라서 입양부모들은 대부분이 불임치료를 위해 수년간을 병원에 다닌 경험과 동시에 보조생식의 방법을 시도해 본 경험이 있는 경우가 많다. 이러한 과정에서 형성되는 낮은 자아존중감은 결과적으로 자녀와의 관계형성에 어려움을 초래하며, 그 결과 유자녀입양가정 아동에 비해 불임입양가정 아동이 보다 높은 수준의 문제행동을 보이는 것으로 나타났다(안재진, 권지성, 변미희, 최운선, 2009).

둘째, 입양 후 부모의 양육태도와 의사소통방식도 영향을 미친다. 양부모가 입양자녀에게 온정적이고 수용적인 태도를 보일 때 자녀는 보다 적응을 잘하는 것으로 나타났다. 또한 가족원이나 부부간에 입양에 대해 개방적인 의사소통 방식을 유지할 경우 폐쇄적인 가정보다 적응을 잘하는 것으로 나타났다.

셋째, 양부모가 갖는 잘못된 기대가 관계형성을 방해하게 된다. 대부분의 양부모들은 입양 후 자녀가 빠른 시일 내에 자신의 가족에 완전하게 동화될 것이라는 잘못된 기대를 하고 있는 경우가 많다. 그러나 아동은 이전 가정에서의 유기 경험으로 인해 유대관계를 형성하는 데 어려움이 있을 수 있으며, 부모의 그러한 기대는 스트레스로 작용하여 결과적으로 관계형성을 어렵게 한다(Barth & Berry, 1988).

Richard Barth

넷째, 부부관계에서의 문제가 자녀와의 문제에 영향을 미치게 된다. 부부간에 한쪽이 지나치게 입양아동에게 시간과 노력을 쏟음으로 인해서 상대방 배우자가 소외감을 느끼게 되며, 이는 결과적으로 자녀와의 관계형성을 어렵게 만드는 요인으로 작용한다.

그 외에도 입양가족의 사회경제적 특성도 영향을 미치는데, 저소득층이고 교육수준이 낮고 연령이 많은 한부모가족에서 적응문제가 보다 빈번하게 나타난다.

(2) 자녀관련 변인

입양가족에서의 자녀양육문제는 자녀와 관련된 변인에 따라서도 상이하다. 첫째, 아동이 특별한 장애를 가진 경우이다. 일반적으로 신체장애는 특별한 부적응 요인으로 작용하지 않으나 공격성이나 절도, 가출과 같은 정서 · 행동장애를 가진 아동일수록 입양 이후의 부적응에 큰 영향을 미치게 된다. 입양을 원하는 대부분의 가정에서는 신체적, 정신적으로 건강한 아동을 입양하기를 희망한다. 그러나 입양되기를 기다리는 아동은 신체적, 정신적 장애가 있는 경우가 상당히 높은 비율을 차지한다. 이들 아동은 입양이 늦어짐으로 인해 신체적 · 성적 학대나 위탁시설의 잦은 이동과 같은 외상적 경험을 가지고 있으므로 입양이 된다 하더라도 여러 가지 적응문제에서 어려움을 보이게 된다.

둘째, 입양 전 가정에서의 부정적인 경험이 부모-자녀 간의 관계형성에 어려움을 초래한다는 것이다. 입양은 아동의 친부모가 사망이나 경제적 이유 등으로 인해 친부모 역할을 수행할 수 없을 경우에 자녀양육권을 포기함으로써 이루어진다. 그러므로 입양아동들은 입양의 이유와 무관하게 그들의 친부모로부터 버림받았다는 공통적인 특성을 가지고 있다. 이러한 사실은 이후 입양부모와의 유대감을 형성하는 데 어려움을 유발하는 요인이 될 수 있다. 뿐만 아니라 성장하면서 경험하게 되는 정체감 혼란의 문제 또한 심각하다. 특히 인종이나 문화적 차이가 크게 나타나는 국외입양에서는 입양아동이 경험하는 정체감의 문제는 더욱 심각하다(허남순, 1997). 친부모에 의한 양육포기 자체가 상실감을 유발하는 것은 아니며, 나이 어린 아동은 입양을 긍정적으로 받아들인다고 한다. 그러나 초등학교에 들어가서는 출생과 입양을 분명하게 구분하고, 혼란과 스트레스를 경험하며, 가족내의 안정감이나 영속성에 대한 인식이 낮아지는 것으로 나타났다(Brodzinsky, Singer, & Braff, 1984).

또한 입양을 의뢰하는 친부모는 결혼은 했지만 배우자의 사망이나 빈곤 등과 같은 사유로 자녀를 양육하기 어려운 경우이거나 결혼을 하지 않은 상태에서 자녀를 갖게 된 미혼부모가 대부분을 차지하고 있다. 이들 미혼부모는 대부분이 십대 후반에서 이십대 초반의 연령층으로 자녀를 양육할 준비가 되지 않은 경우가 많으며, 결과적으로 초기의 애착형성에 실패하는 경우가 많다. 그 외에도 입양아동 가운데에는 가정폭력이 이루어지는 가정에서 성장한 경우가 많으며, 출생 전 친부모의 스트레스 수준이나 영양상태, 약물복용, 음주나 흡연과 같은 요인들이 입양아동의 적응에 영향을 미친다(Brodzinsky, 1993; McKenzie, 1993).

셋째, 아동의 연령에 따라서도 적응수준은 달라진다. 입양아동의 연령은 생후 6개월을 중심으로 영아입양과 연장아입양으로 구분할 수 있는데, 이 가운데 영아입양이 보다 높은 비율을 차지하며, 영아입양보다 연장아입양의 경우 적응에 어려움을 보이는 것으로 나타났다(안재진 외, 2009). 입양아동이 입양기관에 왔을 당시의 연령도 중요한 영향을 미친다. 입양아동의 연령이 증가할수록 이후의 적응에 어려움을 보이는 것으로 나타났다(McKenzie, 1993).

넷째, 입양아동의 적응에 궁극적으로 영향을 미치는 요인은 입양아동의 스트레스 대처양식이다. Brodzinsky(1993)는 아동의 입양 이후 적응은 아동이 입양경험을 어떻게 보고 평가하며, 입양과 관련된 스트레스에 대처하기 위해 어떤 대처방식을 사용하는가에 좌우된다고 하였다. 입양에 대한 아동의 평가방식은 아동의 인지 발달 수준이나 기질, 자아존중감, 출생 전후의 여러 요인들의 영향을 받게 된다. 아동이 입양 자체를 위협적인 것으로 간주할 경우에는 불안이나 혼란, 분노와 같은 부정적인 정서상태를 경험하지만, 그렇지 않은 것으로 인식할 경우에는 보다 긍정적인 정서를 경험하게 된다. 이처럼 부정적인 정서상태를 경험할 경우에 이에 대한 대처전략에 따라 적응은 차이를 보이게 된다. 대처전략 가운데 재평가와 같은 전략은 아동의 적응능력을 높여주지만, 회피와 같은 대처전략은 적응을 저해하는 것으로 볼 수 있다. 자신에게 낙인을 찍거나, 입양사실에 대한 생각을 의도적으로 회피하려고 시도하거나 입양을 생각나게 하는 모든 일들을 회피하려는 회피전략에 과도하게 의존할 때 부적응의 비율은 높아진다.

다섯째, 아동이 위탁시설에 체류한 기간도 영향을 미친다. 입양아동은 가족으로부터 분리된 정서적인 충격의 경험뿐만 아니라 학대경험도 가지고 있을 수 있다. 입양되기 이전에 거부와 학대뿐만 아니라 장기간 위탁시설에 머물면서 양육환경에서 많은 변화를 경험한 것도 입양 이후의 적응에 영향을 미칠 가능성이 크다

(Brodzinsky, 1993).

3) 입양가족의 부모역할 지원

입양은 여러 가지 측면에서 긍정적인 영향을 미치게 된다. 우선 친부모의 입장에서는 임신은 했으나 키울 능력이 없는 경우 자녀에게 보다 나은 보금자리를 마련해 줄 수 있다는 이점이 있으며, 입양을 하는 양부모에게는 자녀를 갖지 못하는 문제를 해결해줄 수 있다는 이점이 있다. 또한 자녀에게는 자신이 태어난 가정보다 더 좋은 가정환경에서 성장할 수 있다는 긍정적인 측면도 있다. 이러한 긍정적인 효과를 극대화시키기 위해서는 사회적 지원이나 자녀양육에서의 지원이 필요하다.

(1) 사회적 인식의 전환

입양에 대한 사회적 인식도 변화되어야 할 부분이다. 혈연관계가 아니라는 이유로 입양에 대한 왜곡된 생각은 오히려 입양에서의 적응을 저해하는 요인이 된다. 다행스럽게도 최근 입양에 대해 상당한 인식의 변화가 나타나고 있다. 전통사회에서는 자녀가 없는 경우에 가문의 대를 잇기 위한 수단으로 입양을 하는 것이 입양의 중요한 동기였다. 그러므로 입양아동은 주로 남아였으며, 가족내 입양이 거의 대부분을 차지할 수밖에 없었다. 그러나 1987년부터는 이전과는 달리 입양아동의 성별 구성에서 여아의 비율이 남아보다 증가하였으며, 남아입양보다 여아입양을 선호하는 것으로 나타났다(박영호, 신동면, 2017). 이는 입양의 동기가 가문의 대를 잇겠다는 것에서 자녀를 양육하면서 즐거움을 추구하는 것으로 변화한 것이라고 볼 수 있다. 키운 이후의 결과보다 오히려 키우는 과정에서 얻는 기쁨에 더 많은 비중을 두고 있는 것이다. 최근 회자하고 있는 '가슴으로 낳은 자식'이라는 표현은 이러한 인식의 변화를 잘 반영하고 있다.

입양이 제2의 출산이라는 사회적 인식 제고를 위해 국가에서는 2006년부터 실시한 공무원 입양휴가제(14일)를 2010년부터 확대(20일) 실시하고, 아동의 권익을 강화하기 위해 2012년 입양특례법을 개정하였다(보건복지부, 2015). 이에 따라 2022년부터 입양축하금(200만 원)과 입양아동 양육수당(월 20만 원)을 인상하여 지원하고, 지원 대상의 범위도 만 18세 미만 아동으로 확대하는 등 입양아동의 복지증진을 도모하기 위해 노력하고 있다.

(2) 제도적 지원

제도적 지원에서 우선적으로 고려해야 할 점은 첫째, 공개입양을 위한 제도적 지원이다. 비공개입양이 가지고 있는 여러 가지 부정적인 영향에 비추어 볼 때, 재정적 지원과 같은 제도적인 지원을 통해 공개입양을 유도해 나가는 것이 필요하다. 최근 입양에 대한 사회적 인식의 변화와 더불어 점차 공개입양의 비율이 증가하고 있는 추세인데, 이는 공개입양이 부모와 입양아 모두의 건강한 발달을 촉진시킨다는 믿음에 기인한 것이다. 연구결과, 대부분의 입양부모들은 공개입양을 선호하며(박영호, 신동면, 2017), 실제 공개입양을 한 이유도 진실에 기반한 부모자녀 관계를 형성하고 신뢰에 바탕을 둔 부모자녀관계를 형성할 수 있기 때문인 것으로 나타났다(남연희, 김의남, 2006). 공개입양의 성공여부는 자녀의 입양사실을 공개하는 방법이나 시기가 가장 중요하므로 자녀의 특성을 고려하여 결정해야 한다. 그러나 입양사실을 공개하는 것은 입양부모에게 상당히 어려운 일이므로 전문성을 갖춘 입양기관과 단체가 주도하는 입양가족캠프 등이 도움이 될 수 있다. 입양가족캠프에 참여함으로써 입양 사실에 대한 대화를 나눌 수 있는 적절한 공간과 시간을 갖게 되며 보다 깊은 대화도 가능하다(권지성, 변미희, 안재진, 최운선, 2018).

둘째, 입양절차나 입양이후에 대한 체계적인 관리가 이루어져야 한다. 국내 입양절차는 민간입양기관이 주도하는 '검증의 단계'와 법원이 주도하는 '허가의 단계'로 구분되어 있다. 입양기관에서는 입양신청 단계와 입양 부모-아동 결연단계가 진행되며, 이후 가정법원이 입양을 허가하면, 입양기관은 입양가족을 대상으로 한 사후관리 단계를 진행하게 된다. 국내 입양절차의 문제점은 '구체화된 실무지침의 부재' '표준화된 기록과 정보 공유체계의 부재' '사전 교육 및 전문 역량지원 체계의 부재'로 나타났다(권지성, 정익중, 박현선, 김아롱, 2022). 우리나라의 입양특례법에는 양친이 될 사람은 양자가 될 사람의 복지를 위하여 보건복지부령으로 정하는 필요한 요건을 갖출 것을 명시하고 있다. 즉, 입양을 하고자 하는 양부모는 심신이 건강하고 양자가 성인이 될 때까지 부모로서 충분한 경제적, 정서적 지원을 해주고 사랑으로 양육할 수 있는 부모여야 한다. 무엇보다도 중요한 것은 부모 자신이 정서적으로 건강하고 아동에게 정서적 안정감을 제공하고 자녀의 행동을 수용할 수 있는 사람이어야 한다고 규정하고 있다. 이러한 규정은 입양에서의 성공적인 적응을 위한 사전 여과장치라고 볼 수 있다.

그러나 이러한 외형적인 규정 외에 입양 이후에도 체계적으로 입양가족의 적응 문제를 도와주려는 노력이 필요하다. 입양아 학대는 양부모와 동거 직후부터 평균 25.4개월 이내 발생했으나 신체학대로 인한 사망 사건의 경우 입양 후 평균 10.3개월 이내에 학대가 발생한 만큼 모든 입양과정에서 양육자에 대한 적합성과 적격성을 검증하는 신중하고 책임성 있는 제도와 절차가 필요하며, 아동 배치 후 최소 1년간 모니터링과 양부모 사후서비스가 필요하다(박현선, 안소영, 최미숙, 2023). 양친과 양자의 상호적응상태에 관한 관찰 및 이에 필요한 서비스, 입양가정에서의 아동양육에 필요한 정보의 제공, 입양가정이 수시로 상담할 수 있는 창구 개설 및 상담요원 배치 등 현재 입양특례법에서 규정하고 있는 사후서비스가 지속적으로 이루어져야 할 것이다.

셋째, 국내입양에 대한 정부 차원의 지원이 필요하다. 한국전쟁 이후 전쟁고아 해외보내기로 시작된 근대적 의미의 입양은 현재에도 지속되고 있다. 전후 해외 입양 시행 초기에는 전쟁고아와 혼혈아가 대부분이었으나, 1970년대 이후에는 미혼모의 자녀가 다수를 이루고 있는데 이는 제도화된 합법적 결혼만이 임신과 출산을 정당화하는 사회문화적 규범과 해외 입양이 아동 양육에 더 바람직한 환경을 제공한다는 생각에 기인한다. 또한 한국의 해외 입양 사업은 국가와 민간기관이 밀접한 연관성을 지니고, 입양 전문기관은 수수료가 높은 해외 입양을 통해 경제적 이익을 취하고 국가는 민간기관들의 해외 입양을 지원하는 중요한 배후 역할을 해왔다(손승영, 2020). 그러나 우리나라의 국민소득이나 저출산율 등 제반여건을 고려해 볼 때 국내입양을 활성화하기 위한 체계적 지원이 필요하다.

(3) 자녀양육 지원

입양에 대한 부정적인 사회적 인식으로 인해 입양부모역할에 대한 우려감은 입양가족의 적응을 저해하는 중요한 요인이다. 따라서 심리상담 등의 사후서비스 강화나 지속적인 부모교육이 필요하다. 입양에서의 성공적인 적응을 위해서는 자녀양육에서 다음과 같은 여러 가지 측면에서 배려가 필요하다. 첫째, 자녀의 입양사실에 대해 개방적인 태도를 갖는 것이 바람직하다. 공개입양 어머니들은 입양으로 인해 어려움을 겪는 자녀의 감정을 공감하고 수용하기 위해 노력하고 입양기관들에서 제공하는 다양한 입양 관련 프로그램이나 자조집단에 참여하며, 이러한 참여 경험이 입양자녀에게 유익한 것으로 보인다(이선형, 임춘희, 배지연, 2021). 그러나 부모가 자신의 출생을 비밀로 하게 되면 자녀는 자신의 입양이 수치스러운 일이라고 생각하게 되며, 자녀가 성장과정에서 우연히 자신의 입양사실을 알게 됨으로써 혼란에 빠지게 될 수도 있다.

둘째, 자신의 출생에 대해 알고자 하는 욕구를 인정해 주어야 한다. 특히 해외입양은 정체성 형성에서 심한 어려움을 경험하게 된다. 피부색이 다른 것 등에서 오는 혼란을 극복하지 못하는 경우가 더욱 심각하다. 따라서 아동이 자신의 부모를 찾고자 하는 욕구를 존중해주고 지지해주는 것이 중요하다. 입양아들은 자신의 혈통에 대해 관심을 가지고 있고, 자신의 뿌리를 찾고자 하는 욕구를 가지고 있으며, 친부모를 찾으려는 대부분의 입양아들은 입양부모에 대해 만족하고 있는 것으로 나타났다. 이들은 긍정적인 자아개념을 가지고 있으며 친부모를 찾는 것은 친부모를 모르는 데에서 오는 정체감의 혼란을 감소시키기 위한 것이다. 그리고 재회의 경험을 통해 자아개념이나 대인관계가 보다 향상된 것으로 나타났다(Brodzinsky, 1993).

셋째, 신체적, 정신적 장애를 가진 입양아동이나 연장입양아동의 부모역할은 더욱더 어려움을 가중시키는 요인으로 작용한다. 연장입양아동들의 경험에 대한 분석결과, '과거로부터 탈출하다' '사랑을 배우다' '진짜 가족이 되어가다' '입양인으로 살아가다' 등이 중요한 주제로 나타났다(권지성, 정익중, 민성혜, 신혜원, 2012). 이는 연장입양아동의 적응에는 자신의 출생가족 경험에서 벗어나 입양가족의 구성원으로 적응해나가는 과정에는 상당한 시간과 노력이 필요함을 말해준다. 또한 장애입양아동의 경우에도 입양아동이 갖는 공통적인 어려움 이외에도 장애로 인한 어려움이 가중된다. 따라서 장애아동 입양가족이나 연장아동 입양가족과 같은 특별한 욕구를 가진 가족들을 위해서는 전문화된 자조모임을 주기적으로 운영하거나 장애를 교정하고 개선시켜나가기 위한 각별한 지원이 필요하다.

넷째, 부모의 온정적이고 수용적인 양육태도는 자녀의 적응능력을 높여주는 중요한 요인이다. 연구결과에서도 입양부모의 양육태도는 입양아동의 문제행동과 관련되며(안재진 외, 2009), 부모의 양육태도가 통제적인 경우보다 민주적인 경우에 자아개념에 긍정적인 영향을 미치는 것으로 나타났다(변미희, 권지성, 안재진, 최운선, 2009). 또한 부모의 양육태도는 입양에 대한 불충분한 준비 다음으로 파양을 결정하는 중요한 이유로 나타났다(이미선, 박미정, 2010). 그러므로 입양부모를 대상으로 한 지속적인 부모상담과 교육적 지원이 필요하다.

5. 보조생식술을 통한 부모역할

최근 우리 사회에는 자발적으로 자녀를 출산하지 않는 무자녀가족이 증가하고 있지만, 또 한편에서는 난임으로 진단되는 부부의 비율도 증가하고 있다(〈그림 5-2〉 참조). 난임은 피임을 하지 않고 정상적인 부부 관계를 해도 1년이 넘도록 임신이 되지 않는 상태를 말하는 것으로, 난임 비율이 증가하면서 보조생식(assisted reproduction)의 방법으로 부모가 되고자 하는 사람들의 비율도 점차 증가하고 있다.

1) 보조생식의 문제

1978년 첫 시험관 아기인 Louise Brown의 탄생은 부모가 될 수 있는 혁명적인 방법으로 커다란 환영을 받았다. 이후 보조생식(assisted reproduction)기술에서 큰 진전이 이루어졌다(사진 참조). 정자와 난자 기부자에 의한 인공수정(artificial insemination

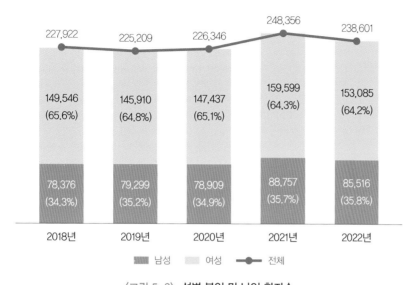

〈그림 5-2〉 성별 불임 및 난임 환자수
출처: 건강보험심사평가원(2023). 불임 및 난임 시술 진료현황 분석.

by donor), 체외수정 및 배아이식(in vitro fertilization & embryo transfer) 그리고 대리모(surrogate mothers) 등의 방법들이 발전되었으며, 그 방법상에서도 많은 진전이 이루어지고 있다(사진 참조) ('보조생식술의 유형' Box 참조).

보조생식의 방법은 불임인 부부에게 부모가 될 수 있는 긍정적인 방법임은 분명하다. Golombok과 그의 동료들(1995)은 자연적으로 임신한 아이들과 보조생식술을 통해 출생한 아동의 사회정서발달 및 가족관계를 비교하였다. 연구결과, 놀랍게도 보조생식술로 출생한 아동의 가족이 자연출생한 자녀의 가족보다 불안이나 우울수준이 낮고, 이들의 어머니는 자녀에 대해

사진 설명 한국 최초의 시험관 아기로 태어난 남녀 쌍동이와 시술을 맡았던 장윤석 교수

보다 양육적이고, 온정적이며, 수용적이고, 보다 많은 상호작용을 하는 것으로 나타났다. 즉, 보조생식술로 태어난 아동의 부모가 부모역할에서 보다 기능적인 것으로 나타났다.

이러한 주장에도 불구하고 보조생식의 방법으로 부모가 되는 것은 다음과 같은

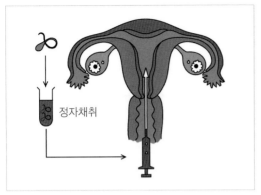

정자채취

🔍 사진 설명 인공수정 시술.

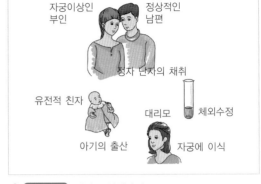

자궁이상인 부인　정상적인 남편
정자 난자의 채취
유전적 친자
대리모　체외수정
아기의 출산　자궁에 이식

🔍 사진 설명 대리모 임신방법.

면에서 어려움이 있을 수 있다. 첫째, 친자관계와 관련된 문제이다. 정자기증에 의한 인공수정의 방법은 태아는 어머니와는 유전적으로 관련이 있지만 아버지와는 관련이 없다. 반대로 난자기증의 경우에는 자녀가 아버지와는 유전적으로 관련이 있지만, 어머니와는 아무 관련이 없다. 그리고 난자와 정자가 모두 기증된 경우에는 태아는 양쪽 부모 모두와 아무런 관련이 없게 된다. 체외수정의 방법으로 수정되는 태아는 양쪽 부모 모두와 유전적으로 관련이 있다. 대리모의 경우에는 난자와 정자가 기증되었는지의 여부에 따라 양쪽 부모 혹은 한쪽 부모와 유전적 관련이 있

보조생식술의 유형

시험관 아기

보조생식의 원조는 시험관 아기라고 일컬어지는 체외수정 및 배아이식술(In Vitro Fertilization & Embryo Transfer: IVF-ET)이며, 아직도 널리 사용되는 방법이다. 일반적으로 우리가 말하는 시험관 아기는 의학적인 용어로 말하면 체외수정 시술 및 배아이식이라고 볼 수 있다. 이는 여성의 난소에서 채취한 난자라는 하나의 세포와 남성의 정자라는 세포가 시험관 내에서 만나게 한 후, 이 세포가 2~16개로 분열할 무렵에 다시 자궁 속으로 이식시켜 주는 것을 의미한다. 그 외에도 생식세포난관내이식술(gamete intrafallopian transfer: GIFT), 접합자난관내이식술(zygote intrafallopian transfer: ZIFT) 등을 들 수 있다. 생식세포난관내이식술은 최소한 한쪽 난관이 정상일 때 과배란 유도에 의해 채취한 난자와 정자를 동시에 난관에 이식한 다음 임신을 유도하는 방법이다. 이것이 체외수정과 다른 점은 체외에서 수정 및 배양을 하지 않고 생식세포, 즉 난자와 정자를 난관에 그대로 이식하는 방법으로서 난관의 팽대부에서 수정이 일어나는 자연적인 방법에 기초한 것이라는 점이다. 또한 접합자난관내이식술은 체외에서 수정이 확인된 접합체(zygote)를 난관에 이식하는 방법이다.

정자기증에 의한 인공수정

정자기증자에 의한 인공수정방법(Artificial Insemination by Donor: AID)은 보조생식기술 가운데 가장 일반적으로 사용되는 방법이다. 이 방법은 기증자의 정자를 임신이 가능한 여성의 자궁 속에 주입하는 방법이다. 이러한 방법은 남성이 불임이거나 헌팅턴 무도병이나 테이 삭스병과 같은 유전적 질환을 가지고 있을 때 선택하는 방법이다. 이러한 경우 정자기증자는 대다수가 정자수령자를 알지 못하며, 이러한 익명성을 유지하기 위해 불임시술기관에서는 두 명 이상의 기증자의 정자를 혼합하여 사용하게 된다.

대리모

가장 논쟁의 여지가 있는 생식방법은 대리모(Surrogate Mothers)이다. 대리모의 방법은 아내가 불임이거나 유전적인 질병을 가지고 있거나 기타 임신이 불가능한 여러 가지 사유가 있을 때 남성의 정자를 다른 여성에게 인공수정을 시키는 방법이다. 이러한 경우 아이는 아버지의 유전자는 가지고 있으나 어머니의 유전자는 가지고 있지 않다. 대리모로 선택된 여성은 아이가 출생하면 대리모 계약을 맺었던 부부에게 아이를 양도하도록 되어 있다. 이는 최근에 사용하게 된 전혀 새로운 방법은 아니며, 우리나라의 씨받이 관행도 이에 해당한다. 또한 성경에서도 아브라함에게 아이를 낳아줄 수 없었던 사라는 남편에게 자신의 시종인 하가와 잠자리를 같이 하도록 하였다.

대리모의 또 다른 유형은 실험실에서 여성 자신의 난자에 남성의 정자를 수정시킨 다음 이것을 다른 여성에게 이식시키는 방법이다. 이러한 경우에는 아이가 비록 다른 여성의 자궁에서 성장하지만 부모의 유전적인 형질을 그대로 가지게 된다.

을 수 있다. 그러므로 부모와 자녀 간의 유전적인 관련성 여부에 따라 친자관계에서의 문제가 대두될 수 있다. 이러한 문제의 대표적인 사례는 다발성 동맥경화증을 가지고 있었던 Elizabeth Stern이 대리모를 통해 출산한 'baby M'의 경우이다. 'baby M' 사례에서 법원은 출산한 아이에 대한 부모의 헌법상의 권리 및 아동의 권리를 동시에 고려하여 양육권은 아버지에게, 방문권은 대리모에게 인정하였다. 우리나라의 경우 대리모 시술에 관한 동의와 계약들은 법적 중요성에도 불구하고 규제가 이루어지지 못하고 개인적 차원에서 선택의 문제로 남아있는 상황이다.

둘째, 아동이 갖게 되는 정체감 형성의 문제이다. 보조생식술로 출생한 아동은 자신의 정체감에 대해 심각한 혼란을 경험하며, 그들의 출생 사실에 대해 부모로부터 유린당했다는 느낌을 받기 쉽다고 하였다.

셋째, 윤리적인 문제이다. 인공수정의 방법을 통해 59세 여성이 쌍둥이를 출산한 것에 대해 출산한 아이를 양육할 만큼 오래 살지 못할 것이라는 윤리적 비판이 대두되었다. 그러나 이와 동시에 나이 든 여성은 자녀를 출산할 권리가 없는가에 대한 관점에서 또 다른 상반되는 윤리적 문제가 제기되기도 하였다(Barry, 1994).

또한 난자의 채취부터 착상에 이르는 전 과정에서 여성의 몸이 출산을 위한 기구로 도구화되고, 체외수정 시술 과정에서 많은 수정란(배아)이 폐기될 수밖에 없다는 문제점이 제기된다. 더구나 비배우자 간 인공수정이나 체외수정은 유전적 부성과 사회적 부성, 유전적 모성과 사회적 모성의 분리를 초래하며, 대리모를 이용하는 경우 더욱 복잡해진다는 점은 보조생식술을 통한 임신과 출산의 윤리적인 문제로 대두된다.

넷째, 보조생식술로 출생한 아동에게서 나타날 수 있는 잠재적인 위험과 관련된 문제이다. 최근 보조생식술로 인한 유전적 손상, 정액의 감염이나 기술 자체의 문제로 인한 잠재적인 위험에 대한 논의가 대두되고 있다. 이에 대한 연구에서 세포질내 정자주입술(Intracytoplasmic Sperm Injection: ICSI)로 출생한 아동은 자연적으로 착상된 태아나 체외수정에 의해 착상된 태아와 비교했을 때 대부분의 아동은 지적 발달이 정상범위 내에 속했으나, Baley 검사에서는 세포질 내 정자주입술에 의해 출생한 아동이 유의하게 낮은 점수를 보인 것으로 나타났다(Bowen, Gibson, Leslie,

& Saunders, 1998). 이는 임신의 자연적 과정을 방해함으로써 파생되는 문제는 다음 세대에서 유전적 요인에 미묘한 변화를 초래할 수도 있음을 의미한다.

이러한 여러 가지 문제로 인해 가톨릭 교황청에서는 이미 1949년에 인공수정은 신의 섭리에 반하므로 이에 반대한다고 밝힌 바가 있다. 이처럼 발전한 생명공학기술을 어디까지 받아들여야 할지는 아직도 찬반의 논쟁이 뜨겁다.

2) 보조생식술을 통한 부모역할 지원

이상과 같은 여러 가지 문제점에도 불구하고 난임부부의 증가로 인해 보조생식술을 사용하고자 하는 사람들은 증가하고 있으며, 이에 대한 지원이 필요하다.

첫째, 난임부부에 대한 비용 및 정서적 지원이 필요하다. 가임연령의 부부가 피임을 하지 않고 정상적인 부부생활을 할 경우, 1년 이내에 80~90%가 임신을 하지만, 여러 가지 원인에 의해 난임 비율은 점차 증가하고 있다. 이처럼 난임률이 높아지면서 보조생식의 방법을 이용하는 사람들은 증가하고 있어 경제적인 부담이 적지 않다. 최근 심각하게 낮아진 출산율로 인해 보건복지부에서는 난임시술 지원대상을 확대하고, 지원횟수와 난임시술 본인부담금에 대한 비용 지원을 확대하고 있다(〈표 5-5〉 참조). 그러나 현재 우리나라의 저출산 위기를 해소하기 위해서는 난임 지원 사업의 대상과 범위의 규제를 없애고 아이를 낳을 때까지 의료적 처치를 받을 수 있도록 지원이 점진적으로 확대되어야 할 것이다. 또한 보조생식술을 사용하는 과정에서 부부간의 적응이나 의사소통, 정신건강이 임신성공률에 영향을 미치므로 경제적

표 5-5 시술종류 및 여성 만 나이별 시술비 지원 상한액

적용대상 연령(여성 기준)		만 44세 이하	만 45세 이상
체외 수정	신선배아(1~9회)	최대 110만 원	최대 90만 원
	동결배아(1~7회)	최대 50만 원	최대 40만 원
인공수정(1~5회)		최대 30만 원	최대 20만 원

출처: 보건복지부(2023). 2023년 난임 부부 시술비 지원.

📷 **사진 설명** 불상의 코를 긁어 달여 먹으면 임신이 된다고 하여 피해를 입은 운주사 '와불'

지원뿐 아니라 이들의 정신건강을 위한 적절한 지원이 필요하다(배윤경, 강숙정, 2021).

둘째, 난임에 대한 사회적 인식의 변화가 필요하다. 2022년 우리나라에서 난임으로 진단된 대상자 수는 23만 8,601명(여성 15만 3,085명, 남성 8만 5,516명)으로, 남성의 비율이 35%에 이르는 것으로 나타났다(건강보험심사평가원, 2023). 이처럼 남성의 난임비율이 높음에도 불구하고, 우리나라에서는 전통적으로 자녀를 출산하지 못하는 것은 칠거지악의 하나로 죄악으로 간주하였고, 그로 인해 자녀를 출산하지 못하는 많은 여성들은 죄책감을 가지고 있었다. 그래서 돌부처의 코를 긁어다가 달여 먹으면 아이를 낳을 수 있다고 하는 것과 같은 임신과 관련된 여러 가지 미신이 오늘날에도 공공연하게 이루어지고 있다(사진 참조).

셋째, 정자나 난자매매에 대한 체계적인 관리가 필요하다. 외국에서는 정자은행을 통해 IQ가 좋은 남성의 정자를 채취하여 보관하였다가 난임여성에게 제공해주는 일이 이루어지고 있으며, 우리나라에서도 일부 머리 좋은 대학생의 정자가 비밀리에 거래되어 난임여성들에게 제공되고 있다. 특히 난자매매의 경우에는 난자를 제공한 여성은 이후 난임 가능성이 높다는 사실에 대한 인식이 필요하다. 따라서 정자나 난자가 하나의 상품으로 거래됨으로써 초래되는 여러 가지 문제를 사전에 예방하기 위하여 이에 대한 체계적인 관리가 필요하다.

넷째, 근본적으로는 난임예방을 위한 교육이 필요하다. 난임률을 감소시키기 위해서는 피임방법에 대한 교육이나 감염예방, 흡연 예방 프로그램 등과 같은 예방차원의 교육이 필요하다. 특히 미혼 여성의 경우 피임방법을 제대로 알지 못하여 임신중절의 합병증으로 나타나는 난임이나 성병감염, 기타 감염을 통한 난임은 사전에 예방이 가능한 난임의 원인이다. 또한 최근 여성취업률이 증가하면서 과도한 업무로 인한 스트레스가 원인이 되는 난임도 증가하고 있으므로 이에 대한 교육이 필요하다.

다섯째, 실제로 보조생식을 통해 태어나는 아이들 가운데 부모가 아닌 다른 사람으로부터 정자나 난자를 기증받아 태어난 아동은 자신의 출생에 대해 혼란스러운 감정이나 이로 인해 유발되는 정체감의 문제를 가질

🔊 **사진 설명** Aldous Huxley의 『멋진 신세계』

수 있다. 이러한 정체감의 문제는 인공수정으로 태어난 미래의 인간에 대한 Aldous Huxley(1932)의 『멋진 신세계(Brave New World)』에도 잘 묘사되고 있다. 이러한 문제에 대해 Gardner(1998)는 인간은 자신의 출생에 대해 알기를 원하며 동시에 알 권리가 있다고 했으며, 이는 한 개인의 정체감 형성에 중요한 요인으로 작용하므로 이에 대해 보다 개방적인 태도를 갖는 것이 보다 바람직하다고 하였다.

6. 청소년부모와 부모역할

일반 청소년이 학업과 취업을 성취한 후 결혼과 자녀 출산 및 양육이라는 단계적인 과정을 통해 자립을 이루는 것에 반해 청소년부모는 학업과 취업, 자녀 출산과 양육이라는 과업을 병행하는 부모 모두 연령이 만 24세 이하인 경우를 말한다.

1) 청소년부모의 현황과 특성

1인 가구의 급격한 증가와 비혼 동거나 출산 등에 대한 사회적 인식이 변화함에 따라 제4차 건강가정기본계획(2021~2025)에서는 세상 모든 가족을 포용하는 사회 기반 구축, 모든 가족의 안정적 생활여건 보장, 가족 다양성에 대응하는 사회적 돌

봄 체계 강화, 함께 일하고 돌보는 사회 환경 조성의 4개 영역별로 정책 과제를 마련하여 시행하고 있다. 그러나 청소년부모 가구는 그동안 주류 정책 대상으로 주목받지 못한 채 주로 조손가족이나 한부모가족 지원 사업을 통해 제한적으로 지원을 받아 왔다. 그러다가 2021년 3월 「청소년복지지원법」이 개정되면서 자녀를 양육하는 부모 모두의 연령이 24세 이하인 청소년부모 가구를 지원할 수 있는 법적 근거가 마련되었다. 청소년부모 가구의 92.9%는 부모가 모두 19세 이상~24세 이하이며, 부 또는 모가 만 19세 미만으로 부모나 성년후견인의 동의를 받아야만 결혼할 수 있는 미성년자 청소년부모 가구는 약 7.1%(126가구)를 차지한다(이상정, 2023). 우리나라의 「청소년기본법」에서는 청소년을 9세 이상 24세 이하로 규정하고 있으나 「청년기본법」에서는 청년을 19세 이상 34세 이하로, 「아동기본법」에서는 아동을 18세 이하로 규정하고 있기 때문에 청소년부모의 연령대는 청년이나 아동의 연령대와 중첩되기도 한다.

청소년부모의 특성 가운데 하나는 학업 단절로 낮은 소득수준의 직업에 종사할 수밖에 없고, 사회 진출 기간이 짧아 충분한 자산을 획득하기도 어려워 다른 경제활동 연령층에 비해 건강, 주거, 문화 등 여러 영역에서 어려움을 겪을 수밖에 없는 사회경제적으로 취약한 대상이라는 점이다. 청소년부모의 가장 큰 고민거리는 양육비, 생활비 등 경제적 고민으로 대다수가 자녀 양육비를 마련하는 데 어려움을 겪고 있으며, 20% 가량은 우울감에 시달리는 것으로 나타났다(여성가족부, 2023).

다음으로는 자녀양육을 어떻게 하면 좋을지 몰라 자녀양육과정에서 많은 스트레스를 받는 것으로 나타났다. 청소년부모는 성인에 비해 임신을 인지하는 시기가 늦을 가능성이 높고 이로 인해 산전 및 산후 관리에 소홀할 수 있다. 또한 자녀양육에 관한 정보를 습득하는 것 자체도 수월하지 않아 부모역할을 수행하는 데 많은 어려움을 경험할 수 있다. 이에 따라 정부는 청소년부모의 자립과 자녀의 임신·출산·양육지원을 위해 2021년 '청소년(한)부모 양육 및 자립지원 강화 방안'을 발표하였으나 자립준비청년, 청소년 한부모 등의 취약 청년에 비해 청소년부모에 대한 지원은 미흡한 실정이다.

2) 청소년부모 지원정책

여성가족부는「한부모가족지원법」에 근거하여 아동을 양육하는 청소년 부나 모에게 부모의 소득과 연령, 아동의 연령별로 세분화하여 아동양육비를 지원하고 있다. 한부모가족 아동양육비는 만 18세 미만(취학시 22세 미만)의 자녀를 양육하는 기준 중위소득 63% 이하의 한부모가구에 자녀 1인당 월 21만 원을 기본으로 지급하며 부 또는 모의 연령이 만 24세 이하로 청소년 한부모에 해당하면 지급액도 자녀의 연령 에 따라 35~40만 원으로 적용되고, 학업·취업 등 자립 활동을 하는 경우에는 가구 당 월 10만 원의 자립촉진수당을 받을 수 있어 총 45~50만 원의 현금을 지원받을 수 있다. 그러나 청소년부모 가구는 자립촉진수당이 지급되지 않는다(〈표 5-6〉 참조).

「청소년복지지원법」의 개정으로 청소년 부모에 대한 가족지원서비스, 복지지원, 교육지원, 직업체험 및 취업지원을 위한 법적 근거는 마련되어 있으나 현재의 지원

표 5-6   아동양육비 지원사업

구분		근거법	부모 연령	가구소득 기준 (기준중위소득)	아동 연령	아동 양육비	추가 아동양육비	총 지원금액
한부모 가족 아동 양육비 지원사업	청년 한부모	한부모 가족 지원법	만 25~34세	63% 이하	만 5세 이하	21만 원	10만 원	31만 원
					만 6세이상 ~18세 미만		5만 원	26만 원
	청소년 한부모		만 24세 이하	65% 이하	0~1세 자녀	40만 원	10만 원 *취업, 학업 등 자립활동시	50만 원
					2세 이상 자녀	35만 원		45만 원
청소년 부모 아동 양육비 지원사업	청소년 부모	청소년 복지 지원법	부모 모두 만 24세 이하 *사실혼 인정	63% 이하	만 18세 미만	25만 원	–	25만 원

출처: 여성가족부(2024). 2024 한부모가족지원사업 안내.

만으로는 청소년 부모 스스로의 성장과 자립의 효과를 기대하기 어려운 상황이다.

3) 청소년부모의 부모역할 지원

이처럼 열악한 청소년 부모의 부모역할 지원을 위한 과제로는 다음과 같은 점을 들 수 있다.

첫째, 청소년 부모라는 명칭에 대한 문제이다. 실제로 청소년 부모 가구 중 90% 이상이 초기 청년기에 해당하는 연령대이며, 청소년 부모 스스로도 자신들을 청소년으로 인식하지 않을 뿐 아니라 오히려 청소년 부모로 지칭함으로써 사회적 편견과 낙인의 대상이 되는 것에 대해 거부감을 나타냈다. 따라서 청소년 부모를 '자녀를 양육하는 초기 청년'으로서 청년 정책 영역에서 포괄적으로 지원할 필요성이 있다. 이를 위해서는 청소년 대상의 「청소년복지지원법」이 아니라 청년 대상의 법적 기반을 마련하되, 사회적 보호를 필요로 하는 18세 이하의 청소년 부나 모에 대해서는 세부 규정을 통해 추가적인 특별 지원이 가능하도록 할 필요성이 있다.

둘째, 청소년 부모는 일반 청년에 비해 학업 중단 등으로 인해 고용의 질과 안정성이 매우 떨어지며, 학업 중단 사유도 자녀 돌봄의 문제가 가장 큰 것으로 나타났다. 현재 「영유아보육법」 시행규칙의 보육의 우선 제공 대상에 한부모가족의 자녀는 포함되어 있지만 청소년부모는 포함되어 있지 않다. 그러나 청소년부모 가구가 빈곤·취약 가구로 전락하는 것을 예방하기 위해서는 청소년부모의 교육과 훈련 지원이 선결과제이며, 이를 위해서는 청소년부모 가구를 어린이집 우선 대상자로 포함시켜야 할 것이다. 또한 「한부모가족지원법」에 근거하여 국민주택을 분양하거나 임대할 때 한부모가족에게는 일정 비율을 우선 분양하도록 하고 있다. 그러나 부모와 주소지를 함께하는 청소년부모의 경우 부모의 소득과 자산이 가구소득에 포함되어 정부 주택 지원이나 생계비 지원을 받지 못한다. 그러므로 주택 공급 정책에서도 청소년부모의 자산과 부모세대의 자산을 가구별로 분리하고 소득기준을 완화하는 등 제도개선이 필요하다.

셋째, 공식적 지원체계가 없는 청소년부모들은 온라인 자조모임이나 민간단체를 통해 제한된 정보만 얻고 있다. 그나마 정부주도의 대부분의 서비스가 신청주의에 기반하고 있어서 정보의 사각지대에 있는 많은 청소년부모들은 이들 서비스조차 이용이 어려운 실정이다. 그러므로 일반 청년을 대상으로 정보 제공 역할을 하고 있는 지역의 청년센터를 중심으로 청소년부모에게 청년 대상 지원 정보를 종합적으로 제공하는 것이 필요하다.

넷째, 청소년부모를 임신 · 출산 기간 중 조기 발굴, 지원하여 부모와 아동의 건강이나 경제문제 등 위기상황을 사전에 예방하는 것이 필요하다. 2020년부터 시행하고 있는 '생애 초기 건강관리 시범사업'의 우선 대상자로 청소년부모를 선정하여 아동이 일정 연령에 이를 때까지 방문 간호나 복지 지원 서비스를 제공하고, 이후 취약 아동 가구 통합사례관리 서비스와 연계함으로써 영아살해나 유기와 같은 극단적인 상황을 미연에 방지할 수 있을 것이다.

다섯째, 청소년부모에 대한 경제적 지원이나 임신 · 출산 · 자녀 돌봄 지원이나 주거 지원 못지않게 새로 형성된 가족에 적응하기 위한 정서적 지원도 필요하다. 어린 나이에 부부관계를 형성하고 부모역할을 수행해야하는 청소년부모의 경우 새로운 가족 형성으로 인한 스트레스와 갈등수준이 높게 나타난다. 따라서 청소년부모 스스로의 정신적 성장과 자립을 돕기 위한 심리 · 정서적 지원도 필요하다.

7. 양육미혼부 · 모와 부모역할

우리나라의 「가족관계등록 등에 관한 법률」에는 법률혼 관계에 있는 부부와 혼인 외 출산한 모만이 출생신고가 가능한 것으로 규정하고 있으나 양육미혼부 · 모는 혼인은 하지 않았으나 자녀를 출산하여 양육하고 있는 부 또는 모를 말한다.

1) 양육미혼부 · 모의 현황과 특성

우리나라의 미혼부 · 모에 대한 집계는 2015년 처음으로 이루어졌다. 이후 미혼부·모의 수치는 지속적으로 감소 추세이지만 2022년 기준 미혼모 인구(2만 132명)가 미혼부 인구(5,889명)에 비해 약 3.4배 많은 것으로 나타났다(통계청, 2023). 그러나 서류상으로 확인되지 않은 미혼부·모가 얼마나 되는지는 정확하게 파악하기 어려운 실정이다. 여기에는 자녀를 출산하였으나 부모 모두 혹은 일방이 혼인을 원치 않거나 혼인을 할 수 없는 상황이라 미혼부나 미혼모로 집계된 경우뿐 아니라 실제로는 부부관계를 유지하고 있는 부모이지만 한부모가족 수급 혜택을 받기 위해 자발적으로 미혼을 택하는 등 다양한 집단이 포함되기 때문이다. 실제로 우리나라의 전체 출생아 수는 빠르게 감소하는데 반해 2022년 혼인 외 출생아 수는 9,800명으로 전체 출생아 수의 3.9%를 차지할 정도로 빠르게 증가한 것으로 나타났다. 이에는 주택마련이나 정부지원금을 수령하기 위한 요건을 맞추고자 자발적으로 미혼 가정을 선택하는 무늬만 미혼부·모인 사례가 증가하고 있는 것도 하나의 원인으로 지목된다.

이처럼 출생통계로 파악되는 미혼부·모나 그들의 자녀와는 달리 아예 출생신고를 하지 않아 미혼부·모로 집계되지도 않고 출생아 수로 집계되지도 않은 경우 문제는 더욱 심각하다. 2023년 출생신고도 되지 않은 아동이 숨진 채 발견된 사건이 발생했다. 이들 아동은 출생신고도 되지 않아 사망 신고도 되지 않는 '출생미등록아동'이다. 이를 계기로 정부는 2015년부터 2022년까지 출생기록은 있으나 출생신고가 되지 않은 아동에 대한 전수조사를 실시한 결과, 출생미신고 아동 총 2,123명 가운데 현재까지 사망한 아동은 249명으로 전체 조사 대상의 11.7%이며, 소재가 불분명한 아동도 814명으로 나타났다. 통계자료로 집계된 미혼부·모와 그들의 자녀는 「한부모가족지원법」에 근거하여 다양한 지원을 받고 있으나 집계되지 않은 미혼부·모인 경우 아무런 지원도 받지 못하고 열악한 환경에서 자녀를 양육하게 되며, 궁극적으로는 학대나 유기, 극단적으로는 살해에 이르는 것으로 파악할 수 있다.

2) 양육미혼부·모 지원정책

우리나라의 양육미혼부·모에 대한 전반적인 지원은 주로 「한부모가족지원법」을 중심으로 이루어지고 있다. 2021년부터 미혼모가 자택 등에서 홀로 출산하는 경우 자녀 출생신고에 필요한 유전자 검사비, 상담, 출생신고절차 등에 대한 법률 지원을 시행하고 있고, 미혼부도 법원의 확인을 받아 자녀의 출생신고를 할 수 있도록 개정한 '사랑이법'의 후속 조치로, 모의 정보를 일부 알고 있는 경우와 모의 비협조시에도 법원을 통해 출생신고가 가능하도록 그 요건을 완화하여 시행하고 있다. 또한 저소득 한부모가족 아동양육비 지원 대상 연령을 기존 18세 미만에서 2024년부터 자녀가 고등학교 재학 중인 경우 22세 미만으로 확대하고, 기준 중위소득 63% 이하로 소득 기준도 상향 조정되며, 한부모가족의 주거 안정을 위해 '한부모가족복지시설' 입소기간을 3년에서 5년으로 연장한다. 이와 함께 정부는 비양육부모의 자녀양육 책무성 강화를 위해 「양육비이행법」 개정을 추진해 자발적 양육비 이행을 촉진하고 고의적 양육비 채무 이행을 강화하여 양육비를 이행하지 않으면 형사처벌 등 다양한 제재조치가 가능토록 할 방침이다.

또한 냉장고 영아시신 사건이 촉발시킨 '출생미등록아동'에 대한 사회적 관심은 법 개정으로 이어져 지금까지 솜방망이 처벌이라고 지적받아 온 영아살해죄가 폐지되고 영아를 살해하고 유기하는 경우에도 일반살인죄 및 유기죄를 적용받아 보다 엄한 처벌을 받게 되었다.

3) 양육미혼부 · 모의 부모역할 지원

양육미혼부 · 모의 부모역할을 지원하기 위한 방안을 살펴보면 다음과 같다. 첫째, 단 한 명의 아동도 출생신고 제도에서 누락되지 않도록, 세상에 태어난 모든 아동이 탄생 즉시 공적으로 기록되고 인정받는 시민의 권리를 누릴 수 있도록 2024년부터 '출생통보제'가 시행된다. 나아가 '보편적 출생등록제도'의 도입도 필요하다. 최근 발생하고 있는 아동 유기 및 살해, 아동매매 등도 일정 부분 우리나라의 출생신고제도에 기인하는 것으로 볼 수 있다.

우리나라의 「가족관계등록 등에 관한 법률」 제46조에는 "① 혼인 중 출생자의 출생의 신고는 부 또는 모가 하여야 한다. ② 혼인 외 출생자의 신고는 모가 하여야 한다"고 규정하고 있다. 그러나 출생신고가 되지 않으면 국가에서 제공하는 의료혜택이나 보육 등 모든 서비스를 제공받지 못하게 되므로 이를 예방하기 위해 2015년부터 아이 엄마 이름과 주소를 알 수 없는 경우에도 미혼부가 아이의 출생신고를 할 수 있도록, 2021년부터는 아이 엄마가 정당한 사유 없이 협조하지 않거나 공적서류로 입증할 수 없을 경우에도 미혼부가 아이의 출생신고를 할 수 있도록 법이 개정되었다. 또한 2024년 7월부터 의료기관 등이 아동의 출생사실을 국가에 통보하는 '출생통보제'가 도입된다. 그러나 '출생통보제'는 우리나라 국민만을 대상으로 하고 있으므로 여전히 사각지대에 있는 미등록 이주아동과 혼인 외 출생 아동을 보호할 보편적 보호 장치가 필요하다. 국내 약 20만 명으로 추정되는 미등록 이주아동의 경우 출생신고가 되지 않아 생을 마친 뒤 사망신고도 할 수 없고, 본국에 돌아가고 싶어도 여권을 만들 수 없어 돌아가지도 못하는 실정이다. 2019년 유엔아동권리위원회는 대한민국 정부에 대하여 부모의 법적 지위 또는 출신지와 관계없이 모든 아동이 온라인 출생신고를 포함한 출생신고가 보편적으로 적용될 수 있도록 보장할 것을 촉구하였다. '보편적 출생등록제도'는 모든 아동이 태어난 곳에서 부모의 국적이나 사회적 지위 등과 관계없이 공적기관에 의해 출생등록이 이루어지는 것으로, '보편적 출생등록제도'가 제대로 시행되기 위해서는 국가가 출생신고에서 누락될 수 있는 아동의 존재를 파악하고, 불법 신분의 외국인이 강제 퇴출 위험 없이 출생신고를 할 수 있도록 필요한 조치를 제공하는 등 적극적 역할이 필요하다(양민옥, 2022; 이린, 2021).

둘째, 청소년부모에 비해 미혼양육부·모는 「한부모가족지원법」에 근거하여 경제적 측면이나 자녀돌봄 등에서 더 많은 지원을 받고 있는 것은 사실이나 지원의 사각지대에 있는 미혼양육부·모도 다수이다. 그러나 미혼부에 비해 미혼모가 다수를 차지하며 미혼모의 연령이 낮아지면서 경제적인 문제는 미혼모가족이 직면하는 가장 큰 어려움 중 하나이다. 미혼모자시설에 입소하지 못한 미혼모의 경우 주거문제로 인해 어려움을 겪고 있으며, 입소한 미혼모들도 시설 입소기간 연장을 요구하고 있다. 이러한 어려움이 그대로 방치될 경우 영아살해나 유기와 같은 극단적인 상황을 초래할 수 있으므로 임신·출산 기간부터 조기 발굴하고 지원함으로써 이러한 문제들을 사전에 방지하기 위한 노력이 필요하다.

셋째, 미혼양육부·모에 대한 경제적 지원 못지않게 새로 형성된 가족에 적응하기 위한 정서적 지원이 필요하다. 미혼모는 준비되지 않은 임신을 인지하는 순간부터 양육과 낙태, 입양에 대한 결정 과정에서 여러 유혹과 결정 자체에 따른 두려움을 경험한다. 또한 '혼자서 아이를 잘 키울 수 있을까'라는 부모 역할에 대해 불안감이나 양육효능감도 낮은 것으로 나타났다. 혼자서 부모역할을 수행해야하는 미혼양육부·모의 경우 자녀양육뿐 아니라 사회적 편견으로 인해 스트레스 수준이 높게 나타나므로 무엇보다도 심리·정서적 지원이 필요하다.

넷째, 최근 사회적 이슈로 등장하고 있는 비혼출산의 경우도 궁극적으로는 미혼양육부·모의 범주에 포함되게 된다. 우리나라는 「생명윤리 및 안전에 관한 법률」을 기초로 아직 혼인이나 사실혼 관계에 있지 않은 비혼 여성의 시험관 시술은 제한하고 있으나 국내에서 활동하고 있는 한 외국인 방송인이 2020년 비혼의 상태로 일본에서 익명으로 기증된 정자를 이용하여 출산한 소식이 알려지면서 비혼출산에 대한 사회적 관심은 높아지고 있다. 비혼출산은 개인의 삶의 다양성을 인정하고 여성의 자기결정권을 보장한다는 측면에서 수용되어야한다는 주장이 제기되고 있다. 비혼출산을 선택하는 것은 여성의 자유로운 선택의 문제인 것은 사실이다. 그러나 비혼출산을 가족 형성을 위한 또 하나의 방식으로 인정할 것인지는 비혼여성 개인의 문제만은 아니며, 사회적 합의가 이루어져야 할 영역이다. 비혼여성에게 정자를 기증한 생물학적 '부'의 권리와 출생아가 자신의 생물학적 '부'를 알 권리에 대한 논의와 아울러 이러한 선택과정에서 가장 약자인 출생아의 복지에 대한 사회적 합의가 필요하다(박수경, 2021). 나아가 보조생식술을 통해 태어날 출생아의 권리 보호 측면에서 보조생식술 수증자의 자격조건도 신중하게 검토할 필요가 있다(최인선, 유수정, 2023).

제3부

부모교육의 이론

　자녀의 발달단계나 발달수준, 가족형태를 불문하고 부모역할은 자녀의 성장발달에 영향을 미치는 중요한 변수이다. 이처럼 아동발달에서 부모역할이 중요하며 동시에 건강한 부모–자녀관계를 형성하기 위해서는 무엇보다도 부모 자신의 변화가 선행되어야 한다는 주장이 대두되면서 부모를 위한 체계적인 교육의 필요성이 대두되었다.

　1970년대에 접어들어 기존의 발달이론을 근간으로 하여 다양한 이론적 관점과 이에 근거한 부모교육 프로그램이 개발되었다. 대표적인 부모교육 이론으로는 Dreikurs의 민주주의 부모교육이론, Ginott의 인본주의 부모교육이론, Berne의 교류분석이론 그리고 학습이론에 근거한 행동수정이론을 들 수 있다. 이 가운데 Dreikurs의 민주주의 부모교육이론은 아동의 행동목표에 대한 이해의 폭을 넓혀주었으며, Ginott의 인본주의 부모교육이론은 상호작용방법과 의사소통 능력을 향상시키는 데 기여하였다. 교류분석이론은 자아상태의 이해에 크게 기여하였으며, 행동수정이론은 외현적인 부적응 행동의 치료에 널리 활용되는 지침을 제시해주었다. 이들 부모교육이론들은 각기 강조하는 바가 상이하고 다양하지만 공통적으로는 부모의 권위주의적 태도는 감소시키고, 아동의 자기조절 능력을 증진시키며, 수용성을 강조하고, 아동의 행동을 이해하고자 하는 보편적인 목표를 지향하고 있다.

　제3부에서는 다양한 부모교육이론의 발전과정과 목표, 기본원리와 구체적인 방법들을 살펴보고자 한다.

제6장

민주주의 부모교육이론

　민주주의 부모교육이론은 Adler의 개인심리학(Individual Psychology)에 그 이론적 기초를 두고 있다. Adler의 이론을 개인심리학이라고 하는 이유는 개인에게 초점을 맞추었기 때문이 아니라 개인과 상호작용하는 환경 전체를 고려해야한다는 의미이다. 성격을 몇 가지 차원이나 특성으로 나누어 파악하고자 했던 학자들과는 달리 Adler는 성격은 부분의 합 이상이며, 개인에게 영향을 미치는 주변환경과 개인을 나누어질 수 없는 총체론적 입장에서 보았기 때문이다.

　이와 같은 통합적인 관점에서 Adler(1929, 1964)는 인간은 우월성을 추구하기 위한 노력을 계속하는데, 이러한 노력은 타고난 열등감이나 부적절감을 극복하기 위한 의도에서 비롯된다고 하였다. 또한 Adler는 개인의 성격 발달에서 심리성적 측면을 강조하는 Freud와는 달리 외부세계에 대한 개인의 평가라는 사회적 요인을 강조하였으며, 사회적인 동물로서 인간은 소속감을 형성하고자 하는 타고난 경향성을 가지고 있다고 하였다. 따라서 개인은 성장과정에서 자신만의 독특한 경험을 토대로 일종의 생활양식을 형성하게 된다고 하였다. 생활양식은 바로 성격의 통합체로 이는 사회적 상호작용의 기초가 된다. 따라서 사회적 관심이 잘 발달된 정상적

인 사람들은 삶에 유익한 측면을 추구함으로써 우월성을 추구하려하는 반면, 부적
응적인 사람들은 열등감에 빠지고, 사회적 관심을 발달시키지 못하며 과다하게 우
월성을 추구하려는 경향을 보인다.

민주주의 부모교육이론은 이러한 Adler의 관점을 부모-자녀관계에 적용시킨 것
이다. 자녀는 자기 스스로 자신의 행동이나 생각에 대한 통제력과 우월성을 추구하
려는 타고난 동기를 가지고 있으므로 부모는 이러한 자녀의 능력을 신뢰하고 자녀
로 하여금 자신의 능력에 대한 통찰력을 갖도록 해야 한다는 것이다. 또한 전반적
인간관계나 직업, 사랑 등의 모든 중요한 문제들이 사회적 요인과 결부되어 있는 만
큼 개인의 발달을 사회와 분리시켜 설명할 수 없으며, 사회적 관심을 발전시켜나가
기 위한 부모역할의 중요성을 강조한다.

1. 민주주의 부모교육이론의 발전과정

민주주의 부모교육이론은 Adler의 제자이자 동료인 Dreikurs(1967)가 Adler의 개
인심리학 이론을 실생활의 부모-자녀관계에 적용시킨 것이다. 나아가 Dreikurs는
Adler의 생각을 부부관계와 상담자들에게도 적용시켰으며, 이는 현재 세계 여러 나
라에서 널리 사용되고 있다.

1) Adler의 개인심리학

Alfred Adler

Adler는 1870년 2월 7일 비엔나에서 유태인 상인인 아버지와
가정주부인 어머니 사이에서 태어났다. 그는 4세까지 구루병으
로 인해 잘 걷지 못했으며, 5세에 폐렴을 앓아 사경을 헤맨 경험
을 가지고 있었으므로 이때부터 Adler는 의사가 되기로 결심하
였다. 그는 1895년에 비엔나 대학에서 학위를 받았으며 안과 의
사로서의 생활을 시작하였다. 이후 그는 일반임상의로 전환하여

사무실을 비엔나의 하류계층 거주지역에 개설하였다. 그의 고객 가운데에는 서커스를 하는 사람들도 포함되어 있었는데, 이들과의 교류를 통해 열등성과 보상성에 대한 통찰을 얻게 되었다. 이후 그는 정신과로 전환하였으며, 1907년 Freud의 토론집단에 합류하였으나 Freud와의 견해차이로 1912년에 개인정신분석학회(Society for Individual Psychoanalysis)를 창설하게 되었다. 제1차 세계대전에서 군의관으로 복역한 후 Adler는 전쟁이 남긴 상처를 목격하고 사회적 관심에 보다 치중하게 되었으며, 비엔나의 학교부설 진료소나 교사훈련을 포함한 여러 프로젝트에 참여하였다. 이를 통해 그는 아동의 행동을 이해하고 행동상의 문제를 도와줄 수 있는 방법에 많은 관심을 갖게 되었다. 또한 Adler는 1935년 나치의 압박으로 인해 미국으로 망명한 이후, 평등한 사회를 건설하고자 하는 생각을 가지고 있었으며, 이러한 이유로 그는 자신의 이론에서 평등성을 강조하게 되었다.

Adler는 Jan Smuts의 전체론(holism)적 관점에 영향을 많이 받았는데, Smuts는 인간을 부분의 합이 아닌 단일화된 전체로 이해해야 하며, 물리적·사회적 환경의 맥락에서 이해해야 한다고 하였다. Adler의 이론을 개인심리학이라고 하는 이유가 바로 이와 같은 통합적인 측면을 강조한 것이라고 볼 수 있다. 개인을 의미하는 'Individual'이라는 용어는 라틴어의 'individuum'에서 유래한 것으로 더 이상 '나눌 수 없다(un-divided)'는 의미이다(Dreikurs, 1953). 이러한 Adler의 관점은 성격을 몇 가지 차원이

Jan Smuts

나 특성으로 나누어 파악하고자 했던 학자들과 차이를 보이는 것으로서 성격을 부분의 합 이상이며, 나아가 개인을 자신이 속한 사회적 환경과 분리시켜 생각할 수 없다는 총체론적 입장에서 본 것이다.

Adler는 모든 행동을 동기화하는 힘은 우월성을 추구하려는(striving for superiority and power) 타고난 동기이며, 또 다른 기본적인 동기는 보상성(compensation)이라고 보았다. 인간은 우월성을 추구하기 위한 노력을 계속하는데, 이러한 노력은 타고난 열등감이나 부적절감을 극복하기 위한 의도에서 비롯된다고 하였다.

또한 Adler의 이론은 인간은 사회적인 동물이므로 사회에 소속감을 느끼는 방향

1980년 박사학위를 받고 있는 Heinz Ludwig Ansbacher와 Rowena Ripin Ansbacher.

Heinz L. Ansbacher

으로 행동하는 타고난 경향성을 가지고 있는데, 이를 사회적 관심(social interest)이라고 하였다(Ansbacher & Ansbacher, 1956). 이러한 사회적 관심은 타고나기도 하지만 학습되기도 한다. 어떤 사람은 성취를 향해 완전한 자아실현을 위해 나아가는 반면, 또 어떤 사람들은 실패로 끝나는데 이는 사회적 관심의 부족에 기인하거나 열등감에 압도당한 것으로 보고 있다.

Adler는 한 개인의 성격에 대해 말하기보다 생활양식에 대해 말하기를 선호하였다. 생활양식은 어떻게 생활하고, 문제해결을 하며, 대인관계를 형성하는지와 관련된 것이다. 성장하면서 인간은 부모를 위시한 다른 사람과의 관계를 통해 자기 자신만의 독특한 생활양식을 형성하게 된다고 하였다. 생활양식은 성격의 통합체로 이는 한 개인이 사회적 상호작용을 하는 특징적인 방식이며, 자신이나 타인, 세계에 대한 주관적 신념의 기초가 된다고 하였다(Griffith & Powers, 1984).

Adler는 Freud와도 많은 교류를 하였으나 두 사람의 관점은 다소 차이가 있었다. Freud는 개인의 성격형성에서 생물학적 욕구를 강조한 반면, Adler는 환경과의 상호작용을 강조하였다. 또한 Freud가 무의식의 힘을 강조하였다면, Adler는 의식적이고 능동적인 자기성장의 힘을 강조하였으며, Freud는 과거에 일어난 일이 현재의 행동을 결정짓는 것으로 본 반면, Adler는 미래를 향한 동기와 목표추구를 강조하였다. 이처럼 Freud의 접근방법은 모든 대상에게 적용하기 어려운 반면, Adler의 이론은 변화가능성을 전제로 하고 있다는 점에서 학교를 위시한 모든 교육환경에 광범위하게 적용되었다.

2) Dreikurs의 민주주의 부모교육이론

Adler의 제자인 Dreikurs는 부모상담소를 개설하여 Adler학파의 이론을 부모교육에 적용, 발전시키는 데 크게 기여하였다. 그는 사회적 관심이 잘 발달된 인간은 우월성을 추구하려는 타고난 동기를 바탕으로 자신의 생각이나 행동을 자기 스스로 통제할 수 있다는 Adler의 주장을 근거로 민주주의 부모교육이론을 발전시켰다. 그는 응석받이로 자라거나 방임된 아이들의 경우 타인에 대한 관심을 보이기 어려우며, 사회적 관심을 발전시켜 나가는 데 있어서

Rudolf Dreikurs

인간관계에서의 평등성이 중요함을 강조하였다. 그리고 인간관계에서의 평등성을 발전시키기 위해 어떤 상황에서도 적용될 수 있는 민주적인 갈등해결 방법을 개발하였다. 전통적인 자녀양육방식은 권위주의적이어서 아동과 성인은 상하관계에 있으며 아동은 성인에게 복종해야 한다는 사고가 지배적이었다. 부모와 자녀가 많은 갈등을 경험하는 이유 가운데 하나는 부모 자신이 양육된 전통적인 방식으로 자녀를 양육하려 하기 때문이며, 사회가 변화하면 부모-자녀관계도 보다 평등한 관계에 근거한 상호작용이 필요하다고 주장하였다. 이처럼 부모-자녀관계에서 평등성을 기본전제로 하고 있다는 점에서 Dreikurs의 이론을 민주주의 부모교육이론이라고 한다.

Dreikurs는 평등성에 근거한 민주적인 생활태도를 발전시켜 나감으로써 가족 내의 인간관계를 향상시킬 수 있고 나아가 사회적 관심을 발전시켜 나갈 수 있다고 생각하였다. 그는 한 개인이 처음으로 중요한 행동패턴을 배우는 일차적인 집단이 가족이라는 점에서 가족 내에서의 사회화과정을 중요시하였다. 아동이 건강한 성인으로 성장하기 위해서는 최초의 환경인 가정환경이 중요한 역할을 한다고 생각하였으며, 이러한 측면에서 Dreikurs는 부모교육의 필요성을 강력하게 주장하였다.

2. 민주주의 부모교육의 목표

Dreikurs의 민주주의 부모교육이론은 Adler의 개인심리학의 개념을 부모-자녀 관계에 적용시킨 것으로, 기본적인 목표는 다음과 같다.

첫째, 인간은 목적지향적 존재이며, 모든 행동을 동기화하는 힘은 타고난 열등감을 극복하고 우월성을 추구하려는 것에서 비롯된다. 인간은 무력한 존재로 태어나며, 삶은 열등감과 함께 시작되지만 이러한 열등감은 우월성을 향한 목표를 추구하게 만드는 힘으로 작용한다. 즉, 인간 행동을 이끄는 것은 유전의 힘이나 본능적 추동에 의한 것이 아니라 열등감을 보상하고 우월성을 추구하려는 동기에 의한 것이다. 아이가 자신의 주위환경에서 우위를 차지하고 싶은 우월의 욕구는 열등감을 보상하려는 동기에서 생겨나며, 이는 관심과 훈육에서 비롯된다. 따라서 개인의 실현 경향성을 발현할 수 있도록 적절한 심리적 환경을 조성해주는 것은 부모교육의 중요한 목표가 된다.

둘째, 인간은 사회적인 존재이다. 인간은 출생 시부터 타인에게 관심을 보이는 자연적인 성향을 가지고 있으며, 이러한 성향은 출생 당시의 의존성에서 비롯된다고 볼 수 있다. 인간은 상당히 오랜 기간 동안 타인의 도움을 필요로 하는 의존기간이 긴 동물이다. 이러한 특성으로 인해 인간은 타인에게 관심을 보이고, 이를 통해 보다 큰 사회의 한 부분으로 소속감을 추구하고자 하는 욕구를 가지고 있으며, 나아가 인간의 복지를 위해 기여하고자 하는 의지를 가지고 있다. 즉, 인간은 행동의 주목적을 소속감에 두고 의사결정을 하는 사회적 존재이다. 그러므로 집단에 대한 소속감을 느끼지 못하는 경우, 아동은 이들로부터 인정받기 위해 잘못된 행동목표를 설정하게 된다. 그러므로 부모교육의 목표는 부모로 하여금 아동에게 안정된 소속감을 제공해주고, 이를 통해 자녀가 사회적 관심을 발전시켜 나가도록 지원하는 것이다.

셋째, 우월성을 추구하고 사회적 관심을 발전시켜 나가는 데 가장 중요한 요인은 인간관계에서의 평등성이다. 그러므로 부모-자녀 간에 평등한 관계를 수립하는 것이 우선적인 목표이다. 그러나 이러한 평등은 획일적인 평등을 의미하거나 지나친 허용을 의미하는 것이 아니며, 부모-자녀 간의 상호작용에서 갈등상황은 일방적인 권위주의적인 방식이 아닌 민주적인 방식에 의해 해결되어야 한다는 것이다. 아동은 시행착오를 거듭하면서 상황에 적절한 행동양식을 배우게 되므로 부모는 자녀의 잘못된 행동에 대해 격려해주고 가치 있는 존재로 받아들이는 태도가 필요하다. 평등성에 기초한 Dreikurs의 부모교육의 목표는 부모로 하여금 자녀를 한 사람의 인격체로 존중하는 민주적 양육태도를 갖도록 하는 것이다.

3. 민주주의 부모교육의 기본원리

이상과 같은 부모교육의 목표를 전제로 하여 Dreikurs(1967)는 아동의 행동지도를 위해 다음과 같은 구체적인 지침을 제시해주고 있다. 인간은 기본적인 목적을 사회적 관심, 즉 소속감에 두고 행동하는 존재이며 이러한 소속감을 긍정적인 방식으로 얻지 못할 경우 잘못된 행동목표를 설정하게 된다고 하였다. 또한 인간은 우월성을 성취하려는 기본적인 동기를 가지고 있으므로 삶의 규칙에 근거한 자연적·논리적 결과의 방법과 평등한 인간관계 수립을 위한 기본원칙으로 격려의 방법을 제시하고 있다.

1) 잘못된 행동목표

인간은 사회적 동물로서 그 행동에는 목적이 있으며, 기본적인 목적은 소속감을 성취하는 것이다. 이러한 소속감을 얻지 못할 경우에 아동과 청소년은 다음과 같은 잘못된 행동목표를 세우게 된다.

(1) 아동의 잘못된 행동목표

긍정적인 방식으로 소속감을 얻지 못할 경우 아동은 이를 성취하기 위한 수단으로 다음과 같은 네 가지 잘못된 행동목표를 세우게 된다.

① 관심끌기

아동이 타인의 관심을 끌고자 하는 것은 지극히 정상적인 행동이라고 볼 수 있다. 대부분의 아동은 긍정적인 방식으로 타인의 관심이나 주의를 끌려고 하지만 여의치 못한 경우 부당한 방식으로 관심끌기(undue attention)를 시도한다. 이는 좌절의 초기 신호로 나타나는 잘못된 행동목표이다. 아동은 출생 직후부터 가족이라는 집단 내에서 자신이 중요한 존재임을 부각시키려고 노력한다. 이러한 과정에서 자신이 관심을 얻을 수 있을 때에만 중요한 존재이며 소속될 수 있다고 생각하게 되면 아동은 필사적으로 어른의 관심을 끌기 위해 노력하게 된다. 그리고 관심을 끌지 못하고 무시되기보다는 부정적인 방법을 사용해서라도 관심을 얻으려고 한다.

자녀가 바람직하지 못한 방법으로 부모의 관심을 끌려고 할 때, 부모가 단순히 귀찮다는 이유로 자녀의 행동에 관심을 보여주고 이러한 행동을 수용해준다면, 이후에도 자녀는 자신이 원하는 것을 얻기 위해 이와 같은 잘못된 행동목표를 설정하게 될 것이다. 예를 들어, 어떤 아동이 어머니가 동생을 재운 후에 자신에게 관심을 보여줄 것이라고 생각했으나, 기대와는 달리 어머니는 동생을 재운 후에 집안일을 하느라고 분주한 경우를 생각해 보자. 이러한 경우 아동은 어머니의 관심을 얻기 위해 긍정적인 행동을 할 수도 있다. 그러나 이러한 행동에 대해 관심을 받지 못할 경우 아동은 부정적인 방법으로라도 어머니의 관심을 끌고자 할 것이며, 결과적으로 잠든 동생을 깨우는 행동이 어머니로부터 관심을 받는 용이한 방법이라는 사실을 알게 될 것이다. 이러한 행동으로 인해 아동이 부모로부터 긍정적인 관심이 아니라 처벌을 받게 되는 경우도 있을 것이다. 그러나 아동은 결과적으로는 자신이 원하는 관심을 얻은 것이 되므로 잘못된 행동을 지속하게 될 것이다. 그러므로 자녀가 부당한 방식으로 관심끌기를 시도할 경우 부모는 잘못된 행동은 무시하고 긍정적인 행동에 관심을 보여야 하며, 동시에 미리 관심을 보여주고 관심은 자녀가 원해서 얻는 것이 아니라 부모가 주는 것이라는 인식을 갖게 해야 한다.

② 힘 행사하기

관심끌기를 통해 다른 사람으로부터 강한 제지를 받게 되면 아동은 두 번째 잘못된 행동목표인 힘 행사하기(struggle for power)로 나아가게 된다. 잘못된 방식으로 관심끌기를 하여 자신이 원하는 바를 이루지 못하면 아동은 보다 강력한 방식으로 자신의 힘과 능력을 시험해보고 싶은 동기에서 힘 행사하기를 하게 된다. 힘 행사하기를 하는 아동은 항상 우세한 입장에 있기를 원하며, 자신이 우두머리가 되었을 때에만 가치 있는 존재로 느끼기 때문에 아동은 부모가 원하는 대로 행동하지 않는다. 이들은 자신의 힘을 보여주고 이로써 자신의 위치를 확보하고자 하므로 부모가 지시한 것과 반대로 행동하며 부모의 요구를 거절함으로써 공공연하게 반항하거나 고집을 부리게 된다. 이러한 행동은 자신이 원하는 것을 자기 스스로 할 수 있고, 하고 싶지 않은 일은 어느 누구도 억지로 시킬 수 없다는 사실을 표현하는 것이다.

일반적으로 자녀가 이러한 행동을 할 때, 부모는 자신이 도전을 받고 있다고 생각하고 화를 내게 된다. 그러나 이들을 다룰 때 부모는 화를 내지 말아야 하며, 주도권을 누가 잡느냐에 대해 초연해야 한다. 힘 행사하기를 하고 있는 자녀에 대항해서 힘을 사용하는 것은 자녀로 하여금 힘의 가치를 더욱더 실감하게 만든다. 힘 행사하기에서 부모가 이기고 자녀가 지는 경우 자녀는 앙갚음이라는 잘못된 행동목표를 설정하거나 반항적 순종을 하게 된다. 반항적 순종을 하는 아동은 부모가 요구하는 대로 동생을 때리지는 않지만 그렇다고 사랑하지도 않는다.

③ 앙갚음

관심끌기나 힘 행사하기의 방식으로 소속감을 얻지 못한 아동은 자신이 상처받은 만큼 다른 사람도 상처받아야 한다고 생각하고 앙갚음(revenge)의 단계로 나아가게 된다. 그래서 잔인한 행동을 통해 자신의 위치를 확인하고자 한다. 그 결과 부모도 역시 깊이 상처받고 무의식적으로 자녀에게 보복을 하게 되며, 자녀는 더욱 심한 방법으로 보복을 하게 되는 악순환을 경험하게 된다. 이 단계에서 아동은 긍정적인 행동을 통해 인정받을 수 있다는 희망을 상실하고, 이제는 더 이상 상실할 것이 없다고 생각한다. 이러한 행동을 하는 아동은 실제로는 가장 격려를 받을 필요가 있는 대상임에도 불구하고 벌을 받게 된다는 점이 문제가 된다.

그러므로 부모는 앙갚음 단계에서 보이는 자녀의 보복행동이 좌절에서 비롯되는 것임을 재빠르게 인식해야 하며, 자녀에게 관심을 보여주고 침착하게 대화함으로 써 부모-자녀관계를 개선해 나가도록 노력해야 한다. 부모-자녀 간에 앙갚음의 투쟁이 계속되면 아동은 완전한 패배감을 느끼게 되어 무능력감을 보이게 된다.

④ 무능력감

자녀가 이상의 세 가지 방법을 모두 사용해도 소속감을 성취하려는 자신의 행동목표를 달성하지 못했다는 느낌을 갖게 되면, 자신에 대해 상당히 실망하고 성취하려는 희망을 포기하게 되는 무능력감(inadequacy)의 단계로 나아가게 된다. 무능력하게 행동하는 아동은 극도로 좌절되어 있고 모든 것을 포기한 상태이며, 자신을 쓸모없는 인간이라고 생각한다. 이들을 돕기 위해서는 비난을 자제하고, 대신 아동의 특기나 장점에 관심을 집중시켜야 한다. 동시에 자녀가 자신의 행동을 개선시키고자 하는 노력이 엿보이면 아무리 작은 것이라도 격려해주는 태도가 필요하다.

잘못된 행동이 반드시 이와 같은 순서로 나타나는 것은 아니다. 또한 모든 아동에게서 나타나는 것도 아니다. 자신이 어려서부터 가치 있고 가정에서 중요한 위치를 차지하고 있다는 소속감과 안정감을 느낀다면 아동은 굳이 잘못된 행동목표를 설정하여 소속감을 갖고자 애쓸 필요가 없다. 그러나 아동은 자신의 위치가 불안하게 느껴지면 자신의 위치를 확보하기 위해 네 가지 잘못된 행동목표 가운데 한 가지 이상의 방법을 사용하게 된다(Dreikurs & Soltz, 1964). 자녀가 이상과 같은 잘못된 행동목표 가운데 하나를 사용할 경우 부모가 충동적으로 반응하는 것은 이를 개선하는 데 도움이 되지 않는다. 부모는 이러한 자녀의 행동이 안정감이나 소속감을 얻는 데 실패한 것에서 비롯된 것임을 알아야 한다. 그리고 이러한 악순환의 고리를 변화시키기 위해서는 부모가 먼저 변화를 시도하는 것이 필요하다(〈표 6-1〉 참조).

이러한 네 가지 잘못된 행동목표 가운데 대다수의 아동은 힘에 대한 목표를 추구하는데, 힘 행사하기를 추구하는 데에는 자신이 과도한 통제력을 지니고 있거나, 통제력이 지나치게 부족하거나 혹은 통제력을 지닌 사람이 아무도 없는 상황에 처해

Terry Kottman

표 6-1   아동의 잘못된 행동목표

행동목표	자녀의 잘못된 생각	부모의 느낌과 반응	부모의 행동에 대한 자녀의 반응	부모를 위한 대안
관심끌기	나는 관심을 끌 때에만 소속감을 느낀다.	부모는 귀찮다는 느낌을 가지며 관심을 보이고 달려려는 반응을 보인다.	일시적으로 잘못된 행동을 중단하지만 이후 같은 행동을 되풀이하거나 다른 방법으로 방해한다.	가능한 한 잘못된 행동을 무시한다. 고의적으로 관심을 얻으려 하지 않을 때 긍정적인 행동에 대해 관심을 보인다.
힘 행사하기	내가 모든 것을 마음대로 할 수 있고 누구도 나를 지배하지 못할 때에만 소속감을 느낀다.	부모는 자신의 권위가 위협을 받은 것처럼 느끼며 자녀와 힘을 겨루거나 포기한다.	보다 적극적이고 공격적이 되거나 이와는 반대로 반항적인 순종을 한다.	힘겨루기에서 한걸음 물러난다. 자녀에게 도움을 청하거나 협조하게 함으로써 힘을 긍정적으로 사용하는 방법을 가르쳐 준다.
앙갚음	나는 사랑받지 못하고 있으며, 내가 상처받은 만큼 다른 사람에게 상처를 주어야 소속감을 느낀다.	부모는 깊이 상처를 받고 보복하려는 경향을 보인다.	더욱 심하게 잘못된 행동을 함으로써 복수심을 표현한다.	자녀가 사랑받고 있다는 확신을 가지게 하고 신뢰로운 관계를 형성한다. 벌을 주거나 앙갚음을 하지 않는다.
무능력감	나는 무기력하고 무능력하다. 다른 사람이 나에게 아무것도 기대하지 않게 함으로써 소속감을 느낀다.	부모는 절망하고 포기하고 무기력해진다. 그리고 어떤 일도 할 수 없다고 인정하는 경향을 보인다.	무슨 일에나 수동적으로 반응하거나 거의 반응을 보이지 않는다.	절대 어린이를 비난하지 않는다. 어떤 긍정적인 시도라도 격려해야 하며 작은 일이라도 관심을 보인다. 동정하거나 포기하지 않는다.

출처: Dinkmeyer, D., & McKay, G. D. (1982). *Systematic training for effective parenting*. Circle Pines, MN: American Guidance Service.

있는 세 가지의 전형적인 유형이 있다(Kottman & Meany-Walen, 2016).

또한 자녀는 이상과 같은 잘못된 행동목표 가운데 하나를 성취하기 위하여 정서반응을 이용하기도 한다. 아동은 자신의 감정을 이용하여 다른 사람이 자신을 특별하게 대하도록 한다. 예를 들어, 예민한 어린이는 눈물을 보임으로써 부모로 하여금 자신을 특별한 아이로 대하게 한다. 자녀가 부모를 조종하기 위해 정서반응을 이용할 경우 부모는 이에 반응하지 않음으로써 이러한 악순환에서 빠져나올 수 있다.

(2) 청소년의 잘못된 행동목표

Dreikurs의 잘못된 네 가지 행동목표를 확장하여 Kelly와 Sweeney(1979)는 십대 청소년들의 잘못된 행동목표를 다음과 같이 제시하였다. 모든 사람들은 일생동안 이러한 잘못된 행동목표 가운데 하나 이상을 설정할 수 있다고 하였으며, 이를 구체적으로 살펴보면 다음과 같다.

① 우월성, 동조, 대중성

우월성, 동조, 대중성의 세 가지 잘못된 행동목표는 초기에는 타인으로부터 긍정적인 반응을 이끌어낸다. 그러나 이러한 행동목표는 개인의 창의성을 저해하며 경쟁을 유발한다는 점에서 잘못된 행동목표라고 볼 수 있다.

우월성이라는 행동목표를 설정한 청소년은 모든 것에서 자신이 최고여야 한다는 생각을 가지고 있다. 그래서 가장 높은 성적을 받기 위하여, 모든 경쟁에서 최고가 되기 위하여 노력하고 결과적으로 성인이나 또래로부터 인정을 받는다. 그러나 이러한 행동목표에 치중한 결과 이들은 전적으로 성취욕구를 충족시키기 위해 매달리게 되며 실패에 대한 두려움에 압도당하게 된다. 그러므로 이러한 청소년에게는 자신의 성취에 대해 인정해주기보다는 타인과 협력하는 것을 보다 강조해주고 불완전함을 인내할 수 있는 용기를 길러주는 것이 중요하다.

동조라는 행동목표를 설정한 청소년은 또래집단보다는 기성세대의 방식을 받아들이고 예의바르게 행동한다. 그 결과, 이들은 성인으로부터는 인정을 받으나 또래로부터는 인정을 받지 못하며 또래관계에 진전도 없다. 그러므로 동조라는 잘못된 행동목표를 설정한 청소년에 대해서는 이러한 동조적인 행동을 수용하는 것을 가급적 자제하고, 또래와의 활동을 장려하는 것이 바람직하다.

대중성이라는 행동목표를 설정한 청소년은 친구를 많이 사귀고 광범위한 사회적 접촉을 통해 누구에게나 인정받기 위하여 노력한다. 그 결과, 이들은 많은 사람들로부터 인정을 받게 되지만 이는 드러나는 외현적인 행동에 국한되며 진정한 자신의 태도를 반영하는 것은 아니다. 그러므로 대중성이라는 잘못된 행동목표를 설정한 청소년에 대해서는 대중적인 행동을 인정해주는 것을 가급적 자제하고, 독립적이고 자기주장적인 행동을 격려해주는 것이 필요하다.

② 반항, 성 문란, 무능력감

반항이나 성 문란, 무능력감이라는 세 가지 잘못된 행동목표는 명백하게 파괴적이므로 성인으로부터 부정적인 반응을 유발한다.

반항이라는 잘못된 행동목표를 설정한 청소년은 성인의 통제를 받기 싫어하며 나아가 성인을 통제하고자 한다. 이들은 자신의 독립을 위해 의복이나 귀가시간 등 모든 문제들에 대해 논쟁을 일삼는다. 또한 독립을 위한 투쟁에서 한걸음 더 나아가 싸움이나 비행으로 타인을 공격하기도 하며, 자살을 시도하기도 한다. 반항이라는 잘못된 행동목표를 설정한 청소년과는 이에 대항하여 논쟁을 하기보다는 인내심 있게 긍정적인 관계를 형성하고 격려해주는 것이 필요하다.

성 문란이라는 잘못된 행동목표를 설정한 청소년은 성적으로 자신을 표현함으로써 소속감을 추구하고자 한다. 이러한 잘못된 행동목표를 설정한 청소년에 대해 성인은 거부반응보다는 자기존중이나 타인존중의 욕구를 격려해주는 것이 바람직하다.

무능력감이라는 잘못된 행동목표를 설정한 청소년은 자신의 결점과 능력부족을 드러내고 모든 노력을 포기하며 절망감을 느낀다. 이러한 잘못된 행동목표를 설정한 청소년에게는 동정을 자제하고 작은 노력이나 성취에 대해 격려해주는 것이 필요하다.

③ 매력, 아름다움, 성 고정관념

매력이나 아름다움, 성 고정관념의 세 가지 잘못된 행동목표는 외견상으로는 건설적인 것으로 볼 수 있다. 그러나 이러한 행동목표는 눈에 보이는 외형적이고 형식적인 것만을 강조한다는 점에서 잘못된 행동목표라고 볼 수 있다.

매력이라는 잘못된 행동목표를 설정한 청소년은 부드러운 말투나 상냥한 매너로 소속감을 추구하고자 한다. 그러나 점차 사람들은 이러한 행동이 겉치레에 불과하다는 것을 알게 되며 이에 대해 불쾌한 반응을 보이게 된다. 매력이라는 잘못된 행동목표를 설정한 청소년에 대해서는 이들의 부드러운 겉모습보다는 생산적인 행동에 초점을 맞춤으로써 이러한 행동으로부터 벗어나게 하는 것이 가능하다.

아름다움이라는 잘못된 행동목표를 설정한 청소년은 외모에 과도한 관심을 가지고 있다. 그러므로 이들에게는 신체적인 특성에 대해 칭찬하는 것을 가급적 자제하고 비신체적인 활동에 보다 초점을 맞추고 격려해주어야 한다.

성 고정관념은 전형적인 남성성이나 여성성이 과도하게 발달한 것으로 성 고정관념적인 잘못된 행동목표를 설정한 청소년은 과도하게 남성적이거나 여성적인 행동에 빠져들게 된다. 그러므로 이러한 청소년에게는 가급적 반대 성과 관련된 행동을 적극적으로 격려해주는 것이 필요하다.

④ 지성과 신앙

지성과 신앙이라는 두 가지 목표는 일반적으로 상당히 긍정적인 목표행동으로 볼 수 있다. 그러나 이 또한 청소년들의 건강한 발달을 방해하는 잘못된 행동목표로 작용할 수가 있다.

지성이라는 잘못된 행동목표를 설정한 청소년은 자신의 소속감을 공부에 몰두하는 것과 같은 지적인 활동을 통해 찾고자 하므로 이들은 성인으로부터 쉽게 인정을 받는다. 특히 우리나라와 같이 공부만 잘하면 모든 것이 용납되는 학업 지상주의 사회에서는 더욱 그러하다. 그러나 이들은 또래집단으로부터는 수용되지 못한다. 이러한 잘못된 행동목표를 설정한 청소년에 대해서는 지적인 활동이 아닌 다른 활동에 참여하는 것을 격려해주어야 한다.

신앙이라는 잘못된 행동목표를 설정한 청소년은 종교활동에 적극적으로 참여함으로써 소속감을 추구하고자 한다. 이들의 행동은 종교적인 성향이 강한 성인이나 청소년으로부터는 인정을 받지만 그렇지 않은 사람들로부터는 냉담한 반응을 얻게 된다. 이들의 잘못된 행동목표를 수정하려고 하면 상당히 방어적인 태도를 보이며 오히려 수정하려는 사람에 대해 연민을 느끼기도 한다. 그러므로 이들 청소년에 대

표 6-2 청소년의 잘못된 행동목표

잘못된 신념	목적	행동	성인 반응	또래 반응	수정에 대한 반응	대안적 수정방법
최고일 때 가치 있음	우월성	최고의 점수나 명예 등을 강하게 추구	인정	감탄, 하위집단의 시기와 질투	정당화	불완전함의 수용과 협력을 격려
많은 사람으로부터 수용될 때 가치 있음	대중성	광범위한 사회적 수용을 추구	인정	수용	표면적 순종	독립적 활동 격려
성인의 기준에 부응할 때 가치 있음	동조	성인의 마음에 들려고 끊임없이 노력함	인정	성가심, 다소의 시기	표면적 순종	또래활동이나 독립적 활동 격려
상대방을 완전히 통제할 때 가치 있음	반항	모든 문제에 대해 논쟁, 싸움, 비행, 가출, 자살	성가심, 흥분, 분노, 복수, 놀람	행동에 따라 수용, 인정, 거부, 무관심, 동정	논쟁, 반항적 순종, 복수, 수동적 반응	논쟁피하기, 자연적·논리적 결과 사용하기, 사회적 참여 격려하기
성적으로 유능할 때 가치 있음	성 문란	성행위 추구	혐오, 거부	거부, 하위집단 수용	반항적 거부	혐오 자제, 자기존중과 타인존중의 욕구 격려
자신의 결점을 지지받고 위로받을 때 가치 있음	무능력감	매사를 쉽게 포기	동정, 절망	동정, 무관심	미미한 노력, 다시 포기	낙담이나 동정 자제, 작은 성취 격려, 논리적 결과 사용
타인에게 매력적으로 평가받을 때 가치 있음	매력	부드러운 말과 행동으로 타인을 매료시킴	아첨, 성가심	아첨, 즐거움, 시기	보다 매료시키는 행동이 강해짐, 철회	매력적인 행동을 강화하는 것 자제, 정중한 노력 격려
신체적으로 아름다울 때 가치 있음	아름다움	외모에 지나친 관심	감탄, 시기	감탄, 시기	무시하기	외모에 대한 칭찬 자제, 비신체적 활동 격려
남성적이거나 여성적일 때 가치 있음	성 고정 관념	남성적인 행동 혹은 의존적인 행동 추구	일반적으로 인정	일반적으로 인정	거부	인정을 자제하고 반대성의 태도와 행동 격려
지적인 활동에 참여할 때 가치 있음	지성	학업, 지적 활동에 몰두	인정	무관심, 수용	정당화	인정을 자제하고 사회적 활동 격려
종교적 관념이나 활동에 몰두할 때 가치 있음	신앙	종교 활동에 깊이 참여	인정, 다소의 염려나 성가심	대부분 무시, 하위집단 수용	방어, 연민	인정이나 논쟁을 자제하고 탐색적 사고와 대화 격려

출처: Kelly, E. W., & Sweeney, T. J. (1979). Typical fault goals of adolescents. *School Counselor, 26*, 236-246.

해서는 가급적 논쟁을 자제하고 신앙과 무관한 생각이나 대화를 격려하는 것이 필요하다.

아동과 마찬가지로 청소년의 잘못된 행동목표도 이에 대한 접근방법은 유사하다(〈표 6-2〉 참조). Sweeney(1998)는 청소년의 잘못된 행동에 접근하는 방법에서도 먼저 행동의 목표를 평가한 이후에 자연적·논리적 결과와 격려의 방법을 사용하여 반응하며, 일관성을 가지고 우호적이고 존중하는 태도로 대하는 것이 바람직하다고 하였다.

2) 자연적 · 논리적 결과

자녀의 행동을 통제하는 전통적인 방법 가운데 하나는 순종할 때 상을 주는 것과 순종하지 않을 때 벌을 주는 것이다. 그러나 이러한 방법은 다음과 같은 몇 가지 단점이 있다. 첫째, 자녀의 행동에 대해 자녀보다는 부모가 책임을 지게 된다. 둘째, 자녀 스스로 결정을 내리는 기회를 제한하게 되고, 결과적으로 자녀는 효과적인 행동규칙을 습득할 수 없게 된다. 셋째, 부모가 권위주의적인 모습을 보일 때에만 자녀는 바람직한 행동을 하게 된다. 넷째, 자녀로 하여금 강제로 순종하게 함으로써 반항심이 생길 수 있다.

자녀의 잘못된 행동목표를 이해하고 자녀가 기대하는 대로 행동을 하지 않기 위해서는 이에 대응하는 보다 구체적인 지침이 필요한데, Dreikurs(1967)는 이러한 단점을 지닌 상벌의 양육방법 대신 보다 효과적인 방법으로 자연적·논리적 결과(natural and logical consequences)의 방법을 권장하였다. 이는 부모 대신 아동 자신이 행동을 결정하고 이에 대한 책임을 지며, 부모의 요구에 강요당하지 않고 자연적·사회적 질서로부터 스스로 배운다는 이점을 가지고 있다.

(1) 자연적 결과

자연적 결과는 자연 상황에서 자연의 흐름에 따라 아동 자신이 보상이나 벌을 받음으로써 스스로 배우는 방법이다. 이는 부모가 방해하지만 않는다면 자녀가 시간의 흐름을 통해 자연스럽게 나타나는 행동의 결과로부터 배우는 방법이다. 예를 들어, 식사를 하지 않은 아이는 시간의 흐름에 따라 배고픔의 자연적 결과를 경험하게 될 것이며, 추운 날씨에 외투를 입지 않은 아이는 추위에 떨어야 하는 자연적 결과를 경험하게 될 것이다. 이러한 방법은 시간의 흐름에 따라 자기 스스로 깨닫고 느끼는 방법이기 때문에 부모-자녀 간의 힘겨루기를 미연에 방지할 수 있다. 이는 자기 자신 이외에 누구도 그러한 결과를 초래하는 데 개입한 적이 없으며, 오로지 자신의 경험을 통해 학습이 이루어지는 것이다. 자연적 결과는 한 개인의 경험 자체가 그 무엇보다도 훌륭한 스승이 된다는 신념에 근거한 것으로 이를 통해 일단 학습된 행동은 그 효과가 지속적이다. 그러나 대부분의 부모는 자녀가 자연적 결과를 경험하도록 내버려 두지 않는다. 이들은 자녀가 경험해야 할 자연적 결과를 사전에 차단해버림으로써 자녀로 하여금 스스로의 행동을 책임질 기회를 박탈하고 의존심을 가지게 한다.

(2) 논리적 결과

민주주의 부모교육에서는 인간의 삶에는 자연적 질서와 마찬가지로 사회적인 질서도 존재한다고 생각한다. 논리적 결과는 자연적 법칙을 무시하고 행동을 하면 부정적인 결과를 경험하게 되듯이 사회적 규칙을 위반하고 행동하는 경우에 체득하게 되는 부정적인 결과를 의미한다. 자녀에게 자연적 결과를 적용하는 것이 불가능하거나 이를 적용하기가 위험한 경우에는 논리적 결과를 사용한다. 논리적 결과는 논리적으로 행동과 관련된 결과를 부모와 자녀가 합의하여 결정하는 것이다. 예를 들어, 부모는 자녀가 저녁식사 시간에 늦게 들어오면 설거지 당번을 해야 한다는 규칙을 자녀와 상의하여 결정할 수 있다. 그리고 이를 통하여 자녀는 자신의 그릇된 행동결과로부터 오는 불편함을 체험하고 그릇된 행동목표를 수정할 기회를 갖게 된다. 그러나 실생활에서 부모세대는 자녀가 이러한 사회적 질서를 위반함으로써 겪게 되는 부정적인 결과를 스스로 체험하도록 기다려 주기보다는 이러한 부정적인 결과를 체험하기도 전에 반드시 지켜야 할 규칙으로 사전에 제시하는 경우가 많다. 그 결과, 자녀는 부모가 제시하는 규칙을 힘의 논리로, 상하의 논리로 받아들이

표 6-3   벌과 논리적 결과의 차이점

벌	논리적 결과
권위의 강조	사회적 질서의 강조
잘못된 행동과 논리적으로 무관	잘못된 행동과 논리적으로 관련
도덕적 판단 내포	도덕적 판단 배제
과거 행동에 관심	현재나 미래 행동에 관심
분노의 표현	분노의 최소화
외재적 동기에 의존	내재적 동기에 의존
종종 굴복이나 모욕감을 수반	굴복이나 모욕감이 없음
대안이나 선택의 여지가 없음	일정한 한계 내에서 선택의 여지가 있음
종종 충동적	사려 깊고 신중함
자신을 하찮게 느낌	자신을 소중하게 느낌
복종 요구	선택권 부여

출처: Dreikurs, R., & Grey, L. (1968). *Logical consequences*. New York: Hawthorn Books.

는 경우가 많으며, 결과적으로 부모-자녀 간에 갈등을 초래하게 된다. 그러므로 부모는 사회적 규칙을 반드시 지켜야 할 것으로 강요하기보다는 인내심을 가지고 이러한 사회적 규칙을 지키지 않음으로 인해 초래되는 논리적 결과를 체험하도록 도와주어야 한다는 것이다.

많은 사람들은 논리적 결과의 방법이 상벌의 방법과 유사하다고 생각한다. 그러나 아동이 바람직한 행동을 하지 않았을 때 경험하는 결과는 벌과 유사하지만 논리적 결과는 상벌의 방법과 여러 가지 점에서 차이가 있다(〈표 6-3〉 참조).

(3) 완벽한 부모

자녀에게 벌을 주는 것을 피하기 위해 자연적·논리적 결과의 방법을 사용하는 대신 전통적으로 부모들이 많이 사용하는 방법 가운데 하나는 완벽한 부모역할을 하는 것이다. 완벽한 부모들은 자녀가 실수하여 벌을 받게 될 상황이 없게끔 사전에 미리 완벽하게 차단해준다. 이들은 자녀의 실수는 곧 나의 실수라고 생각하므로 실수를 통한 학습의 가치 자체를 부정하며, 만약 차단하지 못할 경우 부모로서의 책임을 다하지 못한 자신을 자책하거나 비난하게 된다.

　자녀가 겪을 수 있는 가장 큰 고통 가운데 하나는 완벽한 부모 밑에서 양육되는 것이다. 완벽한 부모는 자녀의 시중을 모두 다 들어주며, 감독자로서의 역할을 한다. 이들은 그 의도는 좋으나 궁극적으로는 자녀의 자신감과 독립심을 빼앗아가게 된다. 완벽한 부모는 자녀의 행동은 곧 부모의 능력을 반영하는 것이며 자녀의 잘못된 행동은 부모에게 전적으로 책임이 있다고 생각하므로 자녀를 과잉보호함으로써 자녀 스스로 배울 수 있는 기회를 빼앗아버리게 된다. 완벽한 부모는 책임감 있는 부모와 여러 가지 점에서 차이가 있다(〈표 6-4〉 참조).

표 6-4　완벽한 부모와 책임감 있는 부모

완벽한 부모		책임감 있는 부모	
부모의 신념	부모의 행동	부모의 신념	부모의 행동
나는 자녀를 통제해야만 한다.	복종을 요구하고, 보상과 벌을 주고, 자녀를 이기려고 한다.	자녀 스스로 결정할 수 있다고 믿는다.	자녀가 선택하게 하고, 자녀를 격려한다.
나는 우월하다.	자녀를 동정하고, 자신이 책임을 진다. 자녀를 과잉보호하고 자녀에게 창피를 준다. 독선적이다.	나와 자녀는 동등하다.	자녀를 믿고, 존중하고, 자녀에게 선택하고 책임감을 갖게 한다. 자녀의 독립성을 격려하고 자녀가 공헌하기를 기대한다.
너는 내게 빚을 졌다.	공평에 지나치게 민감하고, 조건을 붙인다.	나는 상호존중을 믿는다.	평등성과 상호존중을 격려한다. 자녀가 죄의식을 갖지 않게 한다.
나는 완전해야 한다.	모든 것에서 완전함을 요구하고 결점을 찾는다. 다른 사람들의 생각에 지나치게 관심을 갖는다.	나는 인간이다. 내가 불완전한 것은 당연하다.	현실적인 기준을 설정하고 자녀를 격려한다. 타인이 보는 자신의 모습에 관심이 없고 인내심이 있다.
나는 중요하지 않고 다른 사람이 더 중요하다.	지나치게 자녀의 시중을 들어 주고 요구를 들어주며, 안 된다고 제재하는 것에 죄의식을 느낀다.	나 자신을 포함한 모든 사람이 중요하다.	자녀의 시중을 들어주지 않으며, 적절하게 제재를 가한다. 상호존중과 공헌을 격려한다.

출처: Dinkmeyer, D., & McKay, G. D. (1982). *Systematic training for effective parenting*. Circle Pines, MN: American Guidance Service.

(4) 자연적 · 논리적 결과의 적용에서 고려할 점

자연적 · 논리적 결과는 부모와 자녀가 힘 행사하기에서 벗어나고 자녀로 하여금 스스로 책임 있는 행동을 하도록 격려하는 데 있으므로, 그 효과를 기대하기 위해서는 다음과 같은 점에 유의해야 한다(Dreikurs, 1967).

첫째, 논리적 결과를 적용하기 전에 자연적 결과를 먼저 찾아보도록 한다. 자연적 결과는 논리적 결과에 비해 보다 적용범위가 넓고 갈등의 소지도 적다.

둘째, 논리적 결과의 방법이 효율적으로 이루어지기 위해서는 무엇보다도 부모가 우호적인 태도를 유지하는 것이 중요하다. 우호적인 태도는 자녀와의 힘겨루기에서 벗어나 누가 이기고 지는 것에 개의치 않을 때 비로소 가능하다. 힘 행사하기와 보복의 단계에 있는 자녀에게 논리적 결과를 사용하면 자녀는 이를 부모가 내리는 처벌이라고 생각한다. 화가 난 상태에서 논리적 결과를 사용하는 것도 처벌로 받아들이게 된다. 그러므로 이러한 상황에서는 논리적 결과를 사용하기 전에 존중과 격려를 통한 관계개선이 선행되어야 효과를 기대할 수 있다.

셋째, 선택의 기회를 제공해주는 것은 논리적 결과를 효율적으로 적용하기 위해 고려해야 할 또 다른 방법이다. 부모가 일방적으로 논리적 결과를 적용하는 것이 아니라 자녀에게 선택의 기회를 주도록 한다. 일단 정한 규칙은 일관성 있게 밀고 나가는 것이 필요하지만, 자녀가 후회하거나 뉘우칠 때에는 다시 해볼 수 있는 선택의 기회를 제공해주는 것도 효율적인 방법이다. 자신이 최소한의 선택권이라도 가지고 있다고 생각하는 사람들은 그렇지 않은 사람들보다 저항수준이 낮고 협조적인 태도를 보이게 된다.

넷째, 자연적 · 논리적 결과가 효율적으로 이루어지기 위해서는 말로서 지속적으로 잘못을 지적하는 것보다 직접 행동으로 옮기는 것이 효율적이다. 말로서 지속적으로 잘못을 지적하게 되면 결국 이러한 것은 벌의 방법과 유사하며 결과적으로 잘못된 행동에 관심을 보여주는 결과가 된다.

다섯째, 논리적 결과를 적용하기 전에 미리 새로운 규칙에 대해 논의하고, 새로 정한 규칙은 성인을 포함하여 모든 사람에게 적용시키도록 한다.

3) 격려의 방법

　상벌의 방법이 가지고 있는 함정을 극복하고 상호존중과 평등에 근거한 민주적인 부모-자녀관계를 형성하기 위한 중요한 기술 가운데 하나는 격려이다. Adler는 아동에게 도움을 주는 핵심적인 방법으로 격려의 방법을 제시하였다(Ansbacher & Ansbacher, 1956). 격려를 통해 아동은 내적 통제감과 자아존중감을 형성하는 데 도움을 받게 된다. Dreikurs(1967)는 격려는 아동양육에서 너무나 중요한 요소이기 때문에 격려의 부족이 잘못된 행동의 근본원인이 될 수 있다고 하였다. 식물이 물을 필요로 하듯이 아동의 성정과정에서는 지속적인 격려가 필요하며, 격려가 없으면 소속감을 발전시켜 나가기 어렵다고 하였다. 부모들은 자녀를 돕기 위해 최선을 다하고 있지만 자녀를 돕는 방법은 바람직하지 못한 경우가 많고, 이러한 부모의 태도나 행동은 자녀를 격려하기보다는 오히려 좌절하게 만드는 경우가 많다. 자녀에 대한 부정적인 기대, 비합리적인 높은 기대, 형제간에 경쟁시키기 등은 부모들이 흔히 사용하는 부정적인 방법 가운데 대표적인 것이다. 그러나 격려의 방법은 자녀의 장점과 성취에 초점을 맞춤으로써 자녀에게 자신감과 자아존중감을 갖게 하는 과정이다.

　일상생활을 통해 아동은 지속적으로 한계에 직면하게 된다. 출생 후 아동은 혼자 힘으로 먹을 수도 없고, 몸을 가눌 수도 없으며 누군가의 도움을 필요로 한다. 이러한 활동들은 시간이 경과하면서 능숙하게 되지만 그러한 과정에서 열등감을 경험할 수 있다. 많은 부모들은 일상생활을 통해 지나치게 자녀를 다른 아동과 비교하고 뚜렷하게 비교를 하지 않는다 하더라도 무의식중에 자녀를 믿지 못하는 말이나 태도를 보임으로써 결과적으로 자녀에게 열등감을 경험하게 한다. 그러나 격려는 상황이나 결과에 무관하게 긍정적인 측면을 강조함으로써 궁극적으로는 자녀가 문제를 극복할 수 있음을 믿게 해주는 것이다. 실패에 직면해서도 절망감이나 패배감에 빠지지 않고 이후에는 성공할 수 있다는 믿음을 길러주는 것이다. 이처럼 존중과 신뢰에 바탕을 둔 격려는 자신의 시도가 언젠가는 성공할 것이라는 자신감을 심어준다는 점에서 중요한 의미가 있다. 개인의 생활경험은 자신이 통제할 수 없

Thomas J. Sweeney

는 다수의 요인으로 이루어져 있으며, 격려의 본질은 개인이 통제할 수 없는 요인의 영향을 최소화하고 통제할 수 있는 요인을 최대한으로 이용하도록 돕는 것이다(Sweeney, 1998). 격려하는 태도를 구체적으로 살펴보면 다음과 같다(Dinkmeyer & McKay, 1976).

첫째, 아무런 조건이나 전제 없이 자녀를 있는 그대로 수용하고 믿는다. 부모가 자녀를 믿지 않는데 자기 자신을 신뢰할 수 있는 아동은 없다. 자신이 향상될 수 있다고 믿기 위해서는 먼저 자신의 능력에 대해 긍정적으로 느끼는 것이 필요하며, 이는 부모의 수용이나 인정을 전제로 한다.

둘째, 자녀가 주어진 상황이나 과제를 충분히 극복할 수 있을 것이라고 기대하고, 이러한 부모의 기대를 행동으로 직접 표현해주도록 한다.

셋째, 자녀가 잘못된 행동을 했을 때, 자녀의 행동과 그러한 행동을 한 자녀를 구분하는 것이 필요하다. 행동에는 적절한 제재가 필요하지만 어떠한 행동을 하였든 자녀는 한 인간으로서 존중받고 수용되어야 한다.

넷째, 고자질을 무시한다. 아동은 착하게 보이거나 앙갚음을 하기 위해 고자질을 하며, 이는 부모를 이용하여 자신이 원하는 목적을 달성하는 가장 손쉬운 방법이다. 고자질을 다루는 가장 좋은 방법은 이를 무시하는 것이며, 동시에 긍정적 행동에 관심을 보이는 것이다.

다섯째, 장점, 잘한 점, 기여한 점에 초점을 맞춘다. 자녀의 재능을 인정해주고 이러한 재능이 가족에게 기여한 점에 초점을 맞춤으로써 자녀는 자신이 유익한 존재임을 느낄 수 있다. 단순히 "착하다"고 칭찬해주는 것보다 "네가 장난감을 빨리 치워주어서 엄마의 일을 덜어 주었다" 등과 같이 기여한 점에 초점을 맞추어 언급해주는 것이 효과적이다.

여섯째, 노력과 성취를 인정한다. 자녀의 행동을 결과만으로 평가하지 말고 과정이나 노력을 인정해주도록 한다.

일곱째, 자녀를 다른 사람과 비교하지 말고, 자녀의 행동에서 다른 아동과의 차

표 6-5   칭찬과 격려의 비교

차이	칭찬	격려
통제방법	외적 통제(네가 내 말을 들을 때에만 가치가 있다)	내적 통제(나는 네가 책임감 있고 독립적인 존재임을 믿는다)
향상기준	절대적 기준(네가 내 기준을 충족시킬 때에만 너는 가치가 있다)	노력과 향상(노력과 향상이 중요하다)
평가	외적 평가(타인이 어떻게 보는가가 중요하다)	내적 평가(자신이 어떻게 느끼는가가 중요하다)
기여	개인적 이익이 우선(너는 최고다. 항상 너는 남보다 우위에 있어야 가치가 있다)	기여한 점의 가치 인정(너의 공헌은 가치있다. 네가 있으면 도움이 된다)

출처: Dinkmeyer, D., & McKay, G. D. (1982). *Systematic training for effective parenting.* Circle Pines, MN: American Guidance Service.

이를 인정해주도록 한다.

여덟째, 칭찬하기보다는 격려한다. 칭찬과 격려는 모두 긍정적인 행동에 중점을 두고 있기 때문에 부모는 자녀를 칭찬하면서 격려하고 있다고 잘못 생각한다. 그러나 칭찬은 보상의 한 형태이며, 벌과 마찬가지로 사회적 통제의 한 방법이다. 그러므로 자녀를 통제하기 위하여 칭찬하기를 좋아하는 부모는 벌도 자주 사용한다. 그 결과, 아동은 타인의 생각을 근거로 자신의 가치를 평가하게 된다. 이에 비해 격려는 비록 작은 것이라도 향상되고 노력한 것에 대해 주어지는 것이며, 실패한 경우에도 주어지는 것이다. 이는 다른 사람과 비교해서 주어지는 것이 아니라 스스로를 가치 있게 느끼도록 돕거나 동기화하는 데 그 목적이 있다(〈표 6-5〉 참조).

4) 생활양식의 이해

민주주의 부모교육에서는 개인의 행동을 이해하는 데 있어서 잘못된 행동목표를 강조하였다. 이와 동시에 Adler(1929/1964)는 신경증적 문제를 보이는 아동의 경우에는 생활양식이 지대한 영향을 미친다고 하였다.

생활양식은 출생 초기의 경험에 의해 결정되는데, 생활양식에 영향을 미치는 대표적인 요인은 가족 분위기와 가족 가치관, 가족 내 위치, 부모의 양육행동 등이다. 가족 분위기가 우호적인지 적대적인지, 가족이 높은 가치를 두고 있는 것은 무엇인지, 상호 간에 가치관이 일치하는지 혹은 불일치하는지와 같은 여러 가지 가족 내 상황에 따라 개인의 생활양식은 영향을 받는다. 또, 출생순위나 가족구도 등을 통해 드러나는 가족 내 아동의 위치도 생활양식에 영향을 미친다. 출생순위는 한 개인의 심리적 지위를 이해하는 데 중요한 요인으로, 인성발달에 영향을 미치는 대표적인 요인이다. 출생순위는 개인의 성격특성에 영향을 미칠뿐 아니라 가족구도(family constellation)에도 영향을 미친다. 가족구도는 특정 가족에서 다세대에 걸쳐 일어나는 무의식적 역동성의 결과 형성되는 가족 내 관계형성유형을 의미하는 것으로, 가족구도 내에서 한 개인의 지위는 출생순위나 성별, 형제와의 터울 간격, 가족 크기, 사회경제적 지위 등 여러 요인의 영향을 받는다. Adler학파의 상담에서 가족구도(家族構圖) 질문지와 초기 회상을 강조하고 있는 것도 바로 이러한 가족내 상호작용유형이 개인의 생활양식에 미치는 영향이 크기 때문이다. 그 외에도 부모의 양육행동이 권위주의적인지 허용적인지도 생활양식에 영향을 미친다.

이처럼 개인의 생활양식이 가족의 영향을 받는 이유는 인간은 집단에 소속되기 위해서 노력하며, 아동이 일차적으로 소속되기를 원하는 집단이 바로 가족이기 때문이다. 개인의 성격이나 행동이 생활양식에 의해 절대적으로 결정되는 것은 아니지만, 개인의 생활양식은 자신을 위해 가장 적절한 행동이라고 생각하게 하는 사적 논리, 신념을 제공하며, 이에 따라 행동이 이루어진다는 면에서 개인의 행동에 지대한 영향을 미치게 된다. 개인의 생활양식은 이후 얼마든지 수정이 가능하지만 크게 변화하지는 않으며 개인의 성격이나 행동에 지속적으로 영향을 미치게 된다.

Harold Mosak

그러므로 Dreikurs(1967)는 잘못된 행동목표와 이면의 동기를 이해하는 것 못지않게 한 개인의 생활양식을 이해하고 이에 지배를 받는 사적 논리, 신념을 이해하는 것이 중요하다고 하였다. Shulman과

Mosak(1988) 또한 이러한 생활양식을 파악하고 이해하는 것이 중요하다고 보았다. 생활양식에 의해 형성된 신념은 Adler가 주장한 것과 같이 우월성을 향한 추구라는 긍정적인 목표를 추구하는 것뿐만 아니라 제한된 경험이나 편견으로 인해 잘못된 목표를 추구하도록 영향을 미치기도 한다.

인본주의 부모교육이론

    인본주의 부모교육이론은 Rogers의 인본주의 심리학에 그 근거를 두고 있다. Rogers는 인간은 자신의 잠재력을 건설적인 방향으로 발전시켜 나가고자하는 선천적인 실현경향성(actualizing tendency)을 가지고 있다고 하였다. 따라서 적절한 심리적 조건만 갖춰진다면 인간은 자신을 최상으로 기능할 수 있도록 발전시켜 나갈 수 있고 성숙한 행동을 보일 수 있으나 긍정적 존중에 대한 욕구가 충족되지 못할 경우 이러한 실현경향성은 방해를 받거나 왜곡될 수 있다고 하였다. 이처럼 Rogers는 상담자의 전문적인 지시나 해석보다는 내담자 자신이 자신의 문제를 주도할 수 있는 능력을 신뢰하였다는 점에서 그의 이론을 내담자중심 상담이론, 인간중심 상담이론이라고 한다.

    Ginott는 내담자가 자신의 문제를 주도할 수 있다는 인본주의 학자들의 주장을 부모-자녀 관계에도 마찬가지로 적용 가능하다고 생각하였다. 부모-자녀 간의 문제는 부모 자신의 성격요인보다는 잘못된 자녀양육 방식에 기인한다고 보고, 부모교육의 필요성을 강조하였다. 그는 대부분의 부모들이 생각하는 것과는 달리 아동은 자신의 삶을 주도적으로 살아갈 수 있는 능력이 있으므로 이러한 자녀의 능력을 신뢰하고 충분히 발휘할 수 있도록 해주는 것이 부모교육의 핵심이라고 하였다. 이후 Gordon은 인본주의 심리학과 부모교육의 기본이념을 토대로 부모교육 프로그램을 만들어 전세계적으로 널리 보급하는 데 지대한 공헌을 하였다. 문제의 소유자별로 구체적인 접근방법을 제시해주고 있는 Gordon의 부모교육 프로그램은 현재까지도 부모교육 현장에서 널리 활용되고 있다.

1. 인본주의 부모교육이론의 발전과정

인본주의이론에서는 인간은 자신의 행동이나 정서, 사고를 조직하는 역동적 성격구조를 가지고 있다고 하였다. Freud도 인간이 역동적 성격구조를 가지고 있는 것으로 믿었는데 그는 개인의 행동을 통제하는 것은 무의식적인 힘이라고 믿은 데 반해, 인본주의자들은 이를 의식적인 정신과정으로 믿었다.

인본주의 부모교육이론은 Rogers(1942, 1951)의 내담자중심 상담이론을 근간으로 하고 있으며, Ginott(1965)는 Rogers의 이론을 부모교육이론으로 발전시켰으며, Gordon은 부모교육 프로그램으로 만들어 전세계적으로 널리 보급시켰다. 인본주의 부모교육 이론은 다른 이론들에 비해 덜 과학적인 것으로 평가받고 있지만 상당한 임상적 가치를 갖는 것으로 보이며, 인간의 이해에 대한 깊은 통찰력을 제시해준다.

1) Rogers의 내담자중심이론

Carl Rogers

Carl Rogers는 1902년 미국 일리노이 주 시카고 근교에 있는 오크파크의 단란한 기독교 가정에서 태어났다. 어린 시절 건강이 좋지 않았던 Rogers는 또래집단으로부터 소외되어 독서로 위안을 삼는 외로운 아이로 성장하였고, 중·고등학교 시절에도 청년기의 자녀를 도시생활의 유혹으로부터 보호하고자 했던 부모의 뜻에 따라 시카고에서 다소 떨어진 농장으로 이사하여 계속 고립된 생활을 하게 되었다. 농장에서의 생활로 인해 사회적으로는 고립되었지만 과학적인 원리에 입각하여 농장운영을 하고자 했던 아버지의 영향으로 Rogers는 초보적인 과학자의 자세를 갖추게 되었다. 이러한 이유로 그는 위스콘신 대학에 입학하여 과학적 농학을 전공하게 된다. 그러나 2학년을 마치기도 전에 Rogers는 기독교에 대한 관심으로 전공을 농학에서 역사로 바꾸었으며, 1924년 위스콘신 대학을 졸업한 이후에도 뉴욕의 유니온 신학교에서 2년간 수학하게 된다.

Leta Hollingworth

그러나 건설적인 삶을 영위하는 데 있어서 특정한 종교적 관점을 지향하는 것에 한계를 느끼면서 Rogers의 삶은 다시 한 번 전환을 맞이하게 되었다. 이 시기에 그는 유니온 신학교에 다니면서 동시에 컬럼비아 대학의 몇몇 과목을 수강하게 되었는데, 이러한 과정에서 Leta Hollingworth와 진보주의 교육관을 가진 John Dewey의 제자인 William Heard Kilpatrick의 영향을 많이 받았으며, 이후 컬럼비아 대학에서 임상 및 교육 심리학 박사과정을 마치게 된다. 1931년에 컬럼비아 대학에서 심리학으로 박사학위를 취득한 이후 Rogers는 로체스터 상담소의 연구원을 거쳐 소장으로 재직하였다. 로체스터 상담소에서 12년간을 재직하면서 Rogers는 부적응 아동들과의 상담경험을 통해 기존의 상담이론을 현실에 적용하는 데 문제가 있음을 인식하고 자신의 임상경험에 기초하여 새로운 이론을 형성하게 되었다. 이러한 과정에서 Rogers는 Otto Rank의 제자인 Elizabeth Davis와 Jessie Taft의 영향을 받았다. Rogers가 개인이 스스로 자기를 이끌어 갈 수 있다는 가능성에 대해 깨닫기 시작한 것도 바로 이때이며, 내담자의 행동을 해석하는 것이 비효과적이라고 생각한 것도 바로 이때이다. 로체스터 시절 그는 1939년에 『문제아동에 대한 임상치료(The clinical

William Heard Kilpatrick

Otto Rank

Elizabeth Davis

Jessie Taft

treatment of the problem child)』라는 저서를 출간하였으며, 이 저서가 계기가 되어 오하이오 주립대학에서 교수생활을 시작하게 된다. 이어서 시카고 대학에서 심리학 교수로 재직하였는데, 시카고 대학에서의 12년간은 그의 생애 가운데 가장 창의적인 시기로 평가되며, 이 시기 동안의 다양한 업적으로 1956년 Rogers는 학술공로상을 받았다. 이후 Rogers는 심리학과 정신의학의 협동연구에 대한 기대로 모교인 위스콘신 대학으로 옮겼으나 그곳에서의 교수생활은 갈등의 연속이었다. 전통적인 학문활동이 주는 제약으로 인해 1963년 그는 사임을 결심하고, 사임 이후에는 라욜라에 있는 '서부행동과학연구소(Western Behavioral Science Institute: WBSI)'와 이후 창립된 '인간연구소(Center for Studies of the Person)'에서 그때까지의 경험을 바탕으로 인간의 본성과 상담기법에 대한 자신의 이론을 전 세계에 널리 전파하였다. 이 기간에 Rogers는 특히 '참만남집단(Encounter Groups)'과 대인관계 등에 초점을 두고 활동을 했으며, 그의 '내담자 중심'의 원리를 과학철학, 교육, 소외문제에까지 확대하여 적용하였다.

Rogers의 이론은 상황에 대한 인지적인 측면보다는 정서적인 측면을, 과거보다는 현재를 강조하고 있다. 또한 그는 사람은 누구나 스스로 자기를 이끌어 갈 수 있다는 믿음을 가지고 있었기 때문에 치료관계에서 해석을 중시하지 않았다. 그는 내담자를 연구대상으로 생각하거나 치료자의 입장에서 진단하거나 해석하거나 치료하려고 하지 않고, 인간 대 인간으로서 내담자와 사적인 관계를 맺으면서 치료가 이루어져야 한다고 주장하였다. 그래서 Rogers의 방법을 비지시적, 내담자중심 상담이론이라고 한다. Rogers는 인간은 자기 내부에 자기성장의 잠재력을 가지고 있으므로 치료자의 진실성, 무조건적 긍정적 존중과 감정이입적 이해가 내담자에게 전달된다면 충분히 치료적 변화는 일어날 수 있다고 보았다.

전인적인 발달에 대한 깊은 관심과 인간의 잠재력과 개성에 근거한 상담기법을 개발한 공로로 인해 미국 심리학회는 심리학의 발전에 탁월한 공로를 세운 인사에게 수여하는 상(Distinguished professional contribution award)의 첫 번째 수상자로 Rogers를 선정하였다.

2) Ginott의 인본주의 부모교육

Haim Ginott

Haim Ginott는 인본주의 심리학의 기본원리를 부모-자녀관계에 접목시켰다. 그는 자신의 저서 『부모와 자녀 사이』(1965)에서 부모-자녀 간의 문제는 부모 자신의 성격요인보다는 자녀양육 방식의 문제 때문에 일어난다고 보고, 아동지도와 교육에 초점을 둔 부모교육의 필요성을 강조하였다. 아동이 문제행동을 보이는 것은 부모에게 어떤 문제가 있어서가 아니라 자녀양육에 대한 경험이나 지식, 태도의 문제에 기인한다고 보았으며, 부모-자녀 간의 문제를 무조건적 긍정적 존중과 감정이입적 이해, 진실성에 바탕을 둔 상호작용이나 대화를 통해 해결하고자 하였다. 아동의 성장에는 자신이 부모로부터 사랑받고 있음을 느낄 수 있도록 자녀의 욕구에 감정이입적으로 반응해주는 부모가 필요하며, 부모-자녀관계는 상호존중을 바탕으로 이루어져야 한다고 하였다.

3) Gordon의 부모교육 프로그램

Thomas Gordon은 인본주의 심리학과 부모교육의 기본이념을 토대로 부모효율성훈련(Parent Effectiveness Training: P.E.T.)이라는 부모교육 프로그램을 만들어 실제 부모교육 현장에 널리 보급하는 데 지대한 공헌을 하였다. Gordon은 사회가 부모들로 하여금 자녀를 출산하고 잘 양육하기를 기대하고 있으나 특별한 지원이나 교육은 절대적으로 부족할 뿐 아니라 일단 문제가 발생하면 이를 전적으로 부모의 책임으로 돌리고 비난한다고 생각하였다. 그러나 이는 부모들 자신의 잘못이라기

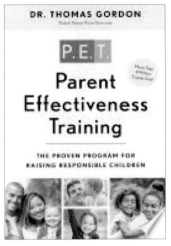

💡 **사진 설명** Parent Effectiveness Training: The Proven Program for Raising Responsible (1970, 1975, 2000)

보다는 자녀양육에 대해 훈련을 받지 않았기 때문이며, 자녀들이 보이는 행동도 부모에게 반기를 드는 것이 아니라 부모들이 사용하는 잘못된 훈육방식에 반기를 드는 것이라고 확신하게 되었다.

그는 부모들에게 자녀양육이라는 직업에서 보다 효율적으로 기능할 수 있도록 도움을 주기 위해 1962년 캘리포니아에서 부모효율성훈련 프로그램을 시작하였다. 당시 자녀양육에서 심각한 문제를 경험하고 있는 17명의 부모를 대상으로 처음 시작한 이후 수년 만에 이 프로그램은 미국 전역으로 퍼져나갔으며, 이를 토대로 Gordon은 『Parent Effectiveness Training』(1970, 1975, 2000)이라는 저서를 출간하게 되었다. 이 책은 33개 국어로 번역되어 전 세계적인 베스트셀러가 되었다. 부모효율성훈련의 주요 내용은 적극적 경청(active listening), 나-전달법(I-messages)과 무패 갈등해결방법(No-Lose conflict resolution)을 중심으로 구성되어 있다. 이러한 훈련을 통해 Gordon은 부모-자녀 간에 온정적이고 친밀한 관계를 발전시켜 나갈 수 있으며, 나아가 가정 내의 폭력을 없애고 평화와 민주주의를 가져올 수 있다고 주장하였다.

2. 인본주의 부모교육의 목표

Rogers의 내담자중심 상담이론에 근거한 인본주의 부모교육의 궁극적인 목표는 자기 자신이 되는 것이라고 말할 수 있다. Rogers(1959)는 자기 자신이 되기 위한 성숙한 인간의 모습을 '충분히 기능하는 사람(The fully functioning person)'이라는 개념으로 설명하고, 충분히 기능하는 사람들은 경험에 대한 개방성을 유지하고, 현재에 충실하며, 자신이나 타인에 대한 신뢰를 보이는 특성을 갖는다고 하였다.

Rogers는 인간이 자신의 잠재력을 건설적인 방향으로 발전시켜 나가고자하는 선천적인 실현경향성을 가지고 있다고 간주하였다. 따라서 Rogers이론에 근거한 인본주의 부모교육에서 부모역할의 궁극적인 목표는 적절한 심리적 조건을 조성해 줌으로써 자녀로 하여금 자기 자신으로 기능할 수 있는, 충분히 기능하는 사람으로 성장시켜나가는 것이다. 인본주의 부모교육에서는 충분히 기능하는 사람으로 성장하기 위해서는 무조건적 긍정적 수용, 감정이입, 진실성과 같은 심리적 촉진요인이 필요하다고 하였으며, 이들 촉진요인은 치료의 필요조건이기도 하지만 나아가 충분조건이라고 하였다(Rogers & Sanford, 1984).

첫째, 인본주의 심리학에서 중요한 치료의 조건은 진실성(congruence)이다. 이는 내담자가 치료자가 말하는 것뿐 아니라 깊숙한 감정까지도 그가 표현하는 것과 일치하는 것으로 내담자가 인식하는 것이다. 이러한 인간관계를 통해 내담자는 안정감을 느끼고 치료자와 적극적인 상호작용이 이루어지게 된다. 따라서 인본주의 부모교육에서는 부모가 전문가의 역할을 가장하지 않고 솔직하게 자신의 모습을 드러내 보이는 진실성을 통해 부모-자녀관계를 향상시켜나가는 것을 강조한다.

둘째, 인간존중을 기본철학으로 하는 인본주의 심리학에서 또 다른 치료의 중요한 조건은 인간에 대한 수용이다. 인간에 대한 수용은 소유론적인 관계가 아닌 하나의 독립된 인격체로서 자녀를 있는 그대로 받아들이는 것이다. 수용은 개인의 감정이나 생각을 포함하는 존재에 대한 무조건적 긍정적 존중(unconditional positive regard)을 의미한다. 부모가 무조건적 긍정적 존중이라는 안전한 환경을 제공함으로써 자녀는 따뜻한 돌봄을 체험하고 자신의 감정과 경험을 받아들일 수 있게 된다.

셋째, 인본주의 심리학에서 중요시하는 또 다른 치료의 조건은 내담자의 세계에 대한 민감한 감정이입적 이해(accurate empathic understanding)이다. 인간은 자기 자신의 행동을 적절하게 조절하고 통제할 수 있는 능력의 소유자임을 가정하고 있으므로 인본주의 부모교육에서는 부모가 감정이입적 이해를 통해 자녀 스스로 자신의 행동을 판단하고 결정할 수 있도록 도와주는 것을 강조한다. 역지사지(易地思之)의 자세로 자녀와 정서적으로 함께하는 감정이입적 이해를 통해 부모는 자녀의 행동을 보다 잘 이해할 수 있을 뿐만 아니라 자녀도 편안한 자기탐색이 가능해진다.

3. 인본주의 부모교육의 기본원리

Rogers는 인간은 자기 내부에 자기성장의 잠재력을 가지고 있으며, 이러한 힘은 적절한 심리적 분위기만 제공되면 기능적으로 작용한다고 하였다. 이에 근거하여 Ginott는 긍정적 존중의 욕구를 충족시켜주기 위한 의사소통 방법, 칭찬과 비판의 방법, 책임감과 독립심 기르기, 행동의 한계 설정하기 등의 방법을, Gordon은 수용성 수준 파악하기, 나−전달법, 적극적 경청, 무패법 등의 방법을 발전시켜 나갔다.

1) Rogers의 기본원리

Rogers(1977)는 치료적 관계에서 핵심적인 치료자의 속성으로 진실성, 무조건적 긍정적 존중, 감정이입적 이해를 들었다 .

(1) 진실성

인본주의 이론에서는 치료자의 태도 가운데 진실성을 치료를 촉진시키는 가장 기본적인 조건으로 간주한다. 진실성은 치료자가 전문가의 역할을 가장하지 않고 있는 그대로 모습을 드러내는 것이며, 이를 통해 아동은 자신의 감정이나 세계를 보다 편안하게 표현할 수 있다. 이러한 진실성은 치료자가 높은 수준의 자기이해와 자기수용능력을 지니고 있을 때 가능한 태도이다.

하지만 치료자가 진실성을 보여주는 것은 용이하지가 않다. 끊임없이 자기를 위협하는 경험에 대해 개방적인 태도를 갖는다는 것은 어려운 일이다. 여기서 말하는 진실성은 자신의 생각이나 느낌을 모두 상대방에게 드러내는 것이 아니라 자기 내면에서 일어나고 있는 생각이나 느낌을 개방적으로 받아들일 뿐만 아니라 부정적인 경험도 받아들이고 표현하려는 것을 의미한다. 이는 자신이 전문가인 것처럼 가장하고 싶은 유혹으로부터 벗어날 때에만 가능한 태도이다.

아동은 치료자에 대해 매우 민감하다. 치료자가 어떤 거짓된 태도를 보이면 아동은 이를 쉽게 알아차리고 결과적으로 관계형성에 방해를 받게 된다. 치료자는 사실적이고 진실해야 하며 아동에게 진실한 한 인간으로 느껴져야 한다.

(2) 무조건적 긍정적 존중

무조건적이고 긍정적인 존중은 치료자가 내담자의 느낌이나 생각을 평가하거나 판단하지 않고 있는 그대로의 한 인간으로 받아들이는 것을 의미한다. 이는 내담자의 긍정적인 느낌이나 생각뿐 아니라 부정적인 느낌이나 생각까지도 모두 수용해야 함을 의미한다. 이러한 무조건적인 긍정적 수용의 분위기를 통해 아동은 안정감을 느끼고 자신의 사고와 감정을 탐색하며 자유롭게 환경을 탐색하고 어려움을 극복해 나갈 수 있고, 충분히 기능하는 사람으로 성장해나가는 것이 가능하다.

Rogers는 자신에 대해 긍정적으로 느낄 수 있는 능력은 타인이 자신에게 보여주는 긍정적 존중의 질과 일관성에 달려있다고 보았다. 실제로 상담을 원하는 아동의 대다수는 긍정적 존중에 대한 욕구가 거의 채워지지 않은 경우가 많다고 하였다. 그러므로 치료자로부터 긍정적 존중을 받는 것이 무엇보다도 중요하다. 이는 부모-자녀관계에도 마찬가지로 적용된다. 자기인식능력이 발달하면서 아동은 중요한 욕구를 나타내는데, Rogers의 동료인 Standal(1954)은 이를 긍정적 존중에 대한 욕구라고 하였다. 아동은 이러한 욕구를 충족시키기 위해 상당히 노력하며, 이는 개인의 성장에 큰 영향을 미친다. 어떤 아동은 다행히 성장과정에서 주변인물로부터 일관성 있는 관심을 받음으로써 긍정적 존중에 대한 욕구가 충족되는 반면, 어떤 아동들은 그렇지 못하다. 또한 긍정적인 존중의 욕구가 충족되더라도 이것이 지나치게 제한된 틀 속에서 긍정적 존중을 받게 되면 이 또한 불안정한 자기존중이 이루어지게 된다.

Rogers(1954, 1961)는 인간의 성격이 어떻게 변화하는가에 지대한 관심을 보였으며, 이를 자아의 개념과 관련하여 설명하였다. 따라서 Rogers이론에서 자아는 중요한 개념이다. 이 가운데 실제적 자아, 자아상(real self, self-image)은 실제로 자신이 누구이며 어떤 사람인가를 의미하는 자아 개념으로, 개인이 느끼고, 생각하고, 행동하는 것에 직접적으로 영향을 미친다. 반면 이상적 자아(ideal self)는 개인의 목표나 이상을 추구하는 것과 관련된 것으로 상황에 따라 변화하는 유동적인 자아 개념으로,

이는 개인이 통제할 수 없는 외적 요인의 영향을 다분히 받게 된다. 개인은 자신의 목표나 이상을 추구하는 과정에서 긍정적 존중의 욕구를 조건적으로나마 충족시키기 위해 자신이 어떻게 생각하고 행동해야하는지에 대한 타인의 생각에 영향을 받게 되며, 이러한 과정에서 이상적 자아가 발달하게 된다. 자아개념의 발달에서 부모로부터의 긍정적 존중이 지나치게 좁은 특정한 행동에 국한되면 실제적 자아와 이상적 자아 간의 차이가 커지게 되며, 이러한 불일치가 클수록 심리적 문제도 커지게 된다.

Rogers(1974)는 인간은 자기이해에 대해 놀라울 정도의 잠재력을 가지고 있다고 믿었다. 이 잠재력은 일상생활에서는 잘 드러나지 않지만, 적절한 심리적 환경이 조성되면 나타나게 된다. 출생 직후 영아는 자기 자신이 경험하는 것을 곧 현실로 인식하기 때문에 현실과 실현경향성 간에 어떠한 갈등도 일어나지 않는다. 그러나 점차 성장하면서 다른 사람들과는 다른 자기 자신을 경험하기 시작하면서 긍정적 존중에 대한 욕구가 발달하며, 자신을 긍정적으로 느낄 수 있는 능력은 타인이 보여주는 긍정적 존중의 질과 일관성에 좌우된다. 다른 사람으로부터 일관성 있는 보살핌을 받게 되면 긍정적 존중의 욕구가 자연스럽게 채워지지만 그렇지 못할 경우 실제적 자아와 이상적 자아 간의 불일치가 나타나며, 불안정한 자아 개념을 형성하게 된다. Rogers는 실제적 자아와 이상적 자아간의 일치가 일어나지 않으면 자아실현은 불가능하며, 치료자의 역할은 바로 이상적 자아를 보다 현실적으로 만들거나 실제적 자아에 대한 개인의 인식을 조절함으로써 이들 간에 일치가 일어나도록 하는 것이라고 하였다.

Calvin S. Hall

이처럼 Rogers는 어린 시절 다른 사람으로부터 받는 평가를 중요시하였다(Hall & Lindzey, 1978). 아동기에서 의미 있는 타자와의 경험이 성인기의 자기지각에 영향을 미친다고 하였다. 만약 아동이 부모, 형제, 또래, 교사와의 관계에서 자주 긍정적인 평가를 받았다면 이상적 자아와 실제적 자아 간에 불일치가 크게 일어나지 않을 것이다. 반면, 부정적인 평가를 받았다면 실제적 자아와 이상적 자아 간에 불일치가 크게 일어나며, 결과적으로 성인이 되었을 때 적응상의 문제를 보일 가능성이 높다. 부정적인 피드백을 많이 받을수록 다른 사람으로부터의 부정적인 평가에서 벗어나고자 자기지각을 왜곡하게 된다. 타인의 평가는 때로는 긍정적이고 때로는 부정적이다. 이러한 과정에서 아동은 타인으로부터 인정받지 못하는 행동을 배제시키는 경향이 있으며, 그 결과 아동은 실제로 자신이 되고자 하는 사람보다 타인이 자신에게 요구하는 사람이 되고자 한다. 즉, 실제 자아와 타인에게 인정받기 위해 만들어진 자아 간에는 괴리가 생기게 될 것이며, 이러한 괴리가 크면 클수록 불안하게 되고, 방어적이 되어 다른 사람들에게 적개심을 갖게 된다. 그러므로 인간중심 치료에서는 타인으로부터 인정받지 못하는 위협적인 감정을 표현하고 이를 통해 실제 자기의 모습을 진지하게 검토할 수 있도록 긍정적인 존중의 분위기를 조성하는 것을 강조하고 있다.

(3) 감정이입적 이해

Rogers(1986)는 민감한 감정이입적 이해는 치료적 변화를 촉진시키는 세 가지 태도 가운데 가장 훈련가능성이 높은 조건이며, 감정이입만으로도 상당한 치료효과를 거둘 수 있다고 하였다. 그럼에도 불구하고 수많은 치료자들이 이를 소홀히 하고 있음을 비판하였다.

민감한 감정이입적 이해는 내담자의 내면에서 일어나고 있는 감정에 대해 민감하게 주의를 기울이되 이를 판단하거나 들춰내지 않고 자신이 경험한 세계를 인식하고 정서적으로 온전히 접촉할 수 있도록 정서적으로 함께 해주는 것을 의미한다. 치료자 자신의 경험이나 기대를 배제하고 내담자의 경험보다 앞서 생각하지 않고 내담자가 자신의 감정을 스스로 경험하고 해결할 수 있도록 도와주는 것이다. 그러므로 감정이입적 이해는 내담자로 하여금 자신의 감정에 대한 자유로운 탐색을 가능하게 하며 이를 통해 자신이 이해받고 있다는 느낌을 주기 때문에 내담자에게 자유로움과 안정감을 주게 된다.

부모들은 자녀의 행동에 대한 감정이입적 이해보다는 자녀의 문제에 자신이 개입하여 이를 해결해주려 하거나 안심을 시키려 한다. 이러한 부모의 태도는 결과적으로 자녀의 감정을 거부하는 태도이며, 이로 인해 자녀는 자신의 감정을 드러낼 수 있는 기회를 상실하게 된다.

2) Ginott의 교육원리

Ginott는 부모-자녀관계에서 상호작용을 촉진시키는 것이 가장 우선적으로 이루어져야 한다고 생각하였으며, 이를 위해 Rogers의 기본원칙을 토대로 다음과 같은 지침을 제시하였다.

(1) 상호존중의 의사소통

긍정적 존중의 욕구를 충족시켜주기 위해 Ginott(1965)는 부모-자녀 간의 의사소통에서 기본이 되는 요소로 상호존중을 강조하였다. 부모가 자아존중감을 가지고 있는 것처럼 자녀의 자아존중감도 존중해주는 기술이 필요하다. 이를 위해 부모-자녀 간의 대화에서 고려해야 할 점은 다음과 같다.

첫째, 아동의 질문이나 이야기에 반응할 때에는 그 사건이나 상황 자체보다는 이면의 숨은 의미를 파악하고, 사건과 관련된 자녀의 감정에 적절하게 반응해야 한다.

둘째, 대부분의 자녀는 부모가 너무 말을 많이 한다고 생각하며, 부모가 설교나 비난의 말을 많이 하는 것은 의사소통을 방해하는 요인이 된다. 그러므로 부모가 자녀의 잘못된 행동에 대해 언급할 때에는 자녀의 행동 자체에만 관심을 두고 간략하게 언급해야 한다.

셋째, 자녀의 감정에 대한 수용을 전제로 해야 한다. 자녀의 행동을 비난하기 전에 감정을 수용하는 태도가 필요하다. 부모가 이러한 태도를 보일 때 자녀는 자신의 감정과 상처를 표현하고자 하는 욕구를 갖게 된다.

넷째, 우리는 누구를 사랑하기도 하고, 또 한편으로는 미워하기도 한다. 부모와 마찬가지로 자녀도 이러한 두 가지 감정을 가질 수 있다는 사실을 인정하고 받아들이는 태도가 필요하다. 나아가 이러한 감정은 지극히 자연스럽고 정상적인 것임을 자녀에게 이해시킴으로써 자녀로 하여금 불필요한 죄의식에서 벗어나도록 해 주어야 한다.

다섯째, 자녀로 하여금 자신의 감정을 알도록 도와준다. 부모는 자녀의 감정을 있는 그대로 반영시켜줄 수 있는 거울과 같은 역할을 함으로써 자녀로 하여금 자신의 감정을 알게 해줄 수 있다. 이러한 과정을 통해 자녀는 자신의 감정에 충실할 수 있고, 성장과 변화의 기회를 가지게 된다.

(2) 칭찬과 비판의 방법

대부분의 부모들은 칭찬이 자녀에게 자신감과 안정감을 줄 수 있다고 믿는다. 그러나 반드시 그렇지만은 않다. 예를 들어, 아동이 그린 그림에 대해 부모는 칭찬의 의미로 무조건 "잘 그렸구나"라는 반응을 보일 수 있다. 그러나 자녀는 자신이 그림을 잘 그리지 못했다고 생각했을 때, 어머니의 반응은 진실된 것으로 볼 수 없으며, 이러한 태도는 오히려 관계형성에 방해가 된다. 그러므로 그러한 표현보다는 오히려 "소방차를 그렸구나. 빨간 색으로 그렸구나"와 같이 있는 그대로의 진실을 말해주는 것이 효과적이다. 칭찬에서 진실성이 결여되면 이러한 칭찬은 부작용을 초래하기도 한다. 칭찬과 비판이 효과를 거두기 위해서는 다음과 같은 주의가 필요하다.

첫째, 자녀의 바람직한 행동에 대한 칭찬은 성격과 관련된 막연한 표현보다는 실제적인 노력이나 성취에 근거해 주어져야 한다.

둘째, 자녀의 잘못에 대해서는 건설적인 비판을 한다. 건설적인 비판이란 자녀의 행동 자체에만 한정을 하여 어떻게 해야 할 것인가를 지적하는 것이다. 잘못된 행동을 근거로 자녀의 성격까지 비난하는 것은 오히려 바람직하지 못한 결과를 초래한다.

셋째, 아이들은 하찮은 사건을 통해 가치 있는 많은 일들을 배울 수 있다. 그러므로 부모는 자녀에게 하찮은 일과 중요한 일을 구분할 수 있도록 가르치고, 하찮은 실수에 대해서는 가볍게 취급하는 태도를 보이도록 한다.

넷째, 부모와 생각이 다르다고 하여 자녀에게 '바보' '멍청이' 등과 같은 거친 말을 사용하는 것을 자제하도록 한다. 이는 자녀의 마음속에 앙심과 분노와 미움이 생기게 한다. 나아가 이는 아동의 행동을 제한하는 결과를 초래한다.

다섯째, 자녀를 교육하면서 부모가 화를 내야 할 때가 있다. 실제로 부모가 화를 낼 일인데도 불구하고 이를 지나치거나 참으면 자녀는 부모가 관심이 없는 것으로 받아들이게 되며, 부모 자신에게도 바람직하지 않다. 그러나 부모의 걷잡을 수 없는 분노의 표현까지 자녀가 감수할 수 있다는 것은 아니며, 단지 자녀에 대한 부모의 이해에도 한계가 있음을 보여주는 것이 필요하다. 자녀의 인격을 손상시키지 않으면서 동시에 잘못된 행동을 지적해주고, 부모 자신의 고통도 경감시킬 수 있는 적절한 분노의 표현은 필요하다.

(3) 책임감과 독립심

Ginott(1965)도 긍정적 존중의 욕구가 충족될 경우 아동은 자신의 행동을 스스로 책임질 수 있는 자율적인 존재라고 생각하였다. 그러므로 부모는 부모가 책임져야 할 문제와 자녀가 책임져야 할 문제에 대해 한계를 분명하게 설정하고 일상생활에서도 자녀에게 선택할 기회를 제공해주어야 한다고 하였다. 이러한 과정을 통해 자녀는 자신의 행위를 책임지는 사람으로 성장하게 되며, 독립심을 갖게 된다.

음식의 경우 여러 가지를 마련하는 것은 부모의 책임이지만, 이 가운데 어느 하나를 택하는 것은 자녀의 몫이다. 어떤 부모는 자녀의 음식문제 때문에 지나치게 까다로운 한계를 설정하고, 자녀에게 아무 음식이나 먹지 못하게 하고 몇 가지만 먹을 것을 강요한다. 그러나 다양한 음식을 제공하고 자녀의 식성에 맞게 마음껏 먹게 내버려 두는 것이 바람직하다. 자녀에게 필요한 옷을 구입할 경우에도 그것이 자녀에게 필요한 옷인지를 판단하고 가격의 한도를 정하는 것은 부모의 몫이다. 그러나 모양이나 빛깔은 자녀의 선택으로 남겨두어야 한다.

숙제에 대해서도 어떤 부모들은 이를 전적으로 자녀의 책임으로 간주하는가 하면, 또 어떤 부모들은 일일이 간섭하고 잔소리를 하려고 한다. 그래서 아예 자녀의 숙제를 거들떠보지도 않거나, 자녀의 숙제를 부모가 대신 해주려고 한다. 그러나 숙제의 중요한 가치는 자기 스스로 자신의 일을 해보는 경험을 갖게 하는 데 있다. 그러므로 숙제는 책임감을 갖고 스스로 하도록 하는 것이 좋다. 이들은 힘든 숙제를 하는 과정을 통해 많은 지혜를 얻게 되며, 이로써 남의 도움을 받지 않고 독립적으로 일을 할 수 있게 된다. 그러나 간접적인 도움은 필요하다. 학습을 하기 위한 적절한 환경을 제공해주고 자녀의 숙제가 부모의 질문이나 동생들의 장난에 의해 중단되게 해서는 안 된다. 경우에 따라 어려운 문제를 설명해주는 것과 같은 간접적인 도움은 주되 직접적인 도움은 피하는 것이 좋다.

또한 용돈은 이를 사용하는 과정에서 무엇을 어떻게 살 것인가를 선택하는 훈련을 시키고 이에 대해 책임을 지게 함으로써 단순히 아동에게 주어지는 보상 이상의 의미를 갖는다. 그러므로 용돈의 사용에 대해 부모가 지나치게 간섭하는 것은 그 목적을 상실하게 된다. 그러나 용돈을 낭비하는 경우에는 자녀와 의논하여 방법을 생각해보아야 하며, 즉시 써버리는 아이에게는 한꺼번에 많이 주기보다는 조금씩 나누어 주는 것이 좋다. 용돈을 사용하는 아동의 능력에 따라 처음에는 용돈을 조금씩 주다가 점차 잘 사용할 수 있게 되면 많이 주는 것이 바람직하다. 또한 조금씩이라도 남겨 저축을 하도록 하는 것이 필요하다.

훌륭한 부모는 훌륭한 교사처럼 자녀에게 점차 자신이 필요하지 않은 존재로 만들어 나가는 것이다. 부모는 자신의 도움으로 자녀가 커가는 데서 만족을 얻으려 하기보다는 성장함에 따라 점차 독립적으로 길러주려는 태도를 보일 때, 자녀는 보다 책임감 있고 독립심이 향상된다.

(4) 행동의 한계설정

자녀에 대한 수용은 자녀가 갖는 감정에 국한되는 것이며, 실제 행동에는 수용할수 없는 것이 있으므로 이에 대해서는 한계를 설정할 필요가 있다. 자녀가 한 인간으로서 갖는 감정이나 생각은 어떠한 제한을 받아서도 안 되지만 자신의 감정을 행동으로 표현하는 것에는 지나친 관용으로 자녀를 다루는 것만이 최선은 아니며, 부모가 용납하기 어려운 부분은 명확하게 명시해주어야 한다. 예의범절이나 거짓말, 훔치는 버릇, 부모를 때리는 행동 등과 같은 행동의 한계를 알 때 자녀는 보다 안정감을 느낀다. 그러나 분명한 한계를 설정하되 자녀를 인격적으로 존중하여 마음에 상처를 남기는 일이 없도록 한다.

부모가 자녀의 행동을 통제하고 한계를 설정하는 과정에서 다음과 같은 네 단계는 효과적인 방법으로 사용될 수 있다(Ginott, 1965).

첫째, 부모는 자녀가 원하는 것을 먼저 반대하거나 비판하지 말고 인정하고, 간단한 말로 반복하여 말해준다.

둘째, 제한할 행동에 대해서는 분명하게 제재를 가하는 말을 한다.

셋째, 부모는 자녀가 원하는 바를 최소한 일부라도 성취할 수 있도록 다른 방법을 제시해야 한다.

넷째, 자녀가 행동의 제재를 당했을 때 일어나는 분노의 감정은 표현하도록 도와주어야 한다.

자녀가 행동할 때 지켜야 할 규칙이나 제한을 분명한 말로 표현하는 것은 필요하다. 그러나 부모가 무슨 말을 해야 할지 확신이 서지 않을 때에는 오히려 아무런 주의를 주지 않는 것이 바람직하다. 또한 아동의 육체적 활동에 대한 금지는 정서적인 문제로 표현될 우려가 있으므로 육체적인 활동을 통해 에너지를 발산할 수 있는 적절한 환경을 만들어 주는 것이 필요하다.

3) Gordon의 교육원리

Gordon(2000)은 문제를 보이는 아동과 청소년에 대한 상담결과를 토대로 부모-자녀 관계의 문제는 부모나 자녀 어느 일방의 잘못이 아닌 의사소통의 문제에서 비롯된다고 보았다. 이러한 문제를 해결하기 위해 적극적 경청, 나-전달법, 무패법의 구체적인 방법을 제시하였으며, 이를 적용하기에 앞서 수용성 수준 파악하기와 문제가 되는 사람 파악하기가 우선되어야 한다고 하였다.

(1) 수용성 수준 파악하기

대부분의 부모들은 자신들이 항상 자녀의 행동을 수용해야 하고 자녀에 대해 관대한 태도를 취해야 하며, 자녀의 행동에 대해 일관성 있게 반응해야 한다고 생각한다. 그러나 한 인간으로서 부모가 자녀의 감정이 아닌 행동을 전적으로 수용하는 것은 불가능하며, 일상생활에서 자녀의 행동을 수용하는 정도는 부모 자신이나 자녀의 특성 및 상황적 요인에 따라 변화한다. 따라서 Gordon은 부모 자신이나 자녀

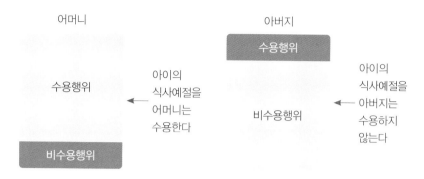

〈그림 7-1〉 **부모 간의 수용수준의 차이**

의 특성 및 상황적 요인에 따라 변화하는 수용성 수준을 파악하는 것이 우선적인 문제라고 하였다.

　우선 부모 자신의 성격이나 기분에 따라 자녀의 행동을 수용하는 수준에서 차이를 보이게 된다. 동일한 자녀의 행동에 대해서도 이를 문제시하는 부모가 있는가 하면, 전혀 문제로 생각하지 않는 부모도 있다. 그리고 평상시에는 수용할 수 있는 자녀의 행동도 부모 자신이 갈등상황에 놓여 있으면 수용이 불가능하다. 또한 아버지는 자녀의 행동을 수용할 수 없지만 어머니는 이를 수용할 수 있는 경우가 있으며, 그 반대인 경우도 있다(〈그림 7-1〉 참조).

　〈그림 7-2〉와 같이 성격특성이나 출생순위, 연령, 발달특성, 학업성취도 등과 같은 자녀의 특성에 따라서도 수용성 수준은 달라질 수 있다. 동일한 행동이지만 맏

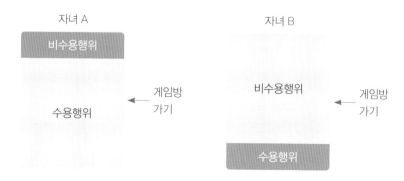

〈그림 7-2〉 **자녀에 따른 수용수준의 차이**

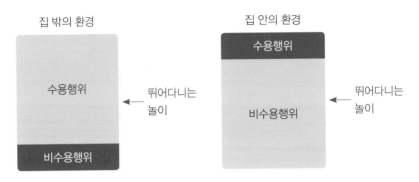

〈그림 7-3〉 **장소에 따른 수용수준의 차이**

이에게는 수용되지 않는 행동이 막내에게는 수용이 될 수도 있고, 발달상의 문제가 없는 건강한 자녀에게는 수용되지 않는 행동이 발달상의 문제가 있는 자녀에게는 수용될 수도 있다. 일반적으로 학업능력이 뛰어나고 성격도 활발하고 원만하면 수용의 폭은 넓어지며, 이와는 달리 학업능력이 저조하고 반항적이고 미숙하면 수용의 폭도 좁아지게 된다.

〈그림 7-3〉과 같이 자녀의 행동이 발생하는 시간이나 장소와 같은 여러 가지 상황요인도 수용성 수준에 영향을 미치게 된다. 평소에는 수용이 되는 행동이 바쁜 날에는 수용이 되지 않을 수도 있으며, 실내에서는 허용되지 않는 행동이 실외에서는 허용이 될 수도 있다.

부모의 수용성 수준에 따라 자녀와의 상호작용 방법은 달라진다. 따라서 부모는 자신의 수용성 수준이 어느 정도인가에 대해 정확한 판단을 할 수 있어야 한다. 만약, 자신의 수용성 수준이 낮다면 그 원인이 무엇인가를 검토해보는 것이 필요하다. 부모가 항상 일관성 있게 수용적인 태도를 가질 수는 없지만, 이러한 자신의 상태를 솔직하게 받아들이고 자신의 수용성 수준에 따라 적절한 의사소통방법을 사용한다면 부모-자녀관계는 보다 원만하게 이루어질 수 있다.

실제로 무조건적으로 자녀의 모든 행동을 수용하는 부모는 없다. 어떤 부모들은 상당히 많은 부분을 수용하는 것처럼 보이지만 이는 좋은 부모역할을 연출하는 것이며, 어떤 부분은 거짓 수용(false acceptance)일 수 있다(〈그림 7-4〉 참조). 표면적으

〈그림 7-4〉 **수용의 형태**

로는 수용하는 것처럼 보이지만 내적으로는 수용하지 않는 것이다. 부모가 거짓 수용을 할 경우, 자녀는 부모의 목소리나 얼굴 표정 등을 통해 이를 알아차리며, 자녀에게 전달되는 이중메시지는 오히려 자녀를 구속에 빠뜨리고 혼란에 빠지게 된다. 부모는 신이 아니기 때문에 수용할 수 있는 행동도 있고 없는 행동도 있다. 오히려 좋은 부모역할을 연출하느라 거짓 수용을 한다면 이는 궁극적으로 부모-자녀 관계에 부정적 영향을 초래하게 된다.

(2) 문제의 소유자 파악하기

부모와 자녀 그 누구도 문제가 없는 경우 평온한 시간을 가질 수가 있으나 일단 문제가 생기면 그 문제를 해결해야 할 사람이 누구인지를 파악하는 것이 중요하다. 부모효율성훈련에서는 누가 해결해야 할 문제인가에 따라 그 해결방식이 달라지기 때문이다.

부모-자녀 간의 문제는 다음과 같이 세 가지 방식으로 구분할 수 있다. 첫째, 부모에게는 해결해야 할 아무런 문제가 없으나 자녀에게는 해결해야 할 문제가 있는 경우이다. 둘째, 이와는 달리 자녀에게는 해결해야 할 아무런 문제가 없으나 부모에게는 해결해야 할 문제가 있는 경우이다. 셋째, 부모와 자녀가 모두 해결해야 할 문제가 있는 경우이다.

부모효율성훈련에서는 자녀가 해결해야 할 문제가 있는 경우에는 적극적 경청의 방법으로, 부모가 해결해야 할 문제가 있는 경우에는 나-전달법으로 해결할 수 있

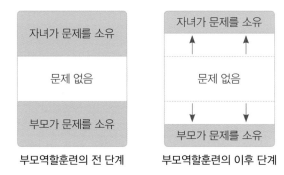

〈그림 7-5〉 **문제의 소유자**

다. 나아가 부모와 자녀가 모두 해결해야 할 문제를 가지고 있는 경우에는 무패법을 사용할 것을 제안하고 있다. 이를 통해 부모와 자녀가 해결해야 할 문제가 없는 영역을 점차 확대해 나갈 수 있다(〈그림 7-5〉 참조).

(3) 적극적 경청

대부분의 부모들이 사용하는 의사소통 방법들은 자녀가 해결해야 할 문제가 없는 경우에는 도움이 될 수 있지만 자녀에게 해결해야 할 문제가 있는 경우에는 오히려 걸림돌로 작용하게 된다. Gordon은 자녀에게 해결해야 할 문제가 있는 경우에 다음과 같은 12가지 반응(〈표 7-1〉 참조)은 오히려 의사소통의 걸림돌이 된다고 하였다. 이러한 반응보다는 적극적 경청(active listening)의 방법을 통해 부모가 자녀의 말에 적절한 반응을 보이는 것만으로도 자녀 스스로가 자신의 문제를 해결해 나가는데 도움을 줄 수 있다고 하였다.

표 7-1　12가지 의사소통의 걸림돌

1. 명령 · 지시: 부모는 자녀에게 어떻게 하라고 하거나 혹은 하지 말라고 명령하고 지시한다. 이는 자녀의 통제능력을 불신하는 것이며 동시에 자녀를 자신의 통제 하에 두려는 의도를 표현하는 것으로 볼 수 있다.
2. 경고 · 위협: 자녀가 어떤 행동이나 말을 하면 어떠한 결과가 일어날 것이라고 말한다.

3. 훈계 · 설교: 자녀에게 해야 할 일과 해서는 안 되는 일이나 그 이유에 대해 장황하게 설명한다.

4. 충고 · 해결책 제시: 어떻게 하면 자녀의 문제를 해결할 수 있을지에 대해 부모가 해결책을 제시해준다. 이는 자녀의 행동에 대해 부모가 책임을 지는 것이다.

5. 논리적으로 따지기: 부모 자신의 의견을 제시하여 자녀에게 영향을 주고자 한다.

6. 비판 · 비난: 자녀에 대해 부정적인 시각으로 판단하고 평가를 내린다. 이들은 항상 자신이 옳다는 것을 증명하는 데 관심이 있다.

7. 칭찬 · 동의: 자녀의 의견에 긍정적인 평가를 하고 동의한다.

8. 모욕 · 조소: 자녀에게 욕을 하거나 수치심을 준다.

9. 분석 · 해석: 자녀의 행동의 원인에 대해 부모가 분석하고 진단하여 이를 자녀에게 이야기한다.

10. 달래기 · 편들기: 자녀의 기분을 맞추려고 애쓴다. 자녀를 동정하고 현재의 기분을 풀어주고자 한다. 이는 얼핏 보기에는 자녀를 배려하는 행동으로 볼 수 있으나 실제로는 자녀의 감정을 가볍게 대하고 무시하는 것이다.

11. 탐문 · 질문: 자녀의 문제에 대해 원인이나 이유를 알려고 계속 질문한다.

12. 전환 · 회피: 문제를 회피하고 관심을 다른 곳으로 돌리려고 노력한다.

일반적으로 많은 부모들은 자녀의 문제가 곧 자신의 문제라고 생각하기 때문에 특정한 문제에 직면하여 자신이 자녀보다 더 속상해하는 경우가 많다. 이로 인해 부모 자신이 평정을 잃어버림으로써 자녀의 문제를 제대로 경청해 주지 못하게 된다. 그러므로 자녀의 슬픔이나 분노, 좌절감 등은 자녀가 해결해야 할 문제이지 부모가 해결해주어야 할 문제가 아님을 명심해야 한다. 자녀의 문제를 적극적으로 경청만 해주어도 자녀는 자신의 문제를 해결할 수 있게 되며 자아존중감도 높아지게 된다.

진심으로 상대방의 말을 경청해준다는 것은 상당히 어려운 일이다. 일반적으로 사람들은 상대방이 말하는 동안 겉으로는 듣고 있는 것처럼 보이지만 실제로는 그렇지 못한 경우가 많다. 대부분의 사람들은 상대방의 말에 대해 어떻게 대답해야 할지를 생각하느라고 잘 들어주지 못한다. 그러나 상대방에게 필요한 것은 충고나 진단이 아니라 잘 들어주는 것이다. 적극적 경청의 방법을 통해 부모는 자녀의 문제를 자신의 문제로 받아들여 해결해주는 것이 아니라 자녀 스스로 자신의 문제를 해결해나가도록 도와줄 수 있다.

적극적 경청은 어린 영아의 욕구를 충족시키는 데에도 사용될 수 있다. 비언어적인 의사소통방식으로도 부모는 자녀의 욕구를 충족시켜주는 것이 가능하다.

적극적 경청의 단계

적극적 경청은 침묵하며 들어주는 것에서부터 시작하여 소극적 경청과 개방적 반응의 과정을 포함한다(Gordon, 2000).

① 침묵

부모가 자녀의 문제에 반응을 보이는 가장 효과적인 방법은 부모가 자녀의 문제를 해결해주는 것이 아니라 자녀가 마음의 문을 열고 자신의 문제에 대해 말하도록 하고 이를 경청하는 것이다. 부모는 자녀의 마음을 진심으로 이해하려고 노력하는 태도를 가지고 자녀의 말을 경청해줌으로써 자녀로 하여금 자신의 문제를 부모에게 말하게 하며, 이를 통해 자녀는 자신의 문제에 대해 통찰이 가능해진다.

② 소극적 경청

경청의 기술은 단지 집중해서 듣는 것에서 한걸음 더 나아가 언어적·비언어적 반응을 첨가하는 방법도 있다. 부모가 자녀의 말을 시종일관 조용히 듣기만 하면 자녀는 자신의 문제를 부모가 수용하지 않거나 이에 대해 관심이 없는 것으로 받아들이게 된다. 그러므로 고개를 끄덕인다거나 미소를 지으며 "으음" "그랬구나" 등과 같은 언어적 반응을 통해 자녀는 부모가 자신의 문제를 진지하게 생각하고 듣고 있다고 느끼게 되어 더욱더 마음의 문을 열게 된다.

③ 개방적 반응

나아가 부모는 자녀가 자신의 문제를 더욱더 구체적으로 말하게 하기 위해 개방적인 반응을 보일 수도 있다. "그 문제에 대해 더 말하고 싶니?" "너의 생각에 나는 관심이 있단다" "그 문제에 대해 뭔가 느끼는 게 있는 것 같구나" 등의 개방적 질문을 통해 대화의 숨은 의미를 끄집어내게 해 줄 수 있다. 이러한 반응은 아동으로 하여금 자신이 부모로부터 이해받고 수용되고 있음을 느끼게 하고, 자녀가 자신의 문제를 좀더 분명하게 볼 수 있게 하는 일종의 거울과 같은 역할을 할 수 있다.

④ 적극적 경청

자녀의 말을 경청하는 가장 효율적인 방법은 자녀가 말한 내용을 그대로 반영해 주거나 자녀의 말을 확인하는 종류의 언어적 반응이라고 할 수 있으며, 이를 적극적 경청이라고 한다. 사람이 전달하려는 메시지는 내용뿐 아니라 메시지의 내용에 깔려 있는 표현하려는 감정의 두 가지 요소로 구성된다. 두 가지 요소는 모두 중요하지만 메시지를 깊이 이해하기 위해서는 감정적 요소, 말로 표현되는 내용 이외의 모든 요소에 귀 기울여야 한다. 단순히 수동적으로 들어주는 것이 아니라 나는 한 인간으로서 당신에 대해 관심을 가지고 있고 당신의 생각과 느낌을 존중한다는 태도의 변화가 필요하다. 이는 단지 자녀가 보낸 메시지를 경청하고 있음을 보여주는 소극적 경청과는 차이가 있다. 적극적 경청이 이루어지기 위해서는 다음과 같은 과정이 필요하다(〈그림 7-6〉 참조).

a. 부모는 자녀의 언어적 메시지를 주의깊게 듣고 관찰한다.
b. 부모는 자녀가 경험에 대해 세심하고 잠정적인 느낌(인상)을 형성하고
c. 부모는 이러한 자신의 느낌을 언어적, 비언어적 방법으로 공감적으로 되돌려준다.
d. 자녀는 부모의 피드백을 확신하고 다음 의사소통 싸이클을 시작한다.

〈그림 7-6〉 **적극적 경청의 도식**

표 7–2 **적극적 경청에 필요한 기본적인 태도**

1. 자녀가 하는 말을 듣고 싶어 해야 한다. 시간을 내어 자녀의 말을 들을 준비가 되어 있어야 한다.
2. 그 순간 자녀의 문제에 대해 진정으로 도움이 되기를 바라야 한다. 그런 마음이 들지 않으면 그때까지 기다린다.
3. 자녀의 생각이 부모와 다르더라도 그 어떤 것이든 진심으로 받아들일 수 있어야 한다.
4. 자녀가 자신의 감정을 다스리고 문제해결 능력을 가지고 있다는 사실에 대해 깊은 신뢰를 가지고 있어야 한다.
5. 감정은 일시적인 것이지 영원한 것이 아니라는 것을 알아야 한다.
6. 자녀를 부모의 일부가 아니라 독립된 인격체로 볼 수 있어야 한다.

이러한 과정에서 자녀의 말이나 감정을 확인하기 위해 적절한 피드백은 필요하지만 부모의 의견이나 판단을 제시하거나 질문을 하는 것은 자제하도록 한다. 적극적 경청이 효율적으로 이루어지기 위해서는 하나의 기술이 아니라 기본적인 태도로 자리 잡아야 한다(〈표 7–2〉 참조). 상대방의 자기주도적인 능력에 대한 믿음 없이는 적극적 경청이 불가능하다. 듣는다는 것은 수동적인 행위로 간주될 수 있지만 민감한 듣기는 관계변화의 핵심적 요소이다. 민감한 듣기는 사람들로 하여금 정서적으로 안정감을 느끼게 하고 자신의 경험에 대해 보다 개방적이 되게 하며, 듣는 사람에게도 성장의 경험을 제공해 준다.

적극적 경청의 사용에서 고려할 점

적극적 경청은 해결해야 할 문제를 가진 사람이 자녀일 경우에 효과적으로 사용할 수 있는 방법이다. 그러나 적극적 경청이 효과를 거두기 위해서는 다음과 같은 사실을 고려해야 한다.

첫째, 자녀의 감정을 진심으로 수용하려는 태도로 적극적 경청을 해야 한다. 단순히 형식만 갖춘 적극적 경청은 자녀의 말을 앵무새처럼 되풀이하는 것이다. 이는 적극적 경청을 하고는 있으나 공감이 빠져 있는 것이다. 자녀가 사용하는 단어는 자신이 느끼는 바를 표현하는 하나의 도구일 뿐이며 실제로 부모가 반응해주어야 하는 것은 말을 통해 자녀가 표현하고자 하는 감정이다. 그러나 부모 자신도 자신의 감정을 드러내는 것에 익숙하지 않기 때문에 자녀의 감정을 정확하게 반영해주는 것은 어려운 일이다. 그러므로 단순히 자녀의 말을 되풀이하기보다는 훈련을 통해 이면의 감정을 읽어내는 능력이 기본적인 태도로 자리 잡아야 한다.

둘째, 자녀가 애써 마음의 문을 열었으나 자녀가 전달하고자하는 내용을 끝까지 듣지도 않고 미리 판단해버리는 경우에도 적극적 경청의 효과를 기대하기 어렵다. 그러므로 충분한 시간적 여유를 갖고 자녀의 말을 경청하는 것이 바람직하다.

셋째, 가능한 한 반응하는 말은 "~한 것 같구나"와 같이 탐색적이어야 한다. 자녀의 마음을 훤히 읽는 것과 같은 단정적인 어투는 삼가는 것이 바람직하다.

넷째, 적극적 듣기를 부적절하게 사용하거나 남발하는 경우 오히려 역효과를 초래하는 경우가 있다. 아무리 좋은 방법도 지나치면 효과를 기대하기 어렵다.

다섯째, 적극적 경청이 잘못된 행동목표를 강화시키는 경우도 있다. 적극적 경청은 자녀가 진심으로 자신의 문제를 해결하기 위해 노력할 경우에만 이루어져야 하며, 자녀가 관심끌기를 목적으로 동일한 문제를 계속적으로 화제로 삼으면 부모는 "나는 너 스스로 그 문제를 잘 해결하리라 믿는다"와 같은 반응을 보임으로써 자신이 문제를 해결하려고 애쓸 때에만 부모가 도와준다는 사실을 알게 한다.

여섯째, 적극적 경청을 하였다고 해서 즉각적으로 효과가 나타나는 것은 아니다. 특히 사춘기에 접어든 자녀를 대상으로 적극적 경청을 시도할 경우 거부반응을 보일 수도 있다. 이러한 경우 적극적 경청은 가급적 짧게 해주는 것이 바람직하다.

일곱째, 부모가 특정한 의도를 가지고 적극적 경청을 하는 경우이다. 어떤 부모들은 자신이 원하는 대로 자녀를 조종하기 위해서 적극적 경청을 사용하는 경우가 있다. 이처럼 숨겨둔 목적을 가지고 적극적 경청을 하는 경우 그 효과를 기대하기 어렵다.

(4) 나-전달법

자녀가 해결해야 할 문제를 가지고 있는 경우에는 적극적 경청의 방법을 사용하지만 해결해야 할 문제를 가진 사람이 부모일 경우에 자신의 생각과 감정을 자녀에게 효과적으로 전달하는 기술이 나–전달법(I-Message)이다. 자녀의 행동이 마음에 들지 않으면 부모는 마음속에 분노나 좌절감을 갖게 되며, 이러한 경우 해결해야 할 문제를 가진 사람은 바로 부모 자신이 된다. 대부분의 부모들은 이러한 문제가 발생하게 되면 너–전달법을 사용함으로써 자녀를 무가치하고 무능력하게 만들어 버린다. 이러한 메시지를 보내는 것은 자녀 스스로가 문제해결능력을 가질 수 없음을 전제로 하는 것이며, 자녀도 나름대로의 감정을 가질 수 있음을 인정하지 않는 것이다. 부모가 자녀로 인해 어려운 상황에 있을 때 부모가 어떤 감정을 가지고 있다는 것을 자녀에게 솔직하게 전달하는 것이 자녀의 저항을 덜 일으키는 방법이다. 나–전달법은 바로 이러한 자녀의 행동에 대한 부모의 감정을 설명하는 것이다. 나–전달법에서 가장 중요한 부분은 자녀의 행동을 비난하기보다는 협조를 구하는 방식으로 의사소통을 함으로써 부모–자녀 간의 의사소통을 원활하게 하는 데 있다.

나–전달법의 세 가지 요소

나–전달법은 다음과 같은 세 가지 요소로 구성된다.

첫째, 받아들일 수 없는 자녀의 행동

둘째, 자녀의 행동에 대한 부모의 감정

셋째, 자녀의 행동이 부모에게 미치는 실제적 · 구체적 영향

나–메시지를 전달하는 과정에서 부모를 성가시게 하는 자녀의 행동은 그대로 전달되어야 하며, 부모의 평가나 판단이 들어가면 안 된다. 또한 받아들일 수 없는 자녀의 행동에 대한 설명과 이러한 행동에 대한 부모의 감정이라는 두 가지 요소만으

표 7–3   **나–전달법의 세 가지 요소**

받아들일 수 없는 자녀의 행동	부모의 감정	실제적이고 구체적인 영향
밤늦게까지 자녀가 아무런 연락이 없었다.	걱정되었다.	무슨 좋지 않은 일이 생긴 것이 아닌가 해서.
차를 사용하고 기름이 바닥나기 직전인데 기름을 채워놓지 않았다.	화가 났다.	출근 도중에 주유를 해야 해서 늦었기 때문이다.

로도 자녀가 변화를 보이는 경우가 있다. 그러나 세 번째 구성요소가 추가되면 자녀가 자신의 행동이 왜 문제가 되는지를 보다 쉽게 이해할 수 있으므로 자녀의 행동으로 인한 실제적이고 구체적인 영향에 대해 말해 줄 필요가 있다(〈표 7-3〉 참조).

나-전달법 사용에서 고려할 점

나-전달법이 성공적으로 이루어지기 위해서는 다음과 같은 점을 고려해야 한다.

첫째, 부모에게 해결해야 할 문제가 있을 때 사용하는 방법이며, 적극적 경청이 전제가 되어야 효과적이다.

둘째, 나-전달법을 전달하는 과정에서 가장 많이 보이는 실수 가운데 하나는 나-전달법을 가장한 너-전달법을 전달하는 것이다. '내가 어떻게 느낀다'라는 말만 뒤에 넣어서 너-전달법을 마치 나-전달법인 것처럼 포장해서 전달하거나, 해결책을 담고 있는 나-전달법은 너-전달법과 마찬가지이다.

셋째, 나-전달법을 이용해서 부정적인 감정만을 전달하고 긍정적인 감정은 전혀 이야기하지 않는 것도 흔히 나타나는 실수이다. 나-전달법을 통해 부정적인 감정만을 강조하지 않도록 한다.

넷째, 자신의 감정을 솔직하게 표현하지 못한 나-전달법은 효과를 기대하기가 어렵다. 또한 화를 내면서 사용하는 나-전달법은 너-전달법과 동일하다.

다섯째, 발달시기별로 사춘기에 있는 자녀를 대상으로 한 나-전달법은 거부반응을 일으키는 경우가 많다. 이러한 경우에도 나-전달법은 가급적 짧게 해주는 것이 바람직하다.

여섯째, 자녀가 나-전달법을 무시하는 경우에는 보다 강한 나-전달법을 사용하도록 한다.

일곱째, 자녀가 나-전달법을 사용하는 경우에 부모는 다시 적극적 경청으로 돌아가는 것이 필요하다. 이를 기어의 변경이라고 한다.

(5) 무패법

부모가 적극적 경청이나 나-전달법을 사용할 경우 부모-자녀관계에서의 갈등수준은 다소 감소하게 된다. 그러나 갈등상황이 전적으로 사라지는 것은 아니며 이러한 부모의 방식에 대해 자녀가 거부감을 보일 경우 갈등은 존재하게 된다. 갈등상황에서 대부분의 부모들은 기존의 방식을 고수하고자 하는 경향이 있다. 기존의 방식이라는 것은 일반적으로 부모가 힘을 가지고 있으며 자녀는 부모의 지시에 따라야 하거나 혹은 자녀가 힘을 가지고 있고 부모가 이를 따라야 하는 방식이다. 이처럼 부모는 이기고 자녀는 지게 되는 방식(win-lose approach)을 제1의 방법이라고 하며, 이와는 달리 부모가 지고 자녀가 이기게 되는 방식(lose-win approach)을 제2의 방법이라고 하며, 부모와 자녀가 동등한 관계에서 누구도 이기거나 지는 것이 없는 상태를 제3의 방법, 무패법(no lose method)이라고 한다. 무패법도 아동이 자신의 행동을 스스로 책임질 수 있는 자율적인 존재라는 인식을 전제로 한다.

제1의 방법을 사용하는 부모들은 부모가 명령하고 자녀는 복종하는 전통적인 양육방식을 사용하며, 갈등이 생기면 체벌을 사용한다. 그러나 부모효율성훈련에서는 자녀양육에서 신체적 체벌뿐 아니라 모든 처벌의 방법은 폐기해야 하며, 이런 공포감을 주는 방법을 사용하지 않고도 자녀를 책임감 있고 스스로 자신의 문제를 해결할 수 있는 협조적인 아이로 키울 수 있다는 새로운 관점을 제시하였다.

제2의 방법과 같이 처음부터 자녀가 힘을 가지게 되는 경우는 드물다고 볼 수 있으며, 이러한 형태는 다음과 같은 경우에 나타날 수 있다. 첫째, 자녀의 연령이 어릴 때에는 일반적으로 부모가 힘을 가지고 있으나 자녀가 성장하면서 점차 자녀가 힘을 가지게 되는 경우이다. 둘째, 처음에는 부모가 힘을 가지고 있으나 부모의 지시에 대해 자녀가 강하게 반발하는 경우 부모가 자녀의 반항에 굴복하여 자녀가 힘을 가지게 되는 경우이다. 부모가 힘을 가지게 되는 제1의 방법이나 자녀가 힘을 가지게 되는 제2의 방법이나 이로 인해 파생되는 결과는 다음과 같은 점에서 유사하다고 볼 수 있다.

첫째, 두 경우 모두에서 자신의 방식대로 상대방을 납득시키려 한다.

둘째, 두 사람 가운데 한 사람은 패배감과 무력감을 느끼게 된다.

셋째, 부모나 자녀의 의지와는 다른 방향으로 문제를 해결하게 된다.

또한 이러한 방법은 지금까지 적극적 경청이나 나-전달법을 통해 확장시켜 놓은 수용영역을 다시 축소시키는 문제점을 가지고 있을 뿐 아니라 이후로도 적극적 경청이나 나-전달법의 효과를 기대하기 어렵다는 문제를 가지고 있다.

이와는 달리 제3의 방법은 부모와 자녀가 협력하여 해결책을 모색하므로 모두에게 손해가 없으며, 동시에 대안찾기 과정을 통해 자녀의 인지능력이나 문제해결능력도 향상된다는 장점을 가지고 있다. Miller(1983)도 아동의 감정이나 욕구를 억제하거나 부모 말에 무조건적으로 순종하게 하는 것은 아동의 권리를 침해하는 일종의 폭력이나 다름없는 독성교육(poisonous pedagogy)이라고 표현하였다.

무패법의 단계

무패법은 다음과 같은 6단계로 구성된다(Gordon, 2000).

1단계: 문제의 정의   부모는 자녀에게 자신이 원하는 바를 나-전달법으로 전달하고, 적극적 경청을 통해 자녀의 문제가 무엇인지를 이해하도록 노력한다. 양쪽 모두의 욕구를 충족시킬 수 있는 해결방안을 찾기 위한 과정이라는 사실을 자녀에게 인식시키는 것이 중요하며, 자녀에게 충분한 시간적 여유가 있을 때 말해야 한다.

2단계: 가능한 해결책 모색   문제를 해결할 수 있는 다양한 방법을 모색하는 단계로, 자녀가 먼저 해결책을 제시하도록 하며, 가능한 모든 해결책을 모아 정리한다.

3단계: 가능한 해결책에 대한 평가   부모와 자녀 모두의 욕구를 공평하게 충족시켜줄 수 있는지에 대해 논의하여, 실행 가능한 몇 가지 해결책을 선택한다.

4단계: 최선의 해결책 결정   몇 가지 해결책 가운데 부모와 자녀가 합의하여 최선이라고 생각되는 방법을 결정한다.

5단계: 수행방법 결정   합의된 해결방안을 어떻게 수행할 것인가에 대한 구체적인 방법을 결정하고, 직접 실행에 옮긴다. 해결방안을 자녀가 실행하지 않을 때에는 나-전달법을 사용한다.

6단계: 평가   부모는 해결책에 대한 평가를 해야 하며, 이를 통해 문제점이 발견되면 다시 합의하여 해결책을 결정하는 과정을 반복해야 한다.

무패법 사용에서 고려할 점

무패법이 성공적으로 이루어지기 위해서는 다음과 같은 점을 고려해야 한다.

첫째, 적극적 경청이나 나–전달법의 기술이 습득된 것을 전제로 한다. 이에 대한 경험이 없으면 자녀는 문제해결에 참여하려는 노력을 보이지 않는다.

둘째, 무패법은 누구도 이기거나 지는 일이 없고 감정상의 상처를 받아서는 안 된다는 점을 전제로 하고 있다. 무리하게 부모의 의견을 관철시키고자 제1의 방법으로 전환해서는 안 된다. 그러한 경우 자녀는 부모가 새로운 방법을 시도한다고 믿었던 사실에 분노하며 이후 다시 이 방법을 시도할 경우 더 불신하고 저항하는 태도를 보이게 된다.

셋째, 하나 이상의 해결책을 제시하며, 무리하게 결정사항에 집착하지 않는다. 자녀가 결정사항을 지키지 못하더라도 처벌로 연결시키지 않도록 한다. 자녀가 먼저 결정사항을 지키지 못할 경우의 벌을 정해 놓자고 제안하는 것도 마찬가지이다. 자녀의 결심에 신뢰를 보여주는 것이 더 우선되어야 한다.

넷째, 시간적 요인을 고려해야 한다. 시간적으로 압박이 있는 상황에서는 다양한 해결책을 찾지 못하는 경우가 많다.

다섯째, 긴박한 갈등상황이 없는 상황에서 사용해야 한다. 특히 십대 청소년들은 부모와 힘겨루기를 하는데 익숙해져 있어서 종종 부모의 시도에 저항한다. 이들은 갈등상황에서 부모가 대안찾기를 시도하면 이를 부모가 내리는 벌이라고 생각한다.

여섯째, 자녀가 결정사항을 지키지 않는 일은 종종 일어난다. 자녀가 결정사항을 지키지 않거나 중도에 포기할 경우에는 벌을 주거나 기존의 방식으로 되돌아가지 말고, 적극적 경청이나 나–전달법을 사용하거나 다른 대안을 찾아보는 것이 바람직하다.

일곱째, 자녀가 늘 자기 뜻대로 행하는 것에 익숙해져 있는 경우, 자녀가 무패법에 강한 저항을 보이게 되면 부모는 아예 시도를 포기해버리는 경우가 있다. 이런 경우에는 평소 자녀에게 보였던 것보다 훨씬 강한 결단력과 확고함을 보일 필요가 있다.

제8장

교류분석이론

교류분석(transactional analysis: TA)이론은 Freud의 정신분석이론과 Penfield의 뇌전증(간질)에 관한 연구 등의 영향을 받아 Eric Berne에 의해 발전된 이론이다. 정신과 의사인 Berne은 정신분석이론에 상당히 매료되었으나 정신분석이론이 지니고 있는 개념상의 모호함이나 난해성은 한계점으로 간주하였다. 그는 환자에 대한 자신의 치료경험을 토대로 인간의 부적응적 문제는 자신이 만드는 것이므로 치료자에 의해 치료되는 수동적인 형태가 아니라 개인이 능동적으로 자신의 성격구조를 파악하고 이를 변화시키는 것이 가장 효율적인 방법이라고 생각하였다. 또한 개인의 성격은 사회적 상호작용을 통해 형성된다고 생각하였기 때문에 인간관계에서의 의사소통이나 교류방법에 역점을 두고 교류분석이론을 정립하게 되었다.

교류분석이론은 당시 정신치료의 주축을 이루고 있던 정신분석의 방법에 비해 개념이나 접근방법이 용이하다는 점 때문에 일반인들의 관심을 끌게 되었다. 즉, 교류분석이론의 기본 이념은 부모-자녀관계에도 효율적으로 사용될 수 있다고 생각하게 되었으며 부모교육이론으로 널리 적용되기 시작하였다. Berne이 제시하고 있는 자아상태의 구조는 Freud의 성격구조와는 달리 외현적인 행동을 통해 표현되기 때문에 이를 수정하는 것이 용이하다. 또한 자아상태에 근거한 상호 간의 의사소통 방식을 분석함으로써 부모-자녀관계를 개선시키는 데 실제적으로 도움이 된다. 이러한 장점으로 인하여 교류분석이론은 Berne의 사후에도 여러 학자들의 노력으로 전 세계적으로 널리 보급되고 있다.

1. 교류분석이론의 발전과정

정신과 의사인 Berne은 Freud의 정신분석이론과 신경외과 의사인 Penfield의 뇌 연구에 상당히 많은 영향을 받았다. Berne(1957, 1958, 1961)은 정신분석적 배경을 기초로 하면서 관찰이 가능한 생리학적 연구의 장점을 가미하여 일반인들이 보다 쉽게 접근할 수 있는 교류분석이론을 발전시켰다. 그 외에도 Berne은 여러 학자들의 영향을 받은 것으로 볼 수 있다. 최초로 자아상태(ego state)라는 용어를 사용한 Paul Federn은 Berne의 자아상태에 대한 개념 형성에 영향을 미쳤으며, Gregory Bateson의 이중구속이론(double-bind theory)은 Berne의 게임의 법칙에 영향을 미쳤다. 또한 어린 유아에 대한 어머니의 중요성을 강조한 Rene Spitz는 스트로크(stroke)[1]라는 개념을 만들어내는 데 영향을 미쳤으며, 각본개념의 선구자인 Joseph Campbell은 Berne의 각본개념에 영향을 미쳤다.

Gregory Bateson

Joseph Campbell

---

1) 인간은 상호교류를 통해 자극을 추구하고자 하는 욕구를 가지고 있는데, 이처럼 자극의 욕구를 만족시켜주는 기본 단위를 스트로크라고 한다.

1) Freud의 정신분석이론

역사적으로 많은 학자들은 인간의 본성에 대해 호기심을 가지고 탐구해 왔으며, 이들은 인간의 본성이 다양하게 이중적으로 표현될 수 있다는 점에 의견의 일치를 보이고 있다. 어떤 상황에서는 지극히 선한 존재이면서 또 다른 상황에서는 악한 존재이며, 어떤 상황에서는 한없이 너그러우면서 또 어떤 상황에서는 바늘 하나 들어갈 틈도 없이 편협한 이중성을 가진 존재로서 인간을 묘사하고 있다. 궁극적으로 인간은 선한 본성을 가지고 이를 추구하는 존재이지만 이와 모순되는 인간 내부의 또 다른 본성이 끊임없이 방해하고 있다고 보고 있다.

Sigmund Freud

20세기에 들어와서도 인간의 본성에 대한 탐구는 지속적으로 이루어져 왔으며, Freud는 이러한 인간의 본성에 대한 이해에 지대한 공헌을 한 대표적인 학자이다. 그는 인간의 성격구조를 의식과 무의식, 전의식의 세 부분으로 구분하고, 인간 본성의 이중성으로 인한 갈등이 일어나는 곳은 무의식의 수준이라고 하였다. 그리고 그러한 갈등이 일어나는 이유는 본능적인 욕구에 의해 추동되는 원초아(id)와 이러한 본능적인 욕구를 통제하는 초자아(superego) 간의 대립에 기인하며, 이러한 갈등을 중재하는 역할을 하는 것이 바로 자아(ego)라고 하였다. 인간 내부의 갈등이 존재하는 곳은 무의식의 부분이며, 이러한 갈등의 원인을 본능적인 추동과 이를 제지하는 상반되는 힘의 역동적인 개념으로 설명한 Freud의 이론은 인간의 정신세계를 이해하는 데 획기적인 공헌을 하였음은 부인할 수가 없다. 또한 이러한 갈등을 치료하기 위해 그가 개발한 자유연상의 방법 등은 그 당시에는 정신적인 문제를 가지고 있는 사람들을 치료하는 새로운 방법으로 주목을 받았다.

그러나 눈에 보이지 않는 무의식의 개념이나 용어 자체의 난해함으로 인하여 정신분석이론은 일반인들이 접근하기에 어려움이 있다. 이러한 이유로 정신분석이론은 소수의 정신분석가와 심리치료 전문가들을 제외한 일반인들에게는 개념적으로는 호감이 가지만 실생활에 접목하기에는 많은 제한이 있을 뿐만 아니라 자신이 적극적인 치료의 주체가 아니라는 점에서 한계가 있다.

2) Penfield의 뇌연구

Wilder Penfield

Berne은 맥길 대학 출신의 신경외과 의사인 Wilder Penfield의 영향도 상당히 많이 받았다. Penfield(1975)는 간질병 환자를 치료하는 과정에서 간질발작이 일어나기 전에 이들에게 전조증상이 나타난다는 사실을 발견하였다. 그는 이러한 전조증상이 일어나는 부위에 자극을 가함으로써 미리 간질발작을 차단할 수 있을 것으로 생각하였으며, 실제로 그의 방식은 종종 성공을 거두었다. 그러나 이러한 과정에서 Penfield는 보다 극적인 중요한 발견을 하게 되었는데, 의식이 없는 간질환자도 대뇌피질부를 자극하면 여러 가지 반응을 보였으며, 뇌의 측두엽을 자극하면 특정한 사건과 관련된 소리나 움직임 그리고 색깔 등을 포함하는 기억과 같은 의미 있고 통합적인 반응이 나타난다는 사실을 발견하였다. 이러한 기억은 일상적인 기억과는 차이가 있는 것으로, 이 부위를 자극하면 어린 시절의 기억들이 회상되고 노래가 나오기도 하였는데, 이는 일상적인 상황에서는 기억할 수 없는 내용들이었다. 이러한 실험을 통해 그는 무의식적 기억의 신체적인 근원을 발견한 셈이었다.

Penfield에 의하면 뇌는 고도의 정확성을 가지고 있는 테이프 레코드와 같이 의식이 없는 상황에서도 우리가 경험한 모든 내용을 자세하게 기록, 저장하였다가 다시 재연할 수 있다고 한다. 즉, 간질발작 상태와 같이 의식적으로 기억할 수 있는 능력이 없어져도 기억의 내용은 고스란히 보존된다는 것이다. 또한 뇌에는 과거의 사건만이 기록되는 것이 아니라 과거의 경험들과 연합되었던 감정들도 기록되고, 감정과 경험은 서로 풀 수 없게 얽혀진다는 것이다. 특정한 사건과 그러한 사건으로 인해 유발된 감정은 뇌 속에 함께 얽혀져 있기 때문에 감정을 배제하고 특정한 사건만을 회상하는 것은 불가능하다고 하였다. 그리고 사람들은 과거의 사실 자체를 정확하게 회상해내는 것이 아니라 자신이 보고 듣고 느끼고 이해한 것을 회상해낸다고 하였다.

일상적으로는 꺼낼 수 없는 기억의 신체적 근원을 발견한 Penfield의 연구는 그 개념이 모호하면서 관찰이 불가능한 정신분석이론의 관점을 신경외과학의 연구방법을 통해 보다 과학적으로 증명해주었다고 볼 수 있다. 즉, Penfield의 연구는 무의식적 기억을 관장하는 신체적 기관이 존재한다는 것을 보여주었으며, 이러한 생리학적 연구결과는 정신분석적 개념을 보다 관찰가능한 개념으로 설명하고자 했던 Berne의 생각에 많은 영향을 주었다.

3) Berne의 교류분석이론

Berne은 캐나다의 몬트리올에서 의사인 아버지와 작가인 어머니의 장남으로 태어났다. 그는 캐나다의 맥길 대학에서 의학을 공부하였고, 이후 미국으로 이주하여 예일 대학에서 정신과 수련의 과정을 밟았으며, 미국 시민이 되면서 그는 자신이 그 당시까지 사용하던 Eric Leonard Bernstein이라는 이름을 Eric Berne으로 개명하였다.

Eric Berne

그는 최초로 자아상태(ego state)라는 용어를 사용한 Paul Federn의 피정신분석자 역할을 하면서 정신분석가로서의 훈련을 시작하였으며, 이후에는 Erik Erikson으로부터 정신분석 훈련을 받았다. Berne은 Freud의 정신분석이론에 상당히 많은 관심을 가지고 있었으므로 정신분석학회 회원으로 가입하고자 하였으나 가입이 거부되어 한때 좌절을 경험하기도 하였다. 이러한 경험으로 인해 Berne은 독자적인 연구의 필요성을 느꼈으며, 교류분석이라는 정신치료의 새로운 접근방법을 개발하게 되었다.

Berne은 인간의 정신세계를 설명하는 데 있어서 정신분석가들이 지대한 공헌을 하였음을 인정하였다. 그러나 이들의 지대한 공헌에도 불구하고 정신분석이론이 가지고 있는 내용 자체의 난해함이나 모호함으로 인하여 일반인들이 보다 쉽게 다가가지 못하는 것에 대해 방법상의 문제를 개선할 필요가 있다고 생각하였다. 정신분석학은 내용 자체의 난해함이나 모호함으로 인한 비판과 동시에 연구와 관찰을 위한 기본적인 단위가 없다는 점도 비판의 여지가 있었다. 이러한 정신분석이론의 한계를 극복하기 위해 Berne은 기본적인 과학적 단위를 설정함과 동시에 Penfield의 영향으로 이를 관찰가능한 형태로 이론을 체계화하였다.

그는 사회적 상호작용의 단위를 교류라고 하였으며, 이에는 자극과 반응이 수반된다고 하였다. 두 사람 이상이 만나면 어느 한 사람이 다른 사람의 존재를 시인하는 의사표시를 하게 되는데 이를 교류자극이라고 하였으며, 이러한 자극에 따라 대응하는 것을 교류반응이라고 하였다. 이러한 교류과정에서 어떤 자아상태가 작용하는지가 분명하게 표현된다. Freud의 의식, 무의식, 전의식의 개념과는 달리 Berne의 자아상태는 관찰이 가능하다. 교류과정에서 사람들을 주의깊게 관찰하면 자세나 몸짓, 언어 등을 통해 하나의 상태에서 또 다른 상태로 변화하는데, 이러한 변화는 그 사람 자체가 변한 것이 아니라 한 개인 속에 있는 자아상태의 변화를 반영하는 것이다. 그는 부모자아, 아동자아, 성인자아의 세 가지 자아상태가 인간에게 공존하고 있으며, 이러한 자아상태들은 초자아나 원초아, 자아와 같은 개념이 아니고 실제 인물이나 시간, 장소, 감정들을 포함하고 있는 과거의 사건들이 기록된 자료들이 재생되어 표현되는 것이라고 하였다.

1957년 그는 「정신치료에서의 자아상태(Ego state in psychotheraphy)」라는 논문을

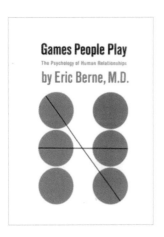

통해 자아상태의 구조분석에 대한 개념을 제시하였으며, 다음해인 1958년 「교류분석(Transactional Analysis)」이라는 논문에서 자아상태에 대한 개념과 아울러 게임과 각본에 대한 개념을 추가하여 교류분석의 기본적인 틀을 형성하게 되었다. 이후 베스트 셀러가 되었던 Berne의 저서 『사람들이 하는 게임(Games People Play)』(1964)과 Harris의 저서 『나도 옳고, 너도 옳다(I'm OK, You're OK)』(1969) 등을 통해 교류분석은 미국뿐만 아니라 전 세계적으로 널리 알려지기 시작하였다.

2. 교류분석의 목표

　교류분석에서는 인간은 긍정적인 존재임을 가정하고 있다. 인간이 부정적인 행동을 하고 있다면 이는 어린 시절의 잘못된 결정에 기인하는 것이므로 이러한 잘못된 생각에 대한 재결정(redecision)을 통해 자신이 가진 잠재력을 충분히 실현할 수 있는 자율성을 갖게 하는 것이 교류분석의 목표이다. 이러한 목표를 달성하기 위해 교류분석에서는 다음과 같은 하위목표를 설정하고 있다.

　첫째, 교류분석에서는 각 개인의 성격의 기본이 되는 자아상태를 파악함으로써 한 개인을 변화시키는 것이 가능하다고 보았다. 자아상태에는 아동자아, 성인자아, 부모자아의 세 가지 형태가 존재하며, 이들 세 가지 자아상태가 균형을 이루고 있을 때 가장 적응적인 행동을 보이게 된다는 것이다. 그러므로 자신의 자아상태의 구조를 파악하고 세 가지 자아상태가 균형을 이루도록 하는 것이 교류분석의 일차적인 목표이다.

　둘째, 교류분석에서는 자아상태의 구조뿐만 아니라 자아상태 간의 교류가 원만하게 이루어질 때 개인은 가장 적응적인 행동을 보이며, 상호 간의 갈등이 감소한다고 보았다. 의사소통과정에서 인간은 스트로크를 최대한으로 얻기 위하여 시간을 구조화하려는 욕구를 가지고 있으므로, 의사소통유형을 분석하여 원만한 교류가 이루어지도록 하는 것이 교류분석의 목표이다.

　셋째, 교류분석에서는 상호 간의 교류를 통해 형성된 기본적 인생태도와 이를 근거로 형성된 인생각본을 분석하고, 이를 재결정하는 것이 가능하다고 보았다. 인간은 어린 시절부터 부모의 언어적 · 비언어적 메시지를 통해 자신이 어떻게 살아야 할 것인가에 대한 각본을 형성하며, 일단 각본이 만들어지면 성장과정에서 직면하는 모든 일들을 이러한 각본에 맞추고 자신의 각본을 정당화하려는 시도를 하게 된다. 그러므로 잘못된 각본인 경우 재결정을 통해 성공적인 각본을 형성함으로써 충분히 자신이 가진 잠재력을 발휘할 수 있는 자율적인 인간으로 살아갈 수 있도록 도와주는 것이 교류분석의 궁극적인 목표이다.

3. 교류분석의 기본원리

교류분석의 기본은 개인의 자아상태의 구조를 분석하는 것에서 출발한다. 이를 근거로 상호 간의 의사소통의 교류방식과 각본을 분석하는 것이 교류분석의 핵심을 이룬다.

1) 구조분석

Berne의 교류분석이론의 가장 핵심적인 부분 가운데 하나는 자아상태의 구조를 분석하는 데 있다. 자아상태란 한 개인의 사고와 감정 및 이와 관련된 일련의 행동양식을 총칭하는 것으로, 자아상태를 이해하는 것은 한 개인의 사회적인 상호작용을 이해하는 데 있어서 중요한 의미가 있다.

여기서는 자아상태의 구조와 자아상태의 경계 그리고 이러한 자아상태의 구조를 도식화한 이고그램(egogram)에 대해 살펴보고자 한다.

(1) 자아상태의 구조

한 개인의 자아상태는 부모자아(parent ego: P), 아동자아(child ego: C), 성인자아(adult ego: A)의 세 가지 측면으로 구분할 수 있다(〈그림 8-1〉 참조).

① 부모자아

부모자아는 아동이 성장과정을 통해 부모나 양육자의 생각이나 행동, 느낌을 내면화한 것으로, 일종의 '가르침을 받은 생활개념(taught concept of life)'이라고 볼 수 있다. 부모자아는 제재를 가하는 비판적 부모자아(critical parent ego: CP)와 보살핌과 관련된 양육적 부모자아(nurturing parent ego: NP)로 구분할 수 있다. 비판적 부모자아는 주로 비난이나 제지와 관련된 것으로 아동이 이 세상을 살아나가는 데 있어서 해야 하는 것과 해서는 안 되는 것 등의 여러 가지 규칙을 가르쳐 주고, 명령하

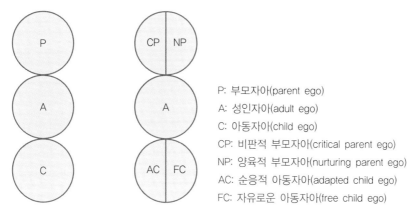

P: 부모자아(parent ego)
A: 성인자아(adult ego)
C: 아동자아(child ego)
CP: 비판적 부모자아(critical parent ego)
NP: 양육적 부모자아(nurturing parent ego)
AC: 순응적 아동자아(adapted child ego)
FC: 자유로운 아동자아(free child ego)

〈그림 8-1〉 **자아상태의 구조**

고 지시하는 것과 같은 지배적인 태도와 관련이 있다. 반면, 양육적 부모자아는 아동의 성장을 도와주는 어머니와 같은 이타적이고 보호적이고 양육적인 태도와 관련된 것이다. 그러므로 양육적 부모자아는 원만한 대인관계의 초석이 된다. 그러나 양육적 부모자아가 지나칠 경우 이는 독립심이나 자립심을 저해하는 요인이 되기도 한다. 또한 비판적 부모자아도 아동이 사회생활을 해나가는 데 필요한 규칙을 가르치는 근간이 되지만 지나칠 경우에는 창의적인 능력을 제한하게 된다.

② 아동자아

아동자아는 어린 시절 실제로 느끼고 행동했던 것과 같은 감정이나 행동이 내면화된 것으로, 일종의 '느껴진 생활개념(felt concept of life)'이다. 아동자아는 누구에게나 구속받지 않고 자연스럽게 행동하는 자유로운 아동자아(free child ego: FC)와 자신을 예의바르게 교육시키려는 부모에게 순종하는 순응적 아동자아(adapted child ego: AC)로 구분할 수 있다. 자유로운 아동자아는 아동이 일상생활에서 보고 들은 것에 대한 느낌을 반영하는 것으로 이는 호기심이나 창조적인 힘의 원천이 된다. 그러나 지나칠 경우에는 현실을 고려하지 않고 즉흥적으로 행동하거나 자신의 행동을 제어하지 못하고 경솔한 행동을 하는 경향이 있다. 반면 순응적 아동자아는 순종적이고 참을성이 있으므로 사회생활에 적응하는 데에는 용이하다. 그러나 양육자의 애정을 상실하지 않기 위하여 자신을 억제하게 되므로 지나친 경우에는 심리적인 문제를 초래하는 경우가 많다.

③ 성인자아

성인자아는 아동자아의 감정적 생활개념과 부모자아의 학습된 생활개념에서 얻은 정보를 근거로 하여 어떤 일을 혼자 해낼 수 있는 능력을 갖게 됨으로써 형성된 것이다. 출생 후 10개월경까지 아동은 주위의 자극이나 상황에 대해 무기력한 존재로서 부모자아와 아동자아만을 가지고 있다. 그러나 점차 운동능력이 발달함으로써 아동은 목표를 자유롭게 조정해 나가고 자기 스스로 어떤 일을 할 수 있음을 깨닫게 되는데 이것이 바로 성인자아의 초기형태라고 볼 수 있다. 이는 부모자아와 아동자아를 중재하는 역할을 하며, 수집한 정보를 정리하고 결정하는 역할을 한다. 그러므로 성인자아는 사실에 근거하여 정보를 분석하고 이에 근거하여 적절한 해결방법을 탐색하는 능력의 근간이 된다. 그러나 성인자아가 한 개인의 자아상태를 지나치게 지배할 경우에는 감정을 배제한 냉정하고 타산적인 사람으로 비쳐지는 문제를 가지고 있다.

표 8-1 자아상태를 나타내는 언어적 · 행동적 단서

자아상태	언어적 단서	행동적 단서
비판적 부모자아	"안 돼. ~하지 않으면 안 된다." 설교조, 비판적, 강압적, 단정적 말투.	시비조로 말한다. 손가락질한다. 지시한다.
양육적 부모자아	"그래. ~해줄게." 동정적, 부드럽고, 순한 말투.	껴안아준다. 어깨를 두드린다.
성인자아	"~라고 생각한다." 누가, 언제, 어디서, 무엇을, 어떻게, 왜라는 논리로 말한다. 침착하고 냉정하고 기계적이고 낮은 말투.	상대방과 눈을 맞춘다. 주의깊게 듣는다. 바른 자세로 듣는다.
자유로운 아동자아	"야, 신난다. 멋지다. ~하고 싶다." 밝고 명랑하고 개방적이고 자유로운 말투.	잘 웃는다. 활발하다. 유머가 풍부하다. 씩씩하다.
순응적 아동자아	"~해도 되나요? 괜찮습니다." 자신감 없이 중얼거리는 말투.	타인의 표정을 살핀다. 한숨을 쉬고 불안해하고 두려움을 보인다.

　이러한 세 가지 자아상태는 Freud의 성격구조에서 원초아, 초자아, 자아의 개념과 유사한 속성을 가지고 있다. 그러나 Freud의 성격구조는 가설적인 개념이며 눈으로 관찰하는 것이 불가능하지만 Berne이 제시한 세 가지 자아상태는 관찰이 가능하며 역동적인 특성을 지니고 있다. 우리가 어떤 사람의 자아상태를 직접적으로 관찰하는 것은 불가능하지만, 상대방의 말이나 행동을 통해 개인의 자아상태를 파악하는 것은 가능하다(〈표 8-1〉 참조).

(2) 자아상태의 경계

　사람들은 모두 부모자아, 아동자아, 성인자아를 가지고 있으며, 건강한 사람들은 이러한 세 가지 자아상태를 자유롭게 선택할 수 있다. 그러나 자아상태의 기능적인 장애로 인하여 경계가 파손되거나 경직된 경우에는 이러한 선택에 문제가 생기게 된다. 건강한 사람의 경우에는 이러한 세 영역은 균형을 이루고 있으며 그 경계도 융통성이 있으나, 특정한 자아상태가 지배적이거나 그 경계가 경직되거나 이완된 경우에는 여러 가지 문제가 대두된다. 자아상태의 경계에서 문제가 생기는 대표적인 형태는 오염과 배제이다.

① 오염

　이상적인 자아상태는 부모자아, 아동자아, 성인자아가 적절하게 분리되어 있다. 그러나 자아상태의 경계가 지나치게 이완되어 있어서 하나의 자아상태가 다른 자아상태를 침범하여 경계가 파손된 것을 오염(contamination)이라고 한다. 〈그림 8-2〉의 (a)와 같이 부모자아가 성인자아를 침범한 경우에는 부모의 지시가 자녀의 논리적 판단기능을 저해함으로써 강한 편견을 형성하게 된다. 즉, '백인이 흑인보다 우월하다' '특정 지방출신 사람과는 절대로 상종하지 않는다' 등과 같은 편견은 부모자아가 강하게 작용하고, 성인자아가 제 기능을 다하지 못하기 때문에 형성된 것으로, 일단 형성된 편견은 이를 수정하기가 어렵다. 〈그림 8-2〉의 (b)와 같이 아동자아가 성인자아를 침범한 경우에는 아동자아가 성인자아의 논리적 기능을 저해하여 지나치게 감정에 충실하거나 망상이나 환상에 사로잡히게 된다. 또한 〈그림 8-2〉

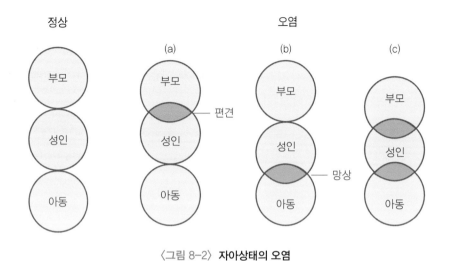

〈그림 8-2〉 **자아상태의 오염**

의 (c)에서와 같이 부모자아와 아동자아 모두가 성인자아를 침범하는 경우에는 상당히 정신병리적인 성격을 보이게 된다.

② 배제

자아상태의 경계가 두꺼운 벽처럼 지나치게 경직되어 자아상태 간의 교류가 차단된 것을 배제(exclusion)라고 한다. 〈그림 8-3〉의 (a)에서와 같이 아동자아와 성인자아의 영향을 배제하고 부모자아에 고착된 사람은 비판적이고, 지시적이며, 권위주의적인 태도를 보이게 된다. 반면, 부모자아와 성인자아의 영향이 배제되어 아동자아에 고착된 사람은 놀기를 좋아하고 자기가 하고 싶은 대로 행동하는 경향을 보인다. 또한 아동자아와 부모자아의 영향이 배제되어 성인자아상태에 고착된 사람들은 지나치게 논리적이고, 객관적이며, 감정표현이 없는 컴퓨터와 같은 성격특성을 보이게 된다.

한 가지 자아상태에 고착되는 것과는 달리 한 가지 자아상태의 영향만 배제되고 두 가지 자아상태에 고착되는 경우도 있다. 〈그림 8-3〉의 (b)에서와 같이 부모자아의 영향이 배제되고 성인자아와 아동자아상태에 고착된 사람들은 상호교류와 관련된 어떤 규칙도 지키려하지 않는다. 반면, 성인자아의 영향이 차단되고 아동자아와

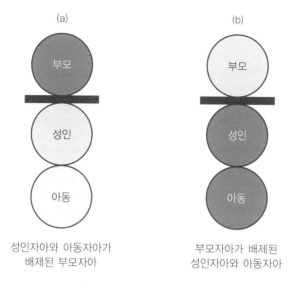

〈그림 8-3〉 **자아상태의 배제**

부모자아에 고착된 사람은 논리적, 객관적 사고가 결여되어 있는 성격특성을 보이게 된다. 또한 아동자아의 영향이 배제되어 부모자아와 성인자아에 고착된 사람은 놀이에는 전혀 관심이 없으며, 밤늦게까지 일만 한다. 그리고 이들은 엄격하며 책임감으로 무장된 성격특성을 보이게 된다.

(3) 자아상태와 이고그램

자아상태의 구조분석은 부모자아, 아동자아, 성인자아의 세 가지 자아상태에 근거하여 한 개인의 성격구조를 분석해 나가는 것이다. 한 개인의 자아상태의 균형이 어떠한가를 파악하기 위해 Dusay(1977)는 자아상태의 정신에너지를 그래프를 통해 양적으로 표현하는 방법을 고안하였는데, 이를 이고그램(egogram)이라고 한다. 다섯 개의 막대로 구성된 이고그램에서 높은 막대는 더 많은 시간과 에너지가 집중되어 있음을 의미하는 것이며, 낮은 막대는 시간과 에너지가 덜 집중되어 있음을 의미하는 것이다. 본질적으로 어떤 이고그램이 바람직한 것이며, 또 어떤 이고그램이 바람직하지 않은 것인지에 대한 명확한 기준을 제시하기는 어렵다. 또한 직업이나 상황, 연령 등에 따라서도 바람직한 이고그램은 상이하다.

체크리스트를 통해 이고그램을 비판적 부모자아와 양육적 부모자아, 성인자아, 자유로운 아동자아, 순응적 아동자아의 점수를 각각 20점 만점으로 설정하고, 각각의 점수가 14~20점이면 A등급, 8~13점이면 B등급, 7점 이하이면 C등급으로 나누어 세 가지 등급으로 구분할 수 있다. 이때 나타나는 개인의 자아상태의 조합은 무려 243가지 유형에 달하며, 그 가운데 대표적인 유형은 다음과 같다.

① 염세형(W형)

염세형은 자아상태에서 비판적 부모자아와 성인자아, 순응적 아동자아가 A등급인 반면, 양육적 부모자아와 자유로운 아동자아는 C등급으로 나타나는 ACACA유형이다. 이러한 이고그램을 가진 사람들은 지나치게 냉정한 성격의 소유자이며 자신에게 엄격한 비판정신의 소유자로서 심한 자기비하에 시달리는 경우가 많으며, 심한 경우 우울증을 경험하기도 한다(〈그림 8-4〉 참조).

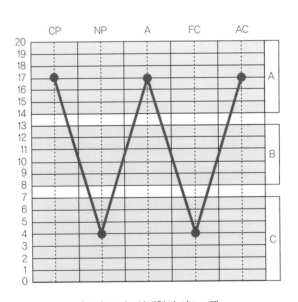

〈그림 8-4〉 **염세형의 이고그램**

② 명랑낙관형(M형)

명랑낙관형은 염세형과는 대조적으로 자아상태에서 비판적 부모자아와 성인자아, 순응적 아동자아가 C등급인 반면, 양육적 부모자아와 자유로운 아동자아는 A등급으로 나타나는 CACAC유형이다. 이러한 이고그램을 가진 사람들은 항상 즐겁고 행복감을 느끼며, 동정심이 많아서 남을 잘 돕고, 호기심이 왕성하며, 표현력이 풍부하다. 그러나 한편으로는 느슨하고 제멋대로 행동하며 남에게 이용당하기 쉽다는 문제점을 가지고 있다(〈그림 8-5〉 참조).

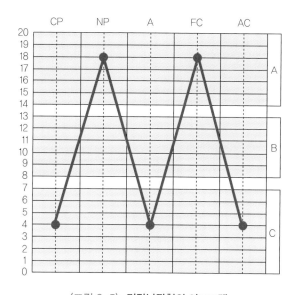

〈그림 8-5〉 **명랑낙관형의 이고그램**

③ 우유부단형(N형)

우유부단형은 자아상태에서 비판적 부모자아와 자유로운 아동자아가 C등급인 반면, 양육적 부모자아와 순응적 아동자아는 A등급, 성인자아는 B등급으로 나타나는 CABCA유형이다. 이러한 이고그램을 가진 사람들은 자신이 희생하더라도 타인을 배려하는 특성을 가지고 있으므로 적절한 N형은 사회생활에서 바람직한 유형이라고 볼 수 있다. 그러나 지나친 경우 이러한 유형은 자기주장이 결여되어 있으며

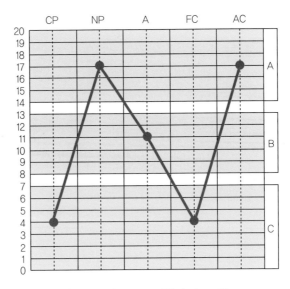

〈그림 8-6〉 **우유부단형의 이고그램**

열등감을 느끼기 쉽고 남에게 이용당하기 쉽다는 문제점을 가지고 있다(〈그림 8-6〉
참조).

④ 정력형(역 N형)

정력형은 우유부단형과는 대조적인 유형으로 자아상태에서 비판적 부모자아와
자유로운 아동자아가 A등급인 반면, 양육적 부모자아와 순응적 아동자아는 C등급,
성인자아는 B등급으로 나타나는 ACBAC유형이다. 이러한 이고그램을 가진 사람
들은 야망이 크고 유능한 인재로 인정받을 수 있는 가능성이 높고, 특히 예능 분야
에서 두드러진 능력을 발휘할 수 있는 유형이다. 그러나 한편으로는 자신이 원하는
목적을 달성하기 위하여 타인을 이용하거나 이들을 짓밟으려는 성격의 소유자라고
볼 수 있다(〈그림 8-7〉 참조).

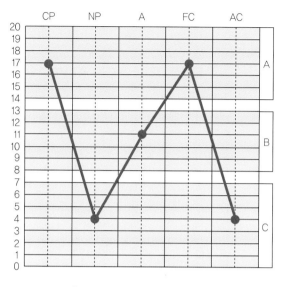

〈그림 8-7〉 **정력형의 이고그램**

⑤ 종형과 평형

일반적으로 종모양이나 평형의 이고그램은 심리적 에너지가 골고루 분포된 균형 잡힌 모형으로 볼 수 있다(〈그림 8-8〉 참조).

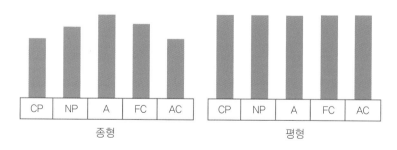

〈그림 8-8〉 **종형과 평형의 이고그램**

이러한 이고그램을 통해 우리는 자아상태의 에너지가 변화하는 모습을 쉽게 파악할 수 있다. 즉, 하나의 자아상태의 에너지가 급격하게 증가하면 다른 자아상태의 에너지는 급격하게 감소하게 되는데, 이처럼 전체 에너지의 양이 불변하도록 에너지의 이동이 일어나는 것을 Dusay(1977)는 항상성 가설(constancy hypothesis)로 설명하였다. 그러므로 한 개인이 자신의 자아상태를 변화시키는 가장 좋은 방법은 지나치게 낮은 자아상태를 훈련을 통해 높여주는 것이다. 예를 들어, 지나치게 비판적 부모자아 상태의 점수가 낮은 경우에는 타인에 대해 자신의 비판적인 생각을 말하는 연습을 한다거나, 자녀의 잘못된 행동을 즉각적으로 지적해주는 연습을 통해 비판적 부모자아 상태의 수준을 높여주는 것이 가능하다. 또한 자유로운 아동자아 상태의 점수가 지나치게 낮은 경우에는 예술활동이나 오락을 즐기거나 유쾌한 일을 만들어서 이를 높이는 것이 가능하다. 그러므로 교류분석에 기초한 부모교육은 부모로 하여금 자신의 취약한 자아상태를 정확하게 진단하여 알게 하고 이를 보다 바람직한 방향으로 개선해나가도록 하는 것이 목표이다. 국내의 연구에서도 교류분석에 근거한 부모교육은 어머니의 심리적 자세를 긍정적으로 변화시켰으며 자녀의 자아개념을 향상시킨 것으로 나타났다(김경화, 2004).

2) 교류분석

교류분석에서는 사회적 의사소통의 기본단위를 교류라고 하며, 자아상태의 교류가 원만하게 이루어지도록 함으로써 개인의 적응능력을 향상시키고 상호 간의 갈등을 감소시킬 수 있다고 생각한다. 부모-자녀 간의 상호교류 과정에서 이루어지는 의사소통 방식은 상보교류, 교차교류, 이면교류의 세 가지 형태로 구분해 볼 수 있다. 또한 인간은 상호교류를 통해 자극을 추구하고자 하는 욕구를 가지고 있다. 이처럼 자극의 욕구를 만족시켜주는 기본 단위를 스트로크라고 하며, 인간은 스트로크를 극대화하기 위해 시간을 구조화하려는 욕구를 가지고 있다고 하였다.

(1) 의사소통의 유형
교류분석에서는 의사소통 유형을 다음과 같은 세 가지 유형으로 구분하고 있다.

① 상보교류

상보교류(complementary transaction)는 상호 간의 의사소통에서 동일한 두 개의 자아상태가 개입이 되어 자극과 반응이 평행을 이루는 형태를 의미한다. 성인자아 대 성인자아, 부모자아 대 부모자아, 아동자아 대 아동자아와 같이 주고받는 자극과 반응이 평행을 이루는 형태이다. 이러한 교류에서는 보내는 메시지에 대해 기대한 반응이 되돌아오는 것이므로 상호 간의 충돌이 최소한으로 줄어들고 결과적으로 원만한 상호작용이 이루어지게 된다.

〈그림 8-9〉의 (a)는 성인자아 대 성인자아의 교류이다. 상호교류과정에서 어머니는 자녀에게 성인자아 상태에서 합리적으로 반응해주기를 바라면서 자녀에게 자극의 메시지를 보내게 된다. 이에 대해 자녀의 반응도 어머니의 기대와 일치하여 성인자아의 상태에서 합리적인 반응이 이루어지고 있다. 또한 〈그림 8-9〉의 (b)는 부모자아 대 부모자아의 교류이다. 이러한 교류형태에서 어머니 A는 비판적인 부모자아 상태에서 상대방도 비난에 동조해주기를 바라면서 자녀세대를 비난하는 메

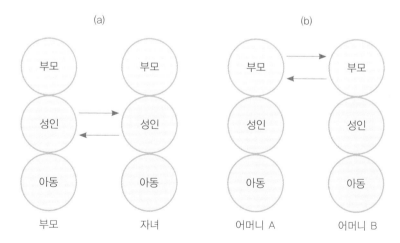

어머니: 중간고사가 언제부터니? (성인자아)
자녀: 4월 25일요. (성인자아)

어머니 A: 요즘 애들은 왜 그렇게 예의가 없는지 모르겠어요. (부모자아)
어머니 B: 우리가 클 때에는 그렇지 않았는데요. (부모자아)

〈그림 8-9〉 **상보교류의 도식**

시지를 보내고 있다. 이에 대해 어머니 B의 반응도 어머니 A의 기대에 부응하여 비판적인 부모자아 상태에서 비난하는 메시지를 보내고 있다. 또한 상보교류는 이처럼 동일한 자아상태 간의 교류를 의미하는 것만은 아니다. 성인자아와 부모자아 간에 상보교류가 이루어지는 경우도 있다. 이처럼 상호 간에 자극과 반응이 평행상태를 이루게 되면 자신이 기대한 반응을 얻게 될 뿐만 아니라 의사소통에 참여하는 사람으로 하여금 '자신이 옳다'라는 감정을 가지게 하므로 의사소통이 원만하게 이루어지게 된다.

② 교차교류

교차교류(crossed transaction)는 상호 간의 의사소통에서 기대하지 않은 자아상태가 개입이 되어 자극과 반응이 교차를 이루는 형태를 의미한다. 어떤 사람이 성인자아 상태의 반응을 기대하고 자극을 보냈으나 상대방으로부터 부모자아 상태나 아동자아 상태의 반응이 있게 되면 이는 예상외의 반응이 되돌아오는 것이다. 그 결과, 발신자는 자신이 무시당한다는 기분이 들 수 있으므로 상호 간에 의견충돌이 불가피하며 결과적으로 원만한 상호작용은 어렵게 된다.

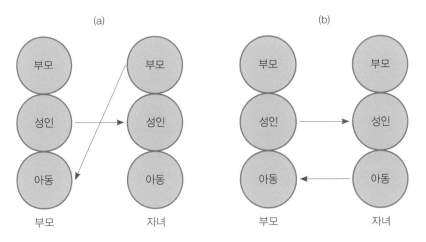

어머니: 중간고사가 언제부터니? (성인자아)
자녀: 생활계획표에 있잖아요. (부모자아)

어머니: 중간고사가 언제부터니? (성인자아)
자녀: 놀러가기 딱 좋은 계절이네. (아동자아)

〈그림 8-10〉 **교차교류의 도식**

〈그림 8-10〉의 (a)에서 어머니는 자녀가 성인자아 상태에서 합리적으로 대답해 주기를 기대하고 자극을 보낸다. 그러나 이러한 어머니의 기대와는 달리 자녀는 부모자아 상태에서 쏘아붙이는 반응을 보이고 있다. 또한 교차교류는 이처럼 상호 간의 의사소통이 교차되는 경우에 국한되는 것만은 아니다. 〈그림 8-10〉의 (b)에서 상호 간의 교류는 마치 평행상태를 이루는 상보교류로 착각하기 쉽다. 그러나 이 또한 수신자와 송신자가 서로 기대하는 것이 어긋나 있는 교차교류가 일어나고 있는 경우이다. 이처럼 교차교류가 일어나면 상호 간에 갈등을 경험하게 되거나 의사소통이 중단된다.

③ 이면교류

상보교류와 교차교류는 외부로 나타나는 자아상태의 교류인 데 반해 내부에서는 다른 자아상태의 교류가 이루어지는 경우가 있다. 이처럼 표면상으로 이루어지는 교류와는 달리 내부에서 이루어지는 심리적 메시지의 교류를 이면교류(ulterior transaction)라고 한다. 이 때 외부로 표현되는 자극과 반응을 사회적 메시지라고 하며, 내부에서 이루어지는 자극과 반응을 심리적 메시지라고 한다.

〈그림 8-11〉에서 어머니는 자녀에게 성인자아의 상태에서 합리적으로 반응해 주기를 기대하고 자극을 보낸다. 그리고 이러한 어머니의 기대에 부응하여 자녀도 성인자아 상태에서 상보교류를 보이고 있다. 이러한 부모-자녀 간의 대화는 표면 상으로는 상보교류가 이루어지고 있으므로 원만한 상호작용이 이루어질 것으로 기대할 수 있다. 그러나 어머니가 표면적으로 보내고 있는 사회적인 메시지와는 달리 이면의 심리적 메시지가 "시험이 얼마 남지 않은 것 같은데 왜 이렇게 공부를 안 하니?"와 같은 비판적인 부모자아 상태에서 이루어진 것이라면 자녀가 표면적으로만 상보적인 메시지를 보냈다고 해서 부모-자녀 간의 의사소통이 원만하게 이루어지기는 어렵다. 그러므로 의사소통에서는 표면으로 드러나는 사회적 메시지뿐만 아니라 내부의 심리적 메시지를 이해하고 이에 반응함으로써 원만한 의사소통이 이루어지게 된다. 그러나 이면교류를 전적으로 위선적인 것으로만 볼 수는 없다. 원만한 인간관계가 이루어지기 위해서는 이러한 이면교류가 필요하기도 하다.

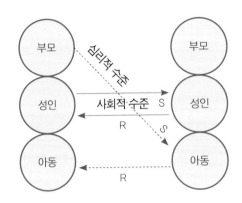

사회적 수준   어머니: 중간고사가 언제부터니? (성인자아)

사회적 수준	어머니: 중간고사가 언제부터니? (성인자아)
	자녀: 4월 25일요. (성인자아)
심리적 수준	어머니: 시험이 얼마 안 남았는데 왜 이렇게 공부를 안 하니? (부모자아)
	자녀: 내가 하고 싶을 때 할 거야. (아동자아)

〈그림 8-11〉 **이면교류의 도식**

(2) 스트로크

인간 행동의 동기에는 생리적 욕구와 심리적 욕구라는 두 가지 욕구가 작용한다. 생리적 욕구는 먹고 잠자는 것과 같은 생리적 충족과 관련된 욕구인 반면, 심리적 욕구는 타인과의 상호교류를 통해 충족되는 욕구이다. Berne(1961)은 모든 인간은 상호교류를 통해 자극을 받고자 하는 기본적인 욕구를 가지고 있으며, 이러한 자극의 욕구를 건강한 인성발달이나 생존을 위해 필수적인 것으로 간주하였다. 출생 직후 영아의 성장에서는 만지고 쓰다듬어 주는 것과 같은 신체적·감각적 자극이 필수적인 것이며, 이러한 욕구는 성장하면서 인정을 받고자 하는 욕구로 변하게 된다. 이러한 자극의 욕구를 만족시켜주는 기본단위를 상호교류분석에서는 '스트로크(쓰다듬기)'라고 한다. 이는 한 개인으로 하여금 자신의 존재를 인식하게 해주는 '인간 인식의 기본단위'가 된다.

영유아는 만지고 껴안는 행동을 통해 스트로크를 추구하며, 이는 생존에 필수적인 요소이다. Steiner(1990)는 부모는 자녀에게 어린 시절부터 스트로크 공급수준을 낮추려 하는 경향을 가지고 있으며, 부모가 스트로크를 제한하고 독점함으로써 스트로크를 필요로 하는 아동은 이를 얻기 위해서 결과적으로 부모의 말에 복종할 수밖에 없다는 것이다. 이러한 신체적 접촉을 통한 스트로크가 부족할 경우 성장에 치명적인 영향을 미칠 수 있으며, 이러한 상호작용의 중요성은 Spitz(1945)를 위시한 많은 학자들이 강조한 바 있다. 인간은 평생을 스트로크를 추구하면서 살아가며 부모를 위시한 양육자로부터 어떠한 스트로크를 받았는가에 따라 기본적인 인생태도를 형성하게 된다고 하였다.

Claude Steiner

　스트로크는 긍정적 스트로크와 부정적 스트로크로 구분할 수 있다. 스트로크는 개인의 생존에 필수적이기 때문에 일반적으로 사람들은 긍정적 스트로크를 일차적으로 추구하며, 그렇지 못한 경우에는 아무런 스트로크를 받지 못하는 무(無) 스트로크보다 부정적인 스트로크라도 추구하게 된다.

　긍정적 스트로크는 애무나 인정, 긍정적 평가와 같이 쾌감을 주는 스트로크를 의미하며, 이에는 긍정적 무조건 스트로크(positive unconditional stroke)와 긍정적 조건 스트로크(positive conditional stroke)가 있다. 긍정적 무조건 스트로크가 한 개인의

Rene Spitz

행동보다는 존재나 인격 자체에 대해 아무런 대가를 바라지 않고 주어지는 것이라면, 긍정적 조건 스트로크는 "네가 청소를 잘해서 좋다"와 같이 상대방의 특정한 행동에 대한 것이다. 이처럼 긍정적인 방식으로 스트로크를 얻지 못할 경우 상대방을 화나게 하거나 상처를 주더라도 관심을 얻고자 하는데 이를 부정적 스트로크라고 한다. 긍정적 스트로크와 마찬가지로 부정적 스트로크에도 부정적 무조건 스트로크(negative unconditional stroke)와 부정적 조건 스트로크(negative conditional stroke)가 있다. 부정적 무조건 스트로크는 "무조건 네가 싫어"와 같이 개인의 특정한 행동이 아니라 존재 자체에 대한 부정적 스트로크이며, 부정적 조건 스트로크는 "너는 지각을 자주 해서 싫어"와 같이 개인의 특정한 행동에 대한 부정적인 스트로크를 의미한다. 부정적 무조건 스트로크는 개인의 성장에 치명적인 영향을 미치게 되며, 부정적 조건 스트로크도 지나치면 문제행동을 유발할 수 있다.

(3) 시간의 구조화

인간의 행동은 타인으로부터 자극과 인정을 받고 싶은 의도에서 비롯된다. 인간은 타인과의 상호작용에서 받는 스트로크를 극대화하기 위해 시간을 구조화하려는 욕구를 가지고 있으며, 시간을 구조화하는 데에는 다음과 같은 여섯 가지 방법이 있다(Harris, 1991).

① 철회

철회(withdrawal)는 스트로크를 교환하는 것에 대해 불안감을 가지고 있는 경우 상대방과의 상호교류를 중단하고 자신만의 생각에 잠기는 방법이다. 이는 대부분의 시간을 공상이나 상상으로 지내며 자기 스스로 스트로크를 주려고 하는 자기애적인 특성이 강하다. 예를 들면, 교실에서 교사의 수업을 듣고 있는 학생이 머릿속으로는 다른 생각을 하고 있는 경우이다. 철회의 방법은 상호 간에 주고받는 자극이 없기 때문에 상처받는 일도 없고, 어떤 의미에서는 가장 안전한 시간의 구조화 방법이라고 볼 수 있다. 최근 문제시되고 있는 은둔형 외톨이인 '히키코모리족'이 그 대표적인 예라고 볼 수 있다(사진 참조). 우리나라에서도 세상과 거리를 둔 '은둔형 외톨이' 청년이 24만 4,000명 규모로 추산된다는 정부의 첫 실태조사 결과가 나왔다(한국보건사회연구원, 한국통계진흥원, 2023). 그러나 철회의 방법을 사용하면 주고받는 자극이 없기 때문에 그만큼 자신이 받게 되는 보상도 적다. 그러므로 지속적으로 철회의 방법을 사용하면 우울증과 같은 부적응적인 문제를 경험하기도 한다.

② 관습

관습(ritual)은 타인을 만나면 의례적인 이야기를 하는 것과 같이 누구에게나 통용되는 안전한 시간구조화 방법의 하나이다. 철회와의 차이는 외부 대상이나 관습적 행동을 통해 스트로크를 추구한다는 점이다. 이러한 상호교류에서는 전통이나 관습에 따름으로써 상호 간에 최소한의 스트로크는 주고받을 수 있으므로 비교적 안전한 시간의 구조화 방법이다. 그러나 이를 통해 얻게 되는 자극도 최소한의 수준에서만 가능하며, 결과적으로 친밀한 관계의 형성은 어렵게 된다.

③ 활동

활동(activity)은 자기 스스로 외부의 대상에 접근하여 구체적인 형태로 스트로크를 교환하는 생산적이고 창조적인 시간구조화 방법의 하나이다. 이는 요리나 공부하기와 같이 도구를 매개로 실용적으로 시간을 구조화하는 방법으로, 활동을 통해 얻을 수 있는 자극의 수준은 중간수준으로서 비교적 안전한 시간의 구조화방법이라고 볼 수 있다. 그러나 사무실에서 밤을 새워 일하는 것과 같이 지속적인 활동만으로 자신의 시간을 구

조화하는 경우에는 철회나 관습처럼 타인과의 상호교류를 회피하게 되므로 받게 되는 자극의 수준도 한계가 있게 된다. 일중독증(workaholic) 환자들은 활동만으로 자신의 시간을 구조화하는 대표적인 예라고 볼 수 있다(사진 참조). 또한 '빈 둥지 증후군'도 지나치게 자녀양육이라는 활동으로 자신의 시간을 구조화한 사람들이 경험하는 부적응적 현상이라고 볼 수 있다.

④ 잡담

잡담(pastime)은 큰 부담이 없는 주제에 대한 정보를 상호교환하며 스트로크를 추구하는 시간구조화의 한 방법이다. 이는 취미생활이나 스포츠 등과 같이 일상적인 주제를 중심으로 스트로크를 추구하는 방법으로 상당히 안정적인 형태로 스트로크를 구하게 된다. 잡담은 사회적인 관계를 유지하는 데 도움이 되는 시간 구조화의 방법이지만 이에는 감정이 개입되지 않고 단순한 정보교환이 주를 이루므로 이후의 공허함이나 권태감을 배제할 수 없다는 점에서 한계가 있다.

⑤ 게임

게임(game)은 타인이 자신의 욕구를 알아차리지 못하도록 이중적인 교류로 시간을 구조화하는 방법이다. 이는 일상생활에서 잡담 이상의 스트로크를 추구하기를 원할 때 사용하는 시간구조화의 방법으로, 일종의 필요악이라고 볼 수 있다. 게임의 방법은 자신이 실제로 생각하거나 느끼는 바를 표현하지 않는다는 점에서 진실한 교류가 이루어지지 않고 속임수를 내포하고 있으며, 이러한 속임수는 자신을 보호하기 위한 심리에서 비롯된다고 볼 수 있다. 지나치게 이에 의존하는 사람들은 어린 시절 부모와의 상호작용에서 자연스럽게 스트로크를 얻을 수 없었던 사람들로 이들은 왜곡된 방법으로 스트로크를 구하는 것이 만성화된 사람들이다. 그러나 게임을 통해서도 스트로크는 충분하게 얻을 수 없으며 결국에는 부족감을 경험하게 된다.

⑥ 친교

친교(intimacy)는 상호 간에 신뢰하며 배려하는 관계에서 이루어지는 스트로크를 극대화시킬 수 있는 시간구조화의 한 방법이다. 이는 상호교류분석에서 추구하는 가장 이상적인 시간구조화의 방법으로, 상호 간의 감정교환이 자유롭게 이루어지며 상호 간에 방어적 자세가 아니라 수용적 자세를 가지게 된다. 일반적으로 자기긍정-타인긍정의 건강한 생활자세를 가지고 있는 사람들이 이러한 방법을 사용한다.

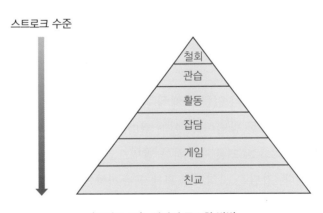

〈그림 8-12〉 **시간의 구조화 방법**

이상과 같은 시간구조화 방법 가운데 철회는 스트로크를 가장 적게 얻는 반면 친교로 갈수록 스트로크를 가장 많이 얻게 된다(〈그림 8-12〉 참조). 그러나 철회나 관습, 활동, 잡담은 이것이 시간을 구조화하는 지배적인 방법으로 사용되지 않는다면 반드시 상호 간의 교류에 부정적인 영향을 미친다고는 볼 수 없다. 지나치게 철회위주로 시간을 구조화하여 혼자만의 세계에 빠져 있거나 활동 위주로 시간을 구조화하여 일중독 상태로 발전되거나 혹은 하루종일 잡담으로 소일하지 않는 한 적절한 철회나 활동, 잡담 등은 모두 개인의 육체적·정신적 건강에 필수적인 요소이다.

3) 각본분석

인간은 스트로크를 극대화하기 위해 시간을 구조화하고자 하는 욕구를 가지고 있으며, 부모로부터 어떠한 스트로크를 받았는가에 따라 특정한 인생태도를 형성하게 되며 여러 다양한 인생각본을 형성하게 된다.

(1) 기본적 인생태도

기본적 인생태도(life position)는 어린 시절 부모와의 스트로크를 바탕으로 하여 형성된 자신이나 타인 혹은 세계에 대한 기본적인 반응태도 및 이에 근거한 자기상 혹은 타인상을 의미한다. 부모와의 상호작용을 통해 만족스러운 스트로크를 받게 되면 긍정적인 인생태도를, 부모의 반응이 부적절하거나 부정적인 스트로크를 받게 되면 부정적인 인생태도를 형성하게 된다. 긍정성은 인간이 지니고 있는 본질적인 측면으로 자신과 타인을 있는 그대로 수용하여 행복감을 느낄 수 있는 상태일 때 나타난다. 이는 안정성이나 사랑받고 있다는 느낌, 즐거움, 할 수 있다는 생각과 관련이 있다. 반면, 부정성은 그렇지 못한 경우에 형성되는 개념으로, 불안정성, 사랑받을 만한 가치가 없다는 느낌, 어리석음, 어떤 일도 할 수 없다는 느낌과 관련이 있다. 이러한 인생태도의 개념은 Erikson(1968)의 기본적 신뢰감과 불신감의 개념, Bowlby의 내적 작동모델(internal working model)의 개념과도 흡사하다. 자신이 소중하고 사랑받는 존재라는 느낌을 가지면서 아동은 자기 주변의 세계에 대해 긍정적인 느낌을 경험하는데, 이것을 Erikson은 기본적 신뢰감이라고 하였다. 반면 이러한 신뢰감을 형성하지 못한 경우 자신에 대한 신뢰감을 형성할 수 없을 뿐만 아니라 타인에 대한 신뢰감도 형성할 수 없게 된다. 이러한 인생태도는 생의 초기에 형성되는 것으로 아동은 다음과 같은 네 가지 인생태도 가운데 하나를 선택하게 되며, 자신이 형성한 인생태도에 따라 일상생활에서 행동을 선택하게 된다(Harris, 1991).

① 자기부정-타인긍정

출생 직후 무력한 존재인 인간은 타인의 도움을 받아야만 자신의 욕구를 충족시키는 것이 가능하다. 그러므로 아동은 자신은 무능하며(I'm not OK) 자신보다 타인이 유능하다(You're OK)라는 인생태도를 형성할 수 있는데, 이것이 바로 자기부정-타인긍정(I'm not OK-You're OK)의 자세이다. 이러한 인생태도를 가진 아동은 권위주의적이고 지배적인 사람에게 의존하는 경향이 강하기 때문에 오히려 부모의 지시를 고맙게 생각한다. 이들은 자기비하나 열등감을 가지고 있으므로 타인을 회피하거나 절망감이나 자포자기, 우울증으로 발전할 수 있는 가능성도 있다. 이러한 인생태도를 가진 아동은 스트로크에 대한 욕구가 강하다는 사실을 염두에 두어야 한다. 그러므로 이들이 자신을 긍정적으로 생각하게 하기 위해서는 가급적 자녀에게 지시적인 태도를 자제하고 지속적으로 자녀의 행동을 지지해주고, 자녀가 자율적인 태도를 보일 때 긍정적인 강화를 해주는 것이 바람직하다.

② 자기부정-타인부정

자기부정-타인부정(I'm not OK-You're not OK)의 생활자세는 출생 후 부모와의 관계에서 기본적인 신뢰감을 형성하지 못하여 자신이 위험에 처했을 때 도움을 줄 수 있는 사람이 아무도 없다는 느낌에서 비롯된다. 또한 걸음마를 시작하면서 아동은 주변환경을 탐색하게 되며 이러한 과정에서 적절한 자율성의 개념을 발달시키지 못하게 되면 자신에 대해 무능력감을 갖게 된다((I'm not OK). 이와 동시에 대소변 훈련 등을 통해 부모가 보이는 통제는 아동으로 하여금 부모에 대해서도 부정적인 태도를 갖게 한다(You're not OK). 즉, 자신도 가치 없는 존재이지만 타인도 무가치하다고 생각한다. 부모와의 상호작용을 통해 타인부정의 인생태도를 형성한 아동은 이를 제삼자에게도 적용시키게 되며, 이러한 과정에서 타인의 긍정적인 보살핌까지도 거부하는 경향을 보인다. 자기부정-타인부정의 인생태도를 가지고 있는 아동은 타인에 대해 불신감을 가지고 있으며 자신의 인생에 대해서도 절망적이고 허무적인 태도를 가지고 있으므로 정신질환을 많이 보이며, 심한 경우 자살이나 살인으로 이어지기도 한다. 이들은 스트로크에 대한 욕구가 강하지만 긍정적인 스트로크를 주고받는 방법을 제대로 알지 못하기 때문에 결과적으로 상대방으로부터 부정적인 스트로크를 경험하는 악순환이 나타나게 된다. 그러므로 이들에게 지속적인 관심을 보여주고, 사소한 긍정적인 행동에 대해서도 강화와 격려를 통해 지속적으로 스트로크를 제공해주는 것이 필요하다.

③ 자기긍정-타인부정

자기긍정-타인부정(I'm OK-You're not OK)의 태도는 아동이 성장하면서 점차 외부의 도움이 없이도 생존할 수 있다는 자신감이 생기고, 부모의 통제와 같은 외부자극을 거부하게 되면서 형성되는 인생태도이다. 또한 부모로부터 심한 학대를 받게 되면 출생 초기의 자기부정-타인긍정의 자세가 도치되어 부모에 대해서는 부정적인 감정을 갖게 되는 반면, 자신을 보호하려는 의도에서 자신에 대해서는 긍정적인 자세를 갖게 된다. 이러한 인생태도를 가지고 있는 아동은 타인이 자신에게 위해를 가했으니까 타인들은 옳지 않고(You're not OK), 나를 혼자 내버려만 둔다면 나는 아무런 문제가 없다((I'm OK)라는 생각이 지배적이다. 이러한 생활자세가 지속되면 자신에 대해서는 우월감을 갖고 타인은 무능력한 존재로 간주하여 무시하게 된다. 그러므로 상대방에게는 함부로 하고 반사회적인 범죄를 저지르는 경우가 많은 반면, 애정박탈로 인해 자기애적인 성향이 강하다.

④ 자기긍정-타인긍정

자기긍정-타인긍정(I'm OK-You're OK)의 인생태도는 자신도 가치 있고 타인도 가치 있다고 생각하는 바람직한 자세이다. 이는 앞서 설명한 세 가지 인생태도와

질적인 차이가 있다. 이들 세 가지 인생태도는 생의 초기에 무의식적으로 형성된 것이며, 감정적인 측면에 기초한 것이다. 반면, 자기긍정-타인긍정의 자세는 의식적인 사고나 활동에 기초한 것이다. 아동의 의식이나 사고가 발달하기 전에는 자기긍정-타인긍정의 자세를 가질 수 없으나 아동에게 성인자아가 형성되기 시작하면 이러한 자세로의 변화가 가능하다. 아동이 주변 환경을 탐색할 때 부모는 자녀에게 애정을 표현하고 아동의 행동을 격려하고 강화해줌으로써 가치 있는 인간이라는 생각을 갖도록 해줄 수 있다. 이러한 과정을 통해 아동은 자신의 가치를 발견할 수 있으므로 자신도 옳고(I'm OK), 타인도 옳다(You're OK)는 생각을 갖게 된다.

이러한 기본적 인생태도와 교류양식 간의 관계를 도식화하면 〈그림 8-13〉과 같

전형적 이고그램

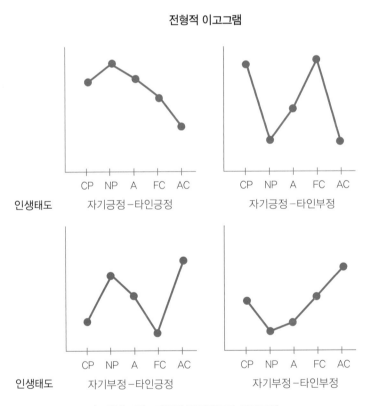

〈그림 8-13〉 **기본적 인생태도와 이고그램**

다. 자기긍정-타인긍정의 인생태도를 가진 사람들의 이고그램은 NP를 피크로 하여 AC로 내려가는 형태를 보이며 P나 A가 강한 것이 특징인 반면, 자기긍정-타인부정의 인생태도를 가진 사람들은 자기주장이 강하여 CP나 FC가 높은 것이 특징이다. 자기부정-타인긍정의 인생태도를 가진 사람들은 NP와 AC가 높고 CP와 FC는 낮게 나타나며, 자기부정-타인부정의 인생태도를 가진 사람들은 NP가 낮고 AC가 높게 나타난다. 개인의 인생태도는 상호교류를 통해 얻은 정보를 토대로 하여 결정되기 때문에 아동이 성장하면서 획득한 정보에 따라 이들 자세는 변화한다. 일반적으로 어린 아동의 인생태도는 처음의 세 가지 인생태도 가운데 하나를 취하게 된다. 자기부정-타인긍정의 자세는 출생 이후의 경험에 근거한 최초의 인생태도이며, 이는 이후 더욱 확고하게 굳어지거나 다른 인생태도로 변화한다. 그러나 한 번 형성된 인생태도는 자신이 의식적으로 자기긍정-타인긍정의 인생태도로 변화시키기 위해 노력하지 않는 한 지속적으로 특정한 인생태도를 유지하게 된다.

(2) 인생각본

교류분석에서는 인생을 하나의 드라마에 비유한다. 그러므로 인생각본(life script)은 인생을 하나의 드라마에 비유했을 때 한 개인이 무의식적으로 연기하는 역할을 의미한다. 인생각본은 어린 시절 부모와의 상호작용을 통해 형성되며 이후의 인생경험에 의해 강화를 받아 고정되는 인생에 대한 일종의 청사진으로, 이후 인생의 중요한 국면에서 큰 영향을 미치게 된다. 부모와 상호교류과정을 통해 형성된 인생각본에는 파괴적 패자각본과 평범한 각본, 성공적인 승자각본이 있다.

Berne(1961)은 승자란 자신이 설정한 목표를 달성한 사람인 반면 패자란 이를 달성하지 못한 사람이라고 하였다. Robert Goulding과 Mary Goulding(1979)은 승자란 단순히 목표달성 여부만을 기준으로 하지 않고 목표달성을 통해 이 세상을 더 좋은 곳으로 만드는 사람이라고 하였으며, Stewart와 Joines(1987)는 목표달성뿐만 아니라 이에 수반되는 즐거움의 정도도 고려해야 한다고 하였다. 그러므로 성공적인 승자각본을 가진 사람들은 자기 스스로 인생의 목표를 설정하고 이를 위해 최선을 다하고 자신의 인생에 만족한다. 이와는 달리 파괴적인 패자각본을 가지고 있는 사람들은 자신의 힘으로 목표를 달성할 수 없으며, 실패의 책임을 타인에게 전가시키고, 과거의 실패했던 경험에 의해 지속적으로 영향을 받게 된다. 반면 평범한 각본을 가지고 있는 사람들은 비교적 성실하고 근면한 태도로 인생을 살아나가는 사람들이다. 그러나 어느 정도의 수준에 도달하겠다는 목표의식이 강하지 못하며 자신이 설정한 목표를 달성하지 못하더라도 애석하게 생각하지 않으므로 자신의 능력을 충분히 발휘하지는 못한다.

각본분석의 주된 목적은 자신이 가지고 있는 파괴적인 패자각본을 인식하고 이를 긍정적인 각본으로 재결정(redecision)하는 데 있다. 부모로부터 전달되는 메시지는 인생각본의 기본이 되며, Goulding은 부정적인 각본의 기본이 되는 12가지 금지령을 제시하였으며, 그 가운데 대표적인 것으로는 다음과 같은 것을 들 수 있다.

① 존재해서는 안 된다(don't be)

이는 부모가 자녀에게 항상 언어적으로는 "몸조심해라"라는 메시지를 보내고 있으면서 자신은 항상 바쁘게 일만 하다가 갑자기 쓰러져서 급사하는 경우에 형성될 수 있는 각본이다. 이러한 경우 부모는 말로는 항상 건강을 소중하게 생각하라는 메시지를 보내고 있지만 실제로 부모의 행동을 통해 자녀에게 전달된 메시지는 "목숨을 소중히 해서는 안 된다"는 메시지다. 그 결과, 자녀는 무의식중에 목숨을 소중히 생각하지 않는 생활을 하게 되고 건강관리를 게을리하는 행동을 하게 된다. 이는 어린 시절 학대를 받거나 무시당하거나 가정불화의 원인이 자신에게 있는 것으로 지각된 아동이 흔히 경험하는 금지령으로, 이들 아동은 인생에 대해 깊은 절망감을 경험한다.

② 여자(남자)여서는 안 된다(don't be you)

이는 자신의 생물학적 성별에 대해 혐오감을 가지고 있거나 혼란된 성정체감을 가지고 있는 사람들이 가지고 있는 각본이다. 여아의 경우 어린 시절 부모와의 상호작용을 통해 여아로 태어난 것이 손해라는 생각을 주입받아 온 사람들은 자신의 성에 대해 긍정적인 정체감을 형성하기 어렵게 된다. "딸은 필요 없다" "네가 남자아이로 태어났다면…" 등과 같이 부모로부터 언어적이거나 비언어적인 메시지를 지속적으로 받게 되면 여자 아이들은 자신이 필요 없는 존재라는 각본을 형성하게 된다. 그 결과 이들은 여성으로서의 성정체감이 형성되지 않아 자신의 여성성에 대해 자긍심을 갖지 못하고, 과도하게 남성적인 행동을 한다거나 남성에 대해 경쟁적인 자세를 보이게 되며 결과적으로 남성과의 관계에서 어려움을 경험하게 된다. 남아의 경우에도 마찬가지 각본이 형성될 수 있다. 어린 시절 자신의 남성적이고 활동적인 행동에 대해 "나부대지 마라" "가만히 있어라" 라는 언어적·비언어적 메시지를 통해 끊임없이 제지를 당한 아동은 자연스럽게 남성성에 대해 부정적인 정체감을 형성하게 되며, 결과적으로는 소극적이고 수동적인 사람으로 성장하게 된다.

③ 즐겨서는 안 된다(don't be a child)

이는 너무나 성실해서 인생을 즐기지 못하는 사람들이 가지고 있는 각본이다. 이러한 각본을 가지고 있는 사람들은 어린 시절 부모와의 상호작용을 통해 열심히 일해야 하며, 노는 것은 죄악이라는 생각을 주입받아 온 사람들이다. 이들의 부모는 자신도 일중독증이거나 자녀에게 끊임없이 공부지상주의를 주장하며, 놀이나 TV 프로그램도 교양 프로그램만 보라는 등의 언어적·비언어적 메시지를 받아온 사람들이다. 그 결과 이들은 노는 것에 대해 상당한 죄의식을 가지고 있으며 좀처럼 돈도 사용하지 못하며 끊임없이 자신을 채찍질하는 출세지향적인 성격을 가지게 된다.

④ 성공해서는 안 된다(don't make it)

이러한 각본을 가지고 있는 사람들은 인생의 중요한 국면에서 치명적인 실패를 반복하게 된다. 어린 시절 부모와의 상호작용을 통해 "네가 잘하는 게 뭐냐"라는 것과 같은 자녀의 행동에 대해 부정적인 판결을 내리거나 실수를 책망하는 언어적·비언어적 메시지를 받게 되면 자녀는 자신이 어떤 일도 성공적으로 할 수 없다는 각본을 형성하게 된다. 그 결과 이들은 인생 전반에 걸쳐 패배감을 가지고 있으며, 실제로 성공할 수 있는 능력을 가지고 있음에도 불구하고 중요한 일들에서 실수를 되풀이하게 된다.

이 외에도 "성장해서는 안 된다" "사랑해서는 안 된다" "생각해서는 안 된다" 등과 같은 다양한 금지령이 있다. 어린 시절 부모와의 상호작용을 통해 이러한 금지령의 영향을 강하게 받은 사람들은 잘못된 패자각본을 형성하게 되며, 이후에 자신이 직면하는 일들을 기존의 각본에 맞추려고 노력하게 되며, 이는 결과적으로 실패를 하게 되는 중요한 요인으로 작용하게 된다. 그러므로 재결정을 통해 잘못된 패자각본을 승자각본으로 유도하는 것이 각본분석의 중요한 목적이다.

(3) 각본 맞추기

출생 이후 부모나 기타 중요한 인물과의 상호작용을 통해 특정한 각본을 형성하게 되면 사람들은 이후에 직면하는 모든 사건들을 기존의 각본에 맞추려고 무의식적으로 노력하게 된다. 각본에 맞추기 위해 사용하는 대표적인 방법으로는 디스카운트(discount)와 재규정하기(redefining), 공생(symbiosis) 등의 방법이 있다.

'디스카운트'는 자신의 각본과 모순되는 정보를 선택적으로 무시해버리는 것이다(Schiff & Schiff, 1971). 사람들은 자신의 각본과 모순되는 상황을 무시해버리기도 하지만 자신의 각본에 맞도록 왜곡시키기도 하는데 이를 '재규정하기'라고 한다. 또한 '공생'은 두 사람 이상이 한 사람인 것처럼 자아상태를 형성하여 행동하는 것이다.

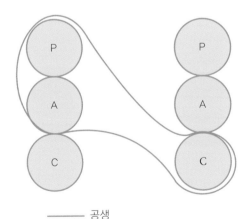

——— 공생

〈그림 8-14〉 **공생관계**

이에 관련된 사람들은 자신의 자아상태를 모두 사용하지 않게 되는데, 한 사람이 아동자아 상태를 배제시킨 경우에 또 다른 사람은 아동자아 상태만을 포함시켜 두 사람이 한 사람의 자아상태를 형성하게 된다(〈그림 8-14〉 참조).

(4) 각본의 정당화

일반적으로 사람들은 자신이 직면하고 있는 일을 기존의 각본에 맞추려고 노력할 뿐만 아니라 자신의 각본이 정당하다는 것을 증명하기 위해 노력한다. 출생 이후부터 인간은 가족 내의 상호작용을 통해 어떤 감정은 무방하지만 어떤 감정은 금지된다는 것을 알게 된다. 이후 성장하여 자신의 각본을 연출할 때, 실제로 자신이 느끼는 감정은 숨기고 어린 시절 허용되었던 감정으로 표현하게 된다. 이처럼 대치된 감정을 교류분석에서는 '라켓감정(racket feeling)'이라고 하며, 이러한 라켓감정을 표현하기 위해 사람들은 게임을 한다고 하였다.

게임에서는 먼저 게임을 도발하는 사람은 숨겨진 동기를 가지고 게임연출의 상대를 발견하면 계략을 쓰게 된다. 그러면 약점을 가진 게임의 상대가 걸려들게 되고 일련의 표면적 교류가 이루어지게 된다. 게임이 확대되면서 엇갈림이나 대립과 같은 교차교류가 나타나면서 상호 간에 혼란이 일어나게 되고, 게임은 결말을 내리게 된다. Karpman(1968)은 게임에 있어서도 게임을 도발하는 역할이 교대로 이루어진다고 하였으며, 이러한 것을 드라마 삼각형(drama triangle)으로 묘사하고 있다. 사람들은 언제 어디서든 게임을 할 때에는 박해자, 구원자, 희생자의 세 가지 역할

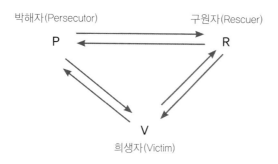

〈그림 8-15〉 **드라마 삼각형(Drama Triangle)**

각본 가운데 하나를 연기하게 된다고 하였다(〈그림 8-15〉 참조). 그리고 이 가운데 어떤 역할을 하든 디스카운트가 일어난다.

　박해자의 역할을 하는 사람은 상대방의 가치와 존엄성을 디스카운트하게 되며, 구원자의 역할을 하는 사람은 희생자가 주도적으로 사고하고 행동할 능력을 디스카운트하게 되며, 희생자 역할을 하는 사람은 자신이 박해자의 비난을 마땅히 받아야하고 구원자의 도움 없이는 제대로 행동하고 결정할 수 없다고 생각함으로써 자신의 능력을 디스카운트하게 된다.

제9장

행동수정이론

 행동수정이론은 인간의 행동은 타고난 것이 아니라 주위 환경과의 상호작용을 통해 학습된 것임을 전제로 하고 있다. Ivan Pavlov의 고전적 조건형성이론과 Burrhus Skinner의 조작적 조건형성이론, Albert Bandura의 사회학습이론은 이러한 학습과정을 과학적이고 체계적으로 설명해주고 있다. 학습이론에서는 인간의 행동은 선천적으로 타고난 유전적 요인의 영향을 받는 것이 아니라 주위의 환경을 통해 학습된 것으로 간주하므로 환경적 요인의 영향을 중요하게 생각한다. 그러므로 일단 학습된 행동이라 하더라도 강화나 벌과 같은 행동수정 방법을 통해 바람직하지 못한 행동으로 간주되는 경우에는 감소시키고 바람직한 행동인 경우에는 증가시키는 것이 가능하다고 생각한다. 이처럼 행동수정의 관점에서 보면 인간은 어떠한 환경자극이 주어지는가에 따라 무한한 변화의 가능성을 가지고 있다고 볼 수 있으므로, 행동수정이론은 자녀의 행동을 수정하기 위한 부모교육이론으로 널리 활용되고 있다.

 또한 행동수정이론에서는 정신분석이론이 지나치게 꿈이나 자유연상과 같은 모호한 개념에 치중하고 있다는 사실을 비판하고 인간의 행동을 설명할 수 있는 과학적인 접근방법을 제시하였다. 행동주의의 창시자인 John Watson은 과학의 연구대상은 눈에 보이는 구체적인 행동에 국한되어야 한다고 주장하였다. 이처럼 눈에 보이는 구체적인 행동에 초점을 맞추고 있다는 점에서 행동수정은 눈에 보이는 외현적인 행동을 수정하는 데 널리 사용되고 있는 이론이다.

1. 행동수정이론의 발전과정

행동수정이론은 아동의 행동은 타고난 것이 아니라 주위 환경과의 상호작용을 통해 습득된 것임을 전제로 하고 있으며, 한 개인이 행동을 학습하는 대표적인 방법을 다음과 같이 설명하고 있다.

1) 고전적 조건형성이론

고전적 조건형성(classical conditioning)이론은 러시아의 생리학자 Ivan Pavlov (1927)의 연구에 그 기초를 두고 있다. Pavlov는 개의 타액분비량이 자동적으로 기록되도록 한 실험연구를 통해 처음에는 개에게 침을 분비하게 하는 것과는 전혀 관련이 없는 중성자극이라도 침의 분비를 유발하는 자극과 지속적으로 짝지어 제시하게 되면, 결국에는 중성자극에 대해서도 침을 흘리게 되는 반응이 일어난다는 사실을 증명하였다.

〈그림 9-1〉에서 보듯이 배고픈 개에게 고기라는 먹이는 아무런 조건 없이 침을 흘리게 하는 무조건자극이다. 그러나 개에게 고기라는 먹이를 주면서 종소리라는 중립자극을 함께 들려주면, 개는 이후에 종소리만 들려주어도 침을 흘리는 반응을 보이게 된다는 것이다. 처음에 고기라는 무조건자극(unconditioned stimulus: UCS)에 대해서만 무조건반응(unconditioned response: UCR)으로 침을 흘리던 개가, 무조건자극인 고기와 중립자극인 종소리가 계속적으로 연합되어 제시되는 과정을 통해서 개는 마침내 종소리만 울려도 침을 흘리게 된다는 것이다. 이처럼 그 자체만으

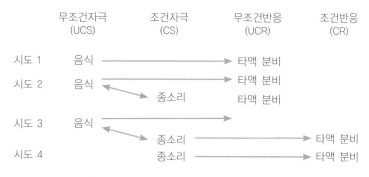

	무조건자극 (UCS)	조건자극 (CS)	무조건반응 (UCR)	조건반응 (CR)
시도 1	음식 ──────────→		타액 분비	
시도 2	음식 ──────────→		타액 분비	
	↘	종소리	타액 분비	
시도 3	음식 ──────────→			
	↘	종소리 ──────────→		타액 분비
시도 4		종소리 ──────────→		타액 분비

〈그림 9-1〉 Pavlov의 고전적 조건형성 모형

로는 개로 하여금 타액을 분비할 수 없었던 중립자극에 대해 학습된 타액분비반응을 조건반응(conditioned response: CR)이라고 하며, 이 과정을 고전적 조건형성이라고 한다.

　Pavlov의 고전적 조건형성의 원리를 인간의 행동에 적용시킨 Watson(1924)은 인간의 행동도 자극과 반응 간의 연합을 통해 이루어진다고 하였다. Watson과 Rayner(1920)는 앨버트(Albert)라는 9개월 된 남자 아기를 대상으로 흰쥐를 보여주는 것과 동시에 아기에게 선천적으로 두려움을 주는 큰 소리를 함께 들려줌으로써 지금까지 전혀 공포반응을 보이지 않았던 흰쥐에 대한 공포반응을 형성하는 데 성공하였다(〈그림 9-2〉 참조). 이후 Jones(1924)는 Watson과 Rayner가 사용했던 방법을 사용하여 흰쥐뿐만 아니라 털이 있는 짐승에 대해 공포증을 보이는 Peter라

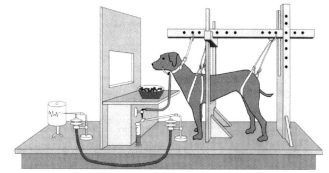

🔅 사진 설명 Pavlov와 실험용 개.

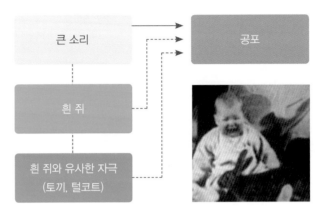

〈그림 9-2〉 **앨버트에게 공포반응 조건형성하기**

9개월 된 앨버트가 흰쥐에 공포반응을 보이도록 Watson은 흰쥐와 큰 소리를 짝지어 제시했다. 처음에 흰쥐를 두려워하지 않던 앨버트가 흰쥐와 큰 소리가 몇 번 짝지어 제시된 후에 흰쥐에 대한 공포반응을 보였다. 심지어 흰쥐뿐만 아니라 토끼나 개, 털코트에까지 공포반응을 보였는데, 이것이 바로 고전적 조건형성에서 나타나는 자극 일반화 현상이다.

는 소년을 치료하는 데 성공하였다. 이러한 실험결과를 통해 Watson은 자극과 반응 간의 연합이 빈번하게 일어날수록 이에 대한 학습은 보다 강화된다는 빈도법칙(frequency law)과 자극과 반응 간의 연합이 최근에 일어난 것일수록 학습이 용이하다는 최근법칙(recency law)의 원리를 주장하였다.

2) 조작적 조건형성이론

자극과 반응 간의 연합을 통해 학습이 이루어진다는 Pavlov의 이론은 학습과정을 설명하는 데 있어서 획기적인 공헌을 한 것으로 평가받고 있다. 그러나 Pavlov의 고전적 조건형성이론은 수동적인 학습과정을 설명하는 데에는 적절하지만 유기체가 스스로 조작하는 능동적인 학습과정을 설명하기에는 부적절하다. 이후 Burrhus Skinner(1953)는 인간의 행동은 자극에 따라 반응을 하는 수동적인 형태가 아니라 오히려 자신이 반응을 한 이후에 제시되는 자극의 종류에 따라 결정된다고 주장하였는데, 이를 조작적 조건형성(operant conditioning)이론이라고 한다.

Skinner는 자신의 실험을 통해 배고픈 쥐가 지렛대를 누르는 반응을 했을 때 먹이라는 자극이 주어지면 지렛대를 누르는 반응을 계속적으로 하게 되지만 전기충격이라는 혐오감을 주는 자극이 주어지면 쥐는 더 이상 지렛대를 누르는 반응을 하지 않게 된다는 것이다. 즉, 대부분의 행동은 선행되는 자극에 따라 수동적으로 반응이 이루어지는 것이 아니라, 반응 이후에 어떠한 자극이 제시되는가에 따라 행동이 결정된다는 것이다. 만약 반응 이후에 제시되는 자극이 긍정적인 것이라면 이후의 반응은 증가할 것이고, 반대로 혐오감을 주는 것이라면 이후의 반응은 감소할 것이다. 반응 이후에 제시되는 자극이 이후의 행동을 증가시키는 경우 이를 강화자극(reinforcement stimulus)이라고 하며, 강화자극은 정적 강화자극(positive reinforcement stimulus)과 부적 강화자극(negative reinforcement stimulus)으로 구분할 수 있다. 정적 강화자극은 특정한 자극을 제시함으로써 바람직한 행동이 일어날 확률을 증가시키는 자극이다. 반면, 부적 강화자극은 특정한 혐오자극을 철회함으로써 바람직한 행동이 일어날 확률을 증가시키는 자극이다.

이와는 달리 처벌(punishment)은 혐오자극을 제시함으로써 바람직하지 않은 행동이 일어날 확률을 감소시키는 것을 말한다. 예를 들어, 숙제를 잘한 아동에게 스티커를 줌으로써 이후에 지속적으로 숙제를 잘할 수 있도록 하는 것이 정적 강화자극의 방법이라면, 숙제를 잘한 아동에게 화장실 청소를 면제해줌으로써 이후에 숙제를 잘할 수 있도록 하는 것은 부적 강화자극을 제공해준 것이라고 볼 수 있다. 반면,

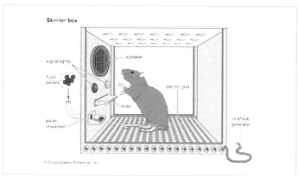

사진 설명 Burrhus Frederic Skinner와 실험상자.

숙제를 하지 않은 아동에게 화장실 청소를 시킴으로써 이후에 숙제를 잘할 수 있도록 하는 것은 벌이라고 볼 수 있다. 그러므로 조작적 조건형성이론은 강화자극을 적절하게 조절함으로써 바람직한 행동은 증가시키고 바람직하지 못한 행동은 감소시키는 행동수정이 이루어질 수 있다고 본다.

3) 사회학습이론

Albert Bandura

고전적 조건형성이나 조작적 조건형성이론은 인간이 특정한 행동을 학습하는 과정에 대해 많은 부분을 설명해주고 있다. 그러나 무수한 인간의 행동을 이처럼 고전적 조건형성이나 조작적 조건형성의 과정을 통해 학습된 것이라고 설명하기에는 무리가 있다. Albert Bandura(1977)와 그의 동료들(1961)은 인간은 자신이 직접적으로 경험하지 않고도 단순히 타인의 행동을 관찰하고 모방함으로써 간접적으로도 학습이 이루어질 수 있다고 하였으며, 이를 사회학습이론(social learning theory)이라고 한다. 즉, 인간의 행동은 외부로부터 직접적으로 주어지는 자극이나 강화를 통해서 학습이 이루어지는 것이 아니라, 주변인물의 행동을 모방하거나 이들에게 주어지는 강화를 간접적으로 관찰함으로써 학습이 이루어진다는 점에서 사회학습을 모방학습 또는 간접학습이라고 한다.

Bandura 등(1961)은 공격성에 대한 모방학습의 실험에서 아동을 세 집단으로 구분하고, 이들 가운데 한 집단의 아동에게는 공격적인 프로그램을, 또 다른 집단에게는 비공격적인 프로그램을 그리고 세 번째 집단에게는 아무런 프로그램도 보여주지 않았다. 이후 이들 아동의 놀이모습을 관찰한 결과, 공격적인 프로그램을 시청한 아동집단에서는 공격적인 행동의 빈도가 높게 나타났으나, 비공격적인 프로그램을 시청한 집단이나 아무런 프로그램도 보여주지 않은 집단에서는 뚜렷한 변화가 나타나지 않았다. 또한 공격적인 프로그램을 시청한 아동집단 가운데서도 공격적인 행동이 처벌을 받는 프로그램을 시청한 집단에서는 공격적인 행동이 심하게 나타나지 않았으나 공격성이 처벌을 받지 않고 오히려 강화를 받는 프로그램을 시청한 아동집단에서 공격성은 가장 높게 나타났다. 이러한 연구결과는 아동이 간접적으로 타인의 행동을 관찰하는 것만으로도 모방학습이 이루어질 수 있으며, 동시에 이들에게 주어지는 강화물의 종류에 따라 모방의 효과도 상이하다는 사실을 의미하는 것이다.

Bandura(1977)는 모방학습이 이루어지기 위해서는 네 가지 과정이 필요하며, 이가운데 한 과정이라도 빠지게 되면 성공적인 모방은 이루어질 수 없다고 하였다. 모방학습이 이루어지기 위해서는 첫째, 모델의 행동에 대해 주의집중(attention)이 이루어져야 하며, 둘째, 이를 기억(retention)할 수 있는 능력이 필요하고, 셋째, 모방하고자 하는 행동을 실제로 표현할 수 있는 운동재생(motoric reproduction)능력이 필요하며, 넷째, 이러한 과정이 모두 충족되었다 하더라도 성공적인 모방학습이 이루어지기 위해서는 동기유발(motivation)이 필요하다(〈그림 9-3〉 참조).

모방학습에는 이상과 같은 네 가지 과정이 모두 필요하지만 학습하고자 하는 내용에 따라 이들 과정 가운데 어느 한 과정이 더 중요한 의미를 가질 수가 있다. 이와 같이 모방학습에 있어서 네 가지 과정이 모두 동등한 영향을 미치는 것은 아니지만 한 가지 과정이라도 빠지게 되면 모방학습은 불완전하게 이루어질 수밖에 없다.

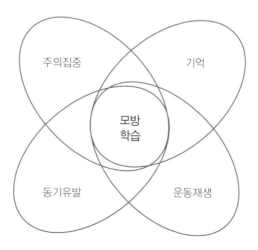

〈그림 9-3〉 **모방학습에 필요한 네 가지 과정**

Skinner와 Bandura 등과 같은 여러 학자들의 노력으로 여러 가지 행동수정 방법이 개발되었으며, 대중에게 일반화되었다. 이러한 행동수정 방법들은 아동의 문제행동을 치료하거나 바람직한 행동을 형성하는 데 효과적인 방법으로 인식되면서 부모교육의 방법으로 널리 활용되었다.

2. 행동수정의 목표

행동수정이론은 지금까지의 부모교육이론과는 달리 부모-자녀 간의 의사소통방법이나 부모의 감정수용 등에 대해서는 그다지 관심이 없다. 그보다는 실제로 자녀의 문제행동으로 인하여 어려움에 직면한 부모들에게 보다 도움이 되는 이론이다. 이러한 행동수정은 다음과 같은 목표가 있다.

첫째, 관찰가능한 외현적 행동의 수정이다. 행동수정에서는 눈에 보이지 않는 심리적인 문제에는 관심을 두지 않으며 눈에 보이는 구체적인 행동의 수정에만 관심을 둔다. 즉, 불안과 같은 심리적인 문제는 행동수정의 목표가 될 수 없으며, 불안으로 인해 나타나는 구체적인 행동을 수정하는 것을 그 목표로 한다.

둘째, 행동수정은 상벌의 방법을 사용하여 바람직하지 못한 행동은 감소시키고, 바람직한 행동은 증가시키는 것을 목표로 한다. 이러한 목표달성을 위해 행동은 변화가 가능하고 관찰이 가능한 작은 단위로 세분화되고, 구체적인 표적행동이나 강화방법도 미리 고려해야 한다.

3. 행동수정의 기본원리

고전적 조건형성이론이나 조작적 조건형성이론, 사회학습이론 등에 근거하여 다수의 행동수정 방법이 개발되었다. 행동수정의 여러 가지 기법은 처음에는 장애아동의 신변처리능력을 향상시키거나 생활지도를 위해 사용되었다. 그러나 이후에는 점차 일반아동의 행동을 수정하거나 좀더 바람직한 행동을 습득하게 하기 위해 다양하게 활용되고 있다. 이러한 행동수정 기법은 크게 바람직하지 못한 행동을 감소시키는 방법과 바람직한 행동을 증가시키는 방법으로 구분할 수 있다.

1) 바람직하지 못한 행동을 감소시키는 방법

처벌의 개념을 위시하여 바람직하지 못한 행동을 수정하기 위해 많은 행동수정 방법이 개발되었으며, 그 대표적인 방법으로는 다음과 같은 것이 있다.

(1) 처벌

처벌(punishment)은 혐오자극을 제시함으로써 바람직하지 못한 행동이 일어날 확률을 감소시키는 방법이다. 그 가운데 가장 논란의 여지가 많은 대표적인 방법이 체벌이다. 체벌은 행동수정의 전통적인 도구로서 널리 사용되는 방법이지만 동시에 여러 가지 측면에서 그 부작용 또한 문제점으로 지적되고 있다. 첫째, 체벌은 아동으로 하여금 모방학습을 통해 공격성을 증가시킨다는 점이 문제점으로 지적되고 있다. Bandura 등(1961)의 공격성 실험에서 증명된 바와 같이 타인의 공격적인 행동에 대한 관찰만으로도 모방효과는 상당히 크게 나타난다. 둘째, 체벌의 또 다른 문제점은 체벌을 받는 상황을 피하기 위해 더욱더 바람직하지 못한 행동을 유발할 수도 있다는 문제점을 가지고 있다. 셋째, 체벌은 그 효과가 일시적이며 재발 가능성이 높다. 넷째, 벌을 준 사람이나 장소를 싫어하게 된다. 다섯째, 체벌만으로는 바람직한 행동을 가르칠 수 없다는 문제점을 가지고 있다. 그러므로 체벌의 방법이 효과적으로 이루어지기 위해서는 다음과 같은 점을 고려해야 한다.

첫째, 한 번에 한 가지 문제행동만을 행동수정 대상으로 해야 한다.

둘째, 체벌을 받게 되는 기준을 사전에 미리 확실하게 알려주어야 한다.

셋째, 체벌은 문제행동이 일어나는 즉시 주도록 한다.

넷째, 체벌만으로는 행동수정이 이루어질 수 없으므로 대체행동의 강화와 같은 다른 행동수정 방법을 병행하여 사용하도록 한다.

(2) 소거

소거(extinction)는 일단 학습된 행동도 그 행동에 대한 강화가 지속적으로 이루어지지 않는다면 점차 소멸된다는 원리에 근거한 것이다. 아동이 바람직하지 못한 행동을 했을 때 부모나 교사가 이러한 행동에 대해 체벌을 가하는 것 자체도 관심을 보여주는 것이라고 볼 수 있다. 그러므로 아예 이러한 행동에 대해 관심을 보이지 않고 무시함으로써 문제행동을 감소시키는 것이 소거의 방법이다. 예를 들어, 부모의 관심을 끌기 위한 목적으로 사소한 일에도 훌쩍거리며 울어버리는 아이가 있다고 가정해보자. 이러한 상황에서 우는 행동을 무시하고 오히려 울지 않는 행동에 대해

관심을 보여주는 것이 보다 효율적임에도 불구하고 일반적으로 부모들은 우는 행동에 대해 관심을 보이거나 울지 말라고 처벌을 가하는 반응을 보이게 된다. 이러한 반응이 지속되면 아이의 울음은 더욱 강화되어 결국에는 통제가 불가능해지는 경우가 있다(사진 참조). 아이를 울보로 만드는 것은 바로 부모의 관심이며, 소거의 방법은 바로 이러한 잘못된 관심을 차단하는 방법이다. 소거의 방법을 적용하는 과정에서 고려해야 할 점은 다음과 같다.

첫째, 문제행동에 대해 소거의 방법을 사용하면 부모나 교사의 관심을 끌기 위해 아동의 문제행동은 폭발적으로 증가하게 되는데, 이를 소멸저항이라고 한다. 그러므로 소거의 방법을 사용할 경우 소멸저항이 나타난다는 사실을 미리 인식하고 이를 극복하고자 하는 의지가 있을 때 소거의 방법을 사용해야 한다.

둘째, 실제로 문제행동이 나타나는 상황에서 이를 무시하기는 어려우므로 상반행동 강화와 같은 다른 행동수정 방법을 병행해서 사용하는 것이 시간과 노력을 절약할 수 있는 효과적인 방법이다.

셋째, 강화의 모든 근원을 차단할 수 있을 때 사용하는 것이 효과적이다. 소거의 방법을 사용하는 과정에서 비록 부모가 아동의 행동을 무시한다 하더라도 조부모가 이러한 행동에 대해 관심을 보여준다면 문제행동의 수정은 더욱 어려워지게 된다.

(3) 고립

아동이 문제행동을 보일 경우 이에 대해 관심을 보이지 않는 것은 실제로는 힘든 일이다. 그러므로 현재 아동이 처해 있는 상황이 문제행동을 유발하는 요인이라고 판단이 될 경우 아동을 문제행동이 일어나는 즐거운 상황으로부터 일시적으로 격리시키는 방법이 고립(time out)이다(사진 참조). 고립의 방법을 사용하는 과정에서 유의해야 할 점은 다음과 같다.

첫째, 현재 상황이 고립되는 것을 싫어할 만큼 즐거운 상황이어야 한다.

둘째, 고립되는 곳에는 아동이 좋아할 만한 장난감이나 물건을 두지 말아야 하며, 고립되는 동안에도 행동은 엄중하게 통제되어야 한다.

🔦 **사진 설명** 타임아웃(time out)은 제한된 시간 동안 아동을 격리시켜 혼자 있게 하여 자신의 잘못을 되돌아 볼 수 있는 기회를 갖게 해준다.

셋째, 아동의 연령에 따라 고립되는 시간을 고려해야 한다. 유아의 경우 고립되는 시간은 5~10분 정도를 넘지 말아야 하며, 그 이상이 되면 효력을 상실하게 된다.

넷째, 고립되는 것 자체가 관심끌기의 효과를 거두어서는 안 된다. 그러므로 고립을 시킬 경우 고립 이외에 체벌을 가하는 것과 같은 관심을 보여주는 행동은 자제하도록 한다.

(4) 포만

포만(satiation)은 아무리 좋은 것도 지나치면 싫증이 난다는 원리에 근거한 행동수정방법이다. 예를 들어, 신문을 계속 찢는 아동에게 신문지를 많이 주고 싫증이 날 때까지 실컷 찢게 함으로써 그 행동을 더 이상은 하고 싶지 않게 만들어주는 방법이다(사진 참조). 포만의 방법을 실시하는 과정에서 고려해야 할 점은 다음과 같다.

첫째, 포만의 방법은 문제행동이 위험하지 않은 행동일 경우에 한정되어야 한다.

둘째, 포만의 방법을 실시하는 과정에서 성인이 먼저 포만이 되어서는 안 된다.

셋째, 포만을 시키고자 하는 행동은 수정하고자 하는 행동과 정확하게 일치해야 한다.

(5) 반응대가

반응대가(response cost)는 아동에게 즐길 수 있는 권리를 미리 준 후, 약속을 어길 경우 주어진 권리의 일부를 박탈함으로써 잘못된 행동을 수정하는 방법이다. 이를 권리박탈이라고도 한다. 예를 들어, 자녀에게 귀가시간을 저녁 10시로 정해준 후, 이를 어겼을 경우 다음 일주일간의 귀가시간을 일정 시간 앞당기는 방법이다. 또한 수업시간에 조용히 하면 10분의 휴식시간을 줄 것이라고 미리 약속한 후에 수업시간에 떠드는 아동에게 한 번 떠들 때마다 쉬는 시간을 2분씩 박탈하는 것과 같은 방법이다. 반응대가의 방법을 사용하는 과정에서 유의해야 할 점은 다음과 같다.

첫째, 대가가 타당하다고 받아들여야 하므로 자녀에게 사전에 치러야 할 대가를 미리 제시하고 합의하는 것이 효과적이다.

둘째, 대가가 적정한 수준이어야 한다. 자녀가 지불해야 하는 대가의 수준이 지나치게 높으면 자녀는 아예 행동을 수정하려는 의욕을 상실하게 된다.

(6) 대체행동 강화

대체행동 강화(reinforcement of other behavior)는 바람직하지 못한 행동과 상반되거나 동시에 수행할 수 없는 다른 행동을 강화함으로써 문제행동을 수정하는 방법이다. 대체행동을 선정하는 방법에는 여러 가지가 있다. 우선 바람직하지 못한 행동과 상반되는 행동을 선정할 수도 있고, 바람직하지 못한 행동과 동시에 수행할 수 없는 행동이나 바람직하지 못한 행동으로부터 주의를 다른 곳으로 돌리게 하는 행동을 선정할 수도 있다. 특히 주의를 다른 곳으로 돌리게 하는 대체행동은 논리적 결과를 이해하기 어려운 어린 유아에게 효과적인 방법이다. 대체행동의 강화가 효과적으로 이루어지기 위해서 고려해야 할 점은 다음과 같다.

첫째, 어떤 대체행동을 선정하였든 아동이 대체행동을 잘 수행하였을 경우에는 강화를 해 주어야 한다. 동시에 대체행동을 잘 수행하지 못했을 경우라 하더라도 벌을 주는 것과 같은 불쾌한 경험을 하게 해서는 안 된다.

둘째, 대체행동이 바람직하지 못한 행동을 강화해서는 안 된다. 예를 들어, 쉬는 시간마다 급우를 때리는 공격적인 아동에게 공격적인 행동과 동시에 수행할 수 없는 행동으로 운동장에서 축구를 하게 하는 대체행동을 선정하였다고 하자. 이러한 경우 아동은 자신이 축구를 하고 싶은 경우에 이를 성취하는 수단으로 다른 아동에게 공격성을 행사하게 될 것이다. 그러므로 대체행동이 바람직하지 못한 행동을 강화한다고 판단될 경우에는 다른 대체행동을 찾도록 해야 한다.

(7) 체계적 둔감법

체계적 둔감법(systematic desensitization)은 뚜렷한 이유 없이 특정한 대상에 대해 불안반응을 보이는 아동에게 불안의 대상이 되는 자극을 점차적으로 노출시킴으로써 불안반응을 감소시키는 방법이다. 예를 들어, 어둠에 대해 공포반응을 보이는 아동에게 할 수 있는 일반적인 대처방식은 아동으로 하여금 어둠에 대해 전혀 두려워할 것이 없다고 강조하면서 어둠을 그대로 직면하게 하든지 혹은 전등을 밝혀 둠으로써 어둠을 전혀 경험하지 않도록 하는 것이다. 그러나 아동이 어둠을 전혀 경험하지 않도록 하는 것은 장기적으로는 불가능한 일이며, 어둠에 대한 불안감은 아동으로 하여금 어둠에 직면하게 함으로써 감소시킬 수 있다. 어둠뿐만 아니라 모든 감정은 이러한 감정에 직면함으로써 이를 극복할 수 있다. 체계적 둔감법은 아동으로 하여금 이처럼 어둠과 같은 불안감을 주는 자극에 직면하게 하되, 갑작스럽게 직면하게 하는 것은 심리적 부담을 줄 수 있으므로 아동이 유쾌한 활동을 하고 있는 동안에 점진적으로 직면하도록 하는 방법이다. Jones(1924)가 털이 달린 동물에 대해 공포반응을 보이는 Peter라는 아동의 행동을 수정한 방법이 바로 체계적 둔감법이다. 체계적 둔감법을 사용하는 과정에서 고려해야 할 점은 다음과 같다.

Mary Cover Jones

첫째, 체계적 둔감법을 사용하기 이전에 먼저 이러한 반응에 대한 정확한 원인규명과 아울러 예방이나 차단이 가능한 것인지를 먼저 생각해야 한다. 즉, 아동으로 하여금 특정한 대상에 대해 불안을 느끼도록 해놓고 이러한 반응을 체계적 둔감법으로 수정하는 것이 주 목적이 아니라 이러한 불안이 형성되지 않도록 예방 혹은 차단할 수 있는 방법을 먼저 고려해야 한다.

둘째, 아동에게 불안을 느끼는 상황이나 대상을 서서히 단계적으로 노출시켜 나가도록 한다. 다음 단계로 넘어가기 전에 이전 단계를 불안을 느끼지 않고 성공적으로 직면할 수 있도록 해야 하며, 성급하게 서둘러 진행하면 그 효과를 기대하기가 어렵다.

셋째, 아동에게 불안감을 유발하는 대상과 편안함을 유발하는 대상을 동시에 짝지어 제시함으로써 불안감이 상쇄되도록 해야 한다. 예를 들어, 아동이 자동차를 무서워하면 불안감을 감소시켜주기 위해 아동이 좋아하는 과자를 먹거나 노래를 부르는 것과 같이 편안함을 느낄 수 있는 자극을 짝지어 자동차를 타게 한다.

(8) 과잉정정

과잉정정(overcorrection)은 바람직하지 못한 행동에 대해 그 행동을 지나칠 정도로 충분히 연습시킴으로써 문제행동을 수정하는 방법이다. 과잉정정의 방법에는 밥알을 흘린 아동에게 밥알을 다 주워 먹게 하는 것과 같이 바람직하지 못한 행동을 원상으로 회복시키는 원상회복법과 어떤 행동을 올바르게 수행할 때까지 충분하게 연습을 시키는 방법이 있다. 예를 들어, 밥을 흘리고 먹는 아동에게 자신이 흘린 밥알을 다 주워 먹도록 한다면 이는 원상회복법이라고 볼 수 있으며, 밥을 흘리지 않도록 밥을 먹는 동작을 수차례 반복하여 연습을 시키는 것은 충분히 연습을 시키는 과잉정정의 방법이다. 과잉정정을 적용하는 과정에서 고려해야 할 점은 다음과 같다.

첫째, 원상회복법을 적용하는 과정에서 아동이 원상회복시키는 행동을 재미있게 생각한다면 다른 행동수정방법을 선정해야 한다.

둘째, 행동을 올바르게 수행할 때까지 충분히 연습을 시키는 과정에서 자녀가 거부반응을 보일 때에는 다른 행동수정방법을 고려해야 한다.

(9) 이완법

아동이 경험하는 부정적인 정서는 실제의 정서상태보다도 긴장된 분위기나 마음가짐으로 인해 보다 증폭되어 인식되는 경우가 많다. 그러므로 이완법(relaxation)은 아동이 보다 편안한 상태를 유지할 수 있도록 이완된 분위기를 조성함으로써 행동을 수정하는 방법이다. 이완법에는 편안한 마음을 가질 수 있는 장면이나 상황을 연상하는 명상법과 호흡이나 간단한 체조를 통해 신체근육의 긴장을 이완시키는 방법이 있다. 예를 들어, 불안장애의 경우 심장이 뛰는 것을 초기에 통제하기 위하여 호흡이나 간단한 체조를 통해 신체적인 이완방법을 일차적으로 실시하면 훨씬 증상이 감소한다고 한다. 또한 출산 시 통증을 감소시키기 위한 라마즈 분만법도 이러한 이완의 방법을 적용한 한 예로 볼 수 있다.

2) 바람직한 행동을 증가시키는 방법

정적 강화와 부적 강화의 방법을 근간으로 하여 바람직한 행동을 증가시키는 방법도 다수 개발되었는데, 그 대표적인 방법을 살펴보면 다음과 같다.

(1) 정적 강화와 부적 강화

강화는 특정한 보상을 제시해줌으로써 행동의 발생빈도를 높여주는 것을 의미한다. 그 가운데 정적 강화(positive reinforcement)는 바람직한 행동을 했을 때 칭찬이나 강화물을 제공해줌으로써 바람직한 행동의 빈도를 증가시켜 나가는 방법이다. 반면, 부적 강화(negative reinforcement)는 바람직한 행동을 했을 때, 화장실 청소를 면제해주는 것과 같이 혐오자극을 제거해줌으로써 바람직한 행동의 빈도를 증가시켜나가는 방법이다. 정적 강화와 부적 강화의 방법을 사용하는 과정에서 유의해야 할 점은 다음과 같다.

첫째, 행동수정의 초기에 강화물은 바람직한 행동 이후에 즉시 제공되어야 하며,

혐오자극도 즉시 제거되어야 한다. 그러므로 강화물은 즉시 제공할 수 있는 것으로 선정해야 한다. 그러나 행동이 어느 정도 안정궤도에 접어들었을 때 예기치 않게 강화물을 제공해주는 간헐강화의 원리를 적용하면 행동이 보다 오래 지속된다.

둘째, 행동수정의 초기에 강화물은 일관성 있게 제공되어야 한다. 바람직한 행동 반응이 나타났을 때 어떤 경우에는 강화물을 제시하면서 또 다른 경우에는 강화물을 제시하지 않는다면 자극-반응 간의 연합은 기대하기 어렵다.

셋째, 강화물을 사용하는 과정에서 개인차를 고려해야 한다. 어떤 사람에게는 강화물로서 효력을 가지고 있는 것이 또 다른 사람에게는 강화물로서의 효과를 기대하기 어려운 경우도 있다.

넷째, 강화물의 양도 고려해야 한다. 강화물의 양이 너무 적어도 행동에 대한 강화효과를 기대할 수 없지만 너무 많아 포화가 일어나도 강화물로서의 매력을 상실하게 된다. 강화물의 양은 처음에는 충분하게 주다가 점차 줄여나가는 것이 행동의 지속효과가 높게 나타난다.

다섯째, 강화물은 목표행동과 관련해서만 제공해야 하며, 남발하거나 다른 대상을 통해 충족되어서는 안 된다.

(2) 행동형성과 행동연쇄

행동형성(shaping)은 한번에 도달하기 어려운 새로운 행동을 가르칠 때 목표행동에 점차적으로 접근하도록 강화물을 제시하는 방법이다. 아동에게 책 읽는 행동을 가르치는 과정에서 처음에는 5분, 다음에는 10분, 15분 정도로 점차 시간을 늘려 가며 강화물을 제공해 주는 방법이다. 행동형성의 방법은 목표행동이 동일계열의 행동이면서 양적으로 증가시킴으로써 도달할 수 있는 경우에 널리 사용되는 방법이다.

반면, 행동연쇄(chaining)는 학습할 행동(예: 양치질하기)을 여러 단위행동으로 단계별로 나누어서 가르치는 방식이다. 즉, 동일 행동계열이 아닌 여러 행동계열로 구성되어 있는 행동을 단계별로 세분화하여 처음부터 마지막까지 단계별로 목표행동에 점차적으로 접근하도록 강화물을 제시하는 방법이다(〈표 9-1〉 참조). 첫 단계

표 9-1　행동연쇄의 단계

1단계: 자기 칫솔을 고른다.

2단계: 칫솔에 치약을 적당하게 바른다.

3단계: 양치질을 한다.

4단계: 컵에 물을 받는다.

5단계: 물로 입 안을 헹군다.

6단계: 칫솔을 씻어 제자리에 둔다.

에서는 자기 칫솔 고르기를 성공적으로 수행하기만 해도 보상을 주고, 이를 4~5회 연속해서 성공적으로 수행하면 2단계로 넘어가게 된다. 또한 2단계를 성공적으로 수행하게 되면 다음 3단계로 넘어가게 되며 이러한 방식으로 과제를 완성하게 된다. 단계의 구분은 아동의 발달수준에 따라 적절하게 세분화하는 것이 바람직하며, 아동이 이를 수행하는 과정에서 어려움을 보이면 이를 보다 더 세분화시키는 것이 효과적이다. 또한 과제에 따라 첫 단계부터 순서대로 가르치는 방법보다 마지막 단계에서부터 역으로 가르치는 방법이 효과적인 경우도 있다. 이를 역순행동연쇄(backward chaining)라고 한다. 비교적 짧은 행동계열에서는 어떤 방법을 사용해도 무방하지만, 긴 행동계열에서는 역순행동연쇄의 방법이 보다 효과적인 경우가 많다. 행동형성이나 행동연쇄의 방법은 아동의 기본생활습관을 처음 가르치는 과정에서 널리 활용되고 있으며, 이를 사용하는 과정에서 고려해야 할 점은 다음과 같다.

첫째, 가능한 한 행동의 단계를 세분화한다. 아동이 목표행동에 도달하기 어려워할수록 더 많은 단계로 세분화하여야 한다.

둘째, 아동이 성취할 수 있는 수준을 낮게 설정하여 보상을 충분히 받을 수 있도록 한다. 행동을 수행하려는 노력 자체나 지속시간이 길어지거나 정확성이 다소 증가하기만 하여도 강화를 해 주는 것이 효과적이다.

셋째, 이전 단계의 행동이 충분히 숙달된 이후 다음 단계로 행동이 진행되도록 한다. 그러나 지나치게 이전 단계에 오래 머무르게 되면 다음 단계로 나아가는 데 어려움을 줄 수 있으므로 이 또한 바람직하지 않다. 한 단계에서 다음 단계로 넘어가는 기준은 행동이 연속적으로 4~5회 성공하거나 80% 정도의 성공률을 보이면 가능하다.

(3) 용암법

용암법(fading)은 아동이 과제를 수행하는 방법을 전혀 모르는 상황에서 적절한 자극을 제시함으로써 기대하는 반응을 유도하는 방법이다. 예를 들어, "너 이름이 뭐니?"라는 물음에 대해 자신의 이름을 대답하지 않고 앵무새처럼 "너 이름이 뭐니?"라고 되풀이해서 대답하는 아동에게, 질문 후에 시간 간격을 두지 않고 곧바로 "철수"라는 아동의 이름을 크게 말해준다. 그러면 아동은 "너 이름이 뭐니?"라는 대답 대신에 자신의 이름을 말하게 되며, 아동이 성공할수록 점차적으로 이름을 말해주는 강도를 낮게 조절해 나간다. 즉, 처음에는 크게 말해주다가 점차 작은 목소리로 말해주고, 나중에는 입 모양만 보여주면서 점차적으로 자신의 이름을 혼자 답하도록 한다. 이러한 촉진자극에는 말로써 반응을 도와줄 수 있는 언어적 촉진자극도 있지만, 손으로 가리키는 것과 같이 동작을 통해 반응을 유도하는 시각적 촉진자극, 행동을 유발하는 환경을 제공해주는 환경적 촉진자극, 신체접촉을 통해 반응을 유도하는 신체적 촉진자극 등이 있다. 용암법을 사용하여 여러 가지 다른 사물의 이름을 가르치는 것이 효과적이므로, 이는 정신지체나 자폐아의 학습에 널리 적용되는 방법이다. 용암법을 사용하는 과정에서 유의해야 할 점은 다음과 같다.

첫째, 행동수정의 초기에는 적절한 촉진자극을 병행하여 사용함으로써 오류를 최소화하고 효과를 극대화할 수 있다. 초기에는 적절한 촉진자극을 사용하는 것이 필요하지만 지나치게 이에 의존하게 되면 타성이 생기기 쉽다. 그러므로 촉진자극의 사용은 점차적으로 줄여나가야 한다.

둘째, 용암과정의 진행속도가 너무 빨리 진행되면 미처 습득할 시간적 여유가 없고, 반대로 너무 단계가 세분화되어 느리게 진행되어도 촉진자극에 의존하는 결과를 초래한다. 그러므로 연속적으로 4~5회 이상 성공하거나 80% 이상의 성공률을 보이면 다음 단계로 진행하도록 한다.

(4) 토큰 강화

그 자체만으로는 강화물로서의 효과를 기대하기 어렵지만 다른 강화물과 적절하게 짝지어짐으로써 강화력을 얻은 자극을 조건강화자극이라고 한다. 즉, 실제 강화물 대신에 스티커나 플라스틱 조각 등을 일정한 양을 모으면 〈표 9-2〉와 같이 자신이 원하는 물건이나 활동 등과 교환하게 되는데, 이러한 종류의 조건강화자극을 토큰(token)이라 하며, 토큰과 교환되는 물건을 후속(교환)강화자극이라고 한다.

토큰 강화의 방법은 행동이 일어난 즉시 제공할 수 있으며, 사용하기가 간편할 뿐만 아니라 모은 토큰을 통해 자신의 행동이 개선되고 있다는 사실을 알게 됨으로써 동기유발효과가 크다는 장점을 가지고 있다. 또한 이는 장기간 저축함으로써 보다 값진 물건으로 교환할 수 있으므로 쉽게 포화가 형성되지 않는다는 이점도 가지고 있다. 토큰 강화를 실시하는 과정에서 고려해야 할 점은 다음과 같다.

첫째, 포화가 쉽게 일어나지 않도록 가능한 한 다양한 종류의 후속 강화물을 갖추는 것이 필요하다.

둘째, 토큰을 받을 수 있는 행동은 5~6가지 정도로 정하되 그 가운데 3~4가지는 아동이 쉽게 성취할 수 있는 것으로 하고, 나머지는 부모가 원하는 것으로 정한다.

셋째, 아동과 약속한 것은 반드시 지키도록 한다. 그러므로 현실적으로 지키기 가능한 범위 내에서 강화물을 선정하도록 하고, 지키기 어려운 엄청난 보상을 제시하는 것은 자제하도록 한다. 상품가치가 있는 것을 후속 강화물로 사용하기도 하지만 가급적 비싸지 않은 것으로 정하는 것이 경제적 부담을 줄일 수 있고 동시에 지키기 쉽다는 점에서 바람직하다.

표 9-2   **토큰 강화물의 예**

토큰 1개: 껌 1개

토큰 5개: 원하는 음식 만들어주기

토큰 10개: 잠자는 시간 30분 연장해주기

토큰 20개: TV 시청시간 30분 연장해주기

토큰 50개: 외식하기

토큰 100개: 놀이동산 가기

넷째, 아동이 모은 토큰으로 후속 강화물을 바꾸는 것을 다른 아동들이 보게 하면 경쟁심을 자극하여 행동수정 효과가 보다 높게 나타난다.

다섯째, 토큰은 아동에게 무조건 주기만 하는 것이 아니라 아동이 바람직하지 않은 행동을 할 경우 빼앗기게 되는 토큰의 수도 명시해두는 것이 행동수정 효과를 높일 수 있다. 그러나 어디까지나 토큰을 빼앗기는 것보다는 얻을 수 있는 기회를 더 많이 제공해주는 것이 바람직하다.

여섯째, 약속한 벌칙 이외의 방법으로 토큰을 빼앗지 않도록 해야 하며, 토큰을 빼앗는 것 이외에 다른 벌칙을 부과해서도 안 된다.

(5) 자기조절법

자기조절법(self control)은 읽기와 쓰기가 가능하고 어느 정도 판단능력이 있는 아동의 행동수정에 적절한 방법이다. 이는 행동수정의 승패가 자신의 의지에 좌우되는 것이므로 일단 수정이 된 이후에는 그 효과가 오래 지속되는 장점을 가지고 있다. 자기조절법에는 자기관찰법과 자기계약법 등이 있다.

① 자기관찰법

자기관찰법은 바람직하지 않은 행동이 얼마나 자주 일어나는지를 자신의 행동을 관찰하고 기록하여 문제의 심각성을 깨닫게 함으로써 행동을 수정하는 방법이다. 이는 특히 비만이나 음주, 흡연과 같은 행동의 수정에 적절하다. 예를 들어, 비만아동이 실제로 자신이 먹는 음식물의 양을 기록하는 과정에서 자신이 생각보다 많은 양을 먹는다는 사실을 발견하고 먹는 양을 줄이게 되는 방법이다. 자기관찰법은 자신이 행동을 변화시키고자 하는 의지가 전제가 되어야 효과적이다.

② 자기계약법

자기계약법은 약속내용을 아동과 협의하여 계약서를 작성하는 방식으로, 아동이 약속을 지키면 보상을, 지키지 않았을 경우에는 처벌을 받을 것을 부모와 자녀가 계약을 하는 방법이다. 자기계약의 방법이 효과를 거두기 위해 고려해야 할 점은 다음과 같다.

첫째, 보상과 처벌은 아동과 협의하여 결정하도록 한다.

둘째, 보상이나 처벌은 계약서에 명시된 내용으로 제한하여야 한다. 이를 위반하게 되면 부모가 먼저 계약을 위반한 것이므로 자녀도 이를 준수할 필요성을 느끼지 못하게 된다.

셋째, 보상과 처벌은 즉각적으로 제공되어야 한다.

넷째, 계약기간은 처음에는 1일 단위로 한 다음 성공적으로 실행되면 점차 1~2주일 단위로 연장해나간다.

4. 행동수정의 절차

눈에 보이는 외현적인 행동문제를 해결하기 위해 여러 가지 다양한 행동수정 기법이 발전되어 왔다. 이러한 행동수정 방법들이 성공적으로 적용되기 위해서는 다음과 같은 절차상의 문제를 고려해야 한다.

1) 표적행동의 설정

행동수정을 위한 첫 번째 절차는 행동수정을 통해 수정하고자 하는 표적행동(target behavior)을 설정하는 것이다. 행동수정에서 설정하는 표적행동은 관찰이 가능한 구체적인 행동에 국한하여 설정하여야 한다. 예를 들어, '불안한 행동'과 같은 목표행동의 설정은 불안 자체를 구체적으로 관찰할 수 없기 때문에 행동수정에서는 적절하지 않은 표현이다. 이러한 표현보다는 '눈을 깜박이는 행동'과 같이 불안으로 인해 아동이 보이는 구체적인 행동에 초점을 맞추는 것이 보다 적절한 방법이다. 또한 행동수정에서 도달하고자 하는 목표행동을 지나치게 포괄적으로 설정하면 행동수정의 효과를 기대하기가 어렵다. 아동이 좌우의 개념과 상하의 개념을 아는 시기에서 차이가 있기 때문에 '공간개념을 안다'라는 목표행동을 설정하기보다는 '좌우의 개념을 안다' 혹은 '상하의 개념을 안다'와 같이 구체적으로 설정하는 것이 좀 더 효과를 기대할 수 있다. 또한 목표행동의 설정에서 교육적인 효과를 고려하는 것이 바람직하다. 수업시간에 평균 10회 정도로 자주 자리를 이탈하는 아동에게 '1시간 동안 5회 자리를 이탈한다'라는 목표행동을 설정하였다고 가정해보자. 이러한 목표행동을 통해 아동은 1시간에 5회 정도는 자리를 이탈해도 좋다는 생각을 가지게 된다. 이러한 문제점을 사전에 예방하기 위해서는 '10분간 자리를 이탈하지 않는다'와 같은 표현이 보다 바람직하다고 볼 수 있다.

2) 행동의 측정

목표행동을 설정하고 나면 수정하고자 하는 표적행동의 정확한 수준을 파악하는 것이 필요하다. 사전에 행동에 대한 정확한 관찰이 이루어지지 않고 행동수정을 실시하였을 경우 대부분의 사람들은 실제로 행동수정의 효과가 없음에도 불구하고 효과가 있는 것으로 받아들이기 쉽다. 이러한 오류를 미연에 방지하기 위해 사전에 문제행동에 대한 정확한 관찰이 이루어져야 한다. 행동의 관찰은 수정하고자 하는 행동이 보다 빈번하게 발생하는 상황이 어디인가에 따라 자연적인 상황이나 실험실 상황 어디에서나 이루어질 수 있다. 일반적으로 널리 사용되는 행동기록방법에는 빈도기록법, 지속시간기록법, 성과기록법, 동간격기록법, 시간표집법 등이 있다.

빈도기록법은 일정한 시간 동안 수정하고자 하는 표적행동이 일어나는 횟수를 기록하는 방법이다. 반면 지속시간기록법은 빈도로 기록하는 것이 의미가 없거나 기록하기 어려운 경우에 표적행동이 지속되는 시간으로 기록하는 방법이다. 성과기록법은 이미 발생한 행동에 대한 평가를 기준으로 행동을 측정하는 방법이다. 시험을 보고 점수로 평가하는 것은 성과기록법의 대표적인 방법이다. 또한 장시간 지속적으로 행동을 관찰하기 어려운 경우에는 동간격기록법을 사용한다. 동간격기록법은 관찰시간을 짧은 시간단위나 간격으로 구분하고 나누어진 시간간격에서 표적행동이 나타났는지의 여부를 기록하는 방법이다. 시간표집법은 관찰기간을 짧은 간격으로 구분하는 것은 동간격기록법과 동일하지만 구분된 시간 동안 지속적으로 행동을 관찰하는 것이 아니라 정해진 시점에서만 행동을 관찰하고 이를 기록하는 방법이다.

3) 강화물의 종류와 제시방법

특정한 행동 이후에 특정한 보상이 주어짐으로써 이후의 행동을 증가시키는 것을 강화물이라고 한다. 강화물을 제시하는 방법이나 어떤 강화물을 선정하는가는 행동수정의 승패를 좌우하는 중요한 요인이다.

(1) 강화물의 종류

강화물은 여러 가지 관점에서 분류할 수 있다. 음식물이나 장난감과 같은 물질적 강화물과 칭찬, 미소, 안아주기와 같은 사회적 강화물로 구분할 수 있다. 일반적으로 행동수정의 초기에는 물질적 강화물을 사용하는 것이 효과적이며, 점차 사회적 강화물로 대체해 나가는 것이 바람직하다. 강화물은 그 강화물이 가지고 있는 고유한 속성에 따라 조건 강화물과 무조건 강화물로 구분할 수 있다. 무조건 강화물은 인간의 진화과정을 통해 유전된 것으로 그 자체가 인간의 생존과 밀접한 관련이 있기 때문에 아무런 조건 없이 자연적으로 강화물로서의 가치를 가지고 있는 것이다. 무조건 강화물이 갖는 이와 같은 중요성에 근거하여 무조건 강화물을 1차적 강화물이라고 한다. 반면 조건 강화물은 처음에는 강화물로서의 가치를 가지고 있지 않았으나 무조건 강화물과 연합이 이루어지면서 강화물로서의 가치를 가지게 된 것을 의미한다.

(2) 강화물의 제시방법

강화물을 제시하는 방법도 행동수정의 승패를 좌우하는 중요한 요인이다. 강화물을 제시하는 방법은 횟수에 따라 강화물을 제시하는 비율강화계획과 시간간격에 따라 강화물을 제시하는 간격강화계획으로 구분할 수 있으며, 비율강화계획은 다시 고정비율강화계획과 변화비율강화계획으로, 간격강화계획은 고정간격강화계획과 변화간격강화계획으로 구분할 수 있다.

고정간격강화계획(fixed interval schedule: FI)이 일정한 시간간격에 따라 강화물을 제시하는 방법이라면 변화간격강화계획(variabled interval schedule: VI)은 시간간격이 동일하지 않게 강화물을 제시하는 방법이다. 예를 들어, FI 5분계획이란 수업시간에 떠들지 않는 아동에게 정확하게 5분마다 강화물을 제시해주는 방법이고, VI 5분계획은 한 번은 5분 만에, 또 한 번은 7분 만에, 그리고 3분 간격으로 상이하게 강화물을 제시해주었지만 평균적으로는 5분 만에 강화물을 제시해주는 방법이다. 고정비율강화계획(fixed ratio schedule: FR)은 시간간격과는 무관하게 행동이 일정한 횟수만큼 나타나면 강화물을 제시하는 방법이고, 변화비율강화계획(variabled ratio schedule: VR)은 행동이 일어난 횟수에 따라 강화물을 제시하되 일정한 비율대로 강화물을 제시하는 것이 아니라 불규칙적으로 강화물을 제시하는 방법이다. 즉, FR 3회계획이란 특정한 행동이 3회 일어날 때마다 강화를 해 주는 것이라면 VR 3회계획이란 특정한 행동을 어떤 경우에는 2회 만에, 어떤 경우에는 4회 만에 강화물을 제시하지만 평균적으로는 3회의 비율로 강화를 해주었음을 의미하는 것이다.

행동수정의 초기에는 물질적인 강화물이 보다 효과적이지만 점차 사회적 강화물로 옮겨가는 것이 바람직하다. 또한 행동수정의 초기에는 강화물을 규칙적으로 그리고 충분히 제시해주는 것이 효과적이므로 FI 30초계획이나 FR 1회계획으로 시작하는 것이 효과적이다. 그러나 마무리 단계에서는 점차 강화물을 줄여나가면서 동시에 불규칙적으로 제시해주는 간헐강화의 방법을 사용함으로써 강화물이 제시되지 않는다 하더라도 수정된 행동을 오래 유지시키는 것이 가능하다.

4) 행동변화의 측정

행동수정에서 목표행동을 설정하고 표적행동이 어느 정도의 빈도나 비율로 나타나는지를 결정하고 나면 행동수정을 통해 이러한 행동에 변화가 나타났는지를 확인해보는 것이 필요하다. 관찰한 행동이 실제로 변화하였는지를 살펴보기 위해 일반적으로 사용하는 방법은 그래프를 그리는 방법이다. 행동수정에서 그래프의 구성은 시간은 X축에, 행동수준은 Y축에 표시함으로써 행동수정을 통해 행동이 어떻게 변화했는가를 한눈에 쉽게 알아볼 수 있다. 행동수정을 통해 표적행동이 어떻게 변화했는가를 살펴보는 방법에는 반전설계와 복식기초선설계의 방법이 있다.

(1) 반전설계

반전설계는 기초선 기간과 실험 기간이 각각 두 번씩 나타나도록 설계된 방법으로 첫 번째 실험기간 후에 다시 기초선 기간으로 되돌아가서 행동수정의 효과를 검증해본다는 의미에서 반전설계라고 한다. 반전설계는 기초선과 실험기간이 각각 두 번씩 실행되기 때문에 행동수정으로 인한 표적행동의 변화를 정확하게 규명할 수 있다. 여기서 기초선 기간이란 행동수정 방법을 실행하기 이전의 일상적인 행동수준을 관찰 · 기록한 것이며, 실험기간은 행동수정 방법을 실행한 이후의 행동수준을 관찰 · 기록한 것이다.

〈그림 9-4〉에서 기초선 기간 동안 아동이 자리를 이탈하는 횟수는 평균 6~7회로 나타났다. 그러나 행동수정의 방법을 시행한 이후 실험기간 동안 아동이 자리를 이탈하는 횟수는 현저하게 감소하였다. 이처럼 자리를 이탈하는 횟수가 감소한 것이

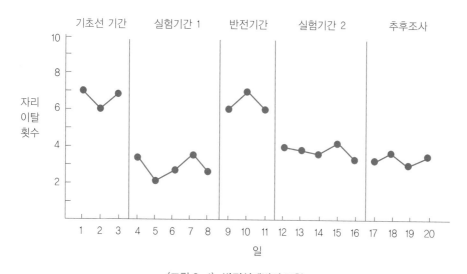

〈그림 9-4〉 **반전설계법의 모형**

행동수정으로 인한 변화인지 혹은 시간의 흐름에 따른 자연스러운 변화인지를 확인하는 것이 불가능하다. 그러므로 이를 확인하기 위하여 강화를 실시하기 이전인 기초선 상태로 다시 돌아갔더니 자리를 이탈하는 횟수가 현저하게 증가하였다. 이러한 사실은 자리를 이탈하는 횟수가 감소한 것이 시간의 경과에 따른 자연스러운 현상이 아니라 강화로 인한 행동수정의 효과로 볼 수 있다. 그러므로 다시 강화의 방법을 실행함으로써 자리를 이탈하는 행동을 감소시켜줄 수 있다.

(2) 복식기초선설계

복식기초선설계는 반전설계로는 행동수정의 효과를 확인하기 어려운 경우에 사용하는 방법이다. 즉, 일단 행동이 수정되고 나면 다시 처음 상태로 돌아가기에는 너무 위험한 행동이거나 독서능력 등과 같이 일단 수정된 이후에는 다시 원상태로

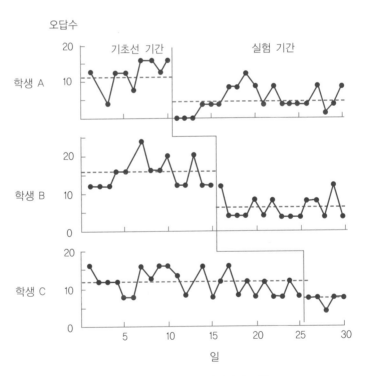

〈그림 9-5〉 **복식기초선설계법의 모형**

돌아갈 수 없는 행동인 경우에 둘 이상의 대상이나 상황, 행동을 대상으로 행동수정의 효과를 확인하는 방법이다. 〈그림 9-5〉에서 교사는 A라는 학생을 대상으로 행동수정을 실시한 결과 기초선 기간에 비해 실험기간의 오답수가 현저하게 감소하였음을 발견하였다. 그러나 이러한 상황에서 이처럼 오답수가 감소한 것이 우연인지 혹은 행동수정의 결과인지를 확인하기 위해 반전법을 사용하는 것이 불가능하다. 일단 향상된 계산능력이 강화를 하지 않는다고 해서 다시 퇴보하기는 어렵기 때문이다. 이러한 경우 여러 명의 학생을 대상으로 동일한 행동수정 방법을 실시했을 때 모든 학생에게서 효과가 있다면 이는 행동수정의 효과라고 볼 수 있다.

부모교육의 실제와 과제

　인간발달에서 부모역할이 중요하다는 인식을 바탕으로 많은 부모교육이론이 제시되었으며, 이러한 이론을 토대로 하여 다양한 부모교육 프로그램이 개발되어 널리 활용되고 있으며 그 효과도 인정되고 있다. 그러나 부모교육이 소기의 목적을 달성하기 위해서는 부모교육 프로그램의 내용이나 구성도 중요하지만 그 못지않게 실제 운영과정에서 세밀한 계획과 적절한 운영방법도 중요하다. 아무리 부모교육 프로그램의 내용이 우수하다 하더라도 그 대상이나 시기가 적절하지 않거나 방법에 문제가 있다면 소기의 목적을 달성하기는 어려우므로 이에 대한 논의도 필요하다. 또한 부모교육이 보다 활성화되기 위해서는 현재 부모교육의 문제점에 대한 평가나 방향제시도 필요하다.

　제4부에서는 부모교육이론을 근거로 하여 개발된 국내외의 다양한 부모교육 프로그램 가운데 널리 사용되는 Dinkmeyer와 McKay의 체계적 부모효율성훈련과 Thomas Gordon의 부모효율성훈련, Adele Faber와 Elaine Mazlish의 자녀가 경청하는 대화하기, Michael Popkin의 적극적 부모훈련, Lee Canter와 Marlene Canter의 주장훈련에 대해 살펴보고, 다음으로 우리나라의 자녀의 힘 북돋우기 프로그램에 대해 살펴보고자 한다. 또한 부모교육이 소기의 목적을 달성하기 위해 우선적으로 고려해야 할 사항이나 운영방법에 대해 살펴보고, 나아가 현재 우리나라 부모교육의 문제점과 활성화방안을 모색해보고자 한다.

제**10**장
부모교육 프로그램

1960년대 이후 부모역할의 중요성에 대한 인식이 증대되면서 여러 가지 다양한 부모교육이론이 제시되었으며, 이들 이론에 근거하여 실제 자녀양육의 지침이 되는 많은 부모교육 프로그램이 개발되었다. 이들 프로그램은 대부분 책으로 출판되거나 워크숍의 형태로 부모교육을 하기 위해 교재나 비디오 자료로 제작되었다.

우리나라에서도 비록 이론적으로 체계화되지는 않았으나 전통사회에서부터 전승되어 내려오는 상당수의 자녀양육 지침서가 있다. 그러나 부모교육의 필요성에 대한 인식은 최근에 와서야 활발하게 논의가 이루어졌으며, 이러한 연유로 우리나라의 부모교육 프로그램은 서구에 비해 다소 늦게 개발되었다고 볼 수 있다. 초기에 개발된 프로그램 가운데에는 서구의 부모교육 프로그램을 그대로 사용하거나 참고로 하여 개발된 것이 상당수를 차지하고 있으나, 최근 우리 문화에 적절한 부모교육 프로그램을 개발하고자 하는 시도가 활발하게 이루어지고 있다.

이 장에서는 먼저 서구에서 개발된 부모교육 프로그램 가운데 대표적인 것으로 '체계적 부모효율성훈련' '부모효율성훈련' '자녀가 경청하는 대화하기' '적극적 부모훈련' '주장훈련'에 대해 살펴보고 다음으로 우리나라의 '자녀의 힘을 북돋우는 부모

'훈련' 프로그램에 대해 살펴보고자 한다.

1. 체계적 부모효율성훈련 프로그램

Don Dinkmeyer

체계적 부모효율성훈련(Systematic Training for Effective Parenting: STEP)은 Adler와 그의 제자인 Dreikurs의 민주주의 부모교육이론을 기초로 하여 Dinkmeyer와 McKay(1976)가 개발한 부모교육 프로그램이다. 이들은 1973년『책임 있는 자녀를 키우는 법』이라는 저서를 출간하였고, 이어서 여러 부모교육이론을 통합하여 1976년에는 STEP 프로그램을 개발하였다. STEP 프로그램은『당신도 유능한 부모가 될 수 있다』(이경우, 1985)로 번역, 출간되어 우리나라에 소개되어 널리 사용되고 있다.

Gary D. McKay

1) 프로그램의 목표

STEP 프로그램은 격려나 상호존중과 같은 민주주의 부모교육 이론에 근거하여 부모의 자녀양육 기술을 향상시키고 사회적으로 책임감 있는 자녀를 양육하는 것을 그 목표로 하고 있다. 이를 위해 자녀의 행동에 대한 이해와 인간은 누구나 평등하다는 민주적인 관계가 전제가 되어야 한다고 하였다. STEP 프로그램에서는 이러한 이념을 실현하기 위하여 다음과 같은 목표를 설정하고 있다.

첫째, 부모 자신에 대한 이해와 자녀의 잘못된 행동에 대한 이해를 돕는다. 둘째, 목표달성을 위한 아동의 노력을 격려해 줌으로써 아동에게 자신감과 자아존중감을 갖게 한다. 셋째, 한 인간으로서 자녀를 존중하는 의사소통 방식을 장려한다. 넷째, 자신의 행동 결과에 대한 책임감과 판단력을 키워주기 위해 보상과 처벌 대신 자연적·논리적 결과의 방법을 사용하도록 한다. 다섯째, 부모-자녀 간에 상호존중에 근거한 민주적 관계를 형성함으로써 자녀로 하여금 자신의 문제를 스스로 해결할 수 있는 능력을 기른다.

2) 프로그램의 운영 및 구성

STEP 프로그램은 9주에 걸쳐 주 1회 2시간씩 교육이 이루어진다. 교육인원은 10~12명으로 구성되며, 교재는 교사용 지침서와 부모용 지침서를 사용한다. STEP 프로그램의 세부적인 교육내용을 살펴보면 다음과 같다.

(1) 1주: 자녀 행동의 이해

STEP 프로그램은 부모–자녀 간의 사회적 평등을 전제로 하고 있다. 사회적 평등을 전제로 아동은 성인과 마찬가지로 소속감을 얻고자 하는 사회적 동물이며, 잘못된 행동의 근저에는 타인으로부터 인정을 받고자 하는 욕구가 있음을 인식해야 한다. 이러한 욕구가 충족되지 못할 경우 아동은 관심끌기, 힘 행사하기, 앙갚음, 무능력감의 네 가지 잘못된 행동목표를 설정하게 된다(제6장 민주주의 부모교육이론 참조). 이러한 잘못된 행동목표를 변화시키고 긍정적인 관계를 형성하기 위한 방법으로 STEP에서는 상호존중, 즐거운 시간갖기, 격려, 사랑의 표현과 같은 방법을 제시하고 있다.

(2) 2주: 자녀와 부모 자신의 이해

자녀와 부모 자신에 대한 올바른 이해를 위해서는 자녀의 잘못된 행동목표뿐만 아니라 자녀가 사용하는 정서나 생활방식, 부모 자신이 완벽한 부모인지 책임 있는 부모인지에 대한 인식도 필요하다.

먼저 부모는 자녀가 잘못된 행동목표를 달성하기 위하여 정서를 이용한다는 사실을 염두에 두어야 한다. 생활방식을 결정하는 기본적인 신념은 어린 시절에 형성되며, 이러한 생활방식은 가족분위기나 가치관, 성역할, 가족 내의 위치나 양육방법 등의 영향을 받는다. 또한 자녀가 경험하는 가장 큰 고통 가운데 하나는 완벽한 부모 밑에서 양육되는 것이다. 그러므로 부모는 완벽한 부모가 되려고 노력하기보다는 책임 있는 부모가 되도록 노력하는 것이 바람직하다.

(3) 3주: 격려-자신감과 자아존중감 길러주기

격려는 부모-자녀관계를 발전시켜 나가기 위한 중요한 기술 가운데 하나이다. 부모의 기준에 근거하여 주어지는 상벌과는 달리 격려는 자녀의 잘한 점과 장점에 초점을 맞춤으로써 자녀에게 자신감과 자아존중감을 갖게 해준다.

(4) 4주: 의사소통-적극적 경청

인간의 의사소통은 크게 개방적 반응과 폐쇄적 반응으로 구분할 수 있다. 개방적 반응은 다른 사람이 말하는 것을 주의깊게 듣고 그 이면에 숨은 의미를 파악하여 반응을 보이는 것을 의미하는 반면, 폐쇄적 반응이란 다른 사람의 말을 잘 듣지 않거나 그 숨은 의미를 잘 이해하지 못하고 형식적인 반응을 보이는 것을 의미한다(〈표 10-1〉 참조).

만족스러운 부모-자녀관계가 유지되기 위해서는 효과적인 의사소통 방법을 습득하는 것이 무엇보다도 필요하다. 부모가 자녀의 생각과 감정을 전적으로 수용하는 개방적인 반응을 보이는 것을 적극적 경청이라고 한다. 부모가 자녀의 생각이나 감정에 대해 개방적으로 적극적 경청을 하게 되면 자녀는 거부된다는 두려움 없이

표 10-1 **개방적 반응과 폐쇄적 반응**

자녀가 하는 말	개방 반응	폐쇄적 반응
다시는 그 애랑 놀지 않을 거야.	그 애한테 정말로 화가 많이 났구나.	잊어 버려. 그 애는 그런 뜻으로 말한 것이 아니었을 거야.
학교가기 싫어요. 철수는 나쁜 애야.	철수가 너를 괴롭힐까 봐 두려운가 보구나.	학교는 반드시 가야 한다.
엄마는 이 세상에서 제일 나쁜 엄마예요.	네가 나 때문에 화가 많이 났구나.	다시는 그런 말 하면 안 돼.

출처: Dinkmeyer, D., & McKay, G. D. (1976). *Systematic training for effective parenting.* Circle Pines, MN: American Guidance Service.

자신의 생각이나 느낌을 솔직하게 표현하게 되지만, 폐쇄적인 반응을 보이는 경우 의사소통은 단절된다.

(5) 5주: 의사소통—대안찾기와 나—전달법

부모—자녀 간에 의사소통이 원활하게 이루어지기 위해서는 적극적 경청뿐만 아니라 대안찾기나 부모의 생각과 느낌을 표현하는 나—전달법을 사용하는 것이 필요하다. 문제가 있다고 느끼는 사람이 부모인 경우 나—전달법을 통해서 부모의 생각과 느낌을 표현하도록 하고, 부모나 자녀 중 어느 쪽도 패배감을 갖지 않도록 대안찾기를 통해 문제의 해결책을 찾도록 하는 것이 필요하다.

(6) 6주: 책임감 훈육방법

자녀를 훈육하는 방법 가운데 하나는 순종할 때 상을 주고 순종하지 않을 때 벌을 주는 것이다. 그러나 이러한 상벌의 방식으로 자녀의 행동을 통제할 경우 자율성이나 책임감을 저해한다는 단점이 있다. 그러므로 자연적·논리적 결과의 방법은 전통적인 상벌의 방법보다 아동의 행동을 통제하는 보다 효과적인 방법이다.

(7) 7주: 자연적·논리적 결과의 활용

자연적·논리적 결과의 원리는 아침 등교시간이나 옷입기, 식사습관 등과 같이 부모들이 흔히 직면하는 문제들에 적용시킴으로써 보다 원만한 부모—자녀관계가 이루어질 수 있다.

(8) 8주: 가족모임

가족모임은 원만한 부모—자녀관계를 형성하는 데 필수적인 방법이다. 가족구성원 모두가 의사소통과정에 참여함으로써 민주적인 가족관계가 형성될 수 있다.

(9) 9주: 자신감 개발 및 잠재력 발휘

부모는 자녀를 양육하는 과정에서 자신감을 위축시키고 잠재력을 약화시키는 자기패배적 신념을 경계해야 한다. 부모는 자신이 불완전할 뿐만 아니라 자녀 또한 불완전하다는 사실을 수용할 수 있는 용기가 필요하며, 부모 자신이 불완전하다는 사실을 수용한다면 자녀의 실수도 쉽게 받아들일 수 있다. 〈표 10-2〉는 자녀양육 과정에서 부딪히는 문제와 이러한 문제에 대응하는 부모의 비효과적인 자기패배적 신념 및 이와는 상반되는 효과적인 행동을 기술하고 있다.

표 10-2 **민주적 · 긍정적 부모역할**

부딪히는 문제	자기패배적 신념	비효과적 · 독재적 반응	민주적 · 긍정적 반응
자녀가 말대꾸를 한다. 건방진 말을 한다.	나는 자녀에게 존경받아야 하고 두려운 존재여야 한다.	자녀를 야단친다. 용서를 빌라고 한다.	화내는 것을 무시하거나 적극적 경청을 한다. 계속 말대꾸를 한다면 나-전달법과 논리적 결과를 사용한다.
여행을 가자고 하는데 자녀가 반응이 없다.	나는 즉각적인 반응을 얻어야 한다.	명령하거나 벌을 준다.	나-전달법이나 여행을 가지 않음으로 인한 논리적 결과의 방법을 사용한다.
학교를 가는 데 늑장을 부린다.	내 아이는 게을러서는 안 된다. 남들이 나를 어떻게 생각하겠는가?	잔소리하고, 윽박지르고, 쫓아내듯이 학교를 보낸다.	지각으로 인한 논리적 결과를 경험하게 한다.
자녀들끼리 싸우고 말다툼을 한다.	나는 싸움을 진정시켜야 한다. 나는 재판관이다.	싸움에 간섭하고 누가 잘못인지 조사한다.	싸움을 하지 않고 스스로 문제해결을 할 능력이 있음을 믿는다고 말한다.
거실에 물건을 어질러 놓는다.	내가 치우는 편이 낫다.	잔소리를 하거나 자신이 치운다.	나-전달법을 사용하거나 필요할 때 물건을 찾지 못하는 논리적 결과를 체험하게 한다.

출처: Dinkmeyer, D., & McKay, G. D. (1976). *Systematic training for effective parenting*. Circle Pines, MN: American Guidance Service.

3) 프로그램의 활용 및 효과

　Dinkmeyer와 McKay는 STEP 프로그램에 근거하여 여러 가지 다른 프로그램도 개발하였다. 1983년에는 중·고등학교 자녀를 둔 부모를 위해 십대를 위한 STEP/Teen을 개발하였고, 1987년에는 STEP과 STEP/Teen에서 배운 부모의 기술적인 능력을 강화시킬 목적으로 'STEP후 과정(The Next STEP)'을 개발하였다. 이는 STEP과 STEP/Teen에서 익힌 부모의 기술을 향상시키는 것을 목적으로 부모가 자신의 행동을 변화시키는 것을 돕는 데 초점을 맞추었다. 또한 1980년에는 교사를 위한 STET(Systematic Training for Effective Teaching) 프로그램도 개발하였다. 그리고 아동용 STEP 프로그램의 원리와 기법을 확장시켜 영아용, 유아용 STEP 프로그램도 개발하였다.

　여러 연구들은 STEP 프로그램을 실시한 후에 참가자들이 자녀의 행동을 더욱 긍정적인 것으로 지각하였으며, 자녀를 더 잘 수용하였고 신뢰하였다고 한다. 또한 자녀들도 자신이 또래집단으로부터 더 잘 받아들여지고 타인을 보다 잘 도울 수 있는 것으로 지각하였다.

2. 부모효율성훈련 프로그램

　부모효율성훈련(Parent Effectiveness Training: P.E.T.)은 인본주의 부모교육 이론을 기초로 하여 아동발달의 여러 이론을 종합하여 Thomas Gordon(1970)이 개발한 부모교육 프로그램이다. Gordon은 시카고 대학에서 심리학으로 박사학위를 수여받고 5년간을 시카고 대학에서 근무하였으며, 이후 상담현장에서 많은 경험을 쌓았다. 그는 정서적, 지적 문제를 가지고 있는 아동에 대한 상담경험을 토대로 실제로 도움이 필요한 사람은 아동보다 부모라고 생각하였다. 그는 부모에게 자녀와 대화하는 방법을 가르치는 것이 부모-자

Gordon

녀관계를 개선하기 위한 가장 급선무라고 생각하였고, 그 결과 P.E.T. 프로그램을 개발하였다. 부모효율성훈련은 처음에는 자녀와의 관계가 좋지 못한 부모를 대상으로 실시되었으나 점차 자녀의 문제를 예방하는 부모교육 프로그램으로 발전하였다.

1) 프로그램의 목표

부모효율성훈련은 부모와 자녀가 생산적인 대화를 나누게 함으로써 부모-자녀 간의 갈등을 해소해주고 자녀가 자신의 문제를 스스로 해결하는 능력을 키워주며, 나아가 부모와 자녀의 관계가 서로 존중하고 도움을 주고받는 관계로 발전시켜 나가는 것을 그 목표로 하고 있다. P.E.T.에서 사용하고 있는 방법은 문제가 없는 상황은 물론이고 상대방이 문제를 가지고 있거나 자신이 문제를 가지고 있는 상황에서 이에 적절한 대화기법을 적용함으로써 상호 간의 갈등을 용이하게 해결할 수 있다는 장점이 있다. 그러므로 부모효율성훈련은 부모가 자녀의 모든 행동을 수용할 수 없는 것은 지극히 당연한 일이며, 문제가 되는 사람을 파악하고 이에 적절한 의사소통 방식을 적용함으로써 부모-자녀관계를 향상시키는 것이 그 목표이다.

P.E.T.에서는 해결해야 할 문제를 가진 사람이 부모인 경우 자신의 감정을 솔직하게 표현하는 나-전달법을 사용함으로써 자녀로부터 도움을 받을 수 있을 뿐만 아니라 부모-자녀관계도 향상된다고 한다. 반면, 해결해야 할 문제를 가진 사람이 자녀인 경우에는 자녀의 문제에 귀를 기울이는 적극적 경청의 방법을 통해 부모와 자녀가 보다 좋은 관계를 유지할 수 있다. 그리고 적극적 경청과 나-전달법을 사용했음에도 불구하고 문제가 해결되지 않을 경우 제3의 방법으로 무패법(no lose method)을 제시하였다.

2) 프로그램의 운영 및 구성

P.E.T. 교육은 부모를 가르칠 수 있는 강사교육과 부모를 대상으로 한 일반교육으로 구성되며, 주 1회씩 총 8주 동안 24시간의 교육을 받게 된다. 강사들은 본부 소

표 10–3	부모효율성훈련의 교육내용
1주	강사 및 참가자 소개, P.E.T. 소개와 정의, 목표 설정하기 　–행동의 네모꼴 수용 도식 / 문제 소유자 가리기
2주	반영적 경청 　–의사소통의 걸림돌 / 걸림돌 경험하기 / 소극적 경청 / 반영적 경청
3주	반영적 경청 실습하기 / 유아와 의사소통하기
4주	나–전달법 　–나–전달법의 3요소 / 나–전달법 체험하고 인식하기
5주	나–전달법의 종류 / 유아를 위한 나–전달법 / 환경을 재구성하기 　–가정환경 재구성하기
6주	제3의 방법, 욕구갈등의 이해
7주	문제해결의 6단계 / 욕구를 언어로 표현하기 / 제3의 방법으로 계획하기
8주	가치관 대립에 대처하는 기술 　–가치관 대립을 인식하기 / 자녀의 가치관에 영향 주기

출처: 한국심리상담소(2023). 프로그램 안내자료. Retrieved from https://www.kccrose.com/cgi/board.html?
type=view&class=bbs05&no=68&page=1&.

속의 6명의 전문가로부터 교육을 받은 후 자격증을 받게 되며, 강사들이 구성하는
P.E.T. 그룹은 10명 정도로 구성된다. Gordon의 P.E.T.가 주된 교재이며 여러 가
지 교수방법이 적용된다. 부모들은 강사가 제시하는 역할놀이를 하면서 대화기술
을 익히게 된다. P.E.T. 프로그램은 단순히 지식전달의 차원을 넘어 가정생활에서
부모들이 당면하는 문제를 다루어 봄으로써 자녀양육에 대한 자신감을 심어주고
자신의 자녀양육방법을 개선하기 위한 방향으로 이루어진다. 부모효율성훈련의 내
용을 구체적으로 살펴보면 〈표 10–3〉과 같다.

3) 프로그램의 활용 및 효과

P.E.T. 교육은 캘리포니아에서 처음으로 17명의 부모를 대상으로 실시되었는데,
그 효과가 너무나 뛰어나서 미국 전역으로 퍼져나갔으며, 현재 세계 43개국에서 실

시되고 있다. 우리나라에서는 1989년 한국심리상담연구소(소장 김인자)를 통해 처음으로 소개되어 지금까지도 교육이 널리 이루어지고 있다.

이후 P.E.T.의 뛰어난 효과로 인해 다양한 유사한 프로그램들이 개발되었다. 교사와 학생들의 관계개선을 위해 교사효율성훈련(Teacher Effectiveness Training: T.E.T.), 조직 내 관리자와 직원들 간의 관계개선을 위한 지도자효율성훈련(Leader Effectiveness Training: L.E.T.), 아동뿐만 아니라 청소년들의 의사소통 능력을 향상시키기 위한 청소년효율성훈련(Youth Effectiveness Training: Y.E.T.) 등으로 발전되었다.

3. 자녀가 경청하는 대화하기 프로그램

Adele Faber(좌)와 Elaine Mazlish(우)

자녀가 경청하는 대화하기(How to Talk so Kids will Listen) 프로그램은 Ginott의 주도하에 운영된 부모상담집단에서의 10년간의 경험을 바탕으로 하여, 1980년에 Faber와 Mazlish가 개발한 인본주의적 관점의 부모교육 프로그램이다.

1) 프로그램의 목표

자녀가 경청하는 대화하기 프로그램에서는 부모-자녀 간 문제의 상당 부분은 의사소통에서 비롯된다고 전제하고, 올바른 대화방법을 습득케 함으로써 부모-자녀관계를 향상시키고자 하였다. 자녀가 경청하는 의사소통 방식을 습득하는 데 있어서 이 프로그램은 아동의 행동 이면에 깔려 있는 감정을 이해하고 이를 표현하도록 하는 것에 초점을 두고 있다. 자녀의 감정을 이해하는 것을 기초로 하여 부모는 자녀에 대한 행동지침을 명료하게 제시하고, 이를 통해 부모-자녀관계가 향상되고 자녀가 자신의 문제를 스스로 해결해 나갈 수 있는 능력을 향상시켜 나가는 것이 그 목적이다.

2) 프로그램의 운영 및 구성

이 프로그램은 부모가 스스로 실시할 수 있도록 개발된 독특한 프로그램이다. 자신이 부모로서 참여도 가능하고 원한다면 교육자의 역할도 가능하다. 모임의 리더가 되기 위해 특별한 훈련을 필요로 하지 않는데 왜냐하면 단순히 지시문을 읽고 카세트테이프를 틀기만 하면 되기 때문이다. 6~12명을 한 팀으로 하여 부모들은 7회기에 걸쳐 가족의 일상적인 문제에 대해 논의하게 된다. 참가자들은 Faber와 Mazlish가 저술한 두 권의 저서 『자녀가 경청하는 대화하기』(1980) 『자유로운 부모, 자유로운 아동(liberated parents, liberated children)』(1974)이라는 두 권의 책을 기본으로 하여 토의와 역할극에 참여하게 된다.

부모-자녀 간의 상호작용을 촉진시키기 위해 자녀가 경청하는 대화하기 프로그램에서는 '자녀가 자신의 감정을 표현하도록 도와주기' '협력을 유도하기' '벌에 대한 대안' '자립심 키워주기' '칭찬' '수행하는 역할로부터 자녀를 자유롭게 해주기'와 같은 여섯 가지 영역에 대해 다음과 같은 지침을 제시하고 있다.

(1) 자녀의 감정을 표현하도록 도와주기

대부분의 부모들은 자녀의 감정을 수용하는 데 익숙하지 못하다. 부모들은 거부나 동정, 타인의 입장 옹호하기 등과 같은 방법을 사용함으로써 자녀의 감정을 부정하고 있으며, 이러한 부모의 반응은 자녀로 하여금 자신의 감정을 해결하는 것을

사진 설명 부모는 자녀의 말에 귀를 기울임으로써 자녀의 감정을 표현하도록 도와줄 수 있다.

도와주지 못한다. 부모는 자녀의 감정을 있는 그대로 수용해 줌으로써 자녀로 하여금 자신의 감정을 해결해 나가도록 도와줄 수 있다. 자녀의 모든 행동을 수용하는 것은 현실적으로 불가능하지만 감정은 모두 수용하는 것이 가능하다. 부모가 자녀의 감정을 수용하는 방식으로 Faber와 Mazlish는 다음과 같은 지침을 제시하였다.

첫째, 자녀의 말에 귀를 기울인다(주의를 집중한다).

둘째, 자녀의 감정을 "응" "그래" 등과 같은 하나의 단어로 수긍해준다.

셋째, "상당히 좌절한 것 같구나"와 같이 자녀의 감정에 이름을 붙여준다.

넷째, 자녀가 원하는 바를 상상을 통해 충족시켜줄 수 있다.

(2) 협력을 유도하기

부모와 자녀의 욕구 간에 괴리가 생기게 되면 갈등을 경험하게 된다. 이러한 갈등상황에서 부모들은 〈표 10-4〉와 같은 비난이나 저주, 단정해서 말하기 등 협력을 저해하는 부적절한 방법을 사용하게 된다.

표 10-4 협력을 저해하는 부적절한 방법

비난과 저주	엄마가 청소를 깨끗이 해 놓았는데 또 어질러 놓았구나. 너는 엄마가 얼마나 힘든지는 전혀 생각하지 않는구나.
단정해서 말하기	너는 세상에서 제일 게으른 애야. 네 방 좀 봐.
협박	네가 당장 방을 치우지 않으면 용돈을 줄이겠다.
명령	빨리 방 치워!
강연, 설교	네 친구에 대해서 그렇게 말하면 안 되잖아.
경고	찻길로 걷지 마. 차에 치이고 싶니?
순교자처럼 말하기	왜 이렇게 힘들게 하니? 엄마 힘들어 죽겠다.
비교	왜 형만큼 못하니?
야유	그렇게 잘 알고 있는 애가 그걸 못하니?
예언	너 그렇게 해 가지고는 아무것도 성공하지 못한다.

그러나 이와 같은 방법은 갈등상황을 해소하는 데 전혀 도움이 되지 않으므로 Faber와 Mazlish는 다음과 같은 협력을 유도하는 방법을 제시하고 있다.

첫째, 자신이 본 것이나 문제점을 묘사한다.

둘째, 정보를 제공해준다.

셋째, 한마디로 말한다.

넷째, 자녀에게 하지 말라는 표현보다 부모 자신의 감정에 대해 말한다.

다섯째, 쪽지를 사용한다.

🔖 **사진 설명** 부모는 자신이 본 것을 그대로 말해주는 방법으로 자녀에게 협력을 유도할 수 있다.

(3) 벌에 대한 대안제시

자녀가 부모를 무시하거나 부모에게 반항할 때 대부분의 부모들이 이에 대처하는 방법은 벌을 주는 것이다. 그러나 벌은 부모의 의도와는 달리 증오, 복수심, 죄의식, 무가치함 등의 감정을 유발하며, 아동으로부터 자신의 행동을 직시할 수 있는 능력을 박탈하게 된다. 그러므로 단순히 벌을 주는 것은 비효율적인 방법이며 이에 대한 대안이 필요하다. 벌에 대한 대안으로 Faber와 Mazlish는 다음과 같은 방식을 제시하고 있다.

첫째, 자녀가 부모에게 도움을 줄 수 있는 방법을 말해준다.

둘째, 인격을 손상시키지 않고 강한 거부의 표현을 한다.

셋째, 부모가 자녀에게 기대하는 바를 말해준다.

넷째, 자녀가 자신의 행동을 수정할 수 있는 방법을 제시해준다.

다섯째, 자녀에게 선택권을 부여한다.

여섯째, 행동으로 표현한다.

일곱째, 자녀가 자신의 잘못된 행동결과를 경험하도록 한다.

(4) 자립심 길러주기

자녀가 부모로부터 독립하여 자신의 몫을 다할 수 있도록 도와주는 것은 중요한 부모역할이다. 자녀가 자신의 일을 혼자서 해결하도록 하고 문제가 생겨도 실수를 경험하면서 스스로 해결책을 찾도록 하는 것이 필요하다.

부모의 지나친 관심은 의존성이 강한 아이를 만들게 된다. 사람은 남에게 의지하게 되면 감사하는 마음은 적어지고 대신 좌절하고 화가 나며 결국 자신을 무력하고 쓸모없는 존재로 여기게 된다. 아이에게 자립심을 길러주는 것은 상당히 어려운 일이다. 자녀를 독립적으로 키우는 지침으로 Faber와 Mazlish는 다음과 같은 지침을 제시하고 있다.

첫째, 자녀 스스로 선택하게 한다. 자녀로 하여금 스스로 판단하여 결정하는 연습을 충분히 하지 않으면 자녀는 성인이 되어서도 직업이나 자신의 생활방식, 심지어는 배우자를 선택하는 문제에서도 어려움을 겪게 된다.

둘째, 자녀가 혼자 노력하는 것을 존중해준다. 자녀가 혼자 애써 노력하는 것을 존중해주면 자녀는 용기를 내어 혼자 힘으로 일을 끝낼 수 있게 된다.

셋째, 자녀에게 너무 많이 질문하지 않는다. 너무 많은 질문은 자녀를 부담스럽게 할 수 있다. 부모와 자녀가 "어디 가니?" "밖에요" "뭐했니?" "아무것도 안 했어요" 등의 대화를 나누는 것은 다 이유가 있다. 무슨 답을 해야 할지 모르거나 대답하기 싫은 질문을 받았을 때, 아이들은 대답을 피하려고 이렇게 짧게 대답한다.

넷째, 자녀의 질문에 서둘러 대답하지 않는다. 자녀가 질문을 할 때에는 서둘러 이에 대답하기보다는 "그거 참 재미있는 질문이구나. 네 생각은 어떠니?"와 같이 자녀 스스로 답을 찾을 기회를 주는 것이 필요하다.

다섯째, 자녀가 집 밖에서 도움을 구할 수 있도록 한다. 우리는 자녀가 전적으로 부모에게 의존할 수 없다는 사실을 알아야 한다. 집 밖에 더 넓은 세상이 있고 그곳에는 원하기만 하면 귀중한 정보와 더 많은 도움을 얻을 수 있다는 것을 알려주는 것이다.

여섯째, 자녀의 희망을 빼앗지 않는다. 살면서 느끼는 기쁨 가운데 하나는 꿈을 꾸고 공상하고 기다리고 계획을 세우는 것이다. 아이를 실망시키는 것은 인생의 중요한 경험을 뺏는 것이다.

(5) 칭찬하기

많은 사람들은 칭찬이 효율적인 행동의 동기로 작용한다고 생각한다. 그러나 좋은 의도로 한 칭찬도 예기치 않은 반응을 유발할 수가 있다. 즉, 실제로 칭찬받을 일이 아니라고 생각하는 상황에서 칭찬을 받을 경우 아동은 칭찬하는 사람을 의심하게 될 수도 있다. 그러므로 Faber와 Mazlish는 효율적인 칭찬을 위해 다음과 같은 지침을 제시해주고 있다.

첫째, 자녀의 행동을 평가하기보다는 부모가 본 것을 묘사한다.

둘째, 부모가 느낀 것을 구체적으로 묘사한다.

셋째, 자녀의 칭찬받을 만한 행동을 한마디로 표현해준다.

(6) 기존의 역할로부터 자녀를 자유롭게 해주기

부모가 자녀의 행동을 부정적으로 표현하게 되면 실제로 자녀는 점차 부모가 표현하는 그러한 역할을 수행하게 된다. 부모가 자녀의 행동을 제한하는 것은 말을 통해서만 이루어지는 것이 아니라 눈빛이나 목소리 등을 통해서도 가능하다. 자녀에게 어떤 아이라는 낙인을 찍거나 자녀의 역할을 고정시키는 것은 아주 단순한 일에서 시작된다. Faber와 Mazlish는 기존의 역할로부터 자녀를 자유롭게 해주기 위해 다음과 같은 지침을 제시해주고 있다.

첫째, 자녀가 자신에 대해 새롭게 생각해볼 수 있는 기회를 제공한다.

둘째, 자녀가 자신을 다르게 볼 수 있는 상황을 마련한다.

셋째, 자녀로 하여금 자신에 대해 긍정적인 말을 하는 것을 일부러 듣게 한다.

📷 **사진 설명** Faber와 Mazlish의
『경쟁심 없는 형제』

넷째, 자녀가 했으면 하는 행동의 모델이 된다. 정돈을 못하는 아동에게 부모가 정리정돈하는 것을 보여줌으로써 자녀의 행동을 변화시킬 수 있다.

다섯째, 자녀의 특별한 순간을 기억함으로써 기존의 역할로부터 자녀를 자유롭게 해줄 수 있다.

여섯째, 자녀가 반복해서 과거와 같은 바람직하지 못한 일을 했을 때에는 부모의 느낌이나 기대를 솔직하게 이야기한다.

3) 프로그램의 활용 및 효과

Ginott의 이론에 근거한 이 부모교육 프로그램은 비교적 실시비용이 적게 들면서 자료를 잘 활용하고 자녀에 대해 많은 것을 알고자 하는 동기가 강한 중산층 부모에게 적절한 프로그램이다. 그 외에도 Faber와 Mazlish는 『경쟁심 없는 형제(siblings without rivalry)』(1987)라는 프로그램을 개발하여 책으로 출간하였다. 이 프로그램에서 부모는 자녀로 하여금 다른 형제와의 관계에서 자신의 감정을 어떻게 처리해야 하며, 자녀 각자의 역할에 맞게 어떻게 도움을 줄 것인지, 자녀들이 싸울 때 어떻게 하며, 어떻게 문제해결 기술을 사용할 것인지에 대해 배우게 된다.

4. 적극적 부모훈련 프로그램

Michael H. Popkin

적극적 부모훈련(Active Parenting: AP) 프로그램은 Adler와 Dreikurs, Rogers의 사상에 근거하여 1983년에 Michael Popkin에 의해 개발되었으며, 이후 여러 가지 다양한 프로그램으로 발전되었다. 이 프로그램은 부모는 권위를 가지고 자녀를 지도해야 함을 강조하며, 단순히 강압적인 태도나 자녀를 통제하려는 태도를 보이면 자녀는 여러 가지 부적응적인 행동을 보이게 된다고 한다.

1) 프로그램의 목표

AP 프로그램의 목표는 STEP 프로그램과 유사하며, 이를 구체적으로 살펴보면 다음과 같다.

첫째, 자녀의 행동에 적절한 한계를 설정함으로써 사회에서의 적응능력을 높인다.

둘째, 자녀의 잘못된 행동목표에 대한 이해를 돕는다.

셋째, 격려를 통해 자녀의 용기를 북돋운다.

넷째, 자연적·논리적 결과의 방법을 사용함으로써 책임감을 향상시킨다.

다섯째, 자녀에게 협력을 유도할 수 있도록 돕는다.

여섯째, 민주적인 가족분위기를 형성하도록 돕는다.

그러나 교육방법에 있어서 Popkin은 비디오를 통한 훈련법이 가장 효과적이며 경제적인 것으로 생각하고 이를 근간으로 프로그램을 운영하도록 하고 있다.

2) 프로그램의 운영 및 구성

AP 프로그램은 부모교육의 개념과 부모역할 기술을 40가지 상황으로 나누어 2시간씩 6회의 모임을 통해서 실시한다. AP 프로그램의 구성은 비디오테이프, 지도교사를 위한 지침, 안내서와 행동지도서, 소책자, 공고포스터 등으로 구성되어 있으며 지도교사의 활동에 관심 있는 사람들을 위하여 정기적인 회보도 출간하고 있다. 그 가운데 프로그램의 핵심을 이루고 있는 것은 다양한 상황을 묘사하고 있는 비디오 자료이다.

한 집단의 부모들이 TV 화면을 주시하고 있다. 화면에서는 다섯 살짜리 철수가 게임을 하고 있다. 철수의 엄마는 철수에게 장난감을 정리하도록 시키자, 철수는 "싫어요"라고 말한다. 모임에 참석한 부모들은 자신들의 감정을 억누른다. 지도교사는 잇달아 전개되는 힘의 투쟁을 바라보면서 수긍하는 부모들의 표정을 관찰한다. 어머니는 철수를 때려서 잠자리로 보내고 좌절감에 무릎을 꿇는다.

이상과 같은 장면을 묘사하는 비디오를 끄고, 교사는 이러한 경험을 해 본 적이 있는가를 부모들에게 물어보자 대부분의 부모들은 그렇다고 대답한다. 지도교사는 부모-자녀 간의 동적(動的)인 상호작용의 토론에 부모들을 참여시키게 된다.

이러한 동적인 특성은 AP 프로그램이 교육내용보다 교육과정에 중점을 두고 있음을 의미하는 것이다. '백문이 불여일견'이라는 말처럼 AP 프로그램이 방대한 정보를 제공하는 데 가장 효율적인 방법은 비디오를 통한 학습이라는 것을 전제로 하고 있다. 실제 연구결과에서도 우리가 정보를 기억하는 데 있어서, 읽은 것의 10%, 들은 것의 20%, 읽고 들은 것의 30%를 기억한다면, 본 것은 50% 정도가 기억에 남아

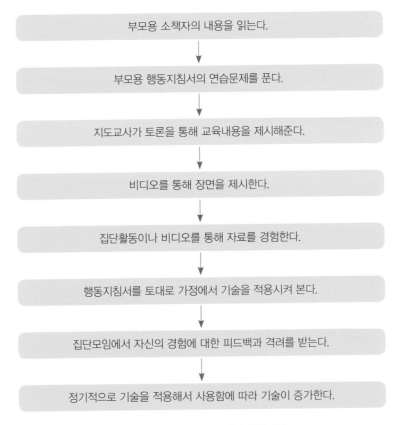

〈그림 10-1〉 **AP 프로그램의 훈련과정**

출처: Popkin, M. H. (1989). Active parenting: A video-based program. In M. J. Fine (Ed.). *The second handbook on parent education* (pp. 77-98). San Diego, CA: Academic Press.

있다고 한다(Popkin, 1989). 또한 AP 프로그램에 제시된 주제나 기술은 적어도 8단계에 걸쳐 부모가 반복해서 경험하게 되며(〈그림 10-1〉 참조), 비디오 자료에 근거한 다양한 의사소통 방법과 상호작용이 그 효과를 증대시킨다.

AP 프로그램은 다음과 같은 여섯 가지 주제와 여러 소주제들로 이루어져 있다(〈표 10-5〉 참조).

표 10-5   AP 프로그램의 주제

적극적인 부모	자녀양육방식 우리가 키우고자 하는 아이들은? 한계 내에서의 자유 가족을 강화시키기 위한 활동
자녀 이해하기	행동의 기본원칙 네 가지 잘못된 행동목표 부모역할과 분노 자아존중감 발전시키기
용기 북돋우기	용기를 잃게 하는 행동 피하기 격려의 네 가지 방법 격려의 원 활용활동
책임감 개발하기	문제가 되는 사람이 누구인가? 나—전달법 자연적·논리적 결과 상호존중
협력을 구하기	의사소통의 장애 피하기 적극적인 의사소통 감정 경청하기 애정 표현하기
민주적인 가정	가족회의 집단에서의 부모역할 논의하기 가족단위 강조하기 '우리' 의식 함양하기

💡 **사진 설명** 『부모코칭 프로그램: 적극적인 부모역할. Now! 부모용 지침서』(左), 『십대자녀의 부모를 위한 AP 프로그램』(中), 『새부모가족을 위한 AP 프로그램』(右)

3) 프로그램의 활용 및 효과

최초의 AP 프로그램을 근간으로 하여 청소년 자녀를 둔 부모들을 대상으로 하여 APT(AP/Teen) 프로그램도 개발되었다(Popkin, 1990). AP는 1995년, APT는 1996년에 십대 자녀를 가진 부모를 위한 프로그램으로 우리나라에 소개되어 널리 보급되고 있다. 또한 Popkin과 그의 동료들(Popkin, Gard, & Montgomery, 1996)은 1~4세 아동의 부모를 위한 프로그램을 개발하였으며, 이는 특히 하류계층이나 가족문제를 가지고 있는 부모들을 대상으로 한 것이다. 또한 4~14세 아동을 둔 부모를 위한 부모개입 프로그램인 'Parents on Board'는 학습방법을 부모에게 가르치기 위해 개발되었으며, 그 외에도 새부모가족을 위한 프로그램이나 자아증진을 위한 프로그램 등도 개발되었다. 또한 이 프로그램에 관심을 가진 사람들을 위해 워크숍이나 자료 등을 제공해주고 있다. 2005년에는 교육시간 52주의 AP 프로그램도 개발되었다. 현재 AP 지도교사를 훈련시키기 위한 워크숍은 미국, 유럽, 일본, 캐나다 등 세계 여러 나라에서 이루어지고 있다.

5. 주장훈련 프로그램

　　주장훈련(Assertive Discipline)은 행동수정의 원리에 기초하여 아동·가족상담가인 Lee Canter와 교사인 Marlene Canter에 의해 개발된 부모교육 프로그램이다. 여기서 훈련은 아동에게 보다 적절한 행동을 가르치도록 고안된 교정적 행동을 의미하는 것으로, 이때 교정행동은 아동의 신체적·정서적 안녕

Lee Canter와 Marlene Canter

을 손상시켜서는 안 된다. 주장훈련 방법은 부모교육의 다른 방법이 성공하지 못했을 경우에 효과적이다.

1) 주장훈련의 목표

　　주장훈련은 초기에는 주로 대인관계에서의 불안을 감소시키기 위해 사용된 훈련 방법이었으나 점차 이는 개인의 권리를 강조하는 방향으로 사용되었다. 주장훈련은 상대방의 권리를 침해하거나 불쾌하게 하지 않는 범위 내에서 자신의 욕구, 권리, 의견, 생각, 느낌 등을 솔직하게 상대방에게 표현하는 행동을 훈련시키는 것이다. 대부분의 사람들은 자신의 권리나 느낌을 솔직하게 표현하지 못해서 불안을 경험하는 경우가 많기 때문에, 정도의 차이는 있지만 주장훈련이 필요하다고 볼 수 있다.

　　주장훈련에서 공격적 행동은 자신은 피해를 보지 않지만 남에게 피해를 입히는 행동인데 반해, 소극적 행동은 남에게는 피해를 입히지 않지만 자신이 피해를 보는 행동이라고 규정하였다. 이와는 달리 주장적 행동이란 남에게 피해를 입히지 않으면서 자신도 피해를 입지 않는 행동이므로 이들은 이러한 주장적 행동을 긍정적인 것으로 평가하고 권장하였다. 주장적 행동을 못하는 데에는 인지적, 정서적, 행동적 이유가 있다. 인지적으로는 어떻게 하는 것이 주장적 행동인지를 모르는 것이고, 정서적 이유는 주장적 행동이 어떤 것인지는 알지만 불안과 같은 정서적인 요인

때문에 주장적 행동을 할 수 없는 것이다. 행동적 이유는 인지적으로나 정서적으로나 문제가 없음에도 불구하고 행동으로 옮기지를 못하는 것이다. 그러므로 주장훈련은 먼저 적절한 행동에 대한 인지적 평가가 선행되어야 하며, 다음으로는 주장적 방법을 사용하여 단호하게 자신의 의견을 말로 표현하고, 나아가 상대방에게 자신의 의사를 행동으로 뒷받침하도록 훈련을 하게 된다. 그러므로 주장훈련의 목표는 부모-자녀 간의 상호작용을 성공적으로 이끌어 나가기 위해서는 부모로 하여금 자녀에 대한 분명한 훈육의 필요성을 인식시키고, 자녀의 행동에 대해 주장적으로 대처할 수 있는 기술을 습득시키는 것에 초점을 두고 있다.

주장훈련 프로그램은 처음에는 교사로 하여금 학급에서의 훈련을 돕고자 개발되었으나 교사를 대상으로 한 성공적인 훈련 워크숍에 근거하여 1985년 부모 대상 프로그램으로도 개발되었다.

2) 프로그램의 운영 및 구성

Lee Canter와 Marlene Canter(1976)는 주장훈련을 실시하기 전에 많은 부모들이 사용하는 부적절한 반응에 대해 인식할 필요가 있다고 하였다. 부모들이 일반적으로 사용하는 부적절한 반응들은 〈표 10-6〉에 제시된 바와 같다.

표 10-6 **부모가 보이는 부적절한 반응**

단호하지 못한 반응	사실의 진술	너는 잘못된 행동을 하고 있다.
	질문	왜 그런 행동을 했니?
	애원	제발 좀 조용히 해 다오.
	따르지 않는 요구를 반복함	TV를 끄고 숙제를 해라.
무시	무시	자녀가 말한 것을 무시해 버린다.
적대적 반응	언어적 비하	너는 어쩌면 그렇게 단정하지 못하니?
	비현실적 협박	다시 한 번만 더 해봐라.
	심한 벌	너는 일주일 동안 나갈 수 없다.
	체벌	때리고, 밀고, 머리를 잡아당긴다.

　이러한 반응은 자녀가 무엇을 하기를 원하는지를 명백하게 제시해 주지를 못하고 적대감만 초래한다는 점에서 효율적인 방법이라고 볼 수 없다. 그러므로 부모가 자신의 반응을 일단 부적절한 것으로 인식하기 시작하면 바로 주장훈련의 세 단계인 '단호하게 의사소통하기' '자신의 말을 행동으로 뒷받침하기' '법칙정하기'의 기술을 학습하게 된다.

(1) 단호하게 의사소통하기

　주장훈련의 첫 단계는 단호하게 의사소통하는 것이다. 자녀의 행동에 문제가 있으면 직접적으로 당당하게 말하고, 말과 함께 눈맞춤이나 손짓과 같은 적절한 비언어적인 방법을 사용하는 것도 효과적인 방법이다. 지시한 내용이 수정되지 않으면 동일한 사실을 반복하여 말하는 '고장난 레코드' 방법을 사용할 수도 있다.

　단호하게 의사소통하기와 병행하여 칭찬은 상당히 유용한 긍정적인 강화물로 사용될 수 있다. 칭찬을 통하여 소기의 목적을 효과적으로 달성할 수 있으며, 다른 성인이 있는 상황에서 칭찬을 해 주거나 비언어적인 칭찬(미소, 껴안기 등)의 방법을 활용하는 것도 효과적이다.

(2) 자신의 말을 행동으로 뒷받침하기

　당당하게 대화하는 방법이 어느 정도 숙달되면 자신의 말을 자녀가 듣지 않을 경우에 어떤 조치를 취할 것인가를 결정하는 두 번째 단계로 넘어가게 된다. 준비가 잘된 부모일수록 자녀의 부적절한 행동을 중단시키는 것이 용이하다. 이러한 과정에서 다음과 같은 점을 고려해야 한다.

　첫째, 자녀로 하여금 잘못된 행동의 결과를 경험하게 하고 누구에게 책임이 있는가를 분명하게 알게 해야 하며, 이후의 행동에 대해 선택의 기회를 제공하도록 해야 한다. 선택의 기회를 제공함으로써 행동의 논리적 결과를 깨닫게 됨과 동시에 책임감도 길러진다. 아동이 잘못된 행동을 할 때마다 비적대적인 방법으로 행동의 결과를 경험하게 해주어야 하며, 이때 일관성은 중요한 문제이다.

　둘째, 자녀가 부모를 시험하는 행동(울기, 떼쓰기 등)은 부모가 자신과 타협을 하는가를 알아보기 위해 사용하는 방법이다. 이러한 경우 부모가 물러서게 되면 앞으로는 이러한 방법을 사용해서 자신이 원하는 바를 이룰 수 있음을 가르쳐 주게 되는 것이다. 자녀가 시험하는 행동을 할 경우 부모는 이에 단호하게 대처할 필요가 있다.

셋째, 자녀가 바람직한 행동을 했을 경우에 어떻게 반응을 해야 하는가는 잘못된 행동을 했을 때 어떻게 대처하는가 못지않게 중요하다. 칭찬만으로는 아동의 행동을 변화시킬 충분한 동기를 제공하지 못하므로 특별한 특전이나 보상이 필요하다. 이는 바람직한 행동이 나타난 직후에 즉각적으로 제공되어야만 강화물로서의 효력을 지니게 될 것이다.

(3) 법칙 정하기

1단계와 2단계의 의사소통 방법만으로도 대부분의 문제를 해결하는 데 효과적이지만 3단계의 기술이 사용되어야 할 때가 있다. 이러한 경우 체계적인 훈련계획을 수립하고, 부모의 힘을 덜어주는 방법이나 법칙 정하기 방법 등을 사용하게 된다.

체계적인 훈련계획은 부모와 자녀에 의해 계획되고 기록된다. 그 내용에는 부모가 변화되기를 기대하는 특정한 행동, 잘못된 행동으로 인한 결과, 긍정적인 행동에 사용되는 강화물, 아동의 행동을 수정하기 위한 방법들이 포함된다.

다음으로 부모의 힘을 덜어주는 방법으로는 여러 가지 행동수정 방법이 사용될 수 있다. 제8장에서 설명한 다양한 행동수정 방법이 사용될 수 있으며, 한 명 이상의 자녀가 대상일 경우 토큰강화의 일종인 '구슬 모으기' 방법을 사용할 수도 있다.

법칙 정하기는 부모의 권위를 주장하는 방법으로, 부모는 자녀의 문제행동을 변화시켜야 한다는 것을 당당하게 요구해야 한다. 부모는 아동의 눈을 바라보며 조용하지만 단호하게 자신이 원하는 바를 말해야 하며, 부모의 지시를 어겼을 경우에 야기되는 결과를 말해 주어야 한다. 가족원 모두가 볼 수 있도록 주장훈련 계획서를 붙여두는 것은 자녀에게 상기시켜주는 효과뿐만 아니라 단순히 말로 하는 이상의 부가적인 효과를 기대할 수 있다.

3) 프로그램의 활용 및 효과

주장훈련 프로그램은 학교상황에서는 상당히 보편적으로 사용되고 있으며, 동시에 효과적인 훈련방법이라고 인정받고 있다. 특히 주장훈련은 내면아이와 같이 욕구표현이 좌절되고 억압된 아동의 정서표현에도 효과적인 방법이라고 볼 수 있다.

그러나 주장훈련은 다른 부모교육 프로그램에 비해 권위주의적이라는 점에서 논란의 여지도 있다. Gartrell(1987)과 Hitz(1988)도 다음과 같은 점에서 주장훈련 프로그램을 비판하였다. 첫째, 주장훈련은 긍정적인 자아개념의 발달을 촉진시키지 못한다. 둘째, 아동의 행동이 윤리적인 목적에 근거한 것이 아닌 힘의 주장에 근거해서 평가되므로 아동은 보상을 받은 것은 선한 행동으로, 처벌을 받은 것은 나쁜 행동으로 학습하게 된다. 셋째, 긍정적인 태도보다는 칠판에 이름이 적힌 것이 보다 강조되므로 공개적인 처벌에 대한 수치심과 두려움이 과장되어 결과적으로 성인이 되어서 학교를 부정적인 특성을 가진 곳으로 기억한다. 넷째, 교사로 하여금 상담기술이나 전문적 판단을 돕기보다는 아동의 행동을 조종하기 위한 기술습득을 강조하게 한다. 다섯째, 긍정적인 강화도 권장하고 있으나 종종 비효율적이고, 위협적이고, 조작적인 측면이 있다는 것이다.

6. 자녀의 힘을 북돋우는 부모훈련 프로그램

부모교육의 중요성이 인식되면서 우리나라에서도 많은 부모교육 프로그램들이 개발되었으며, 그 대표적인 것이 문화체육부 산하 청소년 상담원인 '청소년 대화의 광장'에서 개발한 자녀의 힘을 북돋우는 부모훈련(Empowering Parent Training: EPT) 프로그램이다. 1993년 '자녀의 힘을 북돋우는 부모'라는 총론이 개발된 이래 1994년에 '자녀의 힘을 북돋우는 대화' '바른 행동의 길 다지기' 프로그램이 개발되었고, 1995년에 '생활의 기틀 세우기' '어울려 사는 지혜 기르기' 등 1997년까지 구체적인 지도방법을 다룬 각론 프로그램 4종이 개발되고 개정되었다.

1) 프로그램의 목표

EPT 프로그램은 전통사회에서부터 실천해오던 자녀교육 방식을 구식이라고 하여 소홀하게 다루고, 동시에 서구의 자녀교육 방식은 문화적인 차이로 인해 토착화되지 못함으로써 현재의 부모들이 느끼는 어려움과 혼란을 해결하고자 하는 취지에서 개발되었다. 프로그램 개발과정에서 어느 한 학문분야에 치중하기보다는 학제적인 입장을 취하고 있으며, 동서양의 문화적 차이를 감안하여 우리나라의 현실에 적절한 자녀양육 지침을 마련하고자 하였다. 이상과 같은 취지에서 개발된 EPT 프로그램의 기본 이념을 세부적으로 살펴보면 다음과 같다.

첫째, 자녀교육을 위해 부모의 지속적인 변화와 성장의 필요성에 대한 인식을 강조한다.

둘째, 부모-자녀관계에서 필수적인 대화의 원리를 제시한다.

셋째, 자녀 행동지도의 원리와 방법에 대한 지침을 제시한다.

넷째, 기본생활습관 정립의 방법을 제시한다.

다섯째, 어울려 사는 삶의 모습과 원리를 제시한다.

2) 프로그램의 운영 및 구성

이러한 기본이념을 바탕으로 하여 EPT 프로그램은 다섯 영역으로 구분되어 있으며, 이를 구체적으로 살펴보면 다음과 같다.

(1) 총론: 자녀의 힘을 북돋우는 부모

EPT 프로그램에서는 올바른 부모역할의 기본 방향과 자녀의 발달단계에 필요한 바람직한 양육방법을 제시하는 것이 핵심이다. 부모역할의 방향을 설정하기 위해 EPT 프로그램은 부모됨의 여섯 단계를 〈그림 10-2〉와 같이 설정하고 있다.

6. 독립시켜 내보내기

5. 자녀를 존중해 주기

4. 설명하여 깨우쳐 주기

3. 부모의 말 세우기

2. 돌보아 기르기

1. 준비하기

〈그림 10-2〉 **EPT 프로그램의 단계**

출처: 구본용(1998). 청소년 대화의 광장 부모교육 프로그램 소개. 부모교육 활성화 추진방향과 방안. 청소년 대화의 광장 '98 전국 부모교육 활성화 추진대회, 98(20), 3-12.

(2) 각론 I: 자녀의 힘을 북돋우는 대화

자녀의 힘을 북돋우는 대화는 부모-자녀 간에 효율적인 상호작용이 이루어지도록 대화의 원리를 학습하고 구체적인 실례를 익히도록 구성되어 있다. 대화는 말하는 기술보다도 태도가 더 중요하며, 부모의 생각을 자녀에게 주입시키지 않도록 하고, 부모 자신과 자녀의 마음을 충분히 검토하여 상호 간에 타협점을 모색하는 것을 그 전제로 하고 있다. 자녀와 어떤 방법으로 대화할 것인가에 대해 EPT 프로그램에서는 다음과 같은 네 가지 원리를 제시하고 있다.

원리 1: 진솔한 마음 전하기
원리 2: 자녀의 모습 받아들이기
원리 3: 자녀의 마음에 귀 기울이기
원리 4: 구체적으로 이해하기

(3) 각론 II: 바른 행동의 길 다지기

바른 행동의 길 다지기는 스스로 자제하며 책임질 줄 아는 자녀로 성장시키기 위해 필요한 행동지도의 원리와 방법들을 제시하고 있다. 이는 가르치기, 다지기, 바로잡기의 세 가지 원리로 구성되어 있다. 가르치기는 어떤 행동은 해야 하고 어떤 행동은 하지 말아야 하는지를 구체적으로 자녀의 수준에 맞추어 생활 속에서 지도하는 것을 말한다. 다지기는 자녀의 바른 행동을 숙달시키고 이를 굳혀 나가기 위해 적절한 상과 격려를 해주는 것을 의미하며, 바로잡기는 자녀의 어긋난 행동을 바로잡아 올곧은 행동으로 이끌어주는 것을 말한다.

(4) 각론 III: 생활의 기틀 세우기

생활의 기틀 세우기는 자녀가 사회생활에 원만하게 적응하고 인류공동체에 어울려 사는 삶을 준비하기 위해 기본적인 생활습관을 어려서부터 몸에 익혀서 자연스럽게 실천하도록 생활의 기틀을 세우는 방법을 제시한다. EPT 프로그램에서는 생활에 기틀을 세워야 할 영역을 다음과 같이 제시하고 있다(〈표 10-7〉 참조).

표 10-7   **생활에 기틀을 세울 영역**

영역	상황	행동
시간의 틀	가정에서	식사하기, 학업설계 등
	학교에서	등하교 시간, 학업설계 등
	놀이생활에서	적절한 시간에 친구와 헤어지기 등
공간의 틀	가정에서	청결상태 유지, 학습태도 지키기 등
	학교에서	청소, 바닥에 오물 버리지 않기 등
	놀이생활에서	공공장소에서 정숙하기 등
물질사용의 틀	가정에서	가구, 가전류 소중하게 다루기 등
	학교에서	공공시설 소중하게 다루기 등
	놀이생활에서	놀이비용 규모 있게 사용하기 등
건전한 정신의 틀	가정에서	부모의 권위 수용하기 등
	학교에서	친구 간에 우애 있게 지내기 등
	놀이생활에서	상대방의 권리 존중 등

(5) 각론 IV: 어울려 사는 지혜 기르기

어울려 사는 지혜 기르기는 가족이나 친구, 이웃, 자연환경과 바람직하게 어울려 사는 모습과 방법을 다루고 있다. 어울려 산다는 것은 관계 속에서 질서를 지키며 서로를 존중하고 갈등을 건설적으로 해결하며 서로의 성장을 돕는 것이다.

3) 프로그램의 활용 및 효과

EPT 프로그램은 청소년 대화의 광장과 시 · 도 청소년 종합상담실을 통해 일반인들에게 보급되고 있다. 1단계인 1994~1995년에는 대도시를 중심으로, 2단계인 1997~1998년에는 중 · 소도시를 중심으로 프로그램을 전국적으로 보급시켜 1997년에 이미 2만 6백 명이, 단기교육까지 합하면 7만 5천 명이 교육을 받은 것으로 집계되어 있다. 각 프로그램은 주 1회 총 12시간씩 워크숍의 형태로 교육이 이루어진다. 교육방법은 워크북을 중심으로 참가자가 자신의 경우에 적용시켜 보고 부모들끼리 서로의 경험과 생각을 충분히 나누고 토론해보도록 하고 있다. 경우에 따라 각론 프로그램을 독립적으로 실시하는 것도 가능하지만 총론에서 자녀교육의 근간이 되는 점들을 먼저 습득해야 각론에서 구체적인 방법론이 실제 생활에 효과적으로 활용될 수 있기 때문에 총론 프로그램을 먼저 이수한 후에 각론 프로그램으로 들어가도록 하는 것이 바람직하다.

EPT 프로그램 외에도 우리나라에서는 다수의 부모교육 프로그램이 개발되어 활용되고 있다. 그 가운데 대표적인 것으로는 삼성생명 공익재단에서 개발한 '부모-자녀 함께 가는 멋진 세상' 프로그램이 있다. '부모-자녀 함께 가는 멋진 세상' 프로그램은 부모들이 경험해보지 못했던 청소년들의 실제 생활이나 문화에 대해 알아봄으로써 자녀에 대한 이해를 돕고 원활한 의사소통을 지원하기 위해 제작된 프로그램이다. '자녀의 감정을 공감하며 들어주는 법' '부모의 마음을 전달하는 법' '효과적인 문제해결법' 등의 바람직한 대화법을 익힘으로써 청소년 자녀와 부모와의 관계개선을 도모하고자 한다. 이 프로그램은 학교나 실제 부모교육 상황에서 손쉽게

활용될 수 있는 구체적이고 실제적인 방안이 되도록 하는 데 중점을 두고 개발되었
다. 따라서 각 회기는 매뉴얼 형태로 제작되어 강사들이 별도의 많은 준비 없이도
지도할 수 있도록 하며 강사용 매뉴얼과 병행하여 사용되는 학부모용 교재를 별도
로 구성함으로써 프로그램의 원활한 진행을 돕는다. 또한 기존의 부모교육 프로그
램이 대부분 외국 프로그램의 번안사례에 의존함으로써 실제 우리 문화와 현실에
맞지 않는 경우가 빈번하다. 그러나 이 프로그램은 한국사회의 실제적 상황을 반영
하는 직접적인 사례를 제시하고 있으며 실생활에 적용하기 쉬운 장점이 있다.

7. 부모교육 프로그램의 비교

이상에서 살펴본 부모교육 프로그램은 상호 간에 유사점을 가지고 있으며, 또한
나름대로의 장점을 가지고 있다. 부모교육 프로그램이 효율적으로 실행되기 위해
서는 각각의 프로그램이 가지고 있는 유사점과 차이점 및 그 한계에 대해 살펴보는
것이 필요하다.

1) 부모교육 프로그램의 유사점과 차이점

여러 부모교육 프로그램의 유사점과 차이점을 구체적으로 살펴보면 〈표 10-8〉
과 같다. 첫째, 대부분의 부모교육 프로그램은 아동의 욕구를 존중하며, 민주적인
부모-자녀관계를 강조하고 있다. 대부분의 프로그램은 신체적인 체벌이나 비난과
같은 처벌적인 기술을 옹호하지 않으며, 주장훈련만이 힘의 사용을 강조하고 있다.

둘째, 대부분의 부모교육 프로그램은 온정적, 양육적, 수용적인 맥락 내에서의
부모역할을 강조하고 있으며, 아동의 자기통제 능력을 강조한다. 반면, 주장훈련에
서는 부모가 보다 강력하고 권위주의적인 역할을 수행하며 아동의 자기통제 능력
보다는 부모의 통제능력을 강조하고 있다.

셋째, 대부분의 부모교육 프로그램은 나-전달법이나 적극적 경청과 같은 의사소

표 10-8 부모교육 프로그램의 유사점과 차이점

접근방법	STEP	P.E.T.	자녀가 경청하는 대화하기	AP	주장훈련
부모의 힘의 사용을 최소화하고 민주적인 관계 강조	●	●	◉	●	○
부모의 온정성, 양육성, 수용성 강조	◉	●	◉	●	○
한계 설정 강조	●	○	◉	●	●
의사소통 강조	●	●	●	●	○
자녀행동의 원인 강조	●	○	◉	●	○
책임감 있는 자녀양육 강조	●	●	●	●	●
아동의 행동변화 강조	●	●	●	●	●
아동의 행동변화를 위해 상벌 사용 강조	○	○	◉	○	●
처벌의 사용 강조	○	○	○	○	●
칭찬의 사용 강조	○	○	●	●	○

●: 강함 / ◉: 보통 / ○: 적음 또는 전혀 없음

출처: Hamner, T. J., & Turner, P. H. (2001). *Parenting in contemporary society*. New York: Allyn & Bacon. 재구성.

통방법을 긍정적인 부모-자녀관계의 핵심적인 요소로 간주한다.

넷째, 대부분의 부모교육 프로그램은 아동의 행동의 원인을 규명하는 것을 강조한다.

다섯째, 대부분의 부모교육 프로그램은 책임감 있는 자녀를 양육하는 것을 강조한다.

이처럼 부모교육 프로그램들이 지향하는 데 있어서 여러 가지 유사점이 있으나 이들 프로그램에서 아동의 행동을 변화시키기 위해서 사용하는 방법에는 차이가 있다. STEP에서는 자연적·논리적 결과와 격려의 방법을, P.E.T.와 자녀가 경청하는 대화하기 프로그램에서는 의사소통 방법을, 주장훈련에서는 상벌의 방법을, EPT와 부모-자녀 함께 가는 멋진 세상에서는 보다 통합적인 방법을 사용하고 있다.

422

2) 부모교육 프로그램의 한계

일반적으로 이상의 부모교육 프로그램은 부모가 학습하기에 간단하며, 이를 통해 부모는 자신뿐만 아니라 자녀의 행동을 변화시키기 위해 자기 스스로 생각을 창출해 낼 수 있다. 실제로 이를 통해 많은 부모들이 자녀양육에서 보다 효율적인 전략을 구사하는 것이 가능한 것으로 나타났다. 그러나 이들 프로그램의 한계도 많이 지적되고 있다.

첫째, 대부분의 프로그램들이 아동의 성별이나 연령에 따른 차이를 고려하지 않았다는 것은 문제점으로 지적할 수 있다. 대부분의 부모교육 프로그램에서 지향하는 접근방법들은 연령이나 성별에 무관하게 적용이 가능하지만 동시에 여러 연구에서 아동의 성별이나 연령에 따른 미묘한 차이를 보고하고 있다.

둘째, 대부분의 프로그램들은 문화적 차이나 사회경제적 지위의 차이에 따른 차이를 간과하고 있다. 부모교육 프로그램은 미국사회의 중산층을 대상으로 한 것이 대부분이지만 실제로 이러한 교육을 필요로 하는 집단은 저개발국이나 저소득층의 부모이다.

셋째, 대부분의 프로그램들은 보다 광범위하고 포괄적인 이론적 틀이나 태도보다는 세부적이고 기술적인 측면을 강조하고 있다. 물론 부모들에게 기술을 가르치는 것은 의미가 있지만 이를 뒷받침하는 전반적인 태도를 발달시키는 것도 병행해야 할 것이다.

제**11**장

부모교육의 운영

부모교육은 여러 다양한 관점에서 이루어질 수 있다. 자녀의 발달과정이나 양육방법에 대한 폭넓은 지식이나 정보를 제공해주는 것에 초점을 맞출 수도 있으며, 또 한편으로는 의사소통 능력과 같은 특정한 기술의 습득이나 문제해결 능력, 자기지각 능력을 향상시키는 데 초점을 맞출 수도 있다. 그 형태가 어떠하든 부모교육을 통해 부모는 부모역할에 대해 보다 자신감을 가지게 되고 효율적으로 부모역할을 수행해 나가는 데 도움을 받을 수 있다.

그러나 부모교육 프로그램들이 이러한 효과를 기대하고 개발되었다 하더라도 부모교육을 받았다고 해서 이러한 효과를 거두었는지는 알 수 없다. 그러므로 부모교육이 소기의 목적을 달성하기 위해서는 부모나 부모교육의 주체 모두의 노력이 필요하다. 부모는 부모역할의 중요성에 대해 인식하고 적극적으로 부모교육에 참여하고 배우려는 자세가 필요하며, 부모교육의 주체측은 상세한 사전계획에 기초하여 부모교육을 운영함으로써 부모교육의 효과를 극대화하고자 하는 끊임없는 노력이 필요하다.

이 장에서는 먼저 지금까지 이루어진 부모교육의 효과를 살펴보고, 부모교육이 성공적으로 이루어지기 위해 부모교육의 계획과 운영방법, 평가에 대해 논의해 보고자 한다.

1. 부모교육의 효과

부모교육을 실시한 후에는 이에 대한 평가를 해봄으로써 이후에 보다 나은 교육을 위한 발전적인 자료로 삼을 수 있다. 평가는 여러 측면에서 이루어질 수 있으나 주로 부모교육의 효과가 만족스러운지, 이러한 부모교육의 효과가 구체적인 행동이나 태도의 변화로 나타났는지, 변화가 있었다면 구체적으로 어떤 변화가 나타났는지를 중심으로 이루어진다.

부모교육 프로그램들은 이론적 배경이나 지향하는 목표에서 차이가 있으므로 그 효과 면에서도 영역별로 차이를 보이게 된다. 그러나 전반적으로 공유하고 있는 목표가 있다. 즉, 부모와 자녀의 태도나 행동을 변화시키고, 부모-자녀 간의 의사소통 능력을 향상시키며, 나아가 가족이나 사회체계를 변화시키는 것이다. 그 가운데에서도 대부분의 프로그램들은 부모와 자녀의 태도나 행동변화에 초점을 맞추고 있으며, 이를 구체적으로 살펴보면 다음과 같다.

1) 부모에게 나타난 효과

부모교육을 실시한 후 그 효과를 평가한 결과, 부모교육을 통해 자녀양육과 관련된 많은 정보를 제공받음으로써 부모역할에 대한 자신감이 증가하고 자녀와의 의사소통 능력이 향상된 것으로 보인다. 또한 자녀에 대한 태도에서도 수용적이고 민주적으로 변화했을 뿐만 아니라 자녀의 문제행동에 대해 보다 효율적으로 대처하는 것으로 나타났다. 부모교육의 효과는 취학 자녀의 부모보다 영유아기의 자녀를 가진 부모의 행동에서 두드러지게 나타났다.

(1) 부모역할 만족도 증가

부모교육의 효과는 연구결과에 따라 다소 차이가 있으나, 우선적으로 부모 자신이 교육자로서 부모역할에 대한 자신감, 만족감은 증가하고, 자녀양육에서 경험하는 불안수준은 감소했다는 점이다. 부모역할만족을 설명하는 가장 중요한 변인 가운데 하나는 자신이 부모로서 자녀양육에 필요한 지식과 기술을 갖추고 있다는 자신감이다. 부모교육의 효과에 대한 메타분석 결과, 부모교육을 통해 나타나는 부모의 변화 가운데 부모역할만족이 가장 큰 효과가 있는 것으로 보였다(이진, 임선아, 2020). 이는 곧 부모역할만족은 자녀양육에 대한 준비도와 관련이 있으며, 부모들이 부모교육 프로그램을 통해 자녀양육에 대한 지식이나 효율적인 방법을 습득함으로써 생겨난 변화로 해석할 수 있다.

부모역할에서 경험하는 많은 문제는 부모역할에 대한 준비 부족에 기인하는 것으로 볼 수 있으므로 부모교육은 부모역할에 대한 준비나 부모로서의 자신감을 동시에 충족시킬 수 있는 적절한 대안이 될 수 있다.

(2) 의사소통능력 향상

부모교육을 통해 대부분의 부모들이 가장 배우기를 원하는 것 가운데 하나가 효과적인 의사소통기술이다. STEP이나 APT, P.E.T., EPT 프로그램 모두에서 적극적 경청이나 개방적인 반응을 중요시하며, 자녀가 경청하는 대화하기에서도 자녀가 귀담아 들을 수 있는 효과적인 대화방법을 강조한다.

실제 부모교육을 통해 부모의 의사소통능력은 상당히 향상된 것으로 나타났으며, 특히 P.E.T. 교육이 큰 영향을 미친 것으로 나타났다(이진, 임선아, 2020). P.E.T. 프로그램에 참여한 어머니들은 자신의 감정을 표현하는 기술이 크게 향상되었으며, 부모와 자녀가 친밀한 관계를 유지하는 데 장애가 되는 언어표현은 상당히 감소한 것으로 나타났다(김종운, 이명순, 2009). STEP 부모교육도 부모-자녀 간 의사소통기술과 개방적인 의사소통능력을 향상시키는 효과가 있는 것으로 나타났으며(신성희, 원정숙, 2009; 이영애, 김정미, 2009), 청소년기 자녀를 양육하는 저소득층 부모를 대상으로 한 부모역할 프로그램도 자녀와의 의사소통 및 관계 증진에 긍정적인 영향을 미치는 것으로 나타났다(김연수, 2015).

의사소통능력의 변화는 부모교육의 효과에 대한 메타분석 결과, 가장 큰 효과크기가 나타난 부분이다(이재림, 김지애, 차동혁, 이향희, 2013; 조경란, 함경애, 천성문, 2013). 이는 곧 부모-자녀 간의 원만한 관계형성뿐만 아니라 부모의 대화기술 부족으로 생겨날 수 있는 청소년기의 가출이나 자살과 같은 심각한 문제를 사전에 예방하는 수단으로서 부모교육의 필요성을 말해준다.

(3) 양육태도 변화

부모교육 프로그램의 가장 보편적인 유사점은 부모와 자녀 간에 민주적인 관계를 강조한다는 것이다. 전통적인 상하관계, 명령-복종관계에서 벗어나 자녀와의 평등한 관계형성이 일차적으로 강조되고 있다. 단지 행동주의이론에 근거한 주장훈련(assertive discipline)에서만 힘에 의한 단호한 방법을 강조할 뿐, 대부분의 프로그램들은 벌을 주는 방법은 별로 선호하지 않는다. 대부분 귀납적 방법, 격려, 자기통제능력의 향상, 온정성, 양육성, 수용적인 태도를 강조하면서 일정한 한계를 설정하도록 권장하고 있다.

연구결과 P.E.T. 프로그램은 자녀에 대한 권위주의적인 생각을 변화시키는 데 영향을 미치는 것으로 나타났는데, 부모의 애정적, 자율적 양육태도는 증가시키고, 거부적, 통제적 양육태도는 감소시키는 것으로 나타났다(김종운, 이명순, 2009). 이러한 양육태도의 변화는 STEP 부모교육 프로그램이나 APT부모교육 프로그램에서도 나타났다(신성희, 원정숙, 2009; 이영애, 김정미, 2009). 청소년기 자녀를 양육하는 저소득층 부모를 대상으로 한 부모역할 프로그램에서도 자녀를 바라보는 부모의 관점에 긍정적인 영향을 미치는 것으로 나타났으며(김연수, 2015), 유아기 자녀를 둔 베트남 결혼이주여성들의 부모역할과 양육태도 향상에 긍정적인 영향을 미치는 것으로 나타났다(이경숙, 2015).

(4) 양육효능감 증진

부모교육은 부모의 양육태도나 의사소통능력과 같은 외형적 변화뿐 아니라 양육

스트레스의 감소나 부모효능감 증진과 같은 내적 변화에도 유의미한 효과가 있다.

　　연구결과, 부모교육 프로그램을 받은 집단에서 양육효능감 등의 긍정적 부모특성은 증가하고 양육스트레스와 같은 부정적 특성은 감소하는 것으로 나타났다(김민정 외, 2015; 송수희, 신혜영, 허소영, 2015; 안지현, 이동천, 권영란, 2015).

　　교류분석을 적용한 부모교육 프로그램은 어머니의 양육스트레스 감소 및 부모효능감 향상에 효과가 있는 것으로 나타났다(홍민형, 박혜원, 2018). MBTI 지표활동과 P.E.T. 활동, 아버지 교육활동을 통합 구성한 부모교육 프로그램에 참여한 부모들은 통제집단에 비해 부모효능감은 향상된 반면, 양육스트레스는 감소한 것으로 나타났으며(정미현, 이경주, 2020), STEP 부모교육 프로그램에 참여한 부모들도 부모역할에 대한 관심과 흥미뿐 아니라 부모효능감이 증가한 것으로 나타났다(이영애, 김정미, 2009).

　　각각의 부모교육마다 그 지향하는 목표에서 차이는 있지만 부모교육은 자녀의 잘못된 행동 목표와 이러한 행동에 대처하는 구체적인 기술을 습득케 함으로써 보다 자신감 있는 부모역할을 수행하는 데 도움을 준다.

2) 자녀에게 나타난 효과

부모교육은 이에 참여했던 부모들뿐만 아니라 그들의 자녀들도 긍정적인 자아개념을 형성하고 사회적 능력, 인지 및 학업성취능력이 향상되는 것으로 나타났다.

(1) 자아존중감 향상

다양한 부모교육 프로그램에 참여한 부모의 자녀들은 대부분 자아존중감이 향상된 것으로 나타났다. 부모교육의 효과에 대한 메타분석 결과, 자녀에게 나타난 변화 가운데 자존감의 향상이 가장 큰 것으로 나타났다(이진, 임선아, 2020). 특히 예비부모교육 프로그램은 자아존중감 향상, 예비부모로서의 자질, 지식, 태도 함양 및 의사소통능력 증진 등을 목표로 구성되어 있으므로 이를 통해 더욱더 향상되었을 것으로 볼 수 있다(정은미, 2017). 이러한 변화는 여러 연구들(김서호, 변상해, 2019; 김종운, 이명순, 2009)에서 나타났는데, 이는 자녀에 대한 부모의 태도가 변화함으로써 자녀가 부모로부터 존중받고 있다는 인식을 갖게 되고 그로 인해 자녀의 자존감이 높아졌을 것으로 추정해 볼 수 있다. 이러한 연구결과는 아동의 자아존중감을 향상시키는 효율적인 방법으로서 부모교육의 필요성을 말해주는 것이다.

(2) 사회정서 발달

부모교육을 받은 부모의 자녀들은 정서적으로 보다 안정되고 대인관계에서 사회성이 향상되었으며 성격특성에도 긍정적 변화가 나타났다. 부모교육 참여집단 어머니에게서 자녀의 부정적 정서표현에 대한 지지적 반응은 증가하고 비지지적 반응은 감소하는 것으로 나타났으며, 어머니 자신뿐 아니라 자녀의 정서조절 능력 또한 증가하는 것으로 나타났다(유인숙, 김민화, 2016). 특히, 부모에게 놀이치료 기술들을 훈련시키는 부모놀이치료(Filial Therapy) 교육 후에는 어머니가 자녀의 감정을 수용하는 정도가 증가하였으며 그 효과도 지속적인 것으로 나타났다(최영희, 2006). 교류분석을 적용한 부모교육 프로그램도 영유아의 초기 사회적 의사소통 기술 향상에 효과가 있었다(홍민형, 박혜원, 2018). 또한 부모교육은 발달장애 아동의 사회성 발달에도 효과적인 것으로 나타났으며(김지영, 김지훈, 이춘엽, 정혜림, 2023; 이성모, 진주연, 2023; 정희정, 김명식, 2023), 다문화 부모교육 프로그램 효과를 메타분석한 연구에서도 사회적 유능감 관련 변인의 효과가 가장 큰 것으로 나타났다(조은영, 이신동, 2020).

(3) 언어 및 인지발달

유아는 가정에서 부모와 상호작용을 함으로써 최초로 언어를 습득하게 되고 이를 계속 발전시켜 나가는데, 이때 부모가 유아에게 어떤 상호작용을 해주는가에 따라 아동의 언어 및 인지발달에 영향을 미치게 된다.

특히 부모가 특수교육에 적극적으로 개입해야 한다는 요구가 높아지면서 부모를 대상으로 한 다양한 교육 프로그램 개발이 요청되고 있다. 저소득층 다문화가정 어머니들에게 컴퓨터보조학습(Computer Assisted Instruction: CAI)을 활용한 부모교육을 통해 구체적인 촉진전략 사용법을 훈련한 결과, 어머니들의 언어행동에서 긍정적인 변화가 생겼고, 어머니의 변화된 언어행동은 자녀들의 표현 언어능력을 향상시킨 것으로 나타났다. 이는 한국어가 유창하지 못한 다문화가정 어머니도 체계적이고 집중적인 훈련을 통해 자녀의 언어발달에 기여할 수 있음을 시사한다(김영란, 2011). 언어치료 기법을 어머니에게 훈련시키고 가정에서 적극적인 언어중재를 하도록 하여 아동의 언어능력을 향상하고자 한 절충적 언어치료 부모훈련 프로그램도 언어발달장애아의 의미·구문·화용 언어능력의 향상에 긍정적인 영향을 미치는 것으로 나타났다(박경호, 2016). 구개열 영유아를 위한 조기 언어중재 부모교육 프로그램을 통해서도 부모들은 자녀와의 상호작용에서 아동의 말-언어발달에 긍정적인 기술이나 전략을 사용하고 결과적으로 구개열 영유아들의 표현 언어와 말산출 능력을 향상시키는 것으로 나타났다(하승희, 2011).

(4) 감각 및 신체발달

발달장애 아동의 부모를 대상으로 한 연구에서 부모교육 프로그램은 부모와 발달장애 아동의 신체활동을 촉진시키는 것으로 나타났다. 부모교육 참여 후 부모의 신체활동 수준이 증가하는 경향이 나타났고, 부모의 신체활동 수준 증가는 발달장애 자녀의 신체활동 수준 증가로 이어지는 것으로 나타났다(이성모, 진주연, 2023). 또한 부모교육을 통한 감각통합 가정프로그램은 자폐스펙트럼장애 아동의 감각조절능력을 향상시키는 것으로 나타났다(김지영, 김지훈, 이춘엽, 정혜림, 2023).

이처럼 자녀의 변화는 발달장애 아동이나 다문화 가정 부모를 대상으로 한 연구에서 크게 나타났는데(이진, 임선아, 2020; 조경란 외, 2013), 이는 특수집단을 대상으로 한 프로그램이 일반집단을 대상으로 한 예방적 프로그램에 비해 효과가 크다는 서구의 분석결과(Shadish & Baldwin, 2003)와도 일치한다.

3) 부모교육 효과의 평가문제

현재 보편적으로 사용되고 있는 부모교육 프로그램은 반영적 모델(reflective

Frederic J. Medway

model), 행동주의 모델(behavioral model), 민주적 모델(adlerian model)로 구분할 수 있다. 반영적 모델은 Rogers의 내담자중심 상담요법을 근거로 의사소통 기술을 향상시키는 데 중점을 두고 있으며, Gordon의 P.E.T.가 그 대표적인 프로그램이다. 반면 행동주의 모델은 관찰할 수 있는 행동의 변화에 관심이 있으며, 부모교육은 아동의 문제행동을 통제하기 위한 기술을 가르치는 데 초점을 두고 있다. 또한 민주적 모델은 Adler에서 시작하여 Dreikurs로 계승되어 Dinkmeyer와 McKay에 의해 부모교육 프로그램으로 개발되었으며, 이는 잘못된 행동목표의 이해, 협동적인 가족환경의 조성이나 행동을 통제하기 위해 논리적 귀결을 사용하는 것을 중시한다(Medway, 1989). 이들 프로그램은 각각 강조하는 바가 상이하고 그에 따른 목표도 차이가 있다. 따라서 부모교육 프로그램의 효율성에 대한 평가는 각 프로그램이 지향하는 목표와 관련되어 이루어져야 하며, 그 프로그램이 목표로 하지 않은 전반적인 결과를 비교하는 것은 문제가 있다.

부모교육 프로그램의 효과를 측정하는 방법론적인 면에서도 문제점이 나타나고 있다. 연구결과에 의하면, 행동주의 프로그램에서 40%, P.E.T.에서 28%, 민주적 양육 이론에서 30%만이 프로그램의 효과를 측정하기 위해 대상을 실험집단과 통제집단에 무작위로 배정했으며, 이를 제외한 대부분의 프로그램에서는 단순히 프로그램을 이수한 이후의 효과만을 측정하고 있다. 그러나 중도에 탈락한 부모들에 비해 탈락하지 않고 끝까지 프로그램에 참여한 부모들은 프로그램을 보다 만족스럽게 생각하고 있으며, 그 결과 교육의 효과는 실제보다 긍정적으로 평가될 수밖에 없다(Medway, 1989). 또한 언제 어떻게 평가할 것인가에 대해서도 대부분의 연구들이 훈련을 전후한 측정방법을 택하고 있으나, 실제로 프로그램 훈련시간은 2~20시간 정도에 불과하며, 훈련 이후 프로그램의 효과를 지속적으로 추적한 연구는 거의 없다. 그러므로 측정된 결과가 진정한 부모교육의 효과인지에 대해서는 의문이 남게 된다.

이러한 평가상의 문제점에도 불구하고 부모교육의 효과를 부정적으로 평가하는 연구는 거의 없다. 자녀의 발달단계별 특성에 대한 지식의 습득, 의사소통 기술이나 문제해결 능력의 향상은 분명히 부모-자녀관계에 긍정적인 영향을 미치는 요인으로 작용한다.

2. 부모교육의 계획

부모교육을 통해 소기의 목적을 달성하기 위해서는 어떠한 내용을 누가, 언제, 어떻게 가르치고 운영할 것인가에 대한 상세한 계획이 필요하다. 부모교육이 효과적으로 실행될 수 있기 위해서는 사전계획에서 다음과 같은 점들을 고려해야 한다.

첫째, 장기적이고 지속적인 교육이 이루어지도록 계획해야 한다. 한 번으로 끝나는 일회성 교육은 효과를 기대하기 힘들다.

둘째, 부모교육의 계획을 세우는 과정에서 부모들을 참여시켜 그들의 욕구가 충분히 반영되도록 한다.

셋째, 그 지역사회의 특성이나 집단의 특성에 적절한 교육내용이나 방법, 실시시기, 일정 등을 고려함으로써 교육의 효과를 높이도록 한다. 직업을 가진 부모나 농어촌 지역의 부모들을 위해서는 별도의 세부계획이 필요하다.

넷째, 교육에 참여하는 부모들의 직업이나 교육수준과 같은 사회경제적 지위를 고려하여 계획하여야 한다. 일반적으로 사회경제적 지위가 높은 부모들에게는 교육의 기회가 제한된 부모들보다 정보제공보다는 신념의 변화를 강조하는 것이 효과적이며, 저소득층일수록 가능한 한 경제적 부담은 주지 않는 것이 바람직하다.

다섯째, 부모교육 계획은 연간, 계절간, 월간으로 수립되어야 할 뿐만 아니라 구체적이고 실천 가능하도록 일간 계획을 수립하는 것이 효과적이다. 연간계획안은 모든 계획안의 기본골격이 되는 것으로서 해당 교육기관에서 실시하고자 하는 부모교육의 방향을 파악하는 데 도움이 된다(〈표 11-1〉 참조). 연간계획안을 수립하는 과정에서 부모교육을 어떤 방식으로 몇 회기를 실시할 것인가는 교육기관에 따라 상이하다. 대부분의 일선 유아교육기관이나 어린이집에서는 학부모회나 부모면담,

수업참관과 가정통신문을 적절하게 혼용하여 실시하고 있다. 학부모회는 매학기 시작 이전에 부모를 대상으로 오리엔테이션 형식으로 1년에 두 차례 실시하는 곳이 많다. 그 외에 사정에 따라 2~4회 정도의 학부모회를 실시하기도 하는데, 대부분 강연회의 형식으로 이루어진다. 유아교육기관이나 어린이집에서 부모면담은 대부분 1년에 2회 정도로 실시하고 있으며, 필요에 따라 수시로 면담이 가능하다. 수업 참관도 1년에 2회 정도는 기본적으로 실시하고 있으며, 다른 활동과 병행하여 4회

표 11-1　**부모교육 연간계획안**

월	계획활동	교육내용	운영
2월	입학 안내면담	입학과 관련사항 알리기 부모면담	가정통신문 부모면담
3월	신학기 오리엔테이션	연중계획 안내 교육과정과 교육방침 안내 여러 가지 유의사항	원장
4월	강연회 부모참여 안내 아동생활지도	봄철 유아 건강과 안전관리 특기나 자원봉사 부모모집 아동생활지도방법 안내	외부강사 가정통신문 가정통신문
5월	소풍 인형극	소풍안내문 어린이날, 어버이날을 위한 인형극놀이와 제작	가정통신문 워크숍
6월	견학 부모참여	견학안내문 아버지 참여수업	가정통신문 수업참관
7월	방학생활 안내	방학생활에 대한 안내	가정통신문
8월	편지 보내기	방학기간 중 교사가 유아에게 편지 보내기	우편발송
9월	면담	부모면담	교사
10월	야외활동 작품전시회	야외활동 안내 유아작품전시 안내 및 참관	가정통신문 부모참관
11월	강연회	부모역할에 대한 교육	외부강사
12월	재롱잔치 방학생활 안내	재롱잔치에 대한 안내 방학생활에 대한 안내	가정통신문 가정통신문
1월	편지 보내기	방학기간 중 교사가 유아에게 편지 보내기	우편발송
2월	졸업 및 진학 준비	초등학교 준비 안내	가정통신문

정도 실시하는 곳도 다수 있다. 가장 빈번하게 사용하는 방법은 가정통신문으로 이는 부모에게 알려주어야 할 사항이 있는 경우에 수시로 사용한다.

여섯째, 부모교육 계획을 수립할 때 해당 교육기관의 실정이나 부모들의 사정을 고려하여 실천 가능성이 높은 구체적이고 쉬운 일부터 시작하여 점차적으로 활동의 폭을 확대해 나가는 것이 바람직하다.

3. 부모교육의 운영방법

부모교육의 운영방법은 각 프로그램의 목적, 교육내용, 교육기관의 여건이나 부모집단의 특성 등에 따라 좌우된다. 일반적인 방법은 구체적인 계획에 따라 이루어지는 형식적인 방법과 구체적인 계획 없이 간략하게 이루어지는 비형식적인 방법, 참여 정도에 따라 소극적인 방법과 적극적인 방법으로 분류할 수 있다.

Berger는 계획의 구체적인 정도에 따라 부모교육 프로그램을 비형식적인 모임과 형식적인 모임으로 분류하고 있으며, 이를 순서대로 정리해 보면 〈표 11-2〉와 같다(이경우, 1986).

또한, 참여 정도에 따라 보편적으로 사용되는 부모교육의 방법에는 가정통신, 수업참관, 보조교사, 학부모회(강연회, 좌담회, 워크숍, 역할놀이), 부모면담, 가정방문, 장난감 및 학습자료 대여 프로그램 등의 다양한 방법이 있다. 대부분의 교사들은 이러한 방법 중 몇 가지를 병행하여 사용한다. 이러한 방법 가운데 우리나라에서는 가정통신, 학부모회, 부모면담, 수업참관은 거의 대부분의 교육기관에서 실시하고 있으므로 이들 방법에 대해 간략하게 살펴보고자 한다.

표 11-2 **부모교육 프로그램의 운영방법**

운영방법		특징	집단 구성	좌석 배치	제한 시간	적절한 주제의 예
비형식적	브레인 스토밍	모든 사람이 새롭고 다양한 주제를 산출한다. 사고의 확장과 문제해결 능력을 기른다.	30명 이하	원	4~6분, 10분	자녀의 습관 기르기, 가정주변의 문제, 문제해결 방법
	원탁 모임	전 구성원이 원으로 앉아 적극적으로 참여한다. 토의를 통하여 문제를 규명하고 결정한다.	소집단	원, 반원		부모 간 팀워크, 문제행동, TV의 영향
	동심원 모임	큰 원 안에 작은 원을 만들어 소집단 토의를 하고, 바깥 원의 구성원은 이를 결정한다. 토의 후 전체 집단에 공개한다.	내부원: 6~8명, 전체: 24~30명	원	5~10분	유아에게 바라는 것, 가치판단력, 자녀의 자아존중감 형성
	소집단 토의	모든 참여자가 상호작용할 수 있는 소규모의 공개토의이다. 6명의 회원이 6분간 토의하므로 6-6회라고도 한다.	최소 2명, 최대 6~8명	원, 반원	6분	아동의 정서와 감정, 훈육, 도덕적 가치
	워크숍과 센터	워크숍: 직접 참여하여 교구제작, 그림 그리기 등을 한다. 센터: 여러 영역을 다니며 시범을 보고 설명을 듣는다.	소집단	큰방, 분리된 방	주제에 따라 상이함	책만들기, 게임·교구 제작
	참관과 견학	실제로 현장을 견학하고 지역사회 등을 방문한다. 사전 토의나 추후 활동을 하면 보다 효과적이다.	소집단			자녀가 가는 박물관, 특수학교, 신문사, 병원
	역할 놀이	특정한 상황을 극화하여 역할을 수행한다. 문제상황을 판단하거나 다른 사람의 입장에 대한 이해심을 기른다.	소집단, 대집단	원, 반원, 강당식		교사-학부모회, 문제행동, 집단 내의 역할, 가정방문 시 가능한 상황, 경청하기, 나-전달법
	극놀이	선정된 연극 대본을 통하여 토의한다. 촌극은 집단의 욕구와 직접 관련되므로 유익하다. 인형극은 부담이 없어 효과적이다.	소집단, 대집단	원, 반원, 강당식		고집 센 아동 다루기, 가족의 의사소통, 어린이를 위한 어머니 연극
	공개 토론회	선정된 주제를 공개토론하는 모임. 주제에 대한 찬반 토의를 한다.	4~6명	반원		새로운 교수법, 훈육

	대담	비전문가나 전문가에 의한 공개토의. 청중의 질의응답을 받는다. 단일토의와 이중토의가 있다.	6~12명	반원		자녀의 공포심 다루기. 압박감 해결법
	토론	논란이 되는 문제에 대해 찬반론을 토의한다.	2~6명 대집단	원, 강당식		개방교육 대 전통교육. 성취장려 대 경쟁촉구
	독서회	책을 선정하여 읽고 난 후 토의한다.				가치명료화. 의사결정법
	시청각 교재	시각적·청각적 자료로 공개토의를 촉진시킨다. 집단에 필요한 정보를 제공한다.	소집단, 대집단	부채꼴		정서적 성장. 공포심 다루기
	심포지엄	한 주제에 대하여 여러 명의 발표자가 의견을 제시한다. 발표 후 질의응답 시간을 갖는다.	대집단	원, 반원, 강당식	5~10분	성역할 이해. 다양한 문화 이해. 소비자 교육
형식적	강연회	전문가가 한 주제에 대하여 강연한다. 특정 지식을 많은 사람들에게 전달하는 데 효과적이다.	대집단	강당식		유아교육의 중요성. 양육태도와 어린이 행동. 질병문제

출처: 이경우(1986). 부모교육 프로그램의 방법 및 전략방향. 부모교육 프로그램 탐색. 부모교육연구회 편 (pp. 179-227). 서울: 창지사.

(1) 가정통신문

가정통신문은 가장 간편하면서 보편적으로 사용되는 소극적인 형태의 부모교육 방법이다. 교육기관에서는 부모에게 전달하고 싶은 내용을 가정통신문으로 작성하여 각 가정에 전달하면 각 가정에서는 가정통신문을 통해 교육기관에서 실시하고 있는 주요 교육내용이나 생활지도 사항 및 행사 등과 관련된 내용을 손쉽게 알 수 있다. 특히 현대사회와 같이 여성취업률의 증가로 인해 가정방문이나 부모면담을 통한 부모교육이 어려운 상황에서 가정통신문은 기관과 가정이 자녀와 관련된 정보를 쉽게 교환하고 의사소통할 수 있는 수단이 된다. 가정통신문의 형식은 주제에 따라 상이하지만 전달하고자 하는 내용이 확실하게 부모에게 전달될 수 있도록 간략하면서 그 목적이나 일시, 장소 및 유의사항에 대한 지침을 명시해주어야 한다 (〈표 11-3〉 참조).

표 11-3   **가정통신문의 예**

안녕하세요!

설레기만 하던 2023년도 어느덧 저물어 마무리의 계절 겨울로 깊어가고 있습니다. 우리 유치원에서는 그동안 친구들이 열심히 갈고 닦은 여러 가지 활동을 부모님들께 보여드리고 1년 동안의 즐거운 추억을 되새겨보기 위해 발표회를 갖고자 합니다. 바쁘시더라도 꼭 참석하셔서 자녀들의 모습을 지켜봐 주시고 격려해주세요.

◈ **일시**: 2023년 12월 9일(토) 오후 2: 00~4: 00
◈ **장소**: ○○유치원
◈ **준비물**: 의상은 유치원에서 준비하고, 개인준비물에 대한 자세한 사항은 추후 안내해 드립니다.

◈ **부탁의 말씀**:
  • 유아들은 보통 때와 마찬가지로 등원시켜 주세요. 차량운행은 평소처럼 합니다.
  • 부모님들께서는 1시 50분까지 입실해주세요. 행사는 정시에 시작합니다.
  • 발표회 진행 중에는 정숙해 주시고, 사진촬영도 가급적 자제해 주세요. 발표회가 끝난 후 20분간 사진촬영 시간을 드리겠습니다.
  • 발표회가 끝난 후에는 차량운행은 하지 않습니다.
  • 12월 22일에는 방학식 및 발표회 총연습이 있습니다.

○ 년   ○ 월   ○ 일
○○유치원 원장

(2) 학부모회

학부모회는 부모들이 한 자리에 모여 강연회나 워크숍, 역할놀이, 좌담회, 독서회 등의 방법을 통해 자녀양육이나 기타 주제에 대한 내용을 주고받거나 의견을 교환하는 방법이다.

이 가운데 일선 교육현장에서 가장 보편적으로 사용되는 방법은 강연회이다. 강연회는 부모들이 관심을 가지고 있는 주제를 정해놓고 그 분야의 전문가를 초빙하여 전문가의 견해를 듣는 방법이다. 이 방법은 부모들이 교육을 위해 무언가를 준비해야 하는 부담이 없을 뿐만 아니라 교육기관에서도 비교적 손쉽게 준비할 수 있다는 이점 때문에 가장 널리 사용되는 방법이다.

워크숍은 강연회에 비해 부모들의 개입수준이 다소 높은 형태로서 부모들이 실제 활동에 참여할 수 있는 교구제작이나 취미생활 등의 활동으로 구성된다. 강연회에 비해 부모들의 참여정도가 높은 만큼 교육의 효과도 높을 수 있다. 그러나 워크숍의 방법은 계획단계에서부터 부모들의 요구를 수렴하여 주제를 선정하고 부모와 교육기관이 함께 계획을 세우는 것이 그 효과를 극대화할 수 있다.

역할놀이(role play)는 육체적인 활동뿐만 아니라 심리적인 활동까지를 포함한다는 의미에서 워크숍에 비해 부모의 개입수준이 보다 높다고 볼 수 있다. 이는 일종의 심리극으로 자녀양육 과정에서 직면하는 문제를 극으로 표현하는 활동이다. 갈등을 유발하는 실생활 상황을 극으로 표현하게 되면 일종의 은유적인 모습으로 극중인물을 평가할 수 있는 이점이 있을 뿐만 아니라 역할극을 통해 부모가 자녀의 역할을, 자녀가 부모의 역할을 연기해봄으로써 상호 간에 보다 깊은 이해가 가능하다.

그 외에도 부모들은 소그룹으로 좌담회나 독서회 등의 방법을 통해 관심있는 분야의 정보를 서로 교환하고 토론할 수 있다. 이는 교육기관에서 주도하기보다는 부모들이 자발적으로 모임을 형성하고 주제를 선정하며 의견을 교환하는 방법으로 실제로는 보다 자발적인 교육이 이루어지게 된다.

(3) 부모면담

부모면담은 교사와 부모가 서로 얼굴을 대면하고 자녀의 생활전반에 대한 정보를 교환하는 방법이다. 부모면담은 등하원 시간을 통해 짧게 비공식적인 방법으로 필요한 정보를 교환하기도 하지만 일반적으로는 공식적인 일정을 마련하여 자녀의 생활전반에 걸친 내용을 서로 교환하고 상담하는 시간을 갖게 된다. 부모면담은 부모와 교사 간에 직접적인 대면을 통해 이루어지기 때문에 자녀의 생활전반에 걸친 내용을 보다 상세하게 알고 상담할 수 있다는 이점이 있다. 대부분의 교육기관에서는 그 양식은 다소 상이하지만 부모면담을 위한 면담일지를 구비하고 있으며, 그렇게 함으로써 부모면담의 효과도 더욱 높아질 수 있다(〈표 11-4〉 참조).

표 11-4 **면담일지**

면담일시: 20 . . . 요일	원아 이름:	원장결재
면담자: ○○반 교사:	피면담자:	

면담자료	부모–교사 협의체제 기록, 창의성 검사, 학습준비도 검사, 자아개념 검사, 유아발달 체크 리스트, 관찰기록, 일화기록, 유아작품, 성취도 검사 등		
면담내용	유아의 가정생활		
	유아의 유치원생활	기본생활습관	
		놀이형태	
		대인관계	
		대그룹활동	
		발달특징	
교사의 조언		건의사항	

(4) 수업참관

수업참관은 부모가 가정생활과는 상이한 환경에서 자녀의 행동이나 발달을 객관적으로 관찰하고 평가하고 이해할 수 있는 기회를 제공해준다. 수업참관은 교실을 개방하거나 일방경을 통해 수시로 참관을 허용할 수도 있으나, 일반적으로는 소규모의 그룹으로 나누거나 아버지 수업참관일과 같이 특정한 대상을 중심으로 이루어지거나 전체 학부모를 대상으로 수업참관을 실시하게 된다. 수업참관을 실시할 경우에는 사전에 미리 안내문을 발송하여 부모들로부터 협조를 구하는 것은 물론이고 수업참관일에도 부모들에게 관찰기록지를 배부함으로써 참관의 집중도를 높이고 기록결과를 이후의 교육을 위한 기초 자료로 활용하도록 한다.

4. 부모교육의 평가

부모교육을 실시한 후에는 교육에 대한 평가를 통해 앞으로 더 나은 부모교육을 위한 기초 자료로 삼을 수 있다. 평가는 부모교육의 내용에 대한 것이 주를 이루지만 교육방법이나 시기, 대상, 일정과 기타 부모교육에 대한 전반적인 평가가 이루어지기도 한다(〈표 11-5〉 참조).

표 11-5 부모교육평가 질문지

부모교육평가 질문지

앞으로 보다 나은 부모교육을 위해 부모님들께서는 오늘의 부모교육이 어떠했는지에 대한 의견을 솔직하게 기록해주시면 감사하겠습니다.

1. 오늘의 부모교육(내용, 일정, 시간 등)은 어떠했습니까?

2. 오늘의 부모교육에서 좋았던 점은 무엇입니까?

3. 부모교육에서 앞으로 개선하였으면 하는 점은 무엇입니까?

질문에 답해주셔서 감사합니다.

○○어린이집 원장

제**12**장
부모교육의 과제와 활성화 방안

1960년대 이후 부모교육의 필요성이 널리 인식되기 시작하면서 서구에서부터 다양한 부모교육 프로그램이 개발되기 시작하였으며, 현재 우리나라에도 무수히 많은 부모교육 프로그램이 개발되어 널리 활용되고 있다. 이들 프로그램은 그 내용뿐만 아니라 활용에 이르기까지 구체적인 지침이 제시되어 있고 실제로 부모들을 대상으로 널리 보급되고 있으며, 그 효과도 인정받고 있다. 그러나 아직까지 우리나라의 부모교육 프로그램은 그 내용이나 대상, 운영방법에서 여러 가지 문제점이 지적되고 있는 것도 사실이다.

그러므로 앞으로의 과제는 프로그램의 내용을 구체화하고 체계화하려는 노력과 아울러 현재 부모교육의 문제점으로 지적되는 부모교육의 대상이나 운영방법 등에 대해서도 다각도로 방안을 모색해보고자 하는 노력이 필요하다.

이 장에서는 우리나라 부모교육의 과제와 활성화 방안에 대해 논의해보고자 한다.

1. 부모교육의 과제

부모교육의 효과에 대한 일반적인 인식에도 불구하고 부모교육의 방향이나 운영 방법, 내용 등에 대하여 지속적으로 다음과 같은 많은 문제점들이 제기되고 있다.

1) 부모교육에 대한 인식

어느 사회나 문화를 막론하고 그들 사회에서 추구하는 특정한 자녀양육의 방식이 있고 목표가 있다. Bronfenbrenner는 미국과 구소련의 가정교육의 비교연구에서 미국의 가정이 전인적 발달을 도모하기 위하여 독립심, 개성, 창의성과 원만한 인간관계를 가르치는 것을 목표로 삼는다면, 구소련에서는 집단의식, 강인한 정신과 신체, 공산주의적 윤리관을 배양하는 것에 중점을 둔다고 지적하였다. 또한 일본의 가정교육에서는 예절, 친절함, 집단의식, 타인에 대한 배려 등을 강조한다면 이스라엘은 유대인으로서의 문화적 정체성, 공동체 의식, 지성적 활동에 대한 관심등이 특히 강조된다고 한다(이상주, 1993).

그러면 우리나라의 자녀양육의 목표는 무엇인가? 우리나라는 전통적으로 가정교육이 특별히 강조된 사회였다. 한국 전통가족에서의 자녀양육의 목표는 유교적도덕성을 함양하는 것이었으며 그것은 비교적 분명하고 일관성 있는 것이었다. 태아기부터 청년기까지 전통적 자녀양육 방법이 전승되고 실천되어 왔다. 그러나 우리 사회가 본격적으로 산업화되고, 도시화되면서 부모역할에 혼란이 일어났다. 외래의 자녀양육 방식이 문화적 적절성에 대한 검토도 거치지 않고 부모교육 프로그램이나 전문서적, TV를 통해서 혼란스럽게 전파되고 있다(〈그림 12-1〉 참조). 전통사회에서와 같이 명확한 부모역할 모형이 없는 상황에서 이러한 무차별적인 자녀양육에 대한 정보의 보급으로 인해 현대사회의 부모는 자녀양육의 목표도 상실하고 방법도 혼란에 빠져 있다.

자녀를 양육하기 위해 배워야 할 것이 있다고 생각하는 부모는 아직도 많지 않

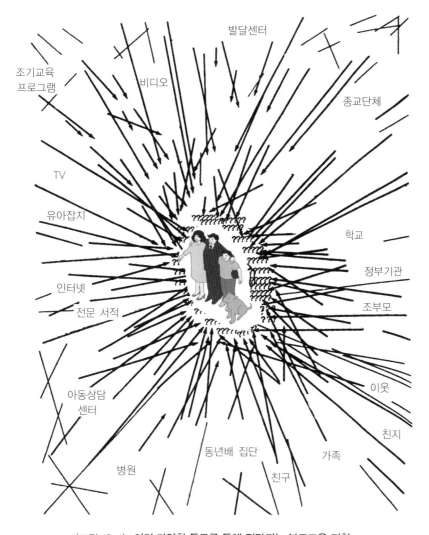

〈그림 12-1〉 **여러 다양한 통로를 통해 전달되는 부모교육 지침**

다. 이는 근본적으로 부모역할이 자녀의 성장발달에 얼마나 많은 영향을 미치는가에 대한 인식의 부족에 기인하는 것으로 볼 수 있다. 그리고 배워야 할 것이 있다고 생각하는 부모들조차도 이처럼 혼란스러운 상황으로 인해 그 방향이 잘못된 경우가 많다.

우리는 흔히 자녀양육을 농사에 비유해서 '자식농사'라는 표현을 한다. 이는 농

🔎 **사진 설명** 닭이 알을 품듯이 달걀을 품고 있는 에디슨.

부 자신의 노력만큼이나 땅과 날씨가 얼마나 좋은가에 따라 농사가 잘되기도 하고 못되기도 하지만 동시에 땅이 아무리 비옥하고 좋은 씨앗을 뿌렸다고 하더라도 김매고 돌보지 않으면 망가지기 마련이라는 의미를 담고 있다. 자녀양육도 이와 마찬가지이다. 아무리 천부적인 재능을 가지고 태어났다 하더라도 이를 가꾸고 돌보아줄 대상이 없으면 좋은 성과를 기대하기가 어렵다. 에디슨이 계란을 품고 3일간 헛간에 쭈그리고 앉아 있어도 이를 인내하고 기다릴 수 있었던 어머니가 아니었다면 에디슨의 천재성은 영원히 사장되었을 것이다(박성수, 1998)(사진 참조). 특히 현대사회와 같이 변화의 속도가 빠르고 가치관이 급격히 변화하는 사회에서는 부모가 배우려는 노력 없이는 올바른 자녀지도가 불가능하다. 부모의 효과적인 개입은 자녀의 앞으로의 성장발달에 중요한 변인이라는 인식이 필요하다.

2) 부모교육의 대상

부모교육 대상의 문제는 여러 측면에서 지적할 수 있으나, 그 가운데 가장 심각한 문제는 아직도 어머니 중심의 교육이라는 점이다. 특히 어머니 중에서도 학교나 기관의 활동에 관심이 많은 어머니만이 대상이라는 점이다. 그 결과, 부모교육 대상에서 아버지, 자녀, 조부모나 교사 등 다른 자녀양육의 당사자나 주체가 소외되어 있으며, 특히 예비부모를 위한 교육이 도외시되어 있어 예방 차원에서의 부모교육이 미흡하다는 점이다. 또한 부모교육 대상의 연령층이나 집단특성에 따라 구분이 세분화되어 있지 않다는 점 등도 문제점으로 들 수 있다.

우선 부모교육의 대상이 어머니에 편중되어 있다는 것은 모두가 공감하는 문제이다. 일반적으로 자녀와 많은 시간을 보내고 일차적인 양육의 책임을 지는 사람은 어머니이며, 부모교육에 관심을 가지고 직접 참여하는 사람도 어머니이다. 따라서 부모교육의 효과를 다룬 연구들은 주로 어머니나 자녀에게 나타난 변화를 통해 부모교육이 효과적이었음을 보고하고 있다. 엄밀히 말하면, 이는 부모교육의 효과라기보다는 어머니 교육의 효과라고 해야 함이 옳을 것이다.

그러나 더욱 문제가 되는 것은 부모교육이 그러한 어머니 중에서도 학교나 기관의 활동에 관심이 많은 어머니들에게 한정된다는 사실이다. 이는 곧 부모교육이 절실하게 필요한 저소득층의 어머니들은 소외되어 있음을 의미한다. 이들은 시간적, 경제적, 혹은 자녀양육에 대한 인식 부족으로 부모교육의 대상에서 계속적으로 제외되고, 결과적으로 그 피해는 자녀의 몫으로 돌아가게 된다. 어머니 자신이 비록 부모교육에 참여할 의사가 있다 하더라도 취업으로 인해 시간적인 제약을 받게 되거나 어린 자녀가 있어 참여하지 못하는 경우도 많다.

뿐만 아니라 자녀를 대상으로 한 예비부모교육도 그다지 활성화되어 있지 않고 조부모를 위한 교육은 거의 전무하다. 예비부모인 자녀들에게 부모교육을 시킴으로써 현재 자신의 부모와의 관계도 향상될 수 있으며, 나아가 자신이 부모가 되었을 때 부모-자녀 간의 문제를 미연에 방지할 수 있는 이점(利点)이 있음에도 불구하고 이들을 대상으로 한 교육이 미흡하다. 또한 우리 사회가 점차 핵가족화 되어 가고 있으나 아직도 조부모는 중요한 자녀양육의 담당자라는 점에서 볼 때, 이들에 대한 교육 부재도 문제점으로 지적할 수 있다.

3) 부모교육의 내용

부모교육 내용의 부적절성이나 편파성 및 교육내용이 대상별로 세분화되지 못한 점도 부모교육의 문제점으로 지적된다.

우리나라에서는 1980년대 이후로 부모교육에 대한 관심이 점차 고조되어 보다 적극적이고 구조화된 프로그램들이 하나 둘씩 선을 보이게 되었다. Gordon의 부모효율성훈련(P.E.T.), Dinkmeyer와 McKay의 체계적 부모효율성훈련(STEP), Popkin의 적극적 부모훈련(AP, AP/Teens) 등과 같이 서구에서 개발된 프로그램을 국내에

도입하여 적용하고자 하는 시도가 눈에 띄게 늘어났다. 그러나 이러한 프로그램들은 사회문화적 배경이 다른 서구의 부모를 대상으로 개발된 것이므로, 우리나라의 상황에는 맞지 않는다는 문제점을 가지고 있다. 이러한 부모교육 프로그램의 내용은 논리적으로는 무리가 없기 때문에 표면적으로는 '좋다' '도움이 된다' 라는 긍정적 반응을 보이지만 다분히 서구적인 가치나 사상을 근거로 한 프로그램이기 때문에 우리의 정서나 자녀양육 문화와는 조화를 이루지 못하는 아쉬움이 있다. 더 나아가 이는 문화적 정체성 상실이라는 문제를 초래할 수 있으므로 우리 사회와 실정에 맞게 보완, 수정된 프로그램의 개발이 필요하다. 또한 이들 프로그램은 부모-자녀 간의 평등한 관계, 민주적인 관계형성에 초점을 두고 있다. 권위주의적인 관계에 익숙해 있는 우리 사회에서 갑작스런 평등으로의 전환은 전통적인 양육지침이나 효(孝)와 접목되는 과정에서 많은 부모들을 혼란스럽게 만들고 있으며, 민주적인 것과 방임을 혼돈하는 양상을 보이기도 한다. 한걸음 더 나아가 부모-자녀 간의 평등한 관계가 아니라 부모가 자녀에게 종속되고 쩔쩔매는 자녀지상주의로 발전하기도 한다.

프로그램 내용의 편파성도 문제가 된다. 부모교육 프로그램들은 다소 내용이 상이하기는 하지만 상당수는 부모-자녀 간의 갈등을 대화를 통해 해결해 나갈 수 있다는 생각에서 접근하고 있다. 물론 적절하고 올바른 대화는 인간관계를 유지하고 향상시키기 위한 지름길인 것만은 분명하지만 모든 문제의 해결책인 것은 아니다. 부모교육이 소기의 성과를 거두기 위해서는 대화방법 못지않게 부모의 뚜렷한 가치관이 전제가 되어야 한다. 즉, 특정한 기법 중심의 접근에서 한걸음 나아가 의식변화를 유도하는 근원적·거시적 관점에서의 접근이 이루어져야 한다.

또 다른 문제는 이들 프로그램들이 문화적 태도나 가치의 차이, 빈곤과 관련된 복잡한 문제들을 고려하지 않고 모든 문화나 사회계층에 동일하게 적용된다는 점이다. 대부분의 프로그램은 백인 중산층의 부모에게 초점을 맞춘 것이다. 그러나 저소득층 아이들이 경제적 스트레스나 환경적 영향 등으로 인해 보다 많은 문제행동을 일으킬 수 있다는 점을 간과할 수 없다. 현존하는 프로그램들은 저소득층 부모에게는 성공적으로 적용될 수 없으므로 개별지도를 위한 가정방문이나 보충수업,

프로그램을 끝마칠 경우 재정적 도움을 주는 것과 같은 저소득층을 위한 방법이 보완되어야 한다. 또한 자녀의 연령이나 특성별로 내용을 세분화한 부모교육이 부족하다는 사실도 문제점으로 지적될 수 있다. 어린 아동과 청소년을 대상으로 부모교육 프로그램을 적용할 경우에 이에 대한 구분을 시도는 하고 있으나 뚜렷한 차이는 없다. 그러나 부모교육의 효과를 높이기 위해서는 자녀의 특성이나 발달수준에 따른 보다 세부적인 지침이 필요하다.

4) 부모교육의 운영

부모교육의 운영방법에 있어서 일방적으로 가르치는 교육이 중심이 되어 강연회를 통한 강의식 방법이 주축이 되고 있으며, 이로 인한 부모의 관심 부족이나 소극적 참여도 문제점으로 지적되고 있다. 부모교육이 최대한의 교육적 효과를 올리기 위해서는 보조교사 등과 같이 부모가 보다 적극적으로 참여하는 것이 필요함에도 불구하고 보조교사로서 부모가 교육에 참여하는 프로그램은 매우 드물고 또한 부모 자신이 보조교사로서 참여하고자 하는 의지도 낮게 나타났다.

또한 부모교육 전문요원의 확보도 시급하다. 부모교육의 성과는 상당 부분이 교사의 자질에 좌우된다. 현재로는 부모교육의 운영이 비체계적이고 일시적이며, 이를 극복하기 위해서는 양적 · 질적인 면에서 부모교육 전담요원의 확보가 필요하다.

2. 부모교육의 활성화 방안

효율적인 부모교육은 이상에서 지적된 여러 문제점들과 부모의 개별적인 욕구를 모두 충족시킬 때 비로소 가능하다. 이를 위한 지침을 제시해보면 다음과 같다.

1) 부모역할의 방향정립

올바른 자녀양육관을 확립하기 위해서는 먼저 부모교육의 목표에 충실한 방향정립이 우선되어야 한다. 우리나라의 부모교육이 제대로 방향설정을 하지 못한 것은 여러 가지 원인과 결부시켜 설명할 수 있다(김재은, 1993).

우선 부모교육의 목표가 지나치게 부모로서의 교육기능 활성화와 자녀와의 관계 향상을 위한 세부적인 지침에 치중한 나머지 부모 개개인의 양육방식이나 자녀양육에 대한 가치관의 확립문제는 상대적으로 경시되고 있다. 부모교육이 일반 성인교육이나 기타의 사회교육과 다른 점은 부모와 자녀와의 관계가 우선적으로 고려된다는 점에 있다. 자녀들이 어떻게 성장하고 어떤 능력을 가지고 있으며 그들의 소망, 목표, 고민, 불안, 걱정은 무엇인지를 이해하고 교육을 함에 있어서 구체적으로 아이들을 어떻게 다루며, 문제행동은 어떻게 수정하는가에 대한 기술적인 측면에 대한 지식도 필요하다. 그러나 자녀와의 관계가 우선적으로 고려된다 하더라도 자녀를 잘 가르치는 기술만이 부모교육의 목표가 된다는 것은 재검토해 볼 필요가 있다. 부모 자신에 대한 통찰이 부모교육의 주된 목표가 될 수 있으며, 부모 개인의 자아실현의 한 부분으로서 부모교육이 이루어져야 한다.

자기 자신에 대한 통찰을 기초로 하여 부모로서 자녀에게 하고 있는 교육은 어떠한 교육이며, 그것이 과연 어떤 결과를 초래하며, 자녀 자신의 삶이나 가족, 나아가 사회에 궁극적으로 어떤 의미가 있는지를 생각하게 해야 한다. 최근 증가하는 아동학대 문제를 사전에 예방하기 위한 노력의 일환으로 '부모교육 활성화 방안'을 수립하고 대학생을 대상으로 부모교육의 활성화를 위한 노력을 기울이고 있는 것도 바로 부모교육이 이처럼 부모로서 자신에 대한 통찰을 돕고 부모로서의 역량을 강화시키며, 위험상황에 노출되더라도 아동학대를 예방하는 주요한 보호요인으로 작용한다는 인식에 근거하고 있다. 따라서 가족이 직면하는 스트레스 상황에 효율적으로 대처하고 나아가 아동학대를 경감시키거나 예방하는 보호요인으로서 부모로서의 역량강화는 부모교육의 방향정립에서 중요한 요인이다.

2) 부모교육의 대상 확대

지금까지 부모교육의 대상이 주로 전업주부인 어머니라면 앞으로 부모교육의 대상은 직업을 가진 어머니나 하류계층의 어머니를 포함하여 아버지, 자녀, 조부모, 교사 등으로 그 대상을 확대해나가야 한다.

(1) 어머니의 참여 확대

지금까지 부모교육의 주 대상은 어머니였으며, 어머니 중에서도 자녀양육에 관심이 많고 경제적 · 시간적 여유가 있는 중산층 이상의 어머니가 그 대상이었다. 오히려 부모-자녀관계에서 더 많은 문제점을 가지고 있는 저소득층의 어머니는 부모교육의 기회를 충분히 제공받지 못하고 방치되고 있으므로 이들을 위한 교육 기회의 확대가 시급하다. 미국에서 초기에 실시되었던 헤드스타트 프로그램도 사회적으로 혜택을 받지 못하는 저소득층의 자녀를 대상으로 실시되었다는 점을 고려해볼 때 우리나라에서도 저소득층을 대상으로 한 부모교육이 필요하다.

🎙 **사진 설명** Head Start 프로그램에 참여하여 아이들과 즐거운 상호작용을 하고 있는 부시 미국 대통령.

저소득층 어머니 대상의 부모교육 방법으로는 강연회와 좌담회, 독서회 등의 방법은 적절하지 않으며 구체적인 역할지침이나 모델 제시, 역할놀이가 보다 효과적인 방법이다. 또한 내용에 있어서도 다음과 같은 점을 고려할 경우 보다 효과를 거둘 수 있다.

- 가정에서 즉각적으로 실시할 수 있는 실제적인 기술에 초점을 둔다.
- 변화되어야 할 특정한 행동을 관찰하고 측정하는 방법을 가르친다.
- 긍정적인 행동을 강화하고 문제상황을 예방하는 방법을 가르친다.

- 혐오감을 주지 않고 부정적 행동에 반응하는 방법을 가르친다.
- 자녀가 목표를 설정하고 문제해결을 하도록 도와주는 방법을 가르친다.
- 가족 내의 규칙이나 모임을 실시하고 전통을 계승해 나가는 방법을 도와준다.

또한 우리나라는 구조적으로는 핵가족화 되었지만 실제 기능면에서는 전통적인 역할분담이 이루어지고 있으며 아직도 자녀양육에서 어머니가 주양육자로 인식되고 있다. 그러므로 직업을 가진 어머니의 참여를 적극적으로 유도하는 것은 부모교육의 효율성과 직결된다. 일반적으로 부모의 참여를 높이기 위한 적절한 시기는 새 학기가 시작하는 학기 초이며, 시간대로는 오후 2~4시, 오전 10~12시로 나타났다. 그러나 직업을 가진 어머니들은 퇴근 후나 휴일을 선호하고 있는 것으로 나타났다. 또한 적극적인 참여를 유도하기 위해 전화나 관찰메모 등을 수시로 교환하는 방법 등 다양한 방법이 고려되어야 한다. 뿐만 아니라 부모들이 교육기관을 방문하지 않고도 가정에서 일상적으로 교육받을 수 있는 기회를 확대해야 한다. 정규방송에 일부 도입되어 있는 부모대상 교육 프로그램을 대폭 확대하는 방안도 필요하다.

(2) 아버지의 참여 확대

최근 자녀들의 성장과 발달에 미치는 아버지의 영향력이 강조되고 있다. 이처럼 효율적인 자녀지도와 부모역할을 수행하기 위해 아버지의 참여가 요구되는 현실을 감안해 볼 때, 아버지 교육은 더 이상 부차적인 것으로 생각될 수 없으며 아버지의 참여를 극대화시킬 수 있는 방법이 모색되어야 한다.

자녀의 성장발달에 미치는 아버지의 영향을 고려해 볼 때, 아버지는 어머니 못지 않게 중요한 인물이라고 할 수 있다. 특히 부부 중심의 핵가족에서 부부간의 협조는 가족 전체의 기능을 좌우하는 주된 요인으로 작용하게 된다. 어머니가 느끼는 긴장과 스트레스를 감소시키고 부모역할을 만족스럽게 수행하도록 하며 궁극적으로 자녀에게 긍정적인 영향을 주기 위해서는 아버지의 지원과 참여가 절대적으로 필요하다. 그런 의미에서 '좋은 아버지가 되려는 사람들의 모임'과 같은 단체들이 결성된 것은 상당히 고무적인 것으로 평가할 수 있다.

아버지의 생활무대가 직장인 점을 감안하여 공공기관, 대기업 등에 협조공문을 발송하여 직장연수 시 아버지 교육을 강화하도록 요청하고 필요한 경우 홍보자료를 발송하는 등 정부 차원에서의 직접적인 지원이 필요하다. 또한 정보화 시대에 발맞추어서 인터넷 등을 통해 아버지 모임을 결성하거나 부모교육을 실시하는 것도 가능하며 자녀와의 관계에 대한 사례들을 요약하여 우편물을 통해 교육을 하는 것도 대안이 될 수 있다.

이러한 아버지의 참여가 반드시 부모가 함께 동시에 교육을 받아야 함을 전제로 하는 것은 아니다. 원칙적으로 부모교육은 부모가 함께 받는 것이 바람직하지만 실제로 부모가 교육을 함께 받을 경우 어색하고 불편하며 효과적이지 못하다는 지적도 있다(이재림 외, 2013). 상호 간의 의견에서 불일치나 갈등이 노출되는 것을 꺼려 솔직하고 자유롭게 토론에 임하지 못하는 경우가 많다는 것이다. 또한 상대방을 설득하기 위하여 서로 방어적이고 논쟁적인 태도를 갖게 되는 경우가 많고 자신의 행동이 변화하는 속도에 비해 상대방에 대한 기대수준이나 요구수준이 더욱 빠른 속도로 나타나서 갈등을 증폭시키기도 한다. 그러므로 동일한 장소에서 부모를 동시에 교육시키는 것은 재고할 필요가 있다. 그러나 신혼부부나 임산부 부부들은 부모교육에 임하는 동기나 관점에서 서로 공감대가 형성되는 비율이 높기 때문에 동시교육이 무리가 없다고 볼 수 있다.

(3) 조부모의 참여 확대

여성의 취업률 증가로 조부모들이 손자녀를 돌보는 경향이 증가하고 있으므로, 부모교육의 대상이 조부모에게까지 확대되어야 한다. 가족제도가 전통적인 확대가족에서 핵가족으로 변화하면서 훌륭한 대리부모 역할을 해오던 조부모의 '무릎 학교'가 사라져 버렸고, 부모-자녀 간의 정서적 긴장관계에서 피신처 역할을 해주던 할머니의 치마폭도 사라져 버렸다. 그러나 아직까지 우리나라에서는 보육시설보다는 조부모의 손끝을 선택하는 경향이 뚜렷하게 나타난다. 이처럼 자녀양육에서 조부모에 대한 의존도는 높은 데 반해 교육의 기회는 제한되어 있어서 양육방식에서 세대차로 인한 갈등의 소지가 있다. 실제로 조부모의 '오냐오냐' 식의 과잉보호로 인한 문제도 빈번하게 지적되고 있다. 그러므로 조부모로 하여금 자신의 양육 경험을 토대로 현대적인 감각을 구비한 이상적인 대리부모의 역할을 담당하게 함으로써 여성취업으로 인한 자녀양육문제를 해결할 수 있는 한 방편이 될 수 있다.

(4) 자녀의 참여 확대

지금까지 부모교육의 대상은 자녀가 있는 부모가 대상이 되었으므로 부모교육은 예방보다는 치료적인 측면이 강조되었다고 볼 수 있다. 그러나 자녀를 대상으로 한 부모교육도 필요하다. 중·고등학생이나 대학생과 같은 예비부모를 대상으로 한 부모교육은 후일 자신이 부모가 되었을 때를 대비하여 부모로서의 역할에 대한 이해를 도와줄 수 있는 예방적인 효과뿐만 아니라 현재 자신의 부모와의 관계개선이나 의사소통 증진에 도움이 될 수 있다. 부모역할의 어려움 등에 대해 교육을 시킴으로써 자녀로 하여금 부모에 대한 이해를 돕고 부모–자녀관계의 개선에도 도움이 될 수 있다. 실제로 고등학교 기술·가정 교과서의 내용과 활동은 부모됨에 대한 인식과 태도 변화, 자녀양육 지식과 기술 습득, 부모로서의 역량 강화라는 예비부모교육의 목표를 균형있게 다루고 있었으며, 이를 통해 학생들은 부모로서의 역량을 강화하는 데 있어서 예비부모교육의 중요성을 인식하고 있는 것으로 나타났다(김소영, 2023). 수학능력시험을 끝낸 고등학생 대상 예비부모교육 프로그램을 통해서도 부모됨에 대한 인식, 부모교육의 필요성 인식, 결혼과 출산의 중요성, 긍정적 자아인식이 증가하였으며(김정미, 강정원, 박선영, 2011), 대학생을 대상으로 한 연구에서도 예비부모교육이 미래 부모로서 양육기술이 필요하다는 신념과 부모됨의 가치를 높게 평가하게 하는 데 효과가 있는 것으로 나타났다(이성희, 이승아, 2023).

이러한 인식하에 중·고등학생을 대상으로는 기술·가정교과 '인간발달과 가족' 영역 내용체계 가운데 '부모됨의 준비' 등을 통해, 대학생을 대상으로는 2016년 '부모교육 활성화 방안'을 수립하고 예비부모교육 표준강의안을 근거로 교육이 이루어지고 있다. 그러나 이 같은 예비부모교육 활성화를 위한 노력이 일시적인 것으로 끝나지 않고 앞으로 지속적으로 이루어져야 할 것이다.

이처럼 부모교육의 대상이 부모와 조부모, 자녀도 함께 참여하는 다양한 교육 형태로 진행될 때 부모교육은 가족 내의 갈등을 해결하고 행복한 가족관계를 형성하기 위한 효율적인 방편이 될 수 있을 것이다(최해옥, 김성길, 2015).

3) 부모교육의 내용

최근 개발된 우리나라의 부모교육 프로그램은 앞서 문제점으로 지적되었던 문화적 정체성의 상실이나 내용의 편파성 면에서는 상당히 보완된 것으로 볼 수 있다. 동시에 올바른 부모교육에 대한 가치기준이 모호한 우리나라 가족의 문제에 초점을 맞추고 있다는 점에서도 적절한 부모교육 모델로 평가할 수 있다. 그러나 다음과 같은 면에서 보다 보완될 필요가 있다.

첫째, 실제 일상생활에서 직면하는 부모-자녀관계에 이를 적용하기 위한 보다 구체적인 지침이나 활용방법이 보완될 필요가 있다. 이러한 취지에서 청소년 대화의 광장에서는 EPT 프로그램의 일부를 수정해 '자녀의 힘을 북돋는 대화'와 '바른 행동의 길 다지기'의 개정판을 낸 바 있다. 보완된 '어울려 사는 지혜 기르기'도 부모가 자녀의 사회성 지도를 위해 고려해야 할 일반적인 원리와 함께 문제 상황별 실제 사례를 통해 적절한 대처방식을 습득할 수 있도록 구성되어 있다는 점에서 부모에게 실제적인 도움이 된다. 특히 최근 자녀를 둔 부모들이 가장 걱정하는 문제 중의 하나가 이른바 '왕따' 현상으로 대변되는 교우관계의 어려움, 혹은 사회성 부족에 기인한다는 점에서 많은 도움이 될 수 있으며 이러한 형태의 프로그램 개발과 보급이 계속적으로 이루어질 필요가 있다. 그 외에도 아동의 문제행동이나 청소년 흡연, 가출, 음주, 마약, 음란물 시청 등 여러 가지 행동에 대한 구체적 지침이 필요하다.

둘째, 서구에서 개발된 프로그램이라 할지라도 이를 우리 문화에 맞게 변형시키고 접목하는 방법도 계속 시도되어야 한다. 앞서 논의된 대부분의 부모교육 프로그램은 부모-자녀관계를 수직적인 상하관계가 아니라 수평적인 평등이념을 전제로 하고 있다. 이는 인간의 평등이라는 민주주의 원리에 비추어볼 때에는 문제가 없지만 권위주의적인 태도가 익숙해진 우리나라 부모들에게는 상당히 혼란스러운 문제이다. 이러한 경우 부모의 권리를 당당하게 주장할 수 있는 주장훈련을 병행하는 것도 대안이 될 수 있다.

셋째, 부모들은 거창한 지침보다는 아동발달에 대한 기본적인 지식을 통해서 보다 많은 것을 배울 수 있다는 것도 고려해야 한다. 특별한 기술을 부모에게 가르치는 것도 가치가 있지만 아동발달에 대한 지식 및 이해가 병행되어야 한다.

넷째, 내용면에서 보다 포괄적이고 부모의 배경이나 욕구에 들어맞는 부모교육 프로그램의 개발이 필요하다. 현재의 부모교육 프로그램들은 비록 이론적·철학적 관점에 근거를 두고는 있지만 마치 요리책과 같은 접근방법을 사용하고 있다. 어떤 부모교육 프로그램도 부모-자녀관계의 만병통치약이 될 수 없으며, 부모가 보다 만족스럽게 생각하고 자신들에게 성공적으로 생각되는 프로그램을 선택할 수 있도록 광범위한 기초자료를 제공해주어야 한다.

다섯째, 자녀의 발달단계에 따른 세분화된 프로그램의 개발도 필요하다. 예비부모, 태내기, 영아기, 유아기, 아동기, 청년기의 자녀를 가진 부모들을 위한 각 단계별 특성을 고려한 교육이 필요하다. STEP 프로그램 이외에도 청소년기의 자녀를 둔 부모를 대상으로는 STEP/teen에 대한 내용을 첨가하거나 '자녀가 경청하는 대화하기(How to talk so kids will listen)'의 방법을 가미하는 등 다양한 프로그램 내용을 접목시킴으로써 보다 융통성 있게 자녀와의 관계에 대처할 수 있는 부모교육 프로그램이 개발되어야 할 것이다.

여섯째, 한부모, 맞벌이부모, 장애아부모, 양육미혼부·모나 청소년부모와 같이 스트레스가 높은 환경에 놓여 있는 부모를 위한 내용도 필요하다. 최근 장애아를 가진 부모들을 대상으로 많은 부모교육 프로그램이 개발되었으며, 이들 프로그램을 통해 자녀의 발달이나 부모의 자아존중감이 유의하게 향상된 것으로 나타났다.

이러한 부모교육 프로그램의 내용 구성은 교육에 참여하는 부모들의 기대나 욕구를 정확하게 파악함으로써 이루어진다. 부모들이 부모교육을 통해 알고 싶어 하는 것이 무엇인지를 사전에 파악함으로써 부모가 관심을 갖고 있는 주제를 선정할 수 있고 이를 통해 참여율을 높일 수 있을 것이다.

4) 부모교육의 운영

부모교육의 운영방법 면에서 볼 때 우리나라의 교육기관에서는 대부분 가정통신, 학부모회, 부모면담, 수업참관의 방법을 실시하고 있으며, 그 가운데서도 강연회 등의 소극적인 방법이 주를 이루고 있다. 그러나 부모교육의 효과를 높이기 위해서는 부모와 아동이 함께하는 수업참여나 워크숍과 같이 실제적이고 구체적인 방식, 부모가 교육현장에 보조교사로 참여하거나 가정방문을 통해 교사가 각 가정을 직접 방문하는 것과 같은 적극적인 방법이 선행되어야 한다. 특히 장애아동의 부모참여가 개선되기 위해서는 부모참여에 대한 연수가 제공되어야 하고, 장애아동 부모 스스로도 참여를 위한 의지가 향상되어야 하며, 통합학급 · 특수교사 · 학교 관리자와의 협력이 필요하다(이미숙, 양소현, 2015).

부모교육은 전문가로부터 부모에게 주어지는 상하관계 속에서 이루어지는 것이 아니라 서로가 상호보완하는 관계 속에서 이루어지는 것이 바람직하다. 즉, 교육기관이 부모를 가르친다는 측면보다는 교육기관이 부모와 함께한다는 입장에서 출발해야 한다. 나아가 부모로 하여금 부모교육 프로그램에 참여하고자 하는 동기를 유발시킬 수 있는 방법을 강구하는 것도 필요하다. 예를 들어, 부모교육의 중요성이나 가치를 요약한 연구결과를 간략하게 실은 통신문을 발송함으로써 부모교육의 효율성을 높일 수 있다. 또한 특강의 형식으로 호기심을 유도한 뒤 동기나 문제의식을 고취시키고 원하는 부모들은 집단으로 워크숍을 실시하는 것도 고려해볼 수 있다. 워크숍 후에는 문제의 심각성이나 본인의 욕구나 의지에 따라 상담전문가와 연결해주는 것도 보다 효과적이다. 그리고 AP 프로그램의 방법처럼 비디오 자료를 매개로 하여 문제점을 시사하고 부모의 활발한 참여를 유도하는 것도 바람직한 방법이다. 또한 부모들은 교육을 받을 수 있는 기회를 충분히 제공받고, 교육형태도 대규모의 집단강의보다는 소규모 집단으로 다양한 시간에 진행되기를 희망한다(최해옥, 김성길, 2015).

대다수의 부모교육이 여성 단체나 TV 등의 대중매체를 통해 이루어지므로 교육내용이 지속적이고 체계적이기보다는 단편적이고 일회성인 것에 그치고 있다. 그러나 부모교육의 효과에 대한 메타분석 결과, 적어도 9회기 이상 지속적으로 이루어졌을 때 교육의 효과가 크게 나타났으므로(이진, 임선아, 2020), 장기적이고 지속적인 교육이 될 수 있도록 체계적인 계획이 필요하다.

또한 코로나 시대에 본격적으로 도입된 원격수업, 원격부모교육도 부모교육의 새로운 방향을 제시해주고 있다. 원격교육은 대부분 집단 쌍방향 방식으로 실시되지만 부모와의 밀접한 교류나 관계 형성에는 한계가 있을 수밖에 없다. 그러나 시·공간의 제약이 적어 언제 어디서나 수강할 수 있다는 이점 때문에 많은 유아교육기관에서 그 필요성을 강조하고 있다(하성희, 전유영, 2023). 따라서 부모의 집중력을 높이고 교육의 효과를 극대화하기 위한 원격교육용 콘텐츠 개발도 필요하다.

부모와 공감대를 형성할 수 있는 교수요원의 자질도 중요하다. 부모교육은 다른 교육과는 달리 자녀를 가진 성인을 위한 교육이며 이들 중에는 고등교육을 받은 사람도 상당 비율을 차지하고 있기 때문에 이들의 교육을 담당하는 당사자는 이 방면에 충분히 준비가 되어 있어야 한다. 이를 위해 각 대학의 교수요원을 활용하거나 각 대학에서 부모교육 관련 전공분야의 석사과정 이수자에게 부모교육에 관한 후속교육을 통해서 이수증이나 자격증을 주고 요원으로 활용하는 방법도 있다. 또한 교사 경력을 가진 석사학위 이상의 자격을 가진 부모들을 훈련시켜 요원으로 활용하는 방법도 생각해볼 수 있다.

앞서 언급한 부모교육의 목적이나 필요성에 비추어볼 때, 부모교육은 한 인간으로서 부모 자신의 성장을 돕고 나아가 부모-자녀관계를 향상시킴으로써 우리 사회가 감당해야 할 여러 가지 문제를 사전에 차단할 수 있는 가장 효율적인 방법이라고 볼 수 있다. 이러한 부모교육이 소기의 목적을 달성하기 위해서는 부모역할에 대한 분명한 방향정립과 아울러 부모교육의 대상을 확대해나가고, 내용을 세분화하고, 운영방식을 다각도로 모색하려는 노력이 필요할 것이다.

건강보험심사평가원 (2023). 불임 및 난임 시술 진료현황 분석. www.hira.or.kr

경장재, 서정철, 남범우, 서정석(2021). 국민건강보험 데이터베이스를 이용한 한국의 소아와 성인에서 주의력결핍 과잉행동장애의 진단율 및 약물 사용 추세 연구. 신경정신의학, 60(4), 320-328.

곽승철, 박수진(2001). 경고자극이 자폐아동의 자해행동에 미치는 영향. 정서학습장애연구, 17(2), 161-181.

구본용(1998). 청소년 대화의 광장 부모교육 프로그램 소개. 부모교육 활성화 추진방향과 방안. 청소년 대화의 광장 '98 전국 부모교육 활성화 추진대회, 98(20), 3-12.

구훈정, 최승미, 권정혜(2012). 국내 아동 청소년 심리치료 효과 검증 연구의 방법론적 고찰과 메타분석-학회지 게재 논문을 중심으로(1995~2010). 한국심리학회지: 임상, 31(1), 43-73.

국립특수교육원(2016). 장애영유아 양육길라잡이, 제1권: 발달장애. 서울: 국립특수교육원.

권지성, 변미희, 안재진, 최운선(2018). 입양부모의 입양관련 활동경험에 관한 질적 사례연구: 입양가족캠프, 자조모임, 입양합창단을 중심으로. 사회복지실천과 연구, 15(2), 57-81.

권지성, 정익중, 민성혜, 신혜원(2012). 연장입양아동이 경험한 입양됨의 의미. 사회복지연구, 43(3), 39-66.

권지성, 정익중, 박현선, 김아롱(2022). 국내 입양절차에 대한 맥락-패턴 분석. 한국사회복지학, 74(3), 255-282.

권혜경, 진혜경(2000). 품행장애 청소년의 음악치료 사례연구. 소아 청소년의학, 11(1), 110-123.

김경화(2004). 상호교류분석이론에 기초한 부모교육이 어머니의 심리적 자세, 자아개념 및 유아의 자아개념에 미치는 영향. 유아교육연구, 24(2), 181-198.

김민정, 도현심, 신나나, 김수지, 송승민, 신정희, 강하라(2015). 학령 초기 자녀의 어머니를 대상으로 한 부모존경-자녀존중 부모교육 프로그램의 효과. 兒童學會誌, 36(3), 35-57.

김붕년(2004). 틱장애의 진단과 치료. Korean Journal of Family Medicine, 25(5), 359-370.

김서호, 변상해(2019). 부모교육 상담프로그램이 청소년기 어머니의 의사소통, 부모효능감, 자아존중감 향상에 미치는 효과. 인문사회21, 10(3), 1695-1708.

김소영(2023). 2015 개정 교육과정 고등학교 기술·가정 교과서의 부모됨의 준비에 관한 내용분석: 청소년 대상 예비부모교육에 대한 함의. Human Ecology Research, 61(1), 73-90.

김소희, 정용석(2015). 토큰강화체제가 품행장애아동과 학급전체아동의 행동문제와 유지에 미치는 영향. 발달장애연구, 19(4), 91-122.

김승국(2001). 자폐아동의 심리와 행동관리. 상담과 선교, 19(1), 21-49.

김시혜, 정순화(1998). 너 잘되라고 때리지 미워서 때리냐. 아동학회지, 19(1), 55-84.

김연수(2015). 청소년기 자녀를 둔 저소득 가족을 위한 부모역할 프로그램 개발 및 효과성 연구. 한국가족복지학, 49, 7-37.

김영란(2011). 저소득층 다문화가정 취학전 아동의 언어특성 및 CAI를 활용한 부모훈련의 효과. 이화여자대학교 대학원 박사학위논문.

김영란, 황정임, 최진희, 김은경(2016). 부자가족의 가족역량 강화를 위한 지원방안 연구. 서울: 한국여성정책연구원.

김재은(1993). 한국적 부모교육의 탐색. 21세기를 준비하는 부모교육. 한국지역사회교육중앙협의회 제11차 사회교육 심포지엄, 30-37.

김재은, 김광웅, 이계학, 유가효, 최경순(1997). 새 시대의 가정교육 탐색연구. 한국 정신문화연구원.

김정미, 강정원, 박선영(2011). 예비부모교육 프로그램 개발 및 효과에 관한 연구–서울지역 고등학생을 대상으로, 열린부모교육연구, 3(2), 1-19.

김정일(2006). 미술 소그룹활동 내 자기행동관리가 ADHD 아동의 과제이행 증진과 방해성 감소에 미치는 효과. 정서행동장애연구, 22(2), 103-122.

김종권(1993). 사소절. 서울: 홍신문화사.

김종운, 이명순(2009). 관계증진 부모교육 프로그램이 부모–자녀간의 의사소통, 부모의 양육태도 및 자녀의 자아존중감에 미치는 효과. 동서정신과학, 12(1), 61-76.

김주미, 신민섭, 김은정(2011). 우울–품행장애성향 청소년의 애착, 초기 부적응 도식, 대처 방식의 특성. 정서·행동장애연구, 27(4), 77-100.

김지연(2023). KDI 현안분석: 30대 여성 경제활동참가율 상승의 배경과 시사점. 세종: 한국개발연구원.

김지영, 김지훈, 이춘엽, 정혜림(2023). 부모교육을 통한 감각통합 가정프로그램이 자폐스펙트럼장애 아동의 감각조절과 사회적응능력에 미치는 영향. 특수교육재활과학연구, 62(1), 211-227.

김진숙(1998). 지역사회에서 자녀지도를 위한 부모교육사업 추진실태와 향후방안. 부모교육 활성화 추진방향과 방안. 청소년 대화의 광장 '98 전국 부모교육 활성화 추진대회, 98(19), 15-31.

김향은, 정옥분(1999). "자녀의 힘을 북돋우는 부모" 프로그램이 어머니와 자녀에게 미치는 효과—어머니의 역할만족, 의사소통 및 자녀의 자아존중감, 사회적 능력을 중심으로—. 아동학회지, 20(4), 179-193.

김현숙(2016). 한부모가족의 경제적 수준이 자녀의 학교적응에 미치는 영향: 방임적 양육태도와 정신건강의 매개효과 및 양부모가족과의 다집단 분석. 한국가족복지학, 54, 297-331.

김현영, 공마리아(2008). 미술치료가 품행장애아동의 공격성에 미치는 효과. 한국재활심리학회 학술대회자료집, 69-92.

김효순(2010). 새부모의 양육태도유형과 재혼가족 청소년자녀의 심리사회적 적응에 관한 연구: 사회적 지지의 조절효과를 중심으로. 한국가족복지학, 30, 245-268.

남연희, 김의남(2006). 공개입양부모의 공개입양만족도와 생활만족도에 관한 연구. 아동복지연구, 4(4), 123-139.

노명숙(2013). 재혼가족을 위한 프로그램 개발의 현황과 과제. 한국산학기술학회논문지, 14(1), 169-175.

다음백과사전 https://100.daum.net/encyclopedia/view/47XXXXXb123

류원기, 김태훈, 유영훈, 윤미진, 천근아, 지대윤, 김종호, 최태현, 이종두(2003). I-123 IPT SPECT를 이용한 주의력결핍 과잉행동장애 아동에서의 methylphenidate 투여 전후의 기저 신경절 도파민 운반체 밀도 변화 측정. 핵의학분자영상, 37(4), 235-244.

류점숙(1995). 조선시대 아동의 효행교육. 아동학회지, 16(1), 21-31.

문영주(2013). 기혼 맞벌이 여성의 일—가족양립에 관

한 연구: 일—가족양립의 긍정적 전이, 비대칭성, 차별적 기능 검증을 중심으로. 한국가족자원경영학회지, 17(1), 81-102.

문은영, 김보람(2011). 서울시 한부모가족 생활실태 및 지원방안 연구. 서울시 여성가족재단.

문화체육부(1997). 청소년백서. 서울: 문화체육부 청소년정책실.

미국정신의학협회(1980/1994). 정신장애의 진단 및 통계편람. 이근후 외(역). 서울: 하나의학사.

미국정신의학협회(2015). 정신질환의 진단 및 통계편람(제5판). 권준수 외(역). 서울: 학지사.

미국정신의학협회(2023). 정신질환의 진단 및 통계편람(제5판 수정판). 권준수 외(역). 서울: 학지사.

민하영, 유안진(2003). 임신 및 출산 풍습에 관한 비교 문화연구: 한국, 홍콩 및 미국의 어머니—할머니 세대를 중심으로. 대한가정학회지, 41(4), 157-168.

박경호(2016). 절충적 언어치료 부모훈련프로그램이 언어발달장애아의 언어능력, 부모역량강화 및 상호작용에 미치는 효과. 명지대학교 대학원 박사학위논문.

박누리, 손정락(2012). Characteristics of binge eating disorder and the effectiveness of cognitive behavioral therapy with college students prone to BED. 한국심리학회지 건강, 17(3), 609-642.

박명화(2006). 모 애착강화 및 정서지원 프로그램이 반응성애착장애 아동의 발달 및 특성에 미치는 효과 연구. 특수아동교육연구, 8(2), 1-18.

박명화(2012). 반응성애착장애아의 가족 맥락적 특성과 사회적 지지에 관한 연구. 정서·행동장애연구, 28(1), 221-241.

박미진(2023). 한부모가족의 다차원 빈곤 현황과 대응방안. ISSUE PAPER, 2023, 1-10.

박민아, 김가은, 김의정(2023). 성인 주의력결핍 과잉행동장애 환자에서 임상양상과 우울 증상 간의 연관성에 대한 연구: 한국형 성인 주의력결핍 과잉행동장애 평가척도를 중심으로. 신경정신의학, 62(4), 182-191.

박복순(2021). 「한부모가족실태조사」를 통해 본 양육비 이행실태 및 개선방안. ISSUE PAPER, 2021, 1-7.

박성수(1998). 자녀의 탁월성을 기르는 부모의 역할. 자녀의 수월성을 기르는 부모교육. 청소년 대화의 광장 제6회 부모교육 학술세미나, 9-26.

박수경(2021). 비혼출산에 대한 생명윤리적 쟁점과 책임. 윤리학, 10(1), 99-119.

박승민, 신선임, 오승재, 노종선, 변복수(2023). 가족형태에 따른 청소년의 가정생활 적응과 학교생활 적응에 대한 연구. 인문사회21, 14(3), 2705-2720.

박영호, 신동면(2017). 예비입양부모의 입양 태도 및 동기와 입양사례 경험에 관한 탐색적 연구. 한국사회정책, 24(3), 55-84.

박현선, 안소영, 최미숙(2023). 입양아동 학대 사건 판결문에 대한 내용분석. 한국가족복지학, 70(2), 75-102.

박현옥, 강혜경(2023). 서번트 증후군을 지닌 자폐성장애학생에 대한 교육전문가의 경험. 특수교육학연구, 58(1), 89-114.

배윤경, 강숙정(2021). 보조생식술을 받는 부부의 부부적응, 부부 의사소통, 정신건강이 임신결과에 미치는 영향. *Health & Nursing, 33*(2), 1-13.

백혜리(1999). 현대 부모—자녀관계와 조선시대 부모—자녀관계의 관계. 아동학회지, 20(2), 75-82.

변미희, 권지성, 안재진, 최운선(2009). 국내 입양아동의 자아개념에 관한 종단연구. 한국가족복지학, 14(4), 261-279.

보건복지부(2023). 2023년 난임 부부 시술비 지원.

서석진, 이효신, 양경애(2012). 독서치료가 품행장애 청소년의 부적응행동에 미치는 효과. 정서·행동장애연구, 28(4), 193-229.

선우현(2008). 모와의 상호작용 놀이가 자폐성 유아의 사회적 관계 맺기에 미치는 영향. 한국기독교상담학회지, 15, 35-54.

손승영(2020). 해외로 내몰린 미혼모의 자녀들: 배타적 가족문화와 국가의 책임 방기. 담론201, 23(1), 161-191.

송동호(2011). 틱장애/뚜렛병의 약물 치료. 대한소아청소년정신의학회 학술대회논문집, 59-108.

송수희, 신혜영, 허소영(2015). 유아인성교육을 위한 부모교육 프로그램이 어머니의 인성교육 인식 변화 및 양육효능감에 미치는 효과. 열린유아교육연구, 20(1), 553-576.

송승하, 김붕년, 이수은(2023). 자폐스펙트럼장애 영유아의 의사소통 촉진을 위한 부모주도 중재 앱 개발 및 사용성 평가. 한국콘텐츠학회논문지, 23(3), 601-613.

송혜경(2012). 집단놀이치료가 품행장애아동의 언어적, 신체적 공격성과 사회적 상호작용에 미치는 효과. 놀이치료연구, 16(3), 83-98.

송혜림, 박정윤, 이완정, 성미애, 서지원, 진미정(2009). 부모역할 지원정책의 개발을 위한 기초연구. *Family Environment Research, 47*(6), 91-108.

신민섭, 오경자, 홍강의(1995). 주의력결핍 과잉행동장애 아동에서 약물단독치료와 부모훈련병합치료의 효과 비교. 소아 · 청소년 정신의학, 6(1), 65-73.

신성희, 원정숙(2009). 학령기 어머니의 자아존중감 향상 부모교육 프로그램의 효과. 정신간호학회지, 18(4), 492-500.

신영미, 진미정(2022). 비양육부와의 면접교섭, 소통 빈도 및 이혼부모간 관계가 청소년의 향후 면접교섭 의향에 미치는 영향 : 비양육부에 대한 친밀감의 매개효과를 중심으로. 아동과 권리, 26(4), 503-522.

안재진, 권지성, 변미희, 최운선(2009). 국내 입양아동의 문제행동 수준에 영향을 미치는 요인. 한국아동복지학, 29, 187-219.

안지현, 이동천, 권영란(2015). 내면아이상담을 활용한 부모교육프로그램이 부모-자녀 관계만족도와 부모효능감에 미치는 효과. *Journal of the Korean*

Data Analysis Society, 17(5), 2719-2731.

양민옥(2022). 양육미혼모의 출생신고과정에서의 경험을 통해 본 보편적 출생등록제도에서의 시사점. 인문사회21, 13(2), 2457-2472.

여성가족부(2023). 2023 한부모가족지원사업 안내.

여성가족부(2024). 2024 한부모가족지원사업 안내.

오은영, 신윤미, 이명수, 정영기, 박진희(2000). 틱장애에서 리스페리돈의 치료효과에 관한 할로페리돌과의 비교. 대한정신약물학회지, 11(3), 270-277.

우준범, 김지훈(2018). 주의력결핍 과잉행동장애에 동반된 틱장애의 신경생물학과 약물치료. 정서 · 행동장애연구, 34(2), 71-92.

원종례(2001). 사진활동 스케줄을 이용한 자기관리 중재가 자폐아동의 일상생활 행동에 미치는 효과. 정서 · 행동장애연구, 17(2), 135-160.

유계숙(2008). 가족친화적 조직문화가 근로자의 일-가족 조화와 삶의 질에 미치는 영향. 한국가정관리학회지, 26(5), 27-37.

유미열 · 김경철 · 최연철 · 장연주(2012). 유아교실에서 교육 로봇 아이로비큐의 역할, 그리고 한계와 기대. 열린유아교육연구, 17(1), 117-138.

유인숙, 김민화(2016). 그림책을 활용한 감정코칭 부모교육 프로그램의 효과. 어린이문학교육연구, 17(2), 21-44.

유정기(1975). 동양사상사전. 대구: 대한공보사.

유지윤(2023). 휴머노이드 영유아 교실에 대한 교사의 인식. 숙명여자대학교 대학원 석사학위논문.

윤금숙(2022). 틱 증상을 지닌 아동의 모래놀이 사례연구. 모래놀이상담연구, 18(2), 17-47.

윤태복 · 나은숙(2018). 에듀테인먼트 휴머노이드 로봇의 지능적인 율동 서비스 연구. 한국게임학회논문지, 18(4), 75-82.

윤현숙(2006). 자폐아 조기판별을 위한 한국부모의 인식시기. 자폐성 장애연구, 6(1), 1-15.

의약일보, 2022년 7월 12일자. 서울대병원, 자폐스펙트럼장애 디지털 치료제 개발 착수.

이경숙(1993). 사회성 지도. 특수아동임상연구, 3, 68-74.

이경숙(2015). 부모교육프로그램이 유아기 자녀를 둔 베트남이주여성의 양육태도에 미치는 효과. 다문화교육연구, 8(1), 107-131.

이경숙, 박은아, 황유정, 신의진(2007). 반응성 애착장애 유아의 상징놀이 능력, 놀이 기초기능, 어머니-아동 상호작용의 치료적 개입 후 변화에 관한 연구. 놀이치료연구, 11(1), 109-123.

이경숙, 신의진(1998). 반응성애착장애 아동의 부모-아동관계 개선 치료 프로그램의 효과에 관한 연구. 한국심리학회지: 발달, 11(2), 88-106.

이경숙, 윤현숙, 정희승, 유희정(2015). 국내 자폐스펙트럼장애 영유아의 조기선별 및 지원 체계 고찰. 자폐성장애연구, 15(2), 93-120.

이경옥 · 이병호(2005). 교육용 로봇 활용 경험이 유아의 로봇 이미지 및 관계 인식에 미치는 영향 연구. 로봇학회 논문지, 10(2), 99-107.

이경우 편역(1985). 당신도 유능한 부모가 될 수 있다. 서울: 창지사.

이경우(1986). 부모교육 프로그램의 방법 및 전략방향. 부모교육 프로그램 탐색. 부모교육연구회 편(pp. 179-227). 서울: 창지사.

이경희(1993). 부모의 언어통제유형과 아동의 사회적 능력과의 관계. 고려대학교 대학원 박사학위논문.

이계학(1991). 인격교육론. 서울: 성원사.

이린(2021). '사각지대 위기 임산부'의 현실 —현행 한부모 가족 지원 제도의 한계를 중심으로. 공익과 인권(N/A), 21, 69-97.

이미선, 박미정(2010). 국내입양 파양에 관한 인식 및 실태에 대한 연구—국내입양 실무자 중심으로—. 한국아동복지학, 33, 129-163.

이미숙, 양소현(2015). 초등학교 통합학급 일반교사의 장애아동 부모참여에 대한 인식. 특수아동교육연구, 17(1), 169-191.

이상정(2023). 청소년부모 현황과 정책 과제. 보건복지포럼, 319, 47-58.

이상주(1993). 21세기를 준비하는 부모교육. 21세기를 준비하는 부모교육. 한국 지역사회교육중앙협의회 제11차 사회교육 심포지엄, 3-12.

이선형, 임춘희, 배지연(2021). 공개입양가족의 입양 적응과 입양관련 프로그램 참여경험 연구 —초등학생 자녀를 둔 입양모를 중심으로—. 가족자원경영과 정책, 25(3), 47-68.

이선혜, 이지혜(2023). 주의력결핍 과잉행동장애(ADHD)가 있는 아동청소년의 부모에 관한 국내 연구동향 분석: 2000년~2022년. 가족과 가족치료, 31(2), 211-242.

이성모, 진주연(2023). 부모교육 프로그램이 부모와 발달장애 아동의 신체활동 수준에 미치는 효과. 한국특수체육학회지, 31(3), 65-78.

이성희, 이승아(2023). 대학생 예비부모교육이 출산의식, 양육신념과 부모됨 인식에 미치는 효과. 인문사회 21, 14(3), 1909-1924.

이영애, 김정미(2009). 유아기 자녀의 부모를 위한 STEP 부모교육 프로그램의 효과에 관한 연구. 열린부모교육연구, 1(2), 31-56.

이영지(2011). 기혼여성의 직장-가정 갈등요인이 근로자의 태도 및 행위에 미치는 영향. 숙명여자대학교 대학원 박사학위 청구논문.

이원호(1986). 태교. 박영문고 157. 서울: 박영사.

이의빈, 김진원(2022). 부모의 양육태도가 한부모가족 청소년 자녀의 자아인식 유형에 미치는 영향– 잠재프로파일분석을 활용하여. 한국가족관계학회지, 27(1), 267-293.

이의빈, 엄명용(2023). 한부모가정 양육 유형과 청소년 자녀 적응 유형 사이의 관계–사람 중심적 접근. 한국아동복지학, 72(1), 1-37.

이이나, 이창배(2023). 한부모가족 양육자의 차별 피해 경험의 영향 요인. 한국공안행정학회보, 32(2), 221-

246.

이재림, 김지애, 차동혁, 이향희(2013). 부모교육 프로그램의 효과성 메타분석. 한국가정관리학회지, 31(3), 27-47.

이종환(2019). 플라톤 국가 강의. 서울: 김영사.

이진, 임선아(2020). 부모교육프로그램 효과에 대한 메타분석. 교육학연구, 58(3), 117-143.

이진숙, 신지연(2010). 지역별 기혼 여성의 일-가족 양립갈등에 대한 탐색적 연구. 사회과학연구, 21(3), 107-132.

이혜련(2004). 반응성 애착 장애의 치료. 소아청소년정신의학, 15(2), 132-142.

이혜정, 장수정, 김병인, 백경흔(2021). 한부모가족 빈곤위험의 젠더격차와 영향요인. 사회복지정책, 48(2), 103-129.

이효선, 방명애(2012). 자아존중감 집단중재 프로그램이 품행장애 위험 고등학생의 학교생활 적응과 자아존중감에 미치는 영향. 정서·행동장애연구, 28(2), 171-194.

이효신, 이강선(2016). 품행장애 청소년과 자폐스펙트럼장애 청소년의 냉담-무정서 특질. 특수교육재활과학연구, 55(3), 371-391.

이희란(2015). 자폐범주성장애 아동의 의사소통적 몸짓 중재 연구 문헌 분석. 특수교육, 14(3), 241-263.

임춘희(1996). 재혼가족 내 계모의 스트레스와 적응에 대한 질적 연구. 고려대학교 대학원 박사학위논문.

장미연, 진혜경, 이경숙(2005). 자폐성향 유아의 상징놀이 향상 단기프로그램 적용 사례연구. 놀이치료연구, 9(2), 47-61.

전경근(2023). 양육비이행관리원 체계의 문제점과 개선방안. 法學論叢, 30(1), 89-114.

전혜성(2022). 파괴적·충동조절 및 품행장애 아동의 가족을 위한 의료가족치료 전략 모색. 가족과 가족치료, 30(1), 173-193.

정미현, 이경주(2020). 양육효능감증진 부모교육 프로그램의 효과검증. 부모교육연구, 17(3), 19-37.

정순화(2014). 정서발달의 관점에서 본 우리나라의 전통태교: 태교신기를 중심으로. *Family and Environment Research, 52*(1), 1-10.

정순화(2017). 가정과 교육에서의 부모교육: 중·고등학교 교과과정을 중심으로. 가정과교육학회지, 한국가정과교육학회지, 29(4), 15-30.

정순화, 김시혜(1996). 동시를 통해 아동이 묘사한 아버지의 모습. 아동학회지, 17(2), 79-105.

정옥분, 김광웅, 김동춘, 유가효, 윤종희, 정현희, 최경순, 최영희(1997). 전통 '효'개념에서 본 부모역할인식과 자녀양육행동. 아동학회지, 18(1), 81-107.

정은미(2017). 예비부모교육 프로그램에 관한 연구 동향 분석. 부모교육연구, 14(1), 5-19.

정진숙(2023). 주의력결핍 과잉행동장애 아동의 과제수행 능력 향상을 위한 미술치료 사례 연구. 마인드교육, 2(1), 63-77.

정희정, 김명식(2023). 부모교육과 함께 실시한 경계선지능 아동을 위한 집단미술치료 프로그램의 효과: 아동 정신건강과 사회성, 부모 양육태도를 중심으로. 영유아아동정신건강연구, 16(1), 23-46.

조경란, 함경애, 천성문(2013). 부모교육 프로그램에 관한 메타분석. 재활심리연구, 20(2), 369-395.

조명한(1982). 한국 아동의 언어획득 연구. 서울: 서울대학교 출판부.

조선일보(2012. 4. 6).「오늘의 세상」자폐아 낳을 확률, 남자 35세 넘으면 높아진다.

조성윤(1992). 한국 유아의 언어습득과 그 발달 과정에 대한 고찰. 단국대학교 교육대학원 석사학위논문.

조성은(2004). 비행청소년을 위한 집단상담효과에 대한 메타분석. 청소년학연구, 11(3), 135-150.

조수철(1990). 주의력결핍 과잉행동장애의 개념과 생물학적 연구. 소아·청소년 정신의학, 1(1), 5-26.

조수철, 손정우, 김붕년, 김재원, 유희정, 박태원, 황준원, 조대연, 정운선(2009). 한국인 주의력결핍-과잉행동장애 아동의 세로토닌 수송체 유전자 다형성. 생물정신의학, 16(1), 25-36.

조우관, 이순하(2022). 한부모 가족 심리지원 정책에 대한 고찰: 이혼 가족을 중심으로. 가족정책연구, 2(1), 43-63.

조은영, 이신동(2020). 다문화 부모교육 프로그램 효과에 대한 메타분석. 학습자중심교과교육연구, 20(7), 377-396.

지민정, 이에스더(2023). 융합예술치료가 뚜렛 장애 아동의 틱 증상 감소와 자기표현 및 자아존중감 향상에 미치는 단일 사례 연구. 학습자중심교과교육연구, 23(13), 869-889.

최경순(1992). 아버지의 양육행동 및 참여도와 아동의 사회적 능력과의 관계. 고려대학교 대학원 박사학위논문.

최영희(2006). 부모교육으로서의 부모놀이치료 효과에 대한 연구. 아동학회지, 27(5), 1-17.

최윤미, 유은영(2023). 국내 자폐스펙트럼장애 아동에 대한 가족 중심 중재 효과: 체계적 고찰. 대한감각통합치료학회지, 21(3), 65-78.

최은영(2020). 한부모 및 재혼 가정 부모교육 활성화 방안. 육아정책포럼, 64, 7-14.

최인선, 유수정(2023). 국내 비혼단독출산의 법ㆍ제도적 고찰: 보조생식술을 통해 태어날 출생아의 권리 보호를 중심으로. 생명, 윤리와 정책, 7(1), 115-137.

최해옥, 김성길(2015). 부모교육프로그램 이수자의 전환적 배움. 미래교육연구, 5(1), 43-59.

최혜숭(2005). 통합교실에서 자폐아동의 사회적 수용 및 친구관계 증진전략. 발달장애학회지, 9(2), 137-149.

통계청(2020). 2019년 생활시간 조사결과.

통계청(2023). 인구총조사.

통계청(2024). 2023년 출생통계.

편명신, 정여주(2023). 유분증 아동의 정서ㆍ행동 문제에 대한 미술치료 질적 사례연구. 미술치료연구, 30(6), 1637-1663.

하성희, 전유영(2023). 유아교육기관의 원격부모교육에 대한 운영 실태와 원장의 인식 및 요구. 어린이문학교육연구, 24(3), 137-161.

하승숙, 허상, 김민영(2020). 상반행동 차별강화와 반응차단을 이용한 동시 중재가 지적장애 아동의 이식증에 미치는 효과. 정서ㆍ행동장애연구, 36(2), 231-247.

하승희(2011). 구개열 영유아를 위한 부모 중심 조기언어중재가 말-언어발달에 미치는 효과. Communication Sciences and Disorders, 16(4), 460-477.

한국보건사회연구원, 한국통계진흥원(2023). 청년 삶 실태조사.

한국심리상담소(2023). 프로그램 안내자료. Retrieved from https://www.kccrose.com/cgi/board.html?type=view&class=bbs05&no=68&page=1&.

한숙종, 방명애, 권보미(2018). 자기표현 훈련 프로그램이 품행장애 위험 고등학생의 자아존중감과 대인관계에 미치는 영향. 정서ㆍ행동장애연구, 34(1), 177-196.

한초롱, 김정호, 김미리혜(2019). 정서 마음챙김 기반 폭식 개선 프로그램이 폭식경향 여대생의 부정정서, 고통 감내력, 정서적 섭식 및 폭식행동에 미치는 영향. 한국심리학회지 건강, 24(2), 393-411.

허남순(1997). 미국가정에 입양된 한국 아동들의 민족적 정체감에 관한 연구. 한국아동복지학, 5(1), 121-146.

홍강의(1996). 청소년기의 성문제. 대한의사협회지, 39(12), 1514-1518.

홍민형, 박혜원(2018). 교류분석을 적용한 부모교육프로그램이 모의 양육스트레스와 영유아의 초기 사회적 의사소통기술에 미치는 영향. 한국아동학회 학술발표논문집, 2018(4), 222-223.

황정임, 이호택, 김유나(2016). 한부모가족 지원을 위한 네트워크 강화 방안에 관한 탐색적 연구. 여성연구, 91, 191-223.

황정혜(2020). 인공지능(AI) 음성인식 스피커를 활용한 가정에서의 유아 대상 상호작용 영어 학습모형 개발에 관한 연구. 고려대학교 대학원 박사학위논문.

Abrahams, B. S., & Geschwind, D. H. (2008). Advances in autism genetics: On the threshold of a new neurobiology. *Nature Reviews Genetics, 9*(5), 341-355.

Adler, A. (1929/1964). *Social interest: A challenge to mankind.* New York: Capricorn.

Adorno, M., Sikandar, S., Mitra, S. S., Kuo, A., Di Robilant, B., Haro-Acosta, V., & Clarke, M. F. (2013). Usp16 contributes to somatic stem-cell defects in Down's syndrome. *Nature, 501,* 380-384.

Agricola, E., Gesualdo, F., Carloni, E., DAmbrosio, A., Russo, L., Campagna, I., Pandolfi, E., & Tozzi, A. E. (2016). Investigating paternal preconception risk factors for adverse pregnancy outcomes in a population of internet users. *Reproductive Health, 13,* 37.

Ahmed, S., Mitra, S. H., Chowdhury, A. M. R., Camacho, L. L., Winikoff, B., & Sloan, N. L. (2011). Community kangaroo mother care: Implementation and potential for neonatal survival and health in very low-income settings. *Journal of Perinatology, 31,* 361-367.

Ahring, K. K., Lund, A. M., Jensen, E., Jensen, T. G., Brøndum-Nielsen, K., Pedersen, M., Bardow, A., Holst, J. J., Rehfeld, J. F., Møller, L. B. (2018). Comparison of glycomacropeptide with phenylalanine free-synthetic amino acids in test meals to PKU patients: No significant differences in biomarkers, including plasma Phe levels. *Journal of Nutrition and Metabolism, 2018.* PMCID: PMC5817308 DOI: 10.1155/2018/6352919

Ahrons, C. (1994). The good divorce: Keeping your family together when your marriage comes apart. New York: Harper Collins.

Ainsworth, M. D. S. (1982). Attachment: Retrospect and prospect. In C. M. Parkes & J. Stevenson-Hinde (Eds.), *The place of attachment in human behavior* (pp. 3-30). New York: Basic Books.

Alcaraz, M., Hayford, S. R., & Glick, J. E. (2022). Desired fertility and educational aspirations: Adolescent goals in rapidly changing social contexts. *Journal of Marriage and Family, 85* (1), 7-31.

Amato, P., & Booth, A. (1996). A prospective study of divorce and parent-child relationships. *Journal of Marriage and Family, 58,* 356-366.

Anastopoulos, A. D., & Barkley, R. A. (1990). Counseling and training parents. In R. A. Barkley (Ed.), *Attention-deficit hyperactivity disorder: A handbook for diagnosis and treatment.* New York: Guilford Press.

Ansbacher, H. L., & Ansbacher, R. R. (1956). *The individual psychology of Alfred Adler: A systematic presentation in selections from his writings.* New York: Basic Books.

Apperley, L., Das, U., Ramakrishnan, R., Dharmaraj, P., Blair, J., Didi, M., & Senniappan, S. (2018). Mode of clinical presentation and delayed diagnosis of Turner syndrome: A single centre UK study. *International Journal of Pediatric Endocrinology, 4.*

Arnold, K., Burke, M., Decker, A., Herzberg, E., Maher, M., Motz, K., Nandu, H., O'Donnel, L., Pirmohamed, A., & Ybarra, M. (2013). Fetal alcohol spectrum disorders: Knowledge and screening practices of university hospital medical students and residents. *Journal of Population Therapeutics and Clinical Pharmacology, 20* (1), e18-e25.

Ausubel, D. P. (1958). *Theory and problems of child development.* New York: Grune & Stratton.

Azar, B. (1999). Maternal emotions may influence fetal behavior. In K. L. Freiberg (Ed.), *Annual editions: Human development* (27th ed., p. 36). New York: McGraw-Hill.

Bai, L., Crosby, B., & Teti, D. M. (2022). Socioeconomic status and infant nighttime sleep across the second year of life: The moderating role of infant attachment security. *Child Development, 93* (3), 845-861.

Bailey, V. (2001). Cognitive-behavioural therapies for children and adolescents. *Advances in Psychiatric Treatment, 7,* 224-232.

Ball, J. W., Bindler, R. C., & Cowen, K. J. (2014). *Child health nursing* (3rd ed.). Upper Saddle River, NJ: Pearson.

Bandura, A. (1973). Social learning theory of aggression. In J. F. Knutson (Ed.), *The control of aggression: Implications from basic research.* Chicago: Aldine.

Bandura, A. (1977). *Social learning theory.* New York: General Learning Press.

Bandura, A. (1986). *Social foundations of thought and action: A social cognitive.* Englewood Cliffs, NJ: Prentice-Hall.

Bandura, A., Ross, D., & Ross, S. A. (1961). Transmission of aggression through imitation of aggressive models. *Journal of Abnormal and Social Psychology, 63,* 575-582.

Barger, M. M., Wu, J., Xiong, Y., Oh, D. D., Cimpian, A., & Pomerantz, E. M. (2022). Parents' responses to children's math performance in early elementary school: Links with parents' math beliefs and children's math adjustment. *Child Development, 93* (6), e639-e655.

Baron-Cohen, S. (2003). *The essential difference: Men, women and the extreme male brain.* New York: Penguin.

Barry, C. (1994, January, 1). Doctor depends older moms. *The Tuscaloosa News*, pp. A1, A4.

Barry, L. M., & Haraway, D. L. (2005). Self-management and ADHD: A literature review. *The Behavior Analyst Today, 6* (1), 48-63.

Barth, R. P., & Berry, M. (1988). *Adoption and disruption: Rates, risks, and responses.* Hawthorne, NY: Adline de Gruyter.

Barton, A. W., Yu, T., Gong, Q., Miller, G. E., Chen, E., & Brody, G. H. (2022). Childhood poverty, immune cell aging, and African Americans' insulin resistance: A prospective study. *Child Development, 93* (5), 1616-1624.

Beal, M. A., Yauk, C. L., & Marchetti, F. (2017). From sperm to offspring: Assessing the heritable genetic consequences of paternal smoking and potential public health impacts. *Mutation, 773,* 26-50.

Bechtiger, L., Steinhoff, A., Dollar, J. M., Halliday, S. E., Keane, S. P., Calkins, S. D., & Shanahan, L. (2022). Pathways from maternal depressive symptoms to children's academic performance in adolescence: A 13-year prospective-longitudinal study. *Child Development, 93* (2), 388-404.

Beck, A. T. (1976). *Cognitive therapy and emotional disorders.* New York: International University Press.

Begum, E. A., Bonno, M., Ohtani, N., Yamashita, S., Tanaka, S., Yamamoto, H., Kawai, M., & Komada, Y. (2008). Cerebral oxygenation responses during skin-to-skin care in low birth weight in fants.

Pediatrics, 121 (Supplement 2), S136-S137.

Bekkhus, M., McVarnock, A., Coplan, R. J., Ulset, V., & Kraft, B. (2023). Developmental changes in the structure of shyness and internalizing symptoms from early to middle childhood: A network analysis. *Child Development, 94* (4), 1078-1086.

Bell, R. Q. (1968). A reinterpretation of the direction of effects in studies of socialization. *Psychological Review, 75*, 81-95.

Bell, R. Q. (1979). Parent, child, and reciprocal influences. *American Psychologist, 34*, 821-826.

Belsky, J, Conger, R., & Capaldi, D. M. (2009). The intergenerational transmission of parenting: Introduction to the special section. *Developmental Psychology, 45* (5), 1201-1204.

Belsky, J. (1984). The determinants of parenting: A process model. *Child Development, 55* (1), 83.

Belsky, J., & Barends, N. (2002). Personality and parenting. In M. H. Bornstein (Ed.), *Handbook of parenting: Being and becoming a parent* (pp. 415-438). Mahwah, NJ: Lawrence Erlbaum Associates. 415-438.

Belsky, J., Jaffee, S. R., Sligo, J., Woodward, L., & Silva, P. A. (2005). Intergenerational transmission of warm-sensitive-stimulating parenting: A prospective study of mothers and fathers of 3-year-olds. *Child Development, 76* (2), 384-96.

Berglind, D., Ljung, R., Tynelius, P., & Brooke, H. L. (2018) Cross-sectional and prospective associations of meeting 24-h movement guidelines with overweight and obesity in preschool children. *Pediatric Obesity, 13*, 442-449.

Berk, L. E. (1996). *Infants, children, and adolescents* (2nd ed.). Needham Heights, MA: Allyn & Bacon.

Berkowitz, L. (1974). Some determinants of impulsive aggression: Role of mediated associations with reinforcements for aggression. *Psychological Review, 81*, 165-176.

Berne, E. (1957). Ego state in psychotheraphy. *American Journal of Psychotherapy, 11,* 293-309.

Berne, E. (1958). Transactional analysis: A new and effective method of group therapy. *American Journal of Psychotheraphy, 12,* 735-743.

Berne, E. (1961). *Transactional analysis in psychotherapy: A systematic individual and social psychiatry.* New York: Grove Press.

Berne, E. (1964). *Games people play.* New York: Grove Press.

Bernier, A., Calkins, S. D., & Bell, M. A. (2016). Longitudinal associations between the quality of mother-infant interactions and brain development across infancy. *Child Development, 87* (4), 1159-1174.

Bianchi, D. W. (2019). Turner syndrome: New insights from prenatal genomics and transcriptomics. *American Journal of Medical Genetics C: Seminars in Medical Genetics, 181* (1), 29-33.

Bickham, D. S., Blood, E. A., Walls, C. E., Shrier, L. A., & Rich, M. (2013). Characteristics of screen media use associated with higher BMI in young adolescents. *Pediatrics, 131*, 935-941.

Blanck-Lubarsch, M., Dirksen, D., Feldmann, R., Sauerland, C., & Hohoff, A. (2019). 3D analysis of mouth, nose and eye parameters in children with fetal alcohol syndrome (FAS). *International Journal of Environmental Research and Public Health, 16* (14), 2535.

Boers, E., Afzail, M. H., & Conrod, P. (2020). A longitudinal study on the relationship between screen time and adolescent alcohol use: The mediating role of social norms. *Preventive Medicine, 132*, 105992.

Borairi, S., Fearon, P., Madigan, S., Plamondon, A., & Jenkins, J. (2021). A mediation meta-analysis of the role of maternal responsivity in the association between socioeconomic risk and children's language. *Child Development, 92* (6), 2177-2193.

Borders, L., Black, L., & Pasley, K. (1998). Are adopted children and their parents at greater risk for negative outcomes? *Family Relations, 47*, 237-241.

Bornstein, M. H., Hahn, C-S., & Haynes, O. M. (2011). Maternal personality, parenting cognitions, and parenting practices. *Developmental Psychology, 47* (3), 658-675.

Bornstein, M. H., Hahn, C.-S., Haynes, O. M., Belsky, J., Azuma, H., Kwak, K., Maital, S., Painter, K. M., Varron, C., Pascual, L., Toda, S., Venuti, P., Vyt, A., & de Galperín, C. Z. (2007). Maternal personality and parenting cognitions in cross-cultural perspective. *International Journal of Behavioral Development, 31* (3), 193-209.

Bowen, J., Gibson, F., Leslie, G., & Saunders, D. (1998). Medical and developmental outcome at 1 year for children conceived by intracytoplasmic sperm injection. *Lancet, 351*, 1529-1534.

Bower, T. G. R. (1979). *Human development*. San Francisco, CA: Freeman.

Bowlby, J. (1969/1982). *Attachment and Loss* (Vol. 1): *Attachment*. London: Hogarth Press.

Braccio, S., Sharland, M., & Ladhani, S. N. (2016), Prevention and treatment of mother-to-child syphilis. *Current Opinion in Infectious Diseases*, 29, 268-274.

Breedlove, G., & Fryzelka, D. (2011). Depression screening in pregnancy. *Journal of Midwifery and Women's Health, 56*, 18-25.

Brenning, K., Soenens, B., & Vansteenkiste, M. (2015). What's your motivation to be pregnant? Relations between motives for parenthood and women's prenatal functioning. *Journal of Family Psychology, 29* (5), 755-765.

Bretherton, I. (1991). Pouring new wine into old bottles: The social self as internal working model. In M. R. Gunnar & L. A. Sroufe (Eds.), *The Minnesota symposia on child psychology* (Vol. 23). *Self processes and development* (pp. 1-41).

Bretherton, I. (2012). Afterword. In K. H. Brisch (Ed.), *Treating attachment disorders* (2nd ed.). New York: Guilford.

Brito, N. H., Werchan, D., Brandes-Aitken, A., Yoshikawa, H., Greaves, A., & Zhang, M. (2022). Paid maternal leave is associated with infant brain function at 3 months of age. *Child Development, 93* (4), 1030-1043.

Brocardo, P. S., Gil-Mohapel, J., & Christie, B. R. (2011). The role of oxidative stress in fetal alcohol spectrum disorders. *Brain Research Reviews, 67*, 209-225.

Brodzinsky, D. M. (1993). Long-term outcome in adoption. *The Future of Children, 11*, 153-166.

Brodzinski, D. M., Singer, L., & Braff, A. (1984). Children's understanding of adoption. *Child Development, 55*, 869-878.

Bronfenbrenner, U. (1958). Socialization and social class through time and space. In T. Newcomb & E. L. Hartley (Eds.), *Readings in social psychology* (pp. 400-425). New York: Henry Holt and Company.

Bronfenbrenner, U. (1979). *The ecology of human*

development. Cambridge, MA: Harvard University Press.

Bronfenbrenner, U. (2000). Ecological systems theory. In A. E. Kazdin (Ed.), *Encyclopedia of psychology* (pp. 129-133). New York: Oxford University Press.

Brooks, J. B. (1991). *The process of parenting* (3rd ed.). Mountain View, CA: Mayfield.

Brooks-Gunn, J., & Paikoff, R. (1993). Sex is a gamble, kissing is a game: Adolescent sexuality, contraception, and sexuality. In S. P. Millstein, A. C. Petersen, & E. O. Nightingale (Eds.), *Promoting the health behavior of adolescents*. New York: Oxford University Press.

Brown, H. L., & Graves, C. R. (2013). Smoking and marijuana in pregnancy. *Clinical Obstetrics and Gynecology, 56*, 107-113.

Brunell, P. A. (2014). Measles in pregnancy is not kid's stuff. *Clinical Infectious Diseases, 58* (8), 1093-1094.

Budwig, N., & Chaudhary, N. (1996). Hindi-speaking caregivers' input: Towards an integration of typological and language socialization approaches. In A. String-Fellow, D. Cahana-Amitay, E. Hughes, & A. Zukowski (Eds.), *The proceedings of the 20th annual Boston University Conference on Language Development*, (Vol. 1, pp. 135-145). Somerville, MA: Cascadilla.

Burstyn, I., Kuhle, S., Allen, A. C., & Veugelers, P. (2012). The role of maternal smoking in effect of fetal growth restriction on poor scholastic achievement in elementary school. *International Journal of Environmental Research and Public Health, 9*, 408-420.

Bustamante, A. S., Dearing, E., Zachrisson, H. D., & Vandell, D. L. (2022). Adult outcomes of sustained high-quality early child care and education: Do they vary by family income? *Child Development, 93* (2), 502-523.

Canter, L., & Canter, M. (1976). *Assertive discipline: A take-charge approach for today's educator*. Seal Beach, CA: Canter & Associates.

Cao Van, H., Guinand, N., Damis, E., Mansbach, A. L., Poncet, A., Hummel, T., & Landis, B. N. (2017). Olfactory stimulation may promote oral feeding in immature newborn: A randomized controlled trial. *European Archives of Oto-Rhino-Laryngology, 275* (1), 125-129.

Cao, Y., Lu, J., & Lu, J. (2020). Paternal smoking before conception and during pregnancy is associated with an increased risk of childhood acute lymphoblastic leukemia: A systematic review and meta-analysis of 17 case-controlled studies. *Journal of Pediatric Hematology and Oncology, 42*, 32-40.

Carson, V., Kuzik, N., Hunter, S., Wiebe, S. A., Spence, J. C., Friedman, A., Tremblay, M. S., Slater, L., & Hinkley, T. (2015). Systematic review of sedentary behavior and cognitive development in early childhood. *Preventive Medicine, 78*, 115-122.

Cattell, R. B. (1943). The description of personality: Basic traits resolved into clusters. *Journal of Abnormal and Social Psychology, 38*, 476-506.

Cattell, R. B. (1945). The description of personality: Principles and findings in a factor analysis. *American Journal of Psychology, 58*, 69-90.

Chao, R. K. (1994). Beyond parental control and authoritarian parenting style: Understanding Chinese parenting through the cultural notion of training. *Child Development, 65*, 1111-1119.

Chess, S., & Thomas, A. (1989). Issues in the clinical application of temperament. In G. A. Kohnstamm, J. E. Bates & M. K. Rothbart (Eds.), *Temperament in childhood*. Chichester, UK: John Wiley and Sons.

Cheung, R. Y. M., & Chung, K. K. H. (2023). Interparental conflict and mindful parenting practices: Transactional effects between mothers and fathers. *Journal of Marriage and Family, 85* (1), 280-292.

Chiang, S., & Bai, S. (2022). Reciprocal influences among marital relationship, parent-adolescent relationship, and youth depressive symptoms. *Journal of Marriage and Family, 84* (4), 962-981.

Chomitz, V. R., Cheung, L. W. Y., & Lieberman, E. (1999). The role of lifestyle in preventing low birth weight. In K. L. Freiberg (Ed.), *Annual editions: Human development* (27th ed., pp. 23-33). New York: McGraw-Hill.

Clarke-Stewart, A., Friedman, S., & Koch, J. (1985). *Child development*. New York: John Wiley & Sons.

Claxton-Oldfield, S. (2000). Deconstructing the myth of the wicked step-parent. *Marriage & Family Review, 30* (1/2), 51-58.

Cobb, N. J. (1998). *Adolescence: Continuity, change, and diversity* (3rd ed.). Mountain View, CA: Mayfield.

Coffey, J. R., Shafto, C. L., Geren, J. C., & Snedeker, J. (2022). The effects of maternal input on language in the absence of genetic confounds: Vocabulary development in internationally adopted children. *Child Development, 93* (1), 237-253.

Coker, T. R., Elliott, M. N., Schwebel, D. C., Windle, M., Toomey, S. L., Tortolero, S. R., Hertz, M. F., Peskin, M. F., & Schuster, M. A. (2015). Media

violence exposure and physical aggression in fifth-grade children. *Academic Pediatrics, 15* (1), 82-88.

Connor-Smith, J. K., & Flachsbart, C. (2007). Relations between personality and coping: A meta-analysis. *Journal of Personality and Social Psychology, 93* (6), 1080-1107.

Cooke, J. E., Deneault, A., Devereux, C., Eirich, R., Fearon, R. M. P., & Madigan, S. (2022). Parental sensitivity and child behavioral problems: A meta-analytic review. *Child Development, 93* (5), 1231-1248.

Coplan, R. J., & Arbeau, K. A. (2009). Peer interactions and play in early childhood. In K. H. Rubin, W. M. Bukowski & B. Laursen (Eds.), *Handbook of peer interactions, relationships, and groups*. New York: Guilford.

Cordier, S. (2008). Evidence for a role of paternal exposure in developmental toxicity. *Basic and Clinical Pharmacology and Toxicology, 102*, 176-181.

Coyne, L. W., Low, C. M., Miller, A. L., Seifer, R., & Dickstein, S. (2007). Mothers' empathic understanding of their toddlers: Associations with maternal depression and sensitivity. *Journal of Child and Family Studies, 16* (4), 483-497.

Crockenberg, S. C., & Leerkes, E. M. (2003). Negative infant emotionality and the development of family relationships in infancy and early childhood. In A. C. Crouter & A. Booth (Eds.), *Children's influence on family dynamics: The neglected side of family relationships* (pp. 57-78). Mahwah, NJ: Lawrence Erlbaum Associates.

Crook, C. K. (1987). Taste and olfaction. In P. Salapatek & L. Cohen (Eds.), *Handbook of infant perception* (Vol. 1). *From sensation to perception*. New York: Academic Press.

Crosbie-Burnett, M., & Giles-Sims, J. (1994). Adolescent adjustment and stepparenting styles. *Family Relations, 43*, 394-399.

Dagan, O., Schuengel, C., Verhage, M. L., Madigan, S., Roisman, G. I., Bernard, K., Duschinsky, R., Bakermans-Kranenburg, M., Bureau, J., Sagi-Schwartz, A., Eiden, R. D., Wong, M. S., Brown, G. L., Soares, I., Oosterman, M., Fearon, R. M. P., Steele, H., Martins, C., & Aviezer, O. (2023). Configurations of mother-child and father-child attachment relationships as predictors of child language competence: An individual participant data meta-analysis. *Child Development, 94* (6), 67-94.

Dainton, M. (1993). The myths and misconceptions of the stepmother identity: Descriptions and prescriptions for identity management. *Family Relations, 42*, 93-98.

Davies, P. T., Thompson, M. J., Hentges, R. F., Parry, L. Q., & Sturge-Apple, M. L. (2022). Interparental conflict as a quadratic predictor of children's reactivity to interparental conflict and school adjustment: Steeling effects or risk saturation? *Child Development, 93* (2), 594-611.

Davis, A. (2008). Children with Down syndrome: Implications for assessment and intervention in the school. *School Psychology Quarterly, 23*, 271-281. http://search. ebscohost.com, doi:10.1037/1045-3830.23.2.271

Dawson, G. (2008). Early behavioral intervention, brain plasticity, and the prevention of autism spectrum disorder. *Development and Psychopathology, 20*, 775-803.

Dawson, G., Rogers, S., Munson, J., Smith, M., Winter, J., Greenson, J., Donaldson, A., & Varley, J. (2010). Randomized, controlled trial of an intervention for toddlers with autism: The Early Start Denver Model. *Pediatrics, 125* (1), 17-23.

Delagneau, G. E., Twilhaar, S., Testa, R., van Veen, S., & Anderson, P. (2023). Association between prenatal maternal anxiety and/or stress and offspring's cognitive functioning: A meta-analysis. *Child Development, 94* (3), 779-801.

Desai, M., Beall, M., & Ross, M. G. (2013). Developmental origins of obesity: Programmed adipogenesis. *Current Diabetes Reports, 13* (1), 27-33.

Dewitt, N. Y. (1996) *A child's guide to ADHD/hyperactivity*. DeWitt, NY: GSI Publications.

Diamond, A., Prevor, M., Callender, G., & Druin, D. (1997). Prefrontal cortex cognitive deficits in children treated early and continuously for PKU. *Monographs of the Society for Research in Child Development, 62* (4), 1-208.

Diener, M., Mangelsdorf, S., Contrerae, J., Hazelwood, L., & Rhodes, J. (1995, March). Correlates of parenting competence among Latina adolescent mothers. *Paper presented at the meeting of the Society for Research in Child Development*, Indianapolis, IN.

Dinkmeyer, D., & McKay, G. D. (1973). *Raising a responsible children*. New York: Simon and Schuster.

Dinkmeyer, D., & McKay, G. D. (1976/1982). *Systematic training for effective parenting*. Circle Pines, MN: American Guidance Service.

Dodge, K. A. (1980). Social cognition and children's aggressive behavior. *Child Development, 51*,

162-170.

Dollard, J., Doob, L. W., Miller, N. E., Maurer, O. H., & Sears, R. R. (1939). *Frustration and aggression*. New Haven: Yale University Press.

Donahue, M. L., Pearl, R., & Herzog, A. (1997). Mothers' referential communication with preschoolers: Effects of children's syntax and mothers' beliefs. *Journal of Applied Developmental Psychology, 18* (1), 133-147.

Doty, R. L., & Shah, M. (2008). Taste and smell. In M. M. Haith & J. B. Benson (Eds.), *Encyclopedia of infant and early childhood development*. Oxford, UK: Elsevier.

Dreikurs, R. (1953). *Fundamentals of Adlerian psychology*. Chicago: Alfred Adler Institute.

Dreikurs, R. (1967). *Psychodynamics, psychotherapy, and counseling*. Chicago: Alfred Adler Institute.

Dreikurs, R., & Grey, L. (1968). *Logical consequences*. New York: Hawthorn Books.

Dreikurs, R., & Soltz, V. (1964). *Children: The challenge*. New York: Hawthorn Books.

Dudovitz, R. N., Thomas, K., Shan, M. D., Szilagyi, P. G., Vizueta, N., Vangala, S., Shetgiri, R., & Kapteyn, A. (2022). School-age children's wellbeing and school-related needs during the COVID-19 pandemic. *Academic Pediatrics, 22* (8), 1368-1374.

Dusay, J. (1977). *Egograms*. New York: Ballentine.

Dworetzky, J. P. (1990). *Introduction to child development* (4th ed.). St. Paul, MN: West Publishing.

Einiö, E., Metsä-Simola, N., Aaltonen, M., Hiltunen, E., & Martikainen, P. (2023). Partner violence surrounding divorce: A record-linkage study of wives and their husbands. *Journal of Marriage and Family, 85* (1), 33-54.

El-Farrash, R. A., Shinkar, D. M., Ragab, D. A., Salem, R. M., Saad, W. E., Farag, A. S., Salama, D. H., & Sakr, M. F. (2020). Longer duration of kangaroo care improves neurobehavioral performance and feeding in preterm infants: A randomized controlled trial. *Pediatric Research, 87* (4), 683-688.

Erel, O., & Burman, B. (1995). Interrelatedness of marital relations and parent-child relations: A meta-analytic review. *Psychological Bulletin, 118* (1), 108-132.

Erikson, E. (1950). *Childhood and society*. New York: Norton.

Erikson, E. H. (1963). *Childhood and society* (6th ed.). New York: Norton.

Erikson, E. (1968). *Identity: Youth and crisis*. New York: Norton.

Eriksson, U. J. (2009). Congenital malformations in diabetic pregnancy. *Seminar in Fetal and Neonatal Medicine, 14*, 85-93.

Faber, A., & Mazlish, E. (1974). *Liberated parents, liberated children*. New York: Grosset & Dunlap.

Faber, A., & Mazlish, E. (1980). *How to talk so kids will listen & listen so kids will talk*. New York: Avon Books.

Faber, A., & Mazlish, E. (1987). *Siblings without rivalry: How to help your children live together so you can live, too*. New York: Avon Books.

Feingold, B. F. (1979). *The Feingold cookbook for hyperactive children*. New York: Random House.

Feldman, R., Gordon, I., Schneiderman, I., Weisman, O., & Zagoory-Sharon, O. (2010). Natural variations in maternal and paternal care are associated with systematic changes in oxytocin following parent-infant contact.

Psychoneuroendocrinology, 35 (8), 1133-1141.

Fine, M. A., Coleman, M., & Ganong, L. H. (1998). Consistency in perceptions of the step-parent role among stepparents, parents, and stepchildren. *Journal of Social and Personal Relationships, 15,* 811-829.

Fine, M. J. (1980). *The second handbook on parent education: Contemporary perspectives.* San Diego, CA: Academic Press.

Fine, M. J., & Henry, S. A. (1989). Professional issues in parent education. In M. J. Fine (Ed.), *Handbook on parent education* (pp. 3-20). San Diego, CA: Academic Press.

Firestone, P., & Douglas, V. I. (1975). The effects of reward and punishment on reaction times and autonomic activity in hyperactive and normal children. *Journal of Abnormal Child Psychology, 3,* 201-216.

Flegal, W. A. (2007). Blood group genotyping in Germany. *Transfusion, 47* (Suppl. I), S47-S53.

Freud, S. (1933). *New introductory lectures on psychoanalysis.* London: Hogarth.

Frost, E. A., Gist, R. S., & Adriano, E. (2011). Drugs, alcohol, pregnancy, and fetal alcohol syndrome. *International Anesthesiology Clinics, 49,* 119-133.

Gardner, M. (1998). Should children know donor parents? *Christian Science Monitor, 90* (234), 5.

Gartrell, D. (1987). Assertive discipline: Unhealthy for children and other living things. *Young Children,* 10-11.

Gesell, A. (1945). *The embryology of behavior: The beginnings of the human mind.* New York: Harper & Brothers.

Ghosh, S., Feingold, E., Chakaborty, S., & Dey, S. K. (2010). Telomere length is associated with types of chromosome 21 nondisjunction: A new insight into the maternal age effect on Down Syndrome birth. *Human Genetics, 127* (4), 403-408.

Ginott, H. (1965). *Between parent and child.* New York: McMillan.

Giovannini, M., Verduci, E., Salvatici, E., Paci, S., & Riva, E. (2012). Phenylketonuria: Nutritional advances and challenges. *Nutrition and Metabolism, 9* (1), 7-13.

Glasson, E. J., Jacques, A., Wong, K., Bourke, J., & Leonard, H. (2016). Improved survival in Down syndrome over the last 60 years and the impact of perinatal factors in recent decades. *Journal of Pediatrics, 169,* 214-220.

Goldfield, B. A., & Reznick, J. S. (1990). Early lexical acquisition: Rate, content, and vocabulary spurt. *Journal of Child Language, 17,* 171-183.

Goldstein, L. H., Diener, M. L., & Mangelsdorf, S. C. (1996). Maternal characteristics and social support across the transition to motherhood: Associations with maternal behavior. *Journal of Family Psychology, 10,* 60-71.

Golombok, S., Cook, R., Bish, A., & Murray, C. (1995). The European study of assisted reproduction families: Findings from the UK. In J. Bitzer & M. Stauber (Eds.). *Psychosomatic obstetrics & gynaecology.* Bologna: Monduzzi Editore.

Gondoli D. M., & Silverberg, S. B. (1997). Maternal emotional distress and diminished responsiveness: The mediating role of parenting efficacy and parental perspective taking. *Developmental Psychology, 33* (5), 861-868.

Gordon, I., Zagoory-Sharon, O., Leckman, J.

F., & Feldman, R. (2010). Oxytocin and the development of parenting in humans. *Biological psychiatry, 68* (4), 377-382.

Gordon, T. (1970/1975/2000). *P.E.T.: Parent Effectiveness Training.* New York: Peter H. Wyden.

Goulding, R., & Goulding, M. (1979). *Changing lives through redecision theraphy.* New York: Brumner/Mazet.

Graham, K. L. (2020). Play. In B. Hopkins & others (Eds.), *Cambridge encyclopedia of child development.* New York: Cambridge University Press.

Grant, T. M., Brown, N. N., Dubovsky, D., Sparrow, J., & Ries, R. (2013). The impact of prenatal alcohol exposure on addiction treatment. *Journal of Addiction Medicine, 7* (2), 87-95.

Grealish, K. G., Price, A. M., & Stein, D. S. (2020). Systematic reivew of recent pediatric Down Syndrome neuropsychology literature: Considerations for regression assessment and monitoring. *Journal of Development and Behavioral Pediatrics, 41* (6). 486-495.

Greif, G. L. (1995). Single fathers with custody following separation and divorce. *Marriage and Family Review, 20*, 213-232.

Griffith, J., & Powers, R. (1984). *An Adlerian Lexicon.* Chicago: The America Institute of Adelerian studies.

Haenlein, M., & Caul, W. F. (1987). Attention deficit disorder with hyperactivity: A specific hypothesis of reward dysfunction. *Journal of the American Academy of Child and Adolescent Psychiatry, 26*, 356-362.

Hale, L., Kirschen, G. W., LeBourgeois, M. K.,

Gradisar, M., Garrison, M. M., Montgomery-Downs, H., Kirschen, H., McHale, S. M., Chang, A. M., & Buxtonj, O. M. (2018). Youth screen media habits and sleep: Sleep-friendly screen-behavior recommendations for clinicians, educators, and parents. *Child and Adolescent Psychiatric Clinics of North America, 27* (2), 229-245.

Hall, C. S., & Lindzey, G. (1978). *Theories of personality* (3rd ed.). New York: John Wiley & Sons.

Hammer, D., Melhuish, E., & Howard, S. J. (2017). Do aspects of social, emotional and behavioural development in the pre-school period predict later cognitive and academic attainment? *Australian Journal of Education, 61*, 270-287.

Hamner, T. J., & Turner, P. H. (1996/2001). *Parenting in contemporary society.* New York: Allyn & Bacon.

Haralampoudis, A., Nepomnyaschy, L., & Donnelly, L. (2021). Head Start and nonresident fathers' Involvement with children. *Journal of Marriage and Family, 83* (3), 699-716.

Harper, K. M., Tunc-Ozcan, E., Graf, E. N., & Redei, E. E. (2014). Intergenerational effects of prenatal ethanol on glucose tolerance and insulin responses. *Physiological Genomics, 46* (5), 159-168.

Harris, T. (1969/1991). *I'm OK, You're OK.* New York: Harper & Row.

Hart, B., & Risley, T. R. (1992). American parenting of language-learning children: Persisting differences in family-child interactions observed in natural home environments. *Developmental Psychology, 28*, 1096-1105.

Hemsley, R., Howlin, P., Berger, M., Hersov, L., Holbrook, D., Rutter, M., & Yule, W. (1978). Treating autistic children in a family context. In M. Rutter & E. Schopler (Eds.), *Autism: A reappraisal of concepts and treatment*. New York: Plenum.

Henderson, K. A., & Zivian, M. T. (1995, March). *The development of gender differences in adolescent body image*. Paper presented at the meeting of the Society for Research in Child Development, Indianapolis.

Hesse, E., & Main, M. (1999). Second-generation effects of unresolved trauma as observed in non-maltreating parents: Dissociated, frightened and threatening parental behavior. *Psychoanalytic Inquiry, 19*, 481-540.

Hesse, E., & Main, M. (2000). Disorganized infant, child, and adult attachment: Collapse in behavioral and attentional strategies. *Journal of the American Psychoanalytic Association, 48*, 1097-1127.

Hetherington, E. M. (1992). Coping with marital transitions: A family systems perspective. *Monograph of the Society for Research in Child Development. 57*(2/3), 114.

Hetherington, E. M., & Parke, R. D. (1999). *Child psychology: A contemporary viewpoint*. New York: McGraw-Hill.

Hilliard, L., & Liben, L. (2012, April). *No boys in ballet: Response to gender bias in mother-child conversations*. Paper presented at the Gender Development Research Conference, San Francisco.

Hinkley, T., Brown, H., Carson, V., & Teychenne, M. (2018). Cross sectional associations of screen time and outdoor play with social skills in preschool children. *PLoS One, 13*(4), [e0193700].

Hirsh-Pasek, K., & Golinkoff, R. M. (2014). Early language and literacy: Six principles. In S. Gilford (Ed.), *Head Start teacher's guide*. New York: Teacher's College Press.

Hitz, R. (1988). Assertive discipline: A response to Lee Canter. *Young Children, 43*(2), 25-26.

Hochschild, A. (1997). *The time bind, when work becomes home and home becomes work*. New York: Metropolitan Books.

Hockenberry, M. J. & Wilson, D. (2019). *Wong's nursing care of infants and children* (11th ed.). New York: Elsevier.

Hoffman, L. W. (1963). The decision to work. In F. I. Nye & L. W. Hoffman (Eds.). *The employed mother in America* (pp. 18-39). Chicago: Rand McNally.

Hoff-Ginsberg, E. (1992). Methodological and social concerns in the study of children's language-learning environments: A reply to Pine. *First Language, 12*, 251-255.

Hoff-Ginsberg, E. (1998). The relation of birth order and socioeconomic status to children's language experience and language development. *Applied Psycholinguistics, 19*, 603-629.

Hollams, E. M., de Klerk, N. H., Holt, P. G., & Sly, P. D. (2014). Persistent effects of maternal smoking during pregnancy on lung function and asthma in adolescents. *American Journal of Respiratory and Critical Care Medicine, 189*, 401-407.

Hou, Y., Suitor, J. J., & Gilligan, M. (2023). Intergenerational transmission of relationship quality in later-life families. *Journal of Marriage and Family, 85*(2), 539-555.

Houbrechts, M., Bijttebier, P., Calders, F., Goossens, L., Van Leeuwen, K., Van Den Noortgate, W., & Bosmans, G. (2023). Cumulative family stress and externalizing problems: Secure base script knowledge as a protective factor. *Child Development, 94* (4), 941-955.

Howerton, C. L., & Bale, T. L. (2012). Prenatal programming: At the intersection of maternal stress and immune activation. *Hormones and Behavior, 62* (3), 237-242.

Huesmann, L. R., Eron, L. D., Lefkowitz, M. M., & Walder, L. O. (1984). Stability of aggression over time and generations. *Developmental Psychology, 20*, 1120-1134.

Huxley, A. (1932). *Brave new world*. London: Harper Collins.

Hymel, S. (1986). Interpretations of peer behavior: Affective bias in childhood and adolescence. *Child Development, 57*, 431-445.

Jonassaint, C. R., Siegler, I. C., Barefoot, J. C., Edwards, C. L., & Williams, R. B. (2011). Low life course socioeconomic status(SES) is associated with negative NEO PI-R personality patterns. *International Journal of Behavioral Medicine, 18* (1), 13-21.

Jones, M. C. (1924). A laboratory study of fear: The case of Peter. *Pedagogical Seminary, 31*, 308-315.

Juang, L. P., & Umana-Taylor, A. J. (2012). Family conflict among Chinese-and Mexican-origin adolescents and their parents in the U.S.: An introduction. *New Directions in Child and Adolescent Development, 135*, 1-12.

Karabchuk, T., Dülmer, H., & Gatskova, K. (2022). Fertility attitudes of highly educated youth: A factorial survey. *Journal of Marriage and Family, 84* (1), 32-52.

Karpman, S. (1968). Fairy tales and script drama analysis. *Transactional Analysis Bulletin, 7* (26), 39-43.

Kauffman, J. M. (1993). *Characteristics of emotional and behavioral disorders of children and youth* (5th ed.). New York: Macmillan.

Kaur, A., & Phadke, S. R. (2012). Analysis of short stature cases referred for genetic evaluation. *Indian Journal of Pediatrics, 79* (12), 1597-1600.

Kazdin, A. E., Bass, D., Ayers, W., & Rodgers, A. (1990). Empirical and clinical focus of child and adolescent psychotherapy research. *Journal of Consulting and Clinical Psychology, 58* (6), 729-740.

Kelly, E. W., & Sweeney, T. J. (1979). Typical fault goals of adolescents. *School Counselor, 26*, 236-246.

Kohn, M. L. (1963). Social class and parent-child relationships: An interpretation. *American Journal of Sociology, 68* (4), 471-480.

Kohn, M. L. (1969). *Class and conformity*. Homewood, IL: Dorsey.

Kohn, M. L. (1979). The effects of social class on parental values and practices. In D. Reiss & H. Hoffman (Eds.), *The American family: Dying or developing* (pp. 45-68). New York: Plenum.

Kong, A., Frigge, M. L., Masson, G., Besenbacher, S., Sulem, P., Magnusson, G., ... & Stefansson, K. (2012). Rate of de novo mutations and the importance of father's age to disease risk. *Nature, 488*, 471-475.

Koren, G., & Ornoy, A. (2018). The role of the placenta in drug transport and fetal drug exposure.

Expert Reviews of Clinical Pharmacology, 11, 373-385.

Kostelnik, M. J., Whiren, A. P., Soderman, A. K., Stein, L. C., & Gregory, K. (2002). *Guiding children's social development* (4th ed.). Albany, NY: Delmar.

Kottman, T., & Meany-Walen, K. (2016). *Partners in play: An Adlerian approach to play therapy* (3rd ed.). American Counseling Association.

Kranz, A. M., Steiner, E. D., & Mitchell, J. M. (2022). School-based health services in Virginia and the COVID-19 pandemic. *Journal of School Health, 92* (5), 436-444.

Krishnakumar, A., & Buehler, C. (2000). Interparental conflict and parenting behaviors: A meta-analytic review. *Family Relations, 49* (1), 25-44.

Kumar, P., Khare, M., Harrison, R. M., Bloss, W. J., & Lewis, A. C. (2015). New directions: Air pollution challenges for developing megacities like Delhi. *Atmospheric Environment, 122,* 657-661.

Lamb, M. E. (1975). Physiological mechanisms in the control of maternal behavior in rats: A review. *Psychological Bulletin, 82,* 104-119.

Lamb, M. E. (1977). Father-infant and mother-infant interaction in the first year of life. *Child Development, 48,* 167-181.

Lamb, M. E. (1987). *The father's role: Cross-cultural perspectives.* Hillsdale, NJ: Erlbaum.

Lamb, M. E. (1988). Social and emotional development in infancy. In M. H. Bornstein & M. E. Lamb (Eds.), *Social, emotional, and personality development* (pp. 359-411). Hillsdale, NJ: Erlbaum.

Lamb, M. E., Pleck, J. H., Charnov, E. L., & Levine, J. A. (1985). Paternal behavior in humans. *American Zoologist, 25,* 883-894.

Laursen, B., & Ferreira, M. (1994, February). *Does parent-child conflict peak at mid-adolescence?* Paper presented at the meeting of the Society for Research on Adolescence, San Diego.

Lautarescu, A., Craig, M. C., & Glover, V. (2020). Prenatal stress: Effects on fetal and child brain development. *International Review of Neurobiology, 150,* 17-40.

Leaper, C. (2013). Gender development during childhood. In P. D. Zelazo (Ed.), *Oxford handbook of developmental psychology.* New York: Oxford University Press.

Leaper, C., & Bigler, R. S. (2011). Gender. In M. H. Underwood & L. H. Rosen (Eds.), *Social development.* New York: Guilford.

Leaper, C., & Bigler, R. S. (2018). Societal causes and consequences of gender typing of children's toys. In E. S. Weisgram & L. M. Dinella (Eds.), *Gender typing of children's play.* Washington, DC: APA Books.

LeBourgeois, M. K., Hale, L., Chang, A. M., Akacem, L. D., Montgomery-Downs, H. E., & Buxton, O. M. (2017). Digital media and sleep in childhood and adolescence. *Pediatrics, 140* (2), S92-S96.

Lefevre, N. M., & Sundermeyer, R. L. (2020). Fetal aneuploidy: Screening and diagnostic testing. *American Family Physician, 101,* 481-488.

Letourneau, N., Salmani, M., & Duffett-Leger, L. (2010). Maternal depressive symptoms and parenting of children from birth to 12 years. *Western Journal of Nursing Research, 32* (5), 662.

Lever-Duffy, J., & McDonald, J. (2018). *Teaching and learning with technology* (6th ed.). Upper Saddle River, NJ: Pearson.

LeVine, R. A. (1988). Human parental care: Universal

goals, cultural strategies, individual behavior. In R. A. LeVine, P. M. Miller, & M. M. West (Eds.), *Parental behavior in diverse societies. New directions for child development*, No. 40 (pp. 3-12). San Francisco: Jossey-Bass.

Li, B. J., Jiang, Y. J., Yuan, F., & Ye, H. X. (2010). Exchange transfusion of least incompatible blood for severe hemolytic disease of the newborn due to anti-Rh17. *Transfusion Medicine, 20,* 66-69.

Liben, L. S., Bigler, R. S., & Hilliard, L. J. (2014). Gender development: From universality to individuality. In E. T. Gershoff, R. S. Mistry & D. A. Crosby (Eds.), *Societal contexts of child development.* New York: Oxford University Press.

Lissak, G. (2018). Adverse physiological and psychological effects of screen time on children and adolescents: Literature review and case study. *Environmental Research, 164,* 149-157.

Lloyd, A. B., Lubans, D. R., Plotnikoff, R. C., Collins, C. E., & Morgan, P. J. (2014). Maternal and paternal parenting practices and their influence on children's adiposity, screen-time, diet, and physical activity. *Appetite, 79,* 149-157.

Lorenz, K. (1966). *On aggression.* New York: Harcourt Brace and World.

Lovaas, O. I. (1973). Behavioral treatment of autistic-children. *University Programs Modular Studies, 40,* 55.

Lovejoy, J., & Wallen, K. (1988). Sexually dimorphic behavior in group-housed rhesus monkeys (Macaca mulatta) at 1 year of age. *Psychobiology, 16* (4), 348-356.

Lovejoy, M. C., Graczyk, P. A., O'Hare, E., & Neuman, G. (2000). Maternal depression and parenting behavior: A meta-analytic review.

Clinical Psychology Review, 20 (5), 561-592.

Lowdermilk, D. L., Cashion, M. C., & Perry, S. E. (2014). *Maternity and women's health care: Text and simulation learning package* (10th ed.). New York: Elsevier.

Ludington-Hoe, S. M., Lewis, T., Morgan, K., Cong, X., Anderson, L., & Reese, S. (2006). Breast and infant temperatures with twins during kangaroo care. *Journal of Obstetric, Gynecologic, and Neonatal Nursing, 35,* 223-231.

Luster, T., Rhoades, K., & Haas, L. (1989). The relation between parental values and parenting behavior: A test of the Kohn hypothesis. *Journal of Marriage and the Family, 51,* 139-147.

Maccoby, E. E. (1998). *The two sexes: Growing up apart, coming together.* Cambridge, MA: Harvard University Press.

MacDonald, K., & Parke, R. D. (1984). Bridging the gap: Parent-child play interaction and peer interactive competence. *Child Development, 55,* 1265-1277.

MacDonald, K., & Parke, R. D. (1986). Parent-child physical play: The effects of sex and age of children and parents. *Sex Roles, 15,* 367-378.

Mace, A. B., Shapiro, E. S., & Mace, F. C. (1998). Effects of warning stimuli for reinforcer withdrawal and task onset on self-injury. *Journal of Applied Behavior Analysis, 31,* 679-682.

MacNeill, L. A., & Fosco, G. M. (2022). Intraindividual differences in adolescent threat appraisals and anxiety associated with Interparental conflict. *Journal of Marriage and Family, 84* (1), 165-186.

Malizia, B. A., Hacker, M. R., & Penzias, A. S. (2009). Cumulative live-birth rates after in vitro fertilization.

New England Journal of Medicine, 360, 236-243.

Maloy, R. W., Verock, R. E. A., Edwards, S. A., & Trust, T. (2021). *Transforming learning with new technologies* (4th ed.). New York: Pearson.

Mange, A. P., & Mange, E. J. (1990). *Genetics: Human aspects* (2nd ed.). Sunderland, MA: Sinhauer Associates.

Mansbach, I. V., & Greenbaum, C. W. (1999). Developmental maturity expectation of Israeli fathers and mothers: Effects of education, ethnic origin, and religiosity. *International Journal of Behavioral Development, 23,* 771-797.

Manzari, N., Matvienko-Sikar, K., Baldoni, F., O'Keeffe, G. W., & Khashan, A. S. (2019). Prenatal maternal stress and risk of neurodevelopmental disorders in the offspring: A systematic review and meta-analysis. *Social Psychiatry and Psychiatric Epidemiology, 54* (11), 1299-1309.

Martinez-Frias, M. L. (2012). The thalidomide experience: Review of its effects 50 years later. *MedicinaClinca, 139,* 25-32.

Mash, C., Bornstein, M. H., & Arterberry, M. E. (2013). Brain dynamics in young infants' recognition of faces: EEG oscillatory activity in response to mother and stranger. *Neuroreport: For Rapid Communication of Neuroscience Research, 24,* 359-363.

Maslow, A. H. (1943). A theory of human motivation. *Psychological Review, July,* 370-396.

Matlin, M. W. (2012). *The psychology of women* (7th ed.). Belmont, CA: Wadsworth.

McCabe, J. E. (2014). Maternal personality and psychopathology as determinants of parenting behavior: A quantitative integration of two parenting literatures. *Psychological Bulletin, 140* (3), 722-750.

McDaniel, S. H., Doherty, W. J., & Hepworth, J. (2018). 의료가족치료 (박일환, 신선인, 안동현, 정혜정, 안인득 역, 원제: Medical family therapy). 서울: 학지사. (원저 2014년발행).

McKenzie, J. (1993). Adoption of children with special needs. *The Future of Children: Adoption, 31* (1), 62-76.

Mead, M. (1968). *Male and female.* New York: Dell.

Medway, F. J. (1989). Measuring the effectiveness of parent education. In M. J. Fine (Ed.), *The second handbook on parent education: Contemporary perspectives* (pp. 237-255). New York: Academic Press.

Mence, M., Hawes, D. J., Wedgwood, L., Morgan, S., Barnett, B., Kohlhoff, J., & Hunt C. (2014). Emotional flooding and hostile discipline in the families of toddlers with disruptive behavior problems. *Journal of Family Psychology, 28* (1), 12.

Mennella, J. A., & Bobowski, N. K. (2015). The sweetness and bitterness of childhood: Insights from basic research on taste preferences. *Physiology & Behavior, 152,* 502-507.

Merced-Nieves, F. M., Eitenbichler, S., Goldson, B., Zhang, X., Klein, D. N., Enlow, M. B., Curtin, P., Wright, R. O., & Wright, R. J. (2024). Associations between a metal mixture and infant negative affectivity: Effect modification by prenatal cortisol and infant sex. *Child Development, 95* (1), e47-e59.

Merewood, A. (1998). Sperm under siege: More than we ever guessed, having a healthy baby may depend on dad. In K. L. Freiberg (Ed.), *Annual editions: Human development* (26th ed., pp. 37-41). New York: McGraw-Hill.

Miller, A. (1983). *For your own good.* Toronto:

Collins.

Milne, E., & Greenop, K. R., Scott, R. J., Bailey, H. D., Attia, J., Dalla-Pozza, L., de Klerk, N. H., Armstrong, B. K. (2012). Parental prenatal smoking and risk of childhood acute lymphoblastic leukemia. *American Journal of Epidemiology, 175*, 43-53.

Min, J., Johnson, M. D., Anderson, J. R., & Yurkiw, J. (2022). Support exchanges between adult children and their parents across life transitions. *Journal of Marriage and Family, 84* (2), 367-392.

Mitsven, S., Messinger, D. S., Moffitt, J., & Ahn, Y. A. (2020). Infant emotional development. In J. J. Lockman & C. TamisLeMonda (Eds.), *Cambridge handbook of infant development*. New York: Cambridge University Press.

Monk, C., Webster, R. S., McNeil, R. B., Parker, C. B., Catov, J. M., Greenland, P., Bairey-Merz, C. N., Silver, R. M., Simhan, H. N., Ehrenthal, D. B., Chung, J. H., Haas, D. M., Mercer, B. M., Parry, S., Polito, L., Reddy, U. M., Saade, G. R., & Grobman1, W. A. (2020). Associations of perceived prenatal stress and adverse pregnancy outcomes with perceived stress years after delivery. *Archives of Women's Mental Health, 23* (3), 361-369.

Morgane, P. J., Austin-La France, R., Brouzino, J., Toukiss, J., Diaz-Cintra, S., Cintra, L., Kenper, T., & Galler, J. R. (1993). Prenatal malnutrition and development of the brain. *Neuroscience and Biobehavioral Reviews, 17*, 91-128.

Mott, F. L., Kowaleski-Jones, L., & Menaghan, E. G. (1997). Paternal absence and child behavior: Does a child's gender make a difference? *Journal of Marriage & Family, 59*, 103-118.

Mulvaney, A. (1995). *Talking with kids: How to improve communication and your relationship with your children*. East Roseville, NSW: Simon & Schuster.

Murray, K. M., Byrne, D. C., & Rieger, E. (2011). Investigating adolescent stress and body image. *Journal of Adolescence, 34*, 269-278.

Mussen, P. H., Conger, J. J., Kagan, J., & Huston, A. C. (1990). *Child development and personality* (7th ed.). New York: Harpercollins.

Muuss, R. E. (1996). *Theories of adolescence* (6th ed.). New York: McGraw-Hill.

Muzi, M. J. (2000). *Child development*. Upper Saddle River, NJ: Prentice-Hall.

Nachoum, R., Moed, A., Madjar, N., Kanat-Maymon, Y. (2023). Parents' childbearing motivations, parenting, and child adjustment: From pregnancy to 20-months postpartum. *Journal of Marriage and Family, 85* (4), 898-922.

Nazzari, S., & Frigerio, A. (2020). The programming role of maternal antenatal inflammation on infants' early neurodevelopment: A review of human studies: Special section on "Translational and neuroscience studies in affective disorders" section editor, Maria Nobile MD, PhD. *Journal of Affective Disorders, 263*, 739-746.

Newman, L. F., & Buka, S. L. (1993). Clipped wings. In K. L. Freiberg (Ed.), *Annual editions: Human development* (21th ed., pp. 96-101). New York: McGraw-Hill.

Newman, R. S., Rowe, M. L., & Ratner, B. N. (2016). Input and uptake at 7 months predicts toddler vocabulary: The role of child-directed speech and infant processing skills in language development. *Journal of Child Language, 43* (5), 1158-1173.

Ngantcha, M., Janssen, E., Godeau, E., Ehlinger, V., LeNezet, O., Beck, F., & Spilka, S. (2018). Revisiting factors associated with screen time media use: A structural study among school-aged adolescents. *Journal of Physical Activity and Health, 15* (6), 448-456.

Ninio, A. (1988). The effects of cultural background, sex, and parenthood on beliefs about the timetable of cognitive development in infancy. *Merrill-Palmer Quarterly, 34,* 369-388.

Nottlemann, E. D., Susman, E. J., & Blue, J. H. (1987). Gonadal and adrenal hormone correlates of adjustment in early adolescence. In R. M. Lerner & T. T. Fochs (Eds.), *Biological-psychological interactions in early adolescence: A life-span perspective.* Hillsdale, NJ: Lawrence Erlbaum.

Nyqvist, K., Anderson, G., Bergman, N., Cattaneo, A., Charpak, N., Davanzo, R., Ewald, U., Ludington-Hoe, S. M., Mendoza, S., Pallás-Allonso, C., Peláez, J., Sizun, J., & Widström, A. (2010). State of the art and recommendations Kangaroo mother care: Application in a high-tech environment. *Breastfeeding Review, 18* (3), 21-28.

Olson, D. H., & DeFrain, J. (2003). *Marriage and the family: Diversity and strengths.* Mountain View, CA: Mayfield.

Olson, S., & Banyard, V. (1993). Stop the world so I can get off for a while: Sources of daily stress in the lives of low-income single mothers of young children. *Family Relations, 42,* 50-56.

Opfer, J. E., & Gelman, S. A. (2011). Development of the animate-inanimate distinction. In U. Goswami (Ed.), *Wiley-Blackwell handbook of childhood cognitive development* (2nd ed.). New York: Wiley.

Ozonoff, S., Young, G. S., Carter, A., Messinger, D., Yirmiya, N., Zwaigenbaum, L., Bryson, S., Carver, L. J., Constantino, J. N., Dobkins, K., Hutman, T., Iverson, J. M., Landa, R., Rogers, S. J., Sigman, M., & Stone, W. L. (2011). Recurrence risk for autism spectrum disorders: A baby siblings research consortium study. *Pediatrics, 128* (3), 488-495.

Ozudogru, G. (2021). Problems faced in distance education during COVID-19 pandemic. *Participatory Educational Journal, 8,* 321-333.

Papalia, D. E., & Olds, S. W. (1995). *A child's world: Infancy through adolescence* (3rd ed.). New York: McGraw-Hill.

Paquette, D. (2004). Theorizing the father-child relationship: Mechanisms and developmental outcomes. *Human Development, 47,* 193-219.

Parke, R. D. (1996). *Fatherhood.* Cambridge, MA: Harvard University Press.

Parke, R. D. (2013). *Future families: Diverse forms, rich possibilities.* MA: Malden.

Parke, R. D., & O'Neil, R. (2000). The influence of significant others on learning about relationships: From family to friends. In R. Mills and S. Duck (Eds), *The developmental psychology of personal relationships.* New York: Wiley.

Parsons, T., & Bales, R. F. (1955). *Family, socialization, and interaction.* New York: The Free Press.

Pasley, K. (1995). How first marriages can affect second marriage. *Stepfamilies, 15* (3), 10-11.

Patterson, G. R. (2002). The early development of coercive family process. In J. B. Reid, G. R. Patterson, & J. Snyder (Eds.), *Antisocial behavior in children and adolescents: A developmental analysis and model for intervention* (pp. 25-

44). American Psychological Association.

Patterson, G. R., DeBaryshe, B. D., & Ramsey, E. (1989). A developmental perspective on antisocial behavior. *American Psychologist, 44*, 329-335.

Patterson, G. R., Reid, J. B., & Dishion, T. J. (1992). *Antisocial boys.* Eugene, OR: Castalia.

Paulussen-Hoogeboom, M. C., Stams, G. J. J. M., Hermanns, J. M. A., & Peetsma, T. T. D. (2007). Child negative emotionality and parenting from infancy to preschool: A meta-analytic review. *Developmental Psychology, 43* (2), 438-453.

Paulussen-Hoogeboom, M. C., Stams, G. J. J. M., Hermanns, J. M. A., Peetsma, T. T. D., & van den Wittenboer, G. L. H. (2008). Parenting style as a mediator between children's negative emotionality and problematic behavior in early childhood. *The Journal of Genetic Psychology: Research and Theory on Human Development, 169* (3), 209-226.

Pavlov, I. P. (1927). *Conditioned reflexes: An investigation of the physiological activity of the cerebral cortex* (Translated and Edited by G. V. Anrep). London: Oxford University Press.

Pedersen, C. B., McGrath, J., Mortensen, P. B., & Pedersen, L. (2014). The importance of father's age to schizophrenia risk. *Molecular Psychiatry, 19* (5), 530-531.

Penfield, W. (1975). *Mystery of the mind: A critical study of consciousness and the human brain.* Princeton: Princeton University Press.

Pessin, L., Rutigliano, R., & Potter, M. H. (2022). Time, money, and entry into parenthood: The role of (grand)parental support. *Journal of Marriage and Family, 84* (1), 101-120.

Phelps, E. A., & LeDoux, J. E. (2000) Emotional networks in the brain. In M. Lewis & J. M. Haviland-Jones (Eds.), *Handbook of emotions* (2nd ed.). New York: Guilford.

Piaget, J. (1960). *Psychology of intelligence.* Paterson, NJ: Littlefield, Adams.

Piaget, J. (1962). *Play, dreams, and imitation in childhood.* New York: Norton.

Picherot, G., Cheymol, J., Assathiany, R., Barthet-Derrien, M. S., Bidet-Emeriau, M., Blocquaux, S., Carbajal, R., Caron, F. M., Gerard, O., Hinterman, M., Houde, O., Jollivet, C., Heuzey, M. F. L., Mielle, A., Ogrizek, M., Rocher, B., Samson, B., Ronziere, V., & Foucaud, P. (2018). Children and screens: Groupe de Pédiatrie Générale (Société française de pédiatrie) guidelines for pediatricians and families. *Archives de Pédiatrie, 25* (2), 170-174.

Pierce, K. L., & Schreibman, L. (1994). Teaching daily living skills to children with autism in unsupervised settings through pictorial self-management. *Journal of Applied Behavior Analysis, 27,* 471-481.

Pinquart, M. (2017a). Associations of parenting dimensions and styles with externalizing problems of children and adolescents: An updated meta-analysis. *Developmental Psychology, 53,* 873-932.

Pinquart, M. (2017b). Associations of parenting dimensions and styles with internalizing symptoms in children and adolescents: A meta-analysis. *Marriage & Family Review, 53* (7), 613-640.

Pleck, J. H. (1997). Paternal involvement: Levels, sources, and consequences. In M. E. Lamb (Ed.), *The role of the father in child development* (3rd ed., pp. 66-103). New York: Wiley.

Pleck, J. H. (2010). Paternal involvement: Revised conceptualization and theoretical linkages with child outcomes. In M. E. Lamb (Ed.), *The role of the father in child development* (pp. 58-93). Hoboken, NJ: John Wiley & Sons.

Pleck, J. H., & Masciadrelli, B. P. (2004). Paternal involvement by U.S. residential fathers: Levels, sources, and consequences. In M. E. Lamb (Ed.), *The role of the father in child development* (4th ed., pp. 222-271). New York: Wiley.

Plomin, R. (1993). Human behavioral genetics, Scam's theory, and her views on interventions: A critical review and commentary on their implications for African American children. *Child Development, 64*, 1318-1332.

Pollitt, E., Golub, M., Gorman, K., Grantham-McGregor, S., Levitsky, D., Schurch, B., Strupp, B., & Wachs, T. (1999). A reconceptulization of the effect of undernutrition on children's biological, psychological, and behavioral development. In K. L. Freiberg (Ed.), *Annual editions: Human development* (27th ed., pp. 89-103). New York: McGraw-Hill.

Pomares, C. G., Schirrer, J., & Abadie, V. (2002). Analysis of the olfactory capacity of healthy children before language acquisition. *Journal of Developmental Behavior and Pediatrics, 23*, 203-207.

Popkin, M. H. (1989). Active parenting: A video-based program. In M. J. Fine (Ed.), *The second handbook on parent education* (pp. 77-98). San Diego, CA: Academic Press.

Popkin, M. H. (1990). *Active parenting of teens: Video-based program for parents of teens.* Georgia: Active Parenting.

Popkin, M. H., Gard, B., & Montgomery, M. (1996). *Parenting your 1-to-4-year-old.* Marietta, GA: Active Parenting.

Poulain, T., Peschel, T., Vogel, M., Jurkutat, A., & Kiess, W. (2018). Cross-sectional and longitudinal associations of screen time and physical activity with school performance at different types of secondary school. *BMC Public Health, 18* (1), 563.

Power, T. G., & Parke, R. D. (1982). Play as a context for early learning: Lab and home analyses. In L. M. Laosa & I. E. Siegel (Eds.), *Families as learning environments for children* (pp. 147-178). New York: Plenum.

Prinzie, P., Stams, G. J. J. M., Deković, M., Reijntjes, A. H. A., & Belsky, J. (2009). The relations between parents' Big Five personality factors and parenting: A meta-analytic review. *Journal of Personality and Social Psychology, 97* (2), 351-362.

Putallaz, M. (1983). Predicting children's sociometric status from their behavior. *Child Development, 54*, 1417-1426.

Qin, J. B., Feng, T. J., Yang, T. B., Hong, F. C., Lan, L. N., Zhang, C. L., Yang, F., Mamady, K., & Dong, W. (2014). Risk factors for congenital syphilis and adverse pregnancy outcomes in offspring of women with syphilis in Shenzhen, China: A prospective nested casecontrol study. *Sexually Transmitted Diseases, 41*, 13-23.

Rallison, M. L. (1986). *Growth disorders in infants, children, and adolescents.* New York: Wiley.

Ramírez-Esparza, N., García-Sierra, A., & Kuhl, P. K. (2014). Look who's talking: Speech style and social context in language input to infants are linked to concurrent and future speech development. *Developmental Science, 17* (6), 880-891.

Ramírez-Esparza, N., García-Sierra, A., & Kuhl, P. K. (2017). The Impact of early social interactions on later language development in Spanish-English bilingual infants. *Child Development, 88* (4), 1216-1234.

Rasmussen, S. A. (2012). Human teratogens update 2011: Can we ensure safety during pregnancy? *Birth Defects Research A: Clinical and Molecular Teratology, 94*, 123-128.

Rhoades, K. A., & O'Leary, S. G. (2007). Factor structure and validity of the parenting scale. *Journal of Clinical Child and Adolescent Psychology, 36* (2), 137-146.

Richardson, G. A., Goldschmidt, L., Leech, S., & Willford, J. (2011). Prenatal cocaine exposure: Effects on mother-and teacher-rated behavior problems and growth in school-age children. *Neurotoxicology and Teratology, 33* (1), 69-77.

Rogers, C. (1977). *On personal power: Inner strength and its revolutionary impact.* New York: Delacorte Press.

Rogers, C. R. (1942). *Counseling and psychotherapy: Newer concepts in practice.* Boston: Houghton Mifflin.

Rogers, C. R. (1951). *Client-centered therapy: Its current practice, implications, and theory.* Boston: Houghton Mifflin.

Rogers, C. R. (1954). *Pscyhotherapy and personality change.* Chicago: University of Chicago Press.

Rogers, C. R. (1959). A theory of therapy, personality, and interpersonal relationships as developed in the client-centered framework. In Koch, S. (Ed.), *Psychology: A study of a science* (Vol. 3). *Formulations of the person and the social context.* New York: McGraw-Hill.

Rogers, C. R. (1961). *On becoming a person: A therapist's view of psychotherapy.* Boston: Houghton-Mifflin.

Rogers, C. R. (1974). Remarks on the future of client-centered therapy. In D. A. Wexler & L. N. Rice (Eds.), *Innovations in client-centered therapy.* New York: John Wiley & Sons.

Rogers, C. R. (1980). *A way of being.* Boston: Houghton Mifflin.

Rogers, C. R. (1986). Reflection of feelings. *Person-Centered Review, 1* (4), 375-377.

Rogers, C. R., & Sanford, R. (1984). Client-centered psychotherapy. In H. Kaplan & B. Sadock (Eds.), *Comprehensive textbook of psychiatry/IV* (pp. 1374-1388). Baltimore: Williams & Wilkins.

Rohde, C., Mutze, U., Schulz, S., Thiele, A. G., Ceglarek, U., Thiery, J., Mueller, A. S., Kiess, W., Beblo, S., & Beblo, S. (2014). Unrestricted fruits and vegetables in the PKU diet: A 1-year follow-up. *European Journal of Clinical Nutrition, 68* (3), 401-403.

Rosenstein, D., & Oster, H. (1988). Differential facial responses to four basic tastes in newborns. *Child Development, 59*, 1555-1568.

Rothbart, M. K., & Bates, J. E. (1998). Temperament. In N. Eisenberg (Ed.), *Handbook of child psychology* (Vol. 3). *Social, emotional, and personality development* (5th ed., pp. 105-176). New York: Wiley.

Rothbart, M. K., & Bates, J. E. (2006). Temperament. In W. Damon & R. Lerner (Eds.), *Handbook of child psychology* (6th ed.). New York: Wiley.

Rowe, M. L. (2008). Child-directed speech: Relation to socioeconomic status, knowledge of child development and child vocabulary skill. *Journal of Child Language, 35* (1), 185-205.

Rowe, M. L. (2012). A longitudinal investigation of the role of quantity and quality of child-directed speech in vocabulary development. *Child Development, 83* (5), 1762-1774.

Rowe, M. L., Leech, K. A., & Cabrera, N. (2017). Going beyond input quantity: Wh-questions matter for toddlers' language and cognitive development. *Cognitive Science, 41*, 162-179.

Rubin, K. H., Bukowski, W. M., & Bowker, J. (2015). Children in peer groups. In R. M. Lerner (Ed.), *Handbook of child psychology and developmental science* (7th ed.). New York: McGraw-Hill.

Rubin, K. H., Fein, G., & Vandenberg, B. (1983). Play. In Paul H. Mussen (Ed.), *Handbook of child psychology* (Vol. 4). *Socialization, personality, and social development.* New York: Wiley.

Russell, G., & Russell, A. (1987). Mother-child and father-child relationships in middle childhood. *Child Development, 58*, 1573-1585.

Rutter, M. (1999). Psychological adversity and child psychopathology. *British Journal of Psychiatry, 174*, 480-493.

Ryan, R. M., & Deci, E. L. (2017). *Self-determination theory: Basic psychological needs in motivation, development, and wellness.* New York: Guilford.

Ryan, R. M., & Deci, E. L. (2000). Self-determination theory and the facilitation of intrinsic motivation, social development, and well-being. *American Psychologist, 55* (1), 68-78.

Sadler, T. W. (2015). *Langman's medical embryology* (13th ed.) Philadelphia: Wolters Kluwer.

Sagi, A., Lamb, M. E., Shoham, R., Dvir, R., & Lewkowicz, K. S. (1982). Parent-infant interaction in families on Israeli kibbutzim. *International Journal of Behavioral Development, 8*, 273-284.

Sameroff, A. J., & Chandler, M. J. (1975). Reproductive risk and the continuum of caretaker casualty. In F. D. Horowitz (Ed.), *Review of child development research* (Vol. 4). Chicago: University of Chicago Press.

Santrock, J. W. (1998). *Adolescence* (7th ed.). New York: McGraw-Hill.

Schiff, A. W., & Schiff, J. L. (1971). Passivity. *Transactional Analysis Journal, 1* (1), 71-78.

Schoppe-Sullivan, S. J., Wang, J., Yang, J., Kim, M., Zhang, Y., & Yoon, S. H. (2023). Patterns of coparenting and young children's social-emotional adjustment in low-income families. *Child Development, 94* (4), 874-888.

Schuurmans, C., & Kurrasch, D. M. (2013). Neurodevelopmental consequences of maternal distress: What do we really know? *Clinical Genetics, 83* (2), 108-117.

Sears, R. R., Maccoby, E. E., & Levin, H. (1957). *Patterns of child rearing.* Evanston, IL: Row Patterson.

Shadish, W. R., & Baldwin, S. A.(2003). Meta-analysis of MFT interventions. *Journal of Marital and Family Therapy, 29*, 547-570.

Shafer, K., & Easton, S. D. (2021). Adverse childhood experiences, psychological distress, and fathering behaviors. *Journal of Marriage and Family, 83* (4), 1076-1098.

Shaffer, D. R. (1999). *Developmental psychology: Childhood and adolescence* (5th ed.). Pacific Grove, CA: Brooks/Cole.

Shaver, K. (June 17, 2007). *Stay-at-home dads forge new identities, roles.* Washington, DC: Washington Post.

Sherman, S., Allen, E., Bean, L., & Freeman, S. (2007). Epidemiology of Down syndrome. *Mental Retardation and Developmental Disabilities*

Research Reviews, 13, 221-227.

Shulman, B. H., & Mosak, H. H. (1988). *Manual for Life Style Assessment*. New York: Taylor & Francis.

Silverman, A. R. (1993). Outcomes of trans-racial adoption. *The Future of Children, 3*, 104-118.

Skinner, B. F. (1953). *Science and human behavior*. New York: Macmillan.

Small, S., & Eastman, G. (1991). Rearing adolescents in contemporary society: A conceptual framework for understanding the responsibilities and needs of parents. *Family Relations, 40*, 455-462.

Smith, P. K., & Pellegrini, A. (2013). Learning through play. In R. E. Tremblay & others (Eds.), *Encyclopedia on early childhood development*. Montreal: Centre of Excellence for Early Childhood Development.

Smith, P., & Daglish, L. (1977). Sex differences in parent and infant behavior in the home. *Child Development, 48*, 1250-1254.

Soenens, B., & Vansteenkiste, M. (2010). A theoretical upgrade of the concept of parental psychological control: Proposing new insights on the basis of self-determination theory. *Developmental Review, 30* (1), 74-99.

Soubry, A., Hoyo, C., Jirtle, R. L., & Murphy, S. K. (2014). A paternal environmental legacy: Evidence for epigenetic inheritance through the male germ line. *BioEssays, 36*, 359-371.

Speyer, L. G., Hang, Y., Hall, H. A., & Murray, A. L. (2022). The role of harsh parenting practices in early- to middle-childhood socioemotional development: An examination in the Millennium Cohort Study. *Child Development, 93* (5), 1304-1317.

Spitz, R. A. (1945). Hospitalism: An inquiry into the genesis of psychiatric conditions in early childhood. *Psychoanalytic Studies of the Child, 1*, 53-74.

Spock, B. (1946). *The common sense book of baby and child care*. New York: Duell, Sloan, and Pearce.

Spodek, B., & Walberg, H. (Eds.). (1977). *Early childhood education: Issues and perspectives*. Berkeley, CA: McCutchan.

Standal, S. (1954). *The need for positive regard: A contribution to client-centred theory*. Unpublished PhD Thesis, University of Chicago.

Steinberg, H. S., & Kleinert, C. (2022). Timing of early childcare take-up in Germany: An application of rational choice theory. *Journal of Marriage and Family, 84* (3), 840-859.

Steiner, C. (1990). Unconscious communication and interpretation in transactional analysis, *Transactional Analysis Journal, 20*, 168-172.

Steiner, J. E. (1979). Human facial expressions in response to taste and smell stimulation. In H. W. Reese & L. P. Lipsitt (Eds.), *Advances in child behavior and development* (Vol. 13). New York: Academic Press.

Steinhausen, H. C., Willms, J., & Spohr, H. L. (1993). Long-term psychopathological and cognitive outcome of children with fetal alcohol syndrome. *Journal of the American Academy of Child and Adolescent Psychiatry, 32*, 990-994.

Stewart, I. A., & Joines, V. (1987). *TA today: A new introduction to Transactional Analysis*. Nottingham: Lifespace.

Storey, A. E., Walsh, C. J., Quinton, R., & Wynne-Edwards, K. E. (2000) Hormonal correlates of paternal responsiveness in men. *Evolutionary Human Behavior, 21,* 79-95.

Stover, C. S., Zhou, Y., Kiselica, A., Leve, L. D., Neiderhiser, J. M., Shaw, D. S., Natsuaki, M. N., Scaramella, L. V., & Reiss, D. (2016). Marital hostility, hostile parenting, and child aggression: Associations from toddlerhood to school age. *Journal of the American Academy of Child & Adolescent Psychiatry, 55* (3), 235-242.

Stroud, C. B., Durbin, C. E., Wilson, S., & Mendelsohn, K. A. (2011). Spillover to triadic and dyadic systems in families with young children. *Journal of Family Psychology, 25* (6), 919-930.

Susman, E. J., & Dorn, L. D. (2013). Puberty: Its role in development. In I. B. Weiner & others (Eds.), *Handbook of psychology* (2nd ed., Vol. 6). New York: Wiley.

Sweeney, T. J. (1989/1998). *Adlerian counseling: A practitioner's approach.* New York: Taylor & Francis.

Tamana, S. K., Ezeugwu, V., Chikuma, J., Lefebvre, D. L., Azad, M. B., Moraes, T. J., Subbarao, P., Becker, A. B., Turvey, S. E., Sears, M. R., Dick, B. D., Carson, V., Rasmussen, C., CHILD study Investigators, Pei, J., & Mandhane, P. J. (2019). Screen-time is associated with inattention problems in preschoolers: Results from the CHILD birth cohort study. *PLoS One, 14* (4), [e0213995].

Tanner, J. M. (1978). *Fetus into man: Physical growth from conception to maturity.* Cambridge, MA: Harvard University Press.

Tanner, J. M. (1991). Growth spurt, adolescent. I. In R. M. Lerner, A. C. Petersen, & J. Brooks-Gunn (Eds.), *Encyclopedia of adolescence.* New York: Garland.

Taraban, L., & Shaw, D. S. (2018). Parenting in context: Revisiting Belsky's classic process of parenting model in early childhood. *Developmental Review, 48,* 55-81.

Taraban, L., Shaw, D. S., Morris, P. A., & Mendelsohn, A. L. (2023). An exploration of the domain specificity of maternal sensitivity among a diverse sample in the infancy period: Unique paths to child outcomes. *Child Development, 95* (1), e60-e73.

Termine, N. T., & Izard, C. E. (1988). Infants' responses to their mothers' expressions of joy and sadness. *Developmental Psychology, 24,* 223-230.

Thomas, A., & Chess, S. (1977). *Temperament and development.* New York: Brunner/Mazel.

Thomas, A., Chess, S., & Korn, S. J. (1982). The reality of difficult temperament. *Merill-Palmer Quarterly, 28,* 1-20.

Thomas, E., Chess, S., Birch, H. G., Hertzig, M. E., & Korn, S. (1963). *Behavioral individuality in early childhood.* New York: New York University Press.

Thompson, R. A. (1998). Early sociopersonality development. In W. Damon & N. Eisenberg (Eds.), *Handbook of child psychology* (Vol. 3, 5th ed., pp. 25-104). New York: John Wiley & Sons.

Thompson, R. A. (2013a). Attachment development: Precis and prospect. In P. Zelazo (Ed.), *Oxford handbook of developmental psychology.* New York: Oxford University Press.

Thompson, R. A. (2013b). Interpersonal relations. In A. Ben-Arieh, I. Frones, F. Cases, & J. Korbin (Eds.), *Handbook of child well-being.* New York: Springer.

Thompson, R. A., & Waters, S. F. (2020). Development of emotion dysregulation in developing relationships. In T. P., Beauchaine & S. E.

Crowell (Eds.). *Oxford handbook of emotion dysregulation*. New York: Oxford University Press.

Toffler, A. (1980). *The third wave*. London: Collins.

Toffler, A., & Toffler, H. (2006). *Revolutionary wealth: How it will be created and how it will change our lives*. London: Knopf.

Tupes, E. C., & Cristal, R. E. (1961). *Recurrent personality factors based on trait ratings*. USAF ASD technical report no.61-97(reprinted in Journal of Personality, 1992, 60, 225-251).

U. S. Census Bureau. (2009). *Father's day: June 21, 2009*.

van den Bergh, B., van den Heuvel, M. I., Lahti, M., Braeken, M., de Rooij, S. R., Entringer, S., Hoyer, D., Roseboom, T., Räikkönen, K., King, S., & Schwab, M. (2020). Prenatal developmental origins of behavior and mental health: The influence of maternal stress in pregnancy. *Neuroscience & Biobehavioral Reviews, 117*, 26-64.

van den Hooven, E. H., Pierik, F. H., de Kluizenaar, Y., Willemsen, S. P., Hofman, A., van Ratingen, S. W., et al. (2012). Air pollution exposure during pregnancy, ultrasound measures of fetal growth, and adverse birth outcomes: A prospective cohort study. *Environmental Health Perspectives, 120*, 150-156.

van der Kleij, S. W., Burgess, A. P., Ricketts, J., & Shapiro, L. R. (2023). Tracking vocabulary and reading growth in children from lower and higher socioeconomic backgrounds during the transition from primary to secondary education. *Child Development, 94* (1), e57-e66.

van Dijk, R., van der Valk, I. E., Buist, K. L., Branje, S., & Deković, M. (2022). Longitudinal associations between sibling relationship quality and child adjustment after divorce. *Journal of Marriage and Family, 84* (2), 393-414.

van IJzendoorn, M. H. (1992). Intergenerational transmission of parenting: A review of studies in nonclinical populations. *Developmental Review, 12*, 76-99.

Visher, E. B., & Visher, J. S. (1996). *Therapy with stepfamilies*. Philadelphia: Brunner-Routledge.

Volker, S. (2007). Infants' vocal engagement oriented towards mother versus stranger at 3 months and avoidant attachment behavior at 12 months. *International Journal of Behavioral Development, 31*, 88-95.

von Hofsten, C. (1983). Catching skills in infancy. *Journal of Experimental Psychology: Human Perception and Performance, 9*, 75-85.

Vondra, J., Sysco, H., & Belsky, J. (2005). Developmental origins of parenting: Personality and relationship factors. In T. Luster & L. Okagaki (Eds.), *Parenting: An ecological perspective* (2nd ed., pp. 35-71).

Vroom, V. H. (1964). *Work and motivation*. New York: Wiley and Sons.

Watson, J. B. (1924). *Behaviorism*. New York: People's Institute.

Watson, J. B., & Rayner, R. (1920). Conditioned emotional reactions. *Journal of Experimental Psychology, 3* (1), 1-14.

Wender, P. H. (1974). Some speculations concerning a possible biochemical basis of minimal brain dysfunction. *Life Sciences, 14*, 1605-1621.

Weng, A., & Montemayor, R. (1997, April). *Conflict between mothers and adolescents*. Paper presented at the meeting of the Society for Research in Child Development, Washington, DC.

Willumsen, J., & Bull, F. (2020). Development of WHO guidelines on physical activity, sedentary behavior, and sleep for children less than 5 years of age. *Journal of Physical Activity and Health, 17*, 96-100.

Wilson, S., & Durbin, C. E. (2010). Effects of paternal depression on fathers' parenting behaviors: A meta-analytic review. *Clinical Psychology Review, 30* (2), 167-180.

Winch, R. (1971). *The modern family* (3rd ed.). New York: Holt, Rinehart, and Winston.

Witherington, D. C., Campos, J. J., Harriger, J. A., Bryan, C., & Margett, T. E. (2010). Emotion and its development in infancy. In J. G. Bremner & T. D. Wachs (Eds.), *Wiley-Blackwell handbook of infant development* (2nd ed.). New York: Wiley.

Wu, C., Zhang, Q., Liu, S., Wang, L., & Zhao, Q. (2023). Child executive function linking marital adjustment to peer nominations of prosocial behavior. *Journal of Marriage and Family, 85* (3), 829-844.

Wu, J., Barger, M. M., Oh, D., & Pomerantz, E. M. (2022). Parents' daily involvement in children's math homework and activities during early elementary school. *Child Development, 93* (5), 1347-1364.

Yilmaz, G., Demirli Caylan, N., & Karacan, C. D. (2014). An intervention to preschool children for reducing screen time: A randomized controlled trial. *Child Care, Health, and Development, 41* (3), 443-449.

Zhang, W., Wei, X., Ji, L., Chen, L., & Deater-Deckard, K. (2017). Reconsidering parenting in Chinese culture: Subtypes, stability, and change of maternal parenting style during early adolescence. *Journal of Youth and Adolescence, 46* (5), 1117-1136.

찾아보기

내용

저자 소개

정옥분(Chung, Ock Boon)

서울대학교 사범대학 가정학과 졸업

서울대학교 대학원 석사과정 졸업(아동학 전공 석사)

미국 University of Maryland 박사과정 졸업(인간발달 전공 Ph.D.)

고려대학교 사범대학 교수, 고려대학교 사회정서발달연구소 소장,

　한국아동학회 회장, 한국인간발달학회 회장, 미국 University of Maryland 교환교수,

　ISSBD(International Society for the Study of Behavioural Development) 국제학술대회

　조직위원회 위원장, 고려대학교 의료원 안암병원, 구로병원, 안산병원 어린이집 고문 역임

現 고려대학교 명예교수

〈저서〉

『영아발달』(개정판), 『유아발달』, 『영유아발달의 이해』(제4판), 『아동발달의 이해』(제4판), 『청년
발달의 이해』(제3판), 『청년심리학』(제3판), 『발달심리학』(제4판), 『성인·노인심리학』(제4판),
『전생애 인간발달의 이론』(제4판), 『아동심리검사』, 『아동연구와 통계방법』, 『아동학 연구방법
론』, 『유아교육 연구방법』, 『사회정서발달』(제3판), 『아동발달의 이론』 외 다수

정순화(Chung, Soon Hwa)

서울대학교 가정대학 가정관리학과 졸업

서울대학교 대학원 석사과정 졸업(아동학 석사)

고려대학교 대학원 박사과정 졸업(아동학 박사)

前 고려대학교 사범대학 전문교수

〈저서〉

『보육교사론』, 『보육학개론』(5판), 『제4차 표준보육과정을 반영한 보육과정』, 『아동복지론』,
『예비부모교육』(3판), 『결혼과 가족의 이해』, 『부모교육: 부모역할의 이해』, 『정서발달과 정서지능』
(개정판), 『애착과 발달』

부모교육(4판)

Parent Education(4th ed.)

2008년 1월 10일 1판 1쇄 발행
2015년 1월 20일 1판 12쇄 발행
2016년 3월 25일 2판 1쇄 발행
2018년 2월 20일 2판 5쇄 발행
2019년 7월 5일 3판 1쇄 발행
2024년 3월 25일 3판 8쇄 발행
2025년 2월 20일 4판 1쇄 발행

지은이 • 정옥분 · 정순화
펴낸이 • 김진환
펴낸곳 • ㈜ **학지사**

04031 서울특별시 마포구 양화로 15길 20 마인드월드빌딩
대표전화 • 02-330-5114 팩스 • 02-324-2345
등록번호 • 제313-2006-000265호

홈페이지 • http://www.hakjisa.co.kr
인스타그램 • https://www.instagram.com/hakjisabook

ISBN 978-89-997-3331-4 93370

정가 25,000원

파본은 구입처에서 교환해 드립니다.

이 책을 무단으로 전재하거나 복제할 경우 저작권법에 따라 처벌을 받게 됩니다.

출판미디어기업 학지사

간호보건의학출판 **학지사메디컬** www.hakjisamd.co.kr
심리검사연구소 **인싸이트** www.inpsyt.co.kr
학술논문서비스 **뉴논문** www.newnonmun.com
교육연수원 **카운피아** www.counpia.com
대학교재전자책플랫폼 **캠퍼스북** www.campusbook.co.kr